U0582447

建设智库之路

魏礼群 著

人民出版社

作者近照

作者简介

魏礼群,1944 年 12 月生,江苏睢宁人。1963 年 9 月至 1968 年 11 月在北京师范大学历史系读书。1968 年 12 月至 1978 年 2 月在内蒙古牙克石林业管理局工作。1978 年 2 月至 1994 年 8 月,先后任国家计委政策研究室副主任、主任,体制改革和法规司司长,国家计委党组成员兼秘书长。1994 年 8 月至 1998 年 2 月任中央财经领导小组办公室副主任。1998 年 3 月至 2008 年 5 月任国务院研究室副主任、党组成员,主任、党组书记。2008 年 5 月至 2011 年 1 月任国家行政学院党委书记、常务副院长(正部长级)。第十一届全国政协委员、文史和学习委员会副主任;中国共产党第十六届、十七届中央委员会委员。

参加或主持过党中央、国务院大量重要文件和党中央、国务院领导同志重要讲话等文稿的起草工作,包括:参加 1985 年中国共产党全国代表会议文件和中国共产党十三大、十四大、十五大、十六大、十七大、十八大政治报告以及一系列中央全会重大决定起草,1999 年至 2008 年连续十年负责国务院总理在全国人民代表大会上《政府工作报告》起草,参加中华人民共和国国民经济和社会发展第六、第七、第八、第九、第十、第十一、第十二个五年计划(规划)文件起草;主持了大量推进中国改革开放和现代化建设重大课题的研究,取得一大批有重要价值的科研、咨询成果。

目前,主要社会兼职有:全国社会科学基金应用经济学组组长,中央马克思主义理论研究和建设工程咨询委员会委员,国家哲学社会科学研究专家咨询委员会委员,中国行政体制改革研究会会长,中国国际经济交流中心执行副理事长,国际行政院校联合会副主席,国家行政学院、中国人民大学、北京师范大学教授、博士生导师,上海财经大学兼职教授等。

前　言

智库，也称智囊团、思想库，是创造和提供思想产品的机构。智库的水平，是国家软实力的重要标志。当今世界，各国各类智库在影响国家决策、引导社会舆论、服务公共外交、体现国家软实力等方面发挥着重要的作用。党中央、国务院高度重视智库建设。党的十八届三中全会要求："加强中国特色新型智库建设，建立健全决策咨询制度。"近年来，中央领导多次提出，要建设高质量智库，充分发挥智库的作用。加强智库建设，既是推进国家治理体系和治理能力现代化的迫切需要，也是实现中国社会主义现代化和提升国家软实力的重大任务。因此，探索创新智库建设，意义重大。

改革开放30多年来，我一直从事政策研究和决策咨询工作，领导或参与多个智库建设和管理。上世纪七十年代末至九十年代末，我在原国家计委和中央财经领导小组办公室工作20年之后，又先后在国务院研究室、国家行政学院、中国行政体制改革研究会、中国国际经济交流中心、北京师范大学中国社会管理研究院等不同类型智库中任职，对多个智库的特点、定位、职能、作用以及自身建设等，都作过力所能及的探索，积累了一些认识和体会。这本《建设智库之路》，汇集了2001年以来我在不同智库建设中的一些思考和实践，也可以说是我探索智库建设之路的一个缩影。

不同类型的智库，有着不同的职能任务、组织形式、管理体制、运行机制。收入本书的讲话、文章时间跨度较长，写作的时间、涉及的智库类型不同。为了清晰反映自己探索和思考智库建设走过的路程，本书在编排上以我先后工作过的单位为序，共分为五个部分：(一)在国务院研究室期间；(二)在国家行政学院期间；(三)在中国行政体制改革研究会期间；(四)在中国国际经济交流中心期间；(五)在北京师范大学中国社会管理研究院期间。每一部分编排又以文稿形成的时间为序。主要内容是反映各类智库的职能特点、工作任务、产品成果、运行机制、队伍建设和作用发挥等。这次汇编出版，除了作某些文字改动外，文章主要内容和基本观点都保持了原貌，这既是尊重历史，也可以如实地反映自己的经历和认识过程。

本书收录了本人在几个单位工作期间有关建设智库方面的部分讲话、文章、工作报告，其中的一些文稿已经公开发表，多数文稿尚属首次面世，惟愿对蔚然兴起的中国特色新型智库建设能有所禅益。书中如有不妥之处，欢迎指正。

2014 年 5 月 15 日

目　录

一、在国务院研究室期间

二、在国家行政学院期间

三、在中国行政体制改革研究会期间

四、在中国国际经济交流中心期间

五、在北京师范大学中国社会管理研究院期间

一、在国务院研究室期间

2002 年 5 月，魏礼群在国务院研究室期间工作照

大力弘扬理论联系实际的优良学风*

（2001年10月）

党的十五届六中全会《决定》指出："理论联系实际，是党一贯坚持的马克思主义学风，是党具有旺盛创造力的关键所在。大力弘扬这一学风，提高全党的马克思主义理论水平和解决实际问题的能力，是加强和改进党的作风建设的一项基础性工作。"全会要求全党同志联系实际刻苦学习，做到理论与实际、学习与运用、言论与行动相统一，创造性地开展工作。认真学习领会和贯彻落实六中全会这一重要精神，大力弘扬理论联系实际的优良学风，对于在新的形势下把党的作风建设提高到一个新水平，胜利推进党和国家的各项事业，具有全局性和关键性意义。

一、理论联系实际是党80年奋斗的一条基本经验

我们党历来特别强调学风建设，这是对马克思主义建党学说的独创性贡献。学风问题，是对待马克思主义的根本态度问题，即究竟是从本本出发，还是用马克思主义的立场观点方法来研究和解决中国的现实问题。坚持马克思主义基本原理与中国具体实际相结合，是我们党对待马克思

* 本文系作者担任国务院研究室主任后参加党的十五届六中全会文件起草组写的辅导文章，原载《〈中共中央关于加强和改进党的作风建设的决定〉学习辅导读本》，学习出版社2001年版。

主义的科学态度，是党一贯倡导的理论联系实际的优良学风。毛泽东同志早在延安时期就明确说过，学风问题是一个非常重要的问题，是第一重要的问题。他指出："应确立以研究中国革命实际问题为中心，以马克思列宁主义基本原则为指导的方针，废除静止地孤立地研究马克思列宁主义的方法。"并批评"从本本出发"的教条主义是不正派的学风，是反科学的反马克思列宁主义的主观主义的方法，是共产党的大敌，是工人阶级的大敌，是人民的大敌，是民族的大敌，是党性不纯的一种表现。在历经"文化大革命"教训之后的20世纪70年代末，邓小平同志再次强调学风问题，并上升到关系"亡党亡国"的高度来论述，反复强调要坚持解放思想，实事求是，理论联系实际。他指出："我们坚信马克思主义，但马克思主义必须与中国实际相结合。只有结合中国实际的马克思主义，才是我们所需要的真正的马克思主义。"20世纪90年代以来，党的第三代中央领导集体在新时期党风建设中，也极为重视学风问题。江泽民同志在许多重要讲话中，都要求全党同志一定要理论联系实际，端正学风。他在党的十五大报告中指出："离开本国实际和时代发展来谈马克思主义，没有意义。静止地孤立地研究马克思主义，把马克思主义同它在现实生活中的生动发展割裂开来、对立起来，没有出路。"江泽民同志在庆祝建党80周年大会上的重要讲话中，把"始终坚持马克思主义基本原理同中国具体实际相结合"，作为我们党80年奋斗历程的第一基本经验，并且进一步深刻论述了理论联系实际与理论创新的极端重要性和必要性。

我们党为什么如此高度重视坚持和发扬理论联系实际的学风呢？这个问题可以从以下几个方面来认识。

（一）只有坚持理论联系实际，马克思主义才能不断发展

马克思主义来源于实践，始终严格地以客观事实为根据。世界是物质的，物质是运动的，运动是有规律的。随着实践的发展，作为现实世界运动变化规律的反映，理论也必须随之发展变化。任何理论包括科学的

理论，都必须随着实践的发展而发展。马克思主义理论的这种与时俱进的品质，决定了它必然随着实践的发展而发展，是不断发展的科学。江泽民同志在党的十五大报告中指出，马克思主义必定随着时代、实践和科学的发展而不断发展，不可能一成不变。只有坚持理论联系实际，根据实践中的新情况、新变化，提出新思想、新观点，才能把马克思主义不断推向前进。一部马克思主义发展史，就是一代一代马克思主义者坚持理论与实际紧密结合，不断进行理论创新，赋予马克思主义以新的时代内涵的历史。

还要指出的是，马克思主义是普遍真理，是对事物共性的认识。而共性寓于个性之中，没有脱离个性而存在的共性。世界上各个民族和国家都有自己独特的社会、经济、历史、文化背景，有不同的国情，有自己的"个性"。列宁曾经指出："一切民族都将走向社会主义，这是不可避免的"，"但是一切民族的走法却不会完全一样，每个民族都会有自己的特点"。这就要求共产党人必须把马克思主义理论与本国的实际很好结合起来，把马克思主义所揭示的"共性"与本国的"个性"很好结合起来，提出既符合"共性"，又具有"个性"特点的理论观点，推动马克思主义理论的发展，并成功地指导本国的革命和建设事业。

（二）只有坚持理论联系实际，才能正确地运用马克思主义理论指导实践

"没有革命的理论，就不会有革命的运动。"马克思主义是人类社会发展规律的科学反映，这种科学理论一旦与实践结合起来，变成广大群众的自觉行动，就会转化成巨大的物质力量。正因为如此，我们党不但注重实践，也注重理论，是高度重视理论指导的党。重视理论建设和理论指导，是我们党的一个根本特点。运用马克思主义理论指导实践，决不能不顾具体情况照抄照搬，必须把它与不同国家和民族的实际结合起来，加以运用，并有所创新和发展。

中国革命和社会主义建设、改革取得的伟大胜利，都是马克思主义理论与中国实际相结合的结果。在民主革命时期，毛泽东同志把马克思主义的基本原理与中国革命的具体实际相结合，提出中国必须走农村包围城市、武装夺取政权的道路，并同党内出现的右倾和“左”倾错误进行斗争，确立了毛泽东思想的指导地位，使中国新民主主义革命取得了节节胜利。20世纪70年代末，“文化大革命”结束后，邓小平同志全面总结国际共产主义运动和新中国成立以后社会主义革命和建设的经验教训，从中国的实际出发，领导我们党坚决停止“以阶级斗争为纲”，果断地把党的工作重心转移到经济建设上来，并决定实行改革开放的新政策，同时坚持四项基本原则，创立了建设有中国特色社会主义的理论。在邓小平理论指导下，短短20多年，我国生产力和综合国力上了一个大台阶，人民生活总体上达到了小康水平，使我国现代化建设进入新世纪，站在一个新的伟大起点上，社会主义制度得到了进一步巩固和发展。20世纪90年代以来，以江泽民同志为核心的党的第三代中央领导集体，高举邓小平理论伟大旗帜，正确回答了我国在改革开放和现代化建设中面临的一系列新课题，根据实践发展，作出了许多重要的新结论、新概括和理论创新，指导我们在新的历史条件下把建设有中国特色社会主义伟大事业不断推向前进。

当然也不能忘记，我们党历史上曾经发生过偏离理论联系实际原则，出现过教条主义和“左”的严重错误。在第二次国内革命战争时期，以王明为代表的教条主义者，不顾中国的具体实际，把马克思主义教条化，把共产国际决议和苏联经验神圣化，差一点断送了中国革命。从20世纪50年代后期滋长的、特别是在“文化大革命”中出现全局性的“左”的指导错误，使党的事业遭受了严重损失。这里很重要的原因，就是偏离马克思主义基本原理，指导思想脱离中国的实际。

历史的经验和教训告诉我们，我们党什么时候坚持理论联系实际的学风，革命和建设事业就顺利前进，就不断取得新的胜利；什么时候教条主义、本本主义盛行，我们党的事业就会受到挫折。因此，坚持理论联系实际的学风，确实是关系党和国家前途与命运的大问题。江泽民同志在2001年“七一”重要讲话中指出：“马克思主义的基本原理任何时候都要坚持，否则我们的事业就会因为没有正确的理论基础和思想灵魂而迷失方向，就会归于失败。”同时，“马克思主义具有与时俱进的理论品质。如果不顾历史条件和现实情况的变化，拘泥于马克思主义经典作家在特定历史条件下、针对具体情况作出的某些个别论断和具体行动纲领，我们就会因为思想脱离实际而不能顺利前进，甚至发生失误”。这是对我们党历史经验的深刻总结，我们必须牢牢记取。一定要正确认识以江泽民同志为核心的党中央反复强调在党的基本理论指导下，从实际出发，推进理论创新的重要意义。坚持科学态度，大胆进行探索，使我们的思想和行动更加符合客观实际，更加符合社会主义初级阶段的国情和时代发展的要求。

（三）只有坚持理论联系实际，才能坚定对马克思主义的信仰

马克思主义之所以是科学，不仅因为马克思主义理论含有丰富的科学观点和科学论断，更重要的是马克思主义提供了认识世界的科学方法，体现了彻底的科学精神。我们只有把马克思主义理论与实践紧密联系起来，不断创新发展，才能指导我们的事业不断前进，马克思主义才具有生命力，才能显示出认识世界、改造世界的巨大作用，才能使我们对马克思主义的信仰更加坚定。如果用教条主义的态度对待马克思主义，不考虑社会历史条件已经发生变化，照抄照搬马克思主义针对某些具体问题的个别结论和词句，必然会在实践中碰壁，造成严重损失。这种不良学风必然严重败坏马克思主义的声誉，从而使人们对马克思主义产生怀疑，动摇对马克思主义的信仰。“文化大革命”结束后，社会上之所以出现过一些认为马克思主义“过时论”、“危机论”等错误思潮，一个重要原因，就是在“文化大革命”中“左”的一套和教条主义式的假马克思主义，把马克思主

义糟蹋得不成样子，国家和人民吃了苦头，严重损害了马克思主义的形象。从这个意义上说，共产党人要捍卫马克思主义，坚定对马克思主义的信仰，关键是要坚持理论联系实际的作风，坚持马克思主义的科学精神，正确运用它、发展它。

二、必须加强马克思主义理论学习

要做到理论联系实际，学习和掌握理论是前提。我们党一贯重视全党的理论学习。党的十五届六中全会再次强调："加强马克思主义理论学习，努力掌握和运用马克思主义的立场、观点、方法，始终是全党一项重要的政治任务。"这是理论联系实际，坚持和发展马克思主义的首要问题。如果不认真学懂弄通理论，不全面、系统地掌握马克思主义经典作家的理论体系和深刻内涵，对科学理论不甚了了，就无法做到理论联系实际，就不能自觉坚持和运用马克思主义理论，更难以认识和进行理论创新。因此，我们必须按照六中全会的要求，坚持不懈地学习马克思列宁主义、毛泽东思想、邓小平理论，深入学习"三个代表"重要思想，不断深化对共产党执政的规律、社会主义建设的规律、人类社会发展的规律的认识，在改造客观世界的同时不断改造主观世界。要把学习马克思主义理论与总结实践经验结合起来，与学习党的历史、中国历史和世界历史结合起来，与学习当代经济、科技、文化等知识结合起来。领导干部特别是走上新岗位的领导干部，还要认真学习、掌握同本职工作相关的方针政策和法律法规。领导干部特别是党的高级干部要做学习的表率，打牢马克思主义理论功底，坚定理想信念，提高政治敏锐性和政治鉴别力，增强工作的原则性、系统性、预见性和创造性，要通过贯彻六中全会精神，在全党形成学习理论的新高潮，进一步提高全党同志的马克思主义理论水平。

首先，要增强学习的自觉性，坚决纠正轻视理论、忽视学习的错误倾向。目前,一些党员干部其中包括领导干部,存在轻视理论、忽视学习的倾向。有的在工作中单纯凭经验办事,陷入忙忙碌碌的事务主义,甚至以“不懂理论的实干家”为荣;有的盲目骄傲自满,往往在学习中粗枝大叶,不求甚解;有的则为了应付考试,死记硬背个别词句和结论,甚至搞形式主义,作表面文章。这些错误倾向都是十分有害的,必须坚决纠正。

这里的关键,是要充分认识重视理论和加强学习的重要性。学习理论和其他知识,是适应改革开放和现代化建设迅速发展变化形势的需要。毛泽东同志曾指出:“有工作经验的人,要向理论方面学习,要认真读书,然后才可以使经验带上条理性、综合性,上升成为理论,然后才可以不把局部经验误认为即是普遍真理,才可不犯经验主义的错误。教条主义、经验主义,两者都是主观主义”。我国改革处于攻坚阶段,发展进入关键时期。目前世界格局正在走向多极化,经济全球化进程加快,科技革命突飞猛进,我们既面临着良好机遇,也存在着严峻挑战。在这种情况下,无论是系统学习过还是没有很好学习马克思主义理论的人们,理论知识和其他知识都不够,不能与新形势、新任务相适应。如果放松学习,对马克思主义一知半解,对现代经济、科技、文化知识一问三不知,只凭工作热情和老经验、老办法办事,就必然如同“盲人骑瞎马,夜半临深池”,必然会碰钉子。理论和实践都证明,政治上的清醒和坚定,来源于思想理论上的清醒和坚定;政治上的糊涂和摇摆,都是由于思想理论上的动摇和混乱。不学习和掌握科学理论,在错综复杂的情况下,就难以辨明政治方向和是非界限,也难以全面贯彻执行中央的路线、方针、政策。要通过学习,用马克思主义理论和其他现代知识把自己武装起来。否则,就要落后于时代,落后于实践,就不能很好地完成我们所承担的历史使命,甚至会迷失前进方向,犯这样或那样的政治错误。同时,也只有学好理论,掌握党的路线方针政策,才能结合本地区、本部门的具体实际创造性地开展工作。否则,思想和行动就会出现偏差。

学习理论也是加强党性、陶冶情操的需要。江泽民同志曾经指出:

“加强学习，对提高人的精神境界很有益处”，“学习搞好了，掌握的理论知识和科学文化知识多了，政治认识和精神境界提高了，讲政治、讲正气才讲得起来”。必须认识到，良好的政治素质、高尚的人格、洁美的操守、刚直不阿的凛然正气，都不是与生俱来的，而是长期学习和实践的结果。学习是增强党性、陶冶情操的重要环节和途径。只有学好理论，才能通晓人类社会历史的进程，感悟党的事业的伟大；只有学好理论，才能坚定信念，增强政治敏锐性和政治鉴别力；只有学好理论，才能懂得“高山仰止，景行行止”，牢固树立正确的世界观、人生观、价值观。因此，我们要把学习看作是一种政治责任，一种精神追求，做到学习、学习、再学习，活到老，学到老，永不懈怠。

其次，要发扬“钉子”精神，挤时间保证学习。有的同志常常借口工作忙、任务重，没有时间学习，为自己轻视理论开脱。确实，现在改革和发展的任务十分繁重，各级领导干部工作都很忙，但关键还在于对学习是否真正重视。如果不必要的应酬活动少一点，就可以有大量时间用来学习。中央领导同志日理万机，仍然坚持学习理论、历史、法律和现代经济科技文化知识，经常把专家请来，举办各种专题讲座，为全党同志作出了表率。我们要认识到，面对世界日新月异的变化和艰巨复杂的工作任务，不学习就不能肩负起承担的责任，就容易犯错误。近几年揭露出来的一些走上犯罪道路的领导干部，除了别的原因之外，一个重要方面就是长期不学习、假学习，放松了世界观的改造，结果逐渐丧失了理想信念，成了金钱和私欲的俘虏，最终堕落为犯罪分子。因此，作为一个领导干部，无论工作多么繁忙，都应该坚持挤时间学习理论，学习党的方针政策和国家法律法规，学习现代经济科技文化知识。要切实改变一些干部存在的“学风不浓、玩风太盛”的现象。

再次，要坚持学习制度，加强督促检查。六中全会《决定》指出：“学习制度化是加强学习的有力保证。”要建立健全理论学习的领导责任制，坚持一级抓一级，对学习情况经常监督检查。要建立健全党委中心组学习制度、领导干部在职自学制度和干部理论学习考核制度,认真落实县以上党政领导干部定期脱产进修和新进领导班子成员到党校、行政学院和其他干部培训机构学习的制度。许多地方和单位的实践证明,健全和坚持实行这些学习制度,是完全必要的,取得了好的效果。同时,要加强监督检查,使学习制度落到实处,讲求实效,防止流于形式。既要从制度上保证有一定的学习时间,又要正确安排学习内容,结合实际需要,学好理论和现代经济、科学、文化知识。要通过加强学习,达到提高理论素质、树立世界眼光、培养战略思维、加强党性修养、增强解决实际问题能力的效果。要把理论学习情况和理论联系实际、解决实际问题的能力,作为评议和考核干部的重要内容,并把考核结果作为选拔使用干部的重要依据。

三、学习和掌握理论的目的全在于应用

我们党在加强学风建设中历来强调:学习和掌握理论的目的在于应用。要以我国改革开放、现代化建设和我们正在做的事情为中心,着眼于马克思主义理论的运用,着眼于对现实问题的理论思考,着眼于新的实践和新的发展,开动脑筋,勤于思考,勇于探索,敢于创新。坚持有的放矢,确立以解决实际问题为中心学习和研究马克思主义,是我们党一贯倡导的科学方法。解决的实际问题越多,就说明学习和运用理论越好。

为此,最重要的是坚持解放思想,实事求是。应该看到,由于我国过去长期实行计划经济,必然给人们留下根深蒂固的思想烙印;由于教条主义、本本主义在我们党内曾经一度盛行,搞乱了人们的思想,主观主义、形而上学的思想方法仍然禁锢着一些人的思想。这些都是理论联系实际的大敌。我们一定要坚持党的基本理论和基本路线,按照实践是检验真理的唯一标准,一切从实际出发,自觉地把思想认识从那些不合时宜的观念、做法和体制中解放出来,从对马克思主义的错误的教条式的理解中解

放出来，从主观主义和形而上学的桎梏中解放出来，正确地运用马克思主义研究新情况，解决新问题。坚持理论联系实际的学风，就要打破陈旧的思想观念的束缚，研究改革开放和现代化建设过程中出现的新情况、新问题，提出新思想、新观点、新政策，使我们的思想随着实践的发展而发展，使我们的思想和行动更加符合客观实际。要时刻防止思想僵化，在一个拥有十几亿人口的大国，推进改革开放和现代化建设是一项全新的事业。“马克思没有讲过，我们的前人没有做过，其他社会主义国家也没有干过，所以，没有现成的经验可学。我们只能在干中学，在实践中摸索。”这就要求我们破除迷信，反对僵化，既要打破框框，大胆探索，勇于创新；又要反对“九斤老太”式的做法，正确认识和对待新事物、新思想、新创造。只有这样，才能在理论上有所创新，有所发展，使我们的事业生机勃勃，兴旺发达。

要正确做到理论联系实际，还要把握以下四个方面：

一是要紧密联系当今世界的实际。邓小平同志曾经告诫全党，要用世界的眼光看问题。和平和发展是时代的主题，但这两大课题至今一个也没有解决。现在，世界格局日益走向多极化，经济全球化趋势不断增强，科技革命迅猛发展，国际竞争十分激烈。我们必须运用马克思列宁主义、毛泽东思想和邓小平理论，科学地、敏锐地观察分析国际形势，把握当今世界的大背景、大格局、大趋势，正确认识这些新变化、新情况、新问题，给予科学的回答，并能及时提出应对措施，以抓住机遇，迎接挑战，掌握主动。无疑，这方面的学习和研究任务是多方面的，而且是非常重要和紧迫的。

二是要紧密联系当代中国的实际。我国改革开放和现代化建设取得了伟大成就，现在已进入新的发展阶段。在我们党面前，有许多重大理论问题和实践问题亟待研究解决。包括：如何正确认识和处理所有制结构调整和发展社会主义市场经济出现的新情况、新变化；如何正确认识和推进深层次经济体制改革和全方位、宽领域对外开放；如何正确认识和处理既要积极参与国际经济合作与竞争，又要善于维护国家的主权、独立与国家安全；如何正确认识和理解在新的情况下，不断增强党的阶级基础和扩大党的群众基础；如何按照“三个代表”的要求，加强党的建设、经济建设和各项社会事业建设，等等。我们应该按照党中央的要求，坚持发扬理论联系实际的学风，在实践中进行深入的思考和探索，寻求解决问题的正确答案，以利推动改革开放和现代化建设事业更好地向前发展。

三是要紧密联系个人的思想实际。这里主要是指联系个人主观世界的实际，在马克思主义理论指导下，加强对世界观、人生观、价值观的改造。比如，要在学习和掌握马克思主义世界观、方法论的基础上，结合实践“三个代表”的要求，根据党的历史使命和根本宗旨，经常想一想“参加革命是为什么、现在当干部应该做什么、将来身后应该留点什么”；对照自己的思想实际和所作所为，看自己在发展社会主义市场经济的情况下，在对外开放各种思想文化相互激荡的情况下，能否坚定共产党人的理想信念和宗旨，能否坚持人民的利益高于一切，能否自觉抵制个人主义、“一切向钱看”的思想行为，能否保持思想的警醒和行为的廉洁。要通过学习和运用理论，提高个人的思想政治素质，坚定理想信念，弘扬浩然正气，经受住金钱、权力和美色的考验，永葆共产党人的本色。

四是要紧密联系具体工作实际。对于一个地区、部门和单位的领导干部来说，学习掌握马克思主义理论，根本目的是要以科学理论为指导，做好本地区、本部门、本单位的工作。在实际工作中，对党的理论、路线、方针、政策、上级的决定和工作部署，必须坚决贯彻执行，不能违背，不能盲目蛮干。同时，我国经济社会发展不平衡，每个地区、部门和一个单位都有自己的具体情况。要正确运用马克思列宁主义、毛泽东思想、邓小平理论的基本观点和科学方法，深入分析研究自己面对的实际情况，针对工作中存在的具体矛盾和问题，正确提出解决的方法和措施，创造性地开展工作。照抄照搬上级指示，当“收发室”、“传声筒”，必然会给一个地区、部门和一个单位的工作造成损失，是对党的事业不负责任、也是党性不纯的表现，必须克服。各地方、各部门要在大局下行动，防止和纠正各种形式的分散主义现象。不能有令不行、有禁不止，搞“上有政策、下有对策”，搞地方和部门保护主义；不能制定与中央政策和国家法律法规相抵触的规定。

四、切实加强和改进调查研究工作

党的十五届六中全会号召，要大力加强调查研究工作，这是弘扬理论联系实际优良学风的必然要求。各地方、各部门要建立健全调查研究制度，改进调查研究方法，提高调查研究的质量。为此，必须进一步提高认识，真正把大兴调查研究之风作为改进学风、理论联系实际的关键措施和重要途径。

我们党之所以历来十分重视深入调查研究，是因为人们对事物运动变化的正确认识只能来自于实践，并经过实践的反复检验，不断丰富发展，逐渐向真理接近。这就是认识的规律。毛泽东同志曾经指出：“共产党的正确而不动摇的斗争策略，决不是少数人坐在房子里能够产生的，它是要在群众的斗争过程中才能产生的。因此，我们需要时时了解社会情况，时时进行实际调查。”改革开放以来，我们党的一系列重大正确决策，都是通过深入调查研究，总结群众在实践中的创造和经验，加以理论和政策升华而作出的。邓小平同志曾经说过，改革开放以来在农村实行土地联产承包责任制、发展乡镇企业等重大政策，都是从基层干部和广大群众具体实践中概括出来的。江泽民同志关于“三个代表”的重要思想，也是经过深入农村、企业进行大量调查研究和反复思考提出来的。新世纪已经拉开帷幕，我们国家要在本世纪中叶基本实现社会主义现代化，任务非常艰巨。前进中要解决许多复杂问题，克服各种困难，全面、正确地实践“三个代表”的要求，顺利实现我国现代化的宏伟目标，就必须坚持理论联系实际,深入调查研究,向群众学习,向实践学习,发现事物运动的规律,找出解决问题的办法。

加强调查研究,要建立制度,改进方法,提高质量。各级党政领导机关都要健全调研制度,制定和落实调研计划。按照中央的要求,省部级领导干部每年应至少抽出一个月时间,市(地)县党政领导干部每年要有两个月以上时间,深入基层调研,总结经验,探索规律,指导工作,解决问题。建立了制度,就要执行;制定了计划,就要落实。各地方部门要定期对调查研究制度和调研计划的执行、落实情况进行检查,经常督促,把调查研究情况和成果作为党政干部特别是各级领导干部考核的重要指标,把考核结果作为干部任用的重要标准。要坚决反对和纠正调查研究走过场、做样子,真正深入实际,深入基层,深入群众,了解真实情况,掌握第一手材料。中央领导同志经常深入到基层单位和群众中作调查,倾听基层干部和群众的意见和建议,了解基层单位工作情况和群众生产生活中的实际困难,这种求真务实的工作作风值得各级干部学习。现在,有的地方领导干部只要求下级干部调查研究,自己则官僚主义、高高在上、脱离群众;有的虽然下去作调查,但走马观花,浮光掠影,名曰调查研究,实则劳民伤财;有的听赞颂奉承之词格外顺耳,对批评意见则芒刺在背;有的只看先进典型,不看落后单位。这样做,结果必然是“情况不明决心大,脑筋不动办法多”,造成决策失误,给事业带来损失,必须坚决纠正。只要全党切实加强和改进调查研究工作,党的理论联系实际的优良学风和作风就一定会得到发扬光大,我们党的各项事业也就一定会更好地向前发展。

着力提高文稿起草质量*

（2002 年 3 月 28 日）

这几天，我们国务院研究室举办了“提高文稿起草质量”学习班，目的在于强化基本功，提高文稿起草质量和水平。

这次学习班的做法是，认真学习有关文献，总结自己实践经验，相互交流，集思广益，取长补短。每个单位、每个同志都非常重视这次学习。大家按照室党组提出的参阅书目和有关材料进行了自学。在各单位学习总结的基础上，用三个半天召开全室人员大会集中学习、交流，九位同志结合本司和自己的工作，作了发言。室领导尹成杰、李德水同志和林兆木同志，也交流了自己的体会和经验。每个同志都讲得很好，对我们大家、对我自己都有很大启发。有些同志说，我们长期做文字工作，有的是多年从事文稿起草，包括参加党中央、国务院重要文件和领导同志报告、讲话起草，但像这样集中时间，专门进行学习、总结、交流的机会不多。大家认为，这是研究室一次重要的基本功建设。这样做，把我们在过去参加文稿起草中肤浅的、零散的、感性的认识，上升到深入的、系统的、理性的认识，思想认识和写作技能都得到了提高。通过这次学习班，必将对我们研究室提高文稿起草水平起到积极的作用。

---

* 本文系作者在国务院研究室举办的“提高文稿起草质量”学习班上的讲话。

一、为什么要在提高文稿起草质量上下大工夫

文稿起草属于做文章的范畴。对于做文章,历来被人们所看重。在中国传统文化中,就有所谓"三不朽"之说,"立言"便居其中。三国时曹丕说过:"盖文章,经国之大业,不朽之盛事。"唐朝杜甫也说过:"文章千古事"。可见,做好文章何等重要!古往今来,文章大家们孜孜求索为文之法,留下了大量经典之作,也总结出许多可资借鉴的宝贵经验,但不论是谁,要把文章做好仍然是件困难的事情。当然,难亦有道,无巧而已;文无定法,却有成规。关键是要下工夫,多学、多看、多思、多写。一言以蔽之:苦事苦做,功到自成。在这个过程中,认真研究古今文章典范的写法,学习、借鉴他人的成功经验,是提高做文章水平的重要途径。

文章有不同的类别、文体。我们研究室工作中通常讲的文稿,不是指自己的著作、调研材料和在报刊上发表的文章,而是专指为党中央、国务院起草的各类文件和领导同志的报告、讲话等。这是一项非常重要的工作,任务艰巨,要求严格,责任重大。党中央、国务院对这类文稿的起草工作十分重视,也有许多明确的指示、要求。我们举办这期提高文稿起草质量学习班,主要基于以下三点考虑:

首先,从国务院研究室的职能和岗位职责看。中央批准的"三定"方案明确规定:国务院研究室是承担综合性政策研究和决策咨询任务、为国务院主要领导同志服务的办事机构。主要职能是:负责起草《政府工作报告》;根据国务院领导同志指示,单独或组织、协同有关方面起草、修改国务院有关重要文件;起草国务院领导同志部分重要讲话;参与党中央、国务院大型会议的文件起草;调查研究和进行经济形势分析;承办国务院交办的其他事项。从研究室的职能可以看出,起草和修改各类文稿是我们为国务院工作服务、为国务院领导同志服务的基本形式和主要载体,是

我室最重要的任务。据统计,仅 2001 年,我室负责起草或参与起草的党中央、国务院重要文件,以及国务院领导同志讲话和其他文稿达 180 多件,参与修改全国人大、国务院及有关部门起草的法律法规(草案)70 多件。此外,还撰写了大量调研报告。这些也说明,起草文稿是国务院研究室的基本职能。

起草文稿是一项政治性很强的任务。这是因为,我们负责或参与起草的文稿,往往都是党中央、国务院作出的工作部署,关系着党的路线和方针政策的贯彻执行,关系着国家经济社会发展任务和人民群众切身利益的实现。因此,必须十分认真地把文稿写好。朱镕基总理在 2000 年 2 月 13 日莅临我室看望大家时,语重心长地说:我希望研究室的同志加强学习,更好地改进自己的工作,提高自己的工作效率和水平。研究室的工作提高一步,反映到我们的工作上就提高一步,反映到国务院的工作上就提高一步。这说明,我们所从事的工作,同国务院的工作紧密相关,同国家的大局紧密相关,同改革开放和现代化建设紧密相关,国务院领导同志对我们寄予厚望。所以,我们肩负重任,提高文稿起草质量,是履行好我们研究室职能的要求。

其次,从我们面临的形势和任务看。进入新世纪,我国改革开放和现代化建设进入新的发展阶段,新情况、新事物层出不穷,同时也面临着不少新困难、新挑战。我们党和国家要开创新局面,需要各个方面进行坚韧不拔的开拓性工作。这种新形势、新任务,对我们研究室的工作提出了新的更高的要求。只有在提高文稿起草质量上下大工夫,才能更好地为国务院和国务院领导同志服务,更好地适应党和人民的需要。

第三,从我们研究室的现状看。这几年,我们研究室的同志勤勉敬业,任劳任怨,为起草党中央、国务院各类文稿付出了辛劳,也不断取得新的进步。我们的工作受到国务院领导同志的肯定。今年春节前夕,朱镕基总理和国务委员兼国务院秘书长王忠禹同志在我们室 2001 年工作总结上作出的重要批示,就是对全室同志工作的充分肯定和鼓励。朱镕基总理在 2002

年元月 26 日作出批示：国务院研究室主要为国务院领导同志服务，任务繁重，工作辛苦，全体同志任劳任怨，夜以继日，一年工作成绩，国务院领导同志自有公允评价。国务院其他领导同志也予以高度评价，认为研究室做了大量工作，起草的文稿让人放心，能够从整体上把握，全面吃透情况，政策讲得明白。这些说明，我们起草的文稿质量是不断提高的。

同时，也要清醒地看到，我们的工作同研究室肩负的职责、重任和面临的形势，以及国务院领导同志的要求相比，还有许多不足，有些方面差距还较大。有的同志写自己的文章包括写调查研究报告确实有较高水平，出了不少颇有社会影响的成果，但对起草文件和领导同志讲话等文稿，还缺乏必要的基本功，无论是思想理论、业务知识水平还是写作技能都有待提高。

研究室工作怎样才能上水平？根本的问题是进一步提高起草文稿的质量。研究室的工作质量，干部的政治水平、业务素质、写作能力，在相当程度上体现在起草文稿的质量上。因此，必须以抓文稿质量为突破口，促进我们工作上新的台阶，促进干部素质有新的提高。对于研究室，善于起草文稿应该成为每个干部必备的基本功。具备良好的文稿起草本领，不仅对改进我们的工作有直接的重要作用，也有利于每位同志的成长和进步。具备较高的文字表达能力，将使同志们终生受益。大家到国务院研究室工作的时间有长有短，但如果经过一段时间的工作，能够在起草文稿方面有所进步，思考问题和文字表达能力有比较大的提高，以后到任何地方、部门工作都会得心应手。所以，每个同志都应该自觉地在提高文稿起草质量方面下大工夫。

二、一篇好的文稿应具备的基本要求

评价文稿质量的高低，没有统一的、具体的标准，可以从多个角度来衡量。一般来说，一篇好的文稿应具备以下几点：

一要全面贯彻党的理论、路线、方针、政策和国家法律法规，指导思想正确。这是头等重要的，也是根本性的。必须着眼全局，全面地、准确地把握中央的有关方针政策和国家的法律法规，以及党中央、国务院有关指示精神。这就要求，起草文件、报告、讲话等，首先要基本立场、观点、方法正确；同时，必须切实熟悉、深刻领会并正确反映党和国家的有关方针政策和法律法规。如果起草的文稿与中央的方针政策、国家的法律法规以及有关指示精神不相符或者相违背，那就不但达不到应有的目的，反而会造成干扰和破坏。

二要充分反映时代潮流和世界发展趋势。朱镕基总理在看望我们研究室全体人员时说：我总是在想，作为国务院总理，讲出来的东西要符合时代进步潮流，顺应世界发展变化，不仅要把它提高到理论的高度，而且又要非常有文采。他还强调，“我最希望的是文稿中有新思想、新见解、新材料。”“希望你们帮助我收集各方面的信息，用新的思想、新的观点来研究新的问题和新的情况。”要达到这样的要求，最根本的是要坚持解放思想、实事求是的思想路线，以宽广的视野观察世界，正确把握时代特征和国际政治经济形势，开拓思路，深刻了解国内形势的新变化，坚持与时俱进。为此，必须拓宽信息渠道，敏于观察，勤于思考。文稿起草不能相摹而作，而要有创新。虽然可以在研究别的文稿、材料的基础上，获得启发、借鉴，但必须同新形势、新情况、新任务密切联系起来，做出新阐述，提出新要求，解决新问题。

三要务必符合经济和社会发展实际。文稿必须有现实针对性，对实践有指导意义。毛泽东同志说过：“一篇文章或一篇演说，如果是重要的带指导性质的，总得要提出一个什么问题，接着加以分析，然后综合起来，指明问题的性质，给以解决的办法，就不是形式主义的方法所能济事。”我们起草的文稿，目的都是要推动工作，解决实际问题。这就要求，一定要从全局的角度对问题进行深入调查研究，全面掌握情况，认真加以分析，提出可行的政策、措施，使文稿以解决实际问题为出发点，以推动工作和提高工作质量为根本，这样才能体现实用性、实效性、指导性的有机结合。

四要力求经得起实践检验和历史检验。我们起草或参与起草重要文件、报告或讲话稿，必须对国家负责，对人民负责，对历史负责。很多重要文件、讲话，关系国家的全局和长远发展，有些将载入史册，后世可查。这就要求在起草文稿中，对所阐述的观点，提出的任务、政策、措施等，既能很好地指导当前工作，解决现实的问题，又要有科学理论依据，符合客观规律；既能经得起实践的检验，又能经受住历史的检验。不单是起草重要文稿如此，我们写自己的文章也应该努力做到这样。

五要达到“三性”的要求，即准确性、鲜明性、生动性。毛泽东同志在《工作方法六十条》中说：“文章和文件都应当具有这样三种性质：准确性、鲜明性、生动性。”什么是“准确性、鲜明性、生动性”？准确性属于概念、判断和推理问题，这些都是逻辑问题。鲜明性和生动性，除了逻辑问题外，还有词章问题，修辞要讲究，语言要生动，引人入胜。一篇好的文稿起码要做到概念准确，判断恰当，使用概念、判断进行推理的时候符合逻辑。做到内容充实、观点鲜明、论证有力。无论是经济工作方面还是其他方面，一篇高质量的文稿，都应是思想理论性、政策指导性以及文章生动性这“三性”的统一。

三、起草文稿必须把握的主要环节

这方面只讲工作中的一些体会。

一要区分性质，体裁得当。就是要区别文稿的性质，把握文稿体裁的要求，明确文稿要起到的作用。不同性质的文稿，面对不同对象，表达形式不一样，内容重点和行文用语也不一样。我们研究室承担的文稿起草任务主要有:国务院总理所作的《政府工作报告》,国务院文件;领导同志在工作会议上的讲话,在国际会议上和出国访问的讲话、致辞、讲演,在考察工作时的新闻稿,以及其他文稿等。每类文稿都有特定的体裁、内容、结构和语言表达方式要求,写作方法、技巧不尽一样。比如:

文件类。党中央、国务院的文件,都是用以指导和推动全国工作的,对文稿起草的要求高。特别是属于综合性的重要文件,必须突出政治思想性、原则指导性,主题鲜明,主线清晰,概括力强,用语准确规范,并做到简洁、明快、质朴,自然通畅。尽量用大众化语言,不用生僻字。有些文件是公开的,有些是内部的,需要注意内外有别。

政府工作报告。是国务院总理向全国人民代表大会报告政府工作。一般说来,这样的报告在体例、结构、用语方面比较规范。但不同年份,内容、重点不同,结构也有不同。比如,有的是主要讲当年工作;有的是主要就国民经济和社会发展中长期规划报告工作;政府换届时,是报告本届政府五年工作和以后五年或当年政府工作建议。这是历史上形成的写法。当然,每年政府工作报告的写法也可以创新,要深刻领会中央当时工作部署的特点,突出新形势、新任务的要求,突出人民群众最关心的问题。例如,朱镕基总理在2002年3月5日九届全国人大五次会议上所作的《政府工作报告》,在结构布局方面就有创新。整个《报告》没设二级标题,首先用一定篇幅报告去年工作,然后主要讲2002年的八大任务。《报告》根据中央关于今年工作的重点,把“扩大和培育内需,促进经济较快增长”放在第一位,把“继续大力整顿和规范市场经济秩序”,以及“适应加入世贸组织新形势,全面提高对外开放水平”分别作为重点任务单独写。这样写,大家感到别开生面,形式新颖,重点突出,与会代表和媒体的反映都是好的。

领导讲话。为领导同志起草讲话稿,是我们研究室经常性的任务。每篇讲话稿的内容、结构、文字长短要根据不同情况而定。一般说来,领导机关开一次会议都要集中部署一个方面、一段时间的工作任务,或者研究解决一二个突出问题。领导同志都会希望就某一个方面工作或几个问题讲深、进透,每篇讲话要有一个主题、一条主线,各个部分有自己的支线,而且要有现实针对性、指导性。讲话稿所用语言一般要求简练、平实、规范,力求准确,避免产生歧义。注重从实际出发,坚持用事实说话,不要过多雕饰。通常应注意以下几点:一是思路清晰,条理分明,把握好讲话内容的逻辑关系。文稿中部分与部分、段与段、层与层之间起承转合,环环相扣。为此,需要培养自己的综合概括能力和理性思维能力,精心对材料或词语进行梳理。二是适应形势变化,吸收新鲜用语,善于使用符合时效的语言。一篇领导同志的讲话一般都与当时的形势和任务紧密相连,而各个时期的形势特点不同,对某一方面工作任务的提法、侧重点、政策、措施和要求也有所不同。我们起草文稿必须注意学习和运用符合新形势、新情况的语言表达形式,不能总是使用老话。所以,平时必须善于学习和了解新东西,经常看书、看报,学习各方面文件,注意研究新情况,加以新提炼、新概括、新创造。要善于使用新词语,特别是运用党中央、国务院文件中的新鲜语言,以及新的政策性用语。当然,绝不能生造一些连自己也不甚了了的"新话"。三是夹叙夹议,既摆事实又讲道理,增强讲话的吸引力。要注意尽量把稿子写得有血有肉,不仅要观点正确、事实确凿,而且要体现某位领导同志自己的见解和表达风格,做到情理交融,避免通篇都是大道理,句句都是判断语。讲话稿里用政治家语言是对的,但既要把该说的话讲到位,又要让人愿意听,使讲话起到应有的作用。这就需要有厚实的文字功底和丰富的社会经验。我们应该朝这个方向努力。

起草领导同志的讲话稿,同起草其他文稿一样,一定要把大标题和小标题选好。俗话说,"文章要好,标题要巧","看人先看眼,看文先看题"。对于文章来说,标题犹如"文眼",至关重要。标题好,如同画龙点睛。一般说来,好的标题,要贴切、醒目、生动、简洁,要有特征,切忌似曾相识。既要想好文章的大标题,也要想好小标题。文稿的开头很重要,要开门见山,点明主题,引人入胜。结尾同样也很重要,一定要用心琢磨,不可草率从事。所谓“凤头”、“豹尾”，说的就是这个意思。

新闻稿。新闻稿一定要“新”。从这几年的实践看，领导同志考察工作时的新闻稿，一定要充分考虑当时社会经济发展的背景，考虑当时党中央、国务院重要决策的要求。领导同志出去考察的任务不一样，要吃透领导同志考察工作所要达到的目的。一般说来，新闻稿首先是要把导语写好，导语是文眼、是灵魂，要精心提炼、高度概括。接着，交待背景、考察过程等，然后是领导同志讲话的要点。特别要注意，一定要根据领导同志当时考察和讲话的内容来写，这就要求跟随领导同志考察的人员必须时时处处倾听领导同志讲话、指示，并仔细考虑运用恰当的方式表达出来。国务院领导同志在国内考察工作，往往都会有新闻记者跟随，要注意充分发挥记者的作用，尊重他们的劳动，相互学习和取长补短。

这里需要着重讲一下，仅就起草文稿而言，我们研究室的同志需要具备两套写作本领。一套是会写多种文稿的本领，包括起草各类文件和领导同志报告、讲话、致辞等。还要有一套，就是要有为多位领导同志服务的本领。每位领导同志的个人特点、风格和语言表达习惯不一样，起草有关领导同志讲话稿时，一定要了解服务对象的语言表达习惯和个人风格，必须符合不同领导同志的要求。从这几年的情况看，有的领导同志对起草讲话稿的要求，一是“新”，要有新观点、新材料、新内容、新语言，给人以新意和启发。二是“实”，注重实事求是，讲实在的问题，解决实际问题，讲话有针对性，不讲空话、套话。三是“短”，简洁明快，突出重点，不长篇议论。有的时候讲话内容很丰富，但发表时要求简短。有的领导同志喜欢讲话开门见山、直抒胸臆，语言简练、干脆、掷地有声，多用朗朗上口的语言，或适当引用古今中外的名人名句、典故，使语言富于美感。有的领导喜欢平实、质朴，注重讲道理，有时要求引用经典文献或党和国家主要领导人的话，从如何领会和贯彻来作为行文的思路。有的领导同志喜欢讲有个人风格的话，或要求多用事例讲话，即使是经典文献中的思想、观点，也是喜欢运用自己的语言表达出来。如此等等。这些都要求，我们平时应当多留心观察、多琢磨领会,与有关领导同志保持"神通",积极改进行文方式和表达形式,努力适应不同领导同志的需要。

二要明确目的,领会意图。在接到一篇文稿起草任务后,首先应考虑为什么要起草这个文稿,务必正确领会领导同志的意图和要求。明确目的、意图,才能确定好主题、主线。选择好主题、主线,才好深入构思,收集材料。主要论点是文章的基调,一定要准确把握。通常有两种情况:一种情况是,领导同志对一篇文稿起草有明确、具体的指示、要求,这就必须认真按照领导同志的指示、要求起草。另一种情况是,领导没有作出明确指示、要求,要我们先起草稿子。前一种情况比较好办,后一种情况就需要我们用心体会,务必把文稿的目的、意图考虑清楚,否则就会走弯路。不论起草什么文稿,必须正确立论,全面贯彻中央的决策和部署,提高文稿的思想理论和政策水平。

三要整体把握,谋篇布局。在明确意图和主题的基础上,要做到科学思维,整体把握,系统思考,兼收并蓄,综合概括。要谋好通篇布局、结构。在思考问题时,要增强悟性,举一反三,触类旁通,善于联想。就起草一篇文稿而言,应当知晓当时社会上对某一问题的各种观点,精通有关业务。没有整体意识、全局观点,不熟悉有关业务、知识,就写不出好文稿。要注意把相关的情况弄清楚,全面把握有关事物、工作任务的内涵、外延和有关方针、政策,以及实际工作中存在的问题,提出有力的对策,并加以深入论述。

四要站高想深,精心写作。要站在全局和领导者的角度考虑问题,选择材料,使用语言,想领导者之所想,写领导者之所讲。首先要有高度。一篇重要的文稿必须有理论的高度、全局的高度。我们为国务院领导同志起草文稿,要充分反映领导同志的政治眼光、思想境界、政策水平、学识才干。同时要想得深,突出思想性,提出问题要抓住重点和本质,分析问题要鞭辟入里、入木三分,解决问题的政策、措施要切实可行。既考虑需要,又考虑可能。要全面思考,避免主观性、片面性,不能以偏概全,也不可报喜不报忧。要遵循叙事、说明和结论的科学逻辑,做到材料和观点相统一、共性与个性相统一、理论与实际相统一。善于运用写作的各种手法、技巧,正确体现中央的精神和领导同志的意图。要深入浅出地叙事明理,传情达意,恰当选词,严密造句,力求把文稿写得准确、鲜明、生动。语言简洁、精炼,要言不繁,不能拖泥带水。

五要深究细研,反复修改。初稿写好后,要翻来覆去地推敲、修改。这是重要的环节。所谓千锤百炼,不一定要“锤”千次、“炼”百次,但像鲁迅说的“写完后至少看两遍”,是起码的。毛泽东同志说过:“我看重要的文章不妨看它十多遍,认真地加以删改,然后发表。文章是客观事物的反映,而事物是曲折复杂的,必须反复研究,才能反映恰当;在这里粗心大意,就是不懂得做文章的起码知识。”我们有些同志写完一稿,甚至不从头到尾看一遍就报送,这就是不懂得做文章的起码知识。文不厌改,重要的文稿都是反复修改出来的,几次、十几次甚至几十次地修改。我们不少同志都有切身体会。每年的《政府工作报告》,说是十易其稿,这十次是指经党中央、国务院领导同志过目、讨论和人大会议审议的,在起草小组里改了更多遍。反复修改的过程,是对问题的认识不断深入、思想不断升华、文字不断完善的过程。古人就有“改章难于造篇,易字艰于代句”的说法,这是经验之谈。修改文稿是一件困难的事,也是精雕细刻的过程。特别需要注意以下几点:

一是通篇把握,追求完美。推敲和修改是再提高的过程。要把党中央、国务院有关文件精神,部门提供的素材、初稿,有关调研成果,收集到的各种材料等,尽可能地再学习、再消化、再吸收,尽量调动和运用各方面材料充实、修改文稿。对能说明问题、阐述观点的材料,要加以充分利用,特别要注意吸收新材料、新见解。要注意用词准确、精当。今年的《政府工作报告》最后一道修改,是经过人大会议讨论修改十六处,其中有的涉及重要提法。例如,原稿中写了一句“我们支持海内外华侨华人反对台独的爱国行动”。在大会审议时,有的代表提出意见,指出这里用“爱国行动”不妥当,后来将“爱国行动”改为“正义行动”。这样修改就准确了。

二是反复琢磨,敢于取舍。要紧紧围绕文稿的主题,仔细推敲,恰当取舍。唐朝文学大师韩愈说过:“丰而不余一言,约而不失一辞。”务必将可有可无的字、句、段落删去,毫不可惜;该加上的内容、词、字,一定要加进去。清朝郑板桥说:“删繁就简三秋树,领异标新二月花。”意思是说,删繁就简像深秋的树那样将黄叶枯枝尽行去掉,而标新立异却要像二月里的鲜花那样艳丽。也正如韩愈所说,“唯陈言之务去”。要竭力将一些老话、套话删掉,尽可能有新意、新话,给人启迪,催人奋进。

三是认真核校,一丝不苟。核校是文稿报送领导同志之前一个重要的环节,基本任务就是发现、辨别和处理文稿中的“硬伤”和“软伤”,即不易看出、须经仔细辨析才能发现的问题,避免出现“小儿科”、“低水平”的错误。要对文法、句法、用词反复推敲,认真核校。对文稿中的数字、计量单位、时间、人名、地名、引文等,务必认真核校。另外,还要特别注意对容易用错、用混字词的检查。比如,再接再厉的“厉”、奋发图强的“奋”、熟视无睹的“熟”,容易写成“励”、“愤”、“孰”;“反映”和“反应”、“权利”和“权力”等词,容易混用。要识别和纠正这类错误,一是应熟悉字义和词义,二是加强校对审核。对一些“软伤”的辨认和处理也要高度注意,包括对工作成绩评价过满或过低,对结论判断失误,以及缺少限定词、牵扯无关情况、逻辑不周、过于具体、陈述不当、言不达意、角度错位等。近几年,我们报出的文稿,“硬伤”、“软伤”不少,今后务必注意。毛泽东同志曾经说过,“从前人称‘校对’为‘校仇’,校对确实很难,非以仇人对之是不胜所为的。”

起草文稿与写其他文章一样,要做到深究细研,精益求精,追求完美,关键是必须有极其认真、高度负责的态度,丝毫马虎不得。对一些字、词是否准确,要多加推敲,要有“吟安一个字,拈断数茎须”、“为求一字稳,耐得半宵寒”的精神。这样,自然就会避免一些“硬伤”、“软伤”,文稿质量也就会得到提高。

四、需要注意解决好的几个问题

一要善于领会和贯彻领导意图。起草文稿时,必须准确领会和体现领导同志的指示精神。这里包括接受起草任务时,某位领导同志对起草工作作出的具体指示、要求,也包括使用某位领导同志过去、近期就同一问题所做的论述、观点。要本着对事业负责、对人民负责,也对领导同志负责的精神,从各个方面认真地加以学习和领会。在领导同志讲话时没有稿子而需要整理成文稿时,一般说来,需注意把握以下几点:(1)领导同志讲得准确的内容、观点、数据、材料,要全面地整理出来,除了不宜扩大范围的外,原则上做到有言必录。(2)领导同志讲的具体问题不够准确,包括一些引文、提法、事实、数据等,应帮助校正过来。(3)领导同志对某个重要观点一时讲得不够完善、不够充分的,可以按领导同志的意图适当加以补充,将这位领导同志以前讲过的同一观点、相关内容、整理到文稿中来。为此,需要系统地了解和把握领导同志的活动、思想、观点和语言风格。

二要善于集体创作,合作共事,集思广益。党中央、国务院重要文件和领导同志重要讲话的起草,都不是一个人所为,而是集体智慧的结晶。每篇重要文稿,都是由主持者、参与者组成。要处理好主持者与参与者之间的关系,每位同志都应该全身心地投入。作为主持者,要十分注意充分发挥每个同志的作用,认真听取大家的意见;同时,自己还要先学一步、先考虑一步。每个参与者也应如此。有的同志只关心自己的那一部分,这是不对的,因为你这部分是整个文稿的有机组成部分。在起草文稿中,要发扬团队精神,善于合作共事,不能有个人的私心杂念。在一个写作班子中,每个同志都要尽心尽力,团结和谐,商量研究,切磋琢磨。这样,才能顺利完成共同的任务。

在起草班子中，能否精诚合作，反映着主持者的政治思想、组织协调和业务知识水平，也反映所有成员的思想素质、品格境界、合作精神、默契意识。如果有的同志认为自己不是负责人员，不是某部分的起草者，就漠不关心，或关心不够，这是不应该的。必须十分明白，每个部分都是整篇文章的有机部分，都需要从整体看局部，再从局部看整体。因此，对文稿的各个部分，每个人都应该充分发表意见，认真对待。

三要善于利用调研成果和各方面材料。高质量文稿的形成，是“吃透两头”的结果。一个是上头，即中央的精神、领导同志的指示；一个是下头，即现实情况。关于贯彻中央、领导同志指示精神，前面已讲过。至于要吃透下头，必须加强调查研究。一方面深入基层，深入群众，深入实际，掌握真实情况；另一方面，收集听取社会各方面（包括学者、专家、实际工作部门）意见，特别要关注和分析不同的意见。调查研究是文稿起草前一项至关重要的准备工作。调查研究要注意把握三点：一是尽可能收集详实的参阅资料，大量占有信息。二是全面了解事物的真实情况。要在掌握第一手资料的基础上，认真筛选，去粗取精，去伪存真。三是对调研材料进行严谨、细致的综合分析。在综合分析中，要有理论依据，有深入思考，注重集中民智，集思广益，做到科学论证，把正确的思路和观点写入文稿。这几年我们有些同志在起草文稿中，不大善于利用自己的调研成果，今后应注意改进。

四要善于借用外力，充分吸收素材或草稿内容。国务院文件和领导同志重要讲话的起草，有的是由有关方面提供素材或起草初稿。我们应该认真研究、充分运用这些材料，在此基础上修改、提高，这是一条很重要的经验。我们有些同志往往不认真研究、运用这些现成的东西，喜欢另起炉灶，完全推倒重来，以致走弯路，是不可取的。这是因为：(1)有关部门提供的素材或草稿中的内容，是有关部门的意见，应该充分加以考虑。(2)有关部门熟悉本部门业务和具体政策，比我们更了解情况、问题和需要采取的措施。(3)有关部门送来的素材和草稿，一般都是经过部门负责人审定过的，从尊重他们意见的角度，也要加以重视。

重视运用有关部门提供的素材和草稿，不等于不要加以修改，而是作为基础，从中获得思想启迪，发现问题。基础较好的，可以在素材或草稿基础上加以修改、完善；差距太大的，应找有关部门来座谈，提出意见请他们再修改。我们研究室的主要任务在于：(1)站在国务院和有关领导同志的角度，去审视和把握文稿主题、结构、内容。(2)正确处理全局与局部的关系，以及整体工作与部门工作关系、部门与部门之间关系。既要充分考虑部门的意见，又要避免单纯部门观点。有些部门起草的文稿，单纯强调部门利益，与全局利益相矛盾，这就需要加以修改。(3)运用我们写文稿的经验和文字功底，讲究文体、词章，把草稿改写好。总之，我们要从思想、构架、内容、词章等方面再修改、再提高，形成达到领导同志要求的文稿。

五要善于从自己的实践中学习和提高。读书是学习，实践也是学习。"吃一堑，长一智。"这些都说明实践的重要性。从自己亲身的体验中总结、反思、吸取经验教训，是一种很好的学习。本届政府以来，我们研究室领导同志为了使大家在实践中不断学习和提高，十分注意为更多的人员提供机会参与文稿起草工作。参与每一篇文稿起草的过程，都是一个学习的过程，要善于抓住和充分利用实践的机会。每篇文稿从任务提出，到形成送审稿直到定稿，要经过多道环节，多遍修改，经过各级领导同志之手。改一遍就有一遍提高。每道环节、每遍修改、每级领导同志的修改意见，自己都应加以对照、思考。对改动之处，要认真地想一想，包括为什么改动？改动后有什么好处？自己应当吸取什么教训？特别要注意研究国务院领导同志的修改之处。一个人能看到差距，就会不断提高。近几年来，有些同志进步得比较快，也是从多次参加文稿起草中认真总结经验的结果。

这里，有一个如何看待自己参与起草的文稿被采用与否的问题。有明确起草任务的文稿，只要符合要求，总是会被使用的（特殊情况可能有例外)。如果与领导同志的要求差距太大,就不会被采用,或者少采用。有少数情况,领导同志事先没有明确讲什么,稿子准备好后,领导同志又有了自己的思路,没有完全按稿子讲,或者你参加准备的一段没有讲。这样的情况下,自己的劳动也没有白费。一是经过自己学习、积累材料,增长的知识可以长期受用。二是领导同志已知道你写的内容,对他起到了筛选、参考作用。三是自己可以总结经验,反思一下自己写的为什么没有被领导同志采用,这也有助于提高自己的水平。认识问题往往有个反复的过程。因此,我们要保持健康、平和的心态,要承认自己的局限性和不足,不要埋怨,不要气馁,每个同志都要养成不怕被别人否定和敢于自我否定的良好心态,这样才能不断进步。

五、关键在于练好基本功,全面提高自身素质

我们研究室是国务院的办事机构,参与文稿特别是重要文稿的起草,实际是起着国务院领导同志的参谋、助手作用。要当好参谋、助手,就必须先提高自己的思想和工作水平。否则,就难以适应我们工作岗位和职能的要求。所以,我们要在全面提高自身素质上下一番大工夫、真工夫、苦工夫。特别是要努力打好以下"五个根底":

一要打好基本理论和政治方向的根底。要坚持刻苦学习马克思列宁主义、毛泽东思想和邓小平理论,努力实践江泽民同志"三个代表"的要求。善于运用马克思主义的立场、观点、方法观察、处理问题。始终坚持正确的政治方向,全面贯彻党的基本路线。这是最重要的、管一切的。不论什么样的重要文稿,都必须以党的理论、路线、方针为指导。我们有些同志在这方面存在明显的弱点,有时写出的稿子连基本的理论和方针都搞错了。这说明基本理论功底不牢,政治理论水平不高,应该加紧学习和提高。

二是打好国家法律法规和政策的根底。每篇重要文稿都与国家某些法律法规和政策规定相联系。不熟悉这些方面，就很难起草、修改文稿。现在，有的部门一些材料中的某些提法不符合国家的有关法律法规和政策，如果不熟悉法律、法规和政策，就很难看出问题来。我们不仅要熟悉一些基本法律、重要法规和方针政策，还要熟悉专业部门的规定、政策等。否则，就会出现法制性、政策性偏差。这是绝对要避免的。

三是打好基本知识和业务的根底。要努力掌握与自己负责的领域和业务工作直接相关的知识。例如，宏观研究司同志要全面熟悉宏观经济理论知识和业务；农村研究司同志要全面熟悉“三农”知识和业务；工交贸易研究司同志要全面熟悉工业交通和内外贸易方面知识和业务；社会发展研究司同志要全面熟悉科技、教育、文化和其他社会事业方面知识和业务；综合研究司同志应该业务知识面更宽一些，综合分析和概括能力更强一些。我们不仅要掌握有关基本业务知识和以前的情况，还要及时跟踪和掌握新的变化情况。每个同志都要有自己的重点领域和专业范围，精通自己所负责方面的基本理论、基本知识、基本政策。每个同志都应当成为一个或几个领域的专家、权威。绝不能满足于若明若暗、似懂非懂。“以其昏昏，使人昭昭”，是不行的。

同时，要博览群书。“厚积而薄发”，用起来就会得心应手。古人云：“劳于读书，逸于作文。”意思是说勤奋读书，作文方能轻松自如。杜甫的“读书破万卷，下笔如有神”，苏轼的“读书万卷始通神”，都是讲的这个道理。每个同志都要注意拓宽知识面，不仅要懂经济，还要学习哲学、政治、历史、法律、文学等方面的知识。不仅要熟悉社会科学知识，还要学习自然科学知识；不仅知道中国的有关知识，还要了解国外的有关知识。

四是打好辞章和文字的根底。要不断提高文字表达能力。写文稿与写其他文章一样，本身有个技能问题。文稿要写得好，除了思想正确、态度鲜明、作风正派之外，还要掌握一些写作技巧，懂一点逻辑、文法和修辞。有些同志写的稿子中逻辑混乱、文理不通的现象时有发生，也有的乱造概念，用词离奇，令人难懂。因此，要加强辞章修养，改进文风。还要谙熟一些成语、古语、典故、名人名言，以用到恰当之处，增添文采。

五是打好思想素质和品格的根底。根本的是要有忠诚党的事业的高度责任心。要无私奉献，勤勉敬业，恪尽职守。对待每一项任务、每一篇文稿都要全身心投入，写出自己的最好水平。对每个人而言，研究室的工作岗位是短暂的，但事业是永久的，大家要非常珍惜自己的岗位和给自己锻炼的机会，充分发挥聪明才智和潜力。应该做到“不用扬鞭自奋蹄”，加快成长和进步。马克思说过：“《资本论》是一部经过千辛万苦写成的著作，可能从来没有一部这种性质的著作是在比这更艰苦的条件下写成的。为了它，我已经牺牲了我的健康、幸福和家庭。”由此可见，不付出巨大的辛劳，是写不好文章的，也不会做好文稿起草工作。我们必须全神贯注地投入，殚精竭虑地工作。

六、建立健全文稿起草工作责任制

既要通过学习提高研究室干部队伍素质，又要切实加强有关工作制度建设。制度建设是根本性的。提高文稿起草质量是一项系统性的工作。从目前来看，健全和落实责任制，是我室提高文稿起草质量的重要环节。

文稿起草是一个集体创作的过程。一篇文稿要经过材料收集、讨论酝酿、动笔起草、反复修改、印刷等多个环节。任何环节出了问题，都会直接或间接地影响文稿的质量。要尽快把责任落实到每个环节，落实到每个人。这样，才能在文稿起草的各个环节把好关，少出纰漏，保证质量。

健全责任制，严格考核。要根据我们研究室工作的特点，抓紧制定切实可行的办法，把工作质量纳入干部考核内容，把文稿起草质量与干部选拔任用更好地联系起来。每个同志都要敢于负责，勇挑重担。实践证明，加担子、加压力，有利于干部的进步。推诿责任，文过饰非，对干部成长有百害而无一利。特别要健全司长责任制，或主持人负责制。出了问题，要追究责任；写出好文稿的，要加以表扬和鼓励。

有的同志说，建立文稿起草责任制后，谁承担任务多，谁就可能受到的追究多，不承担任务的人反而无责任了。我认为不能这么看问题。只要是责任心尽到了，你就起码不会出明显的"硬伤""软伤"。同时，领导同志会用全面的、发展的眼光看问题，承担任务多说明贡献大，多一次任务就多一次锻炼、成长的机会。当然，如何处理好这个问题，还需要进一步研究。

积极为写好文稿创造条件。包括及时传达党中央、国务院会议精神、指示，充分运用现代信息手段改进工作。这样，有利于及时掌握党中央、国务院的最新精神，有利于及时查找材料、论据，收集新情况、新信息。要加强全室的信息网络建设，运用现代技术手段，这方面已采取了一些措施，还要进一步加强。

这次提高文稿起草质量学习班就要结束了。许多同志对本次活动给予了较高评价，觉得获益匪浅。由于时间较短，此次活动开展得还不够深入，许多问题有待继续探讨。公文文稿起草是一项十分重要的实践性很强的工作，提高起草质量是一个长期的任务。我们决定把大家在大会上的发言和这次学习班之后撰写的心得体会，一并编辑成册，供内部交流，以相互启发、借鉴，共同探求文稿起草的特点和规律。我们相信，只要坚持高标准、严要求，刻苦学习，反复实践，不懈追求高质量，我们的文稿起草水平一定会不断得到提高，我们也一定会更好地履行研究室职能，更好地为国务院领导同志服务，更好地为党中央、国务院工作服务，为我国改革开放和社会主义现代化建设作出应有的贡献。

创造一流业绩　建设一流队伍*

（2002 年 10 月）

江泽民同志指出：“努力开创建设有中国特色社会主义事业新局面，必须毫不动摇地坚持和改善党的领导，全面推进党的建设新的伟大工程。”近几年来，国务院研究室党组坚持从党和国家的工作大局着眼，紧密结合机关实际，适应新形势、新任务的要求，对机关党建的内容、形式、领导方法、制度建设等，不断进行探索和创新，取得了一些成绩和进步。这里讲一点体会和认识。

一、坚持从机关实际情况出发抓党建工作

加强机关党建工作，对于贯彻落实党的路线、方针、政策，完成中央国家机关在管理国家和社会事务中担负的重要使命，至关重要。而要做好机关党建工作，必须根据各部门实际情况来进行。

国务院研究室是承担综合性政策研究和决策咨询任务、为国务院主要领导同志服务的办事机构。主要职能是：负责起草修改重要报告、领导同志讲话等文稿，进行重大课题的调查研究，并提出对策建议。我们起草

* 本文原载中央国家机关工委组织编写《党组书记谈党建》一书，人民出版社 2002 年版。

的文稿和调研工作，往往都是国务院作出的工作部署，关系着党的路线和方针政策的贯彻执行，关系着国家经济社会发展任务和人民群众切身利益的实现，工作任务重，政治性强，要求严格，责任很大。既需要我们加强理论学习，又需要深入实际调研；既要提高日常工作效率，又要经常加班加点。这就要使全体工作人员能够耐得住寂寞，甘于清苦，乐于奉献。从人员构成看，研究室编制较少，人员学历和知识水平较高，许多同志都是硕士、博士，独立工作能力较强。我们室绝大多数同志都是共产党员，司局级干部也比较多。这些既是我们的优势，同时也要求我们必须形成部门机关党建工作的特色。

针对研究室的特点，几年来室党组在党建工作中突出抓了以下几个环节：

一是始终把坚定正确的政治方向放在首位。坚定正确的政治方向，是党的各级组织和每个党员都必须遵守的根本准则。由国务院研究室机关职能和工作性质所决定，尤其要坚持正确的政治方向。本届政府以来，室党组和机关党委利用各种会议和开展多种形式的活动，教育全体党员在任何时候和任何情况下，都要具有坚定的政治立场、鲜明的政治观点、严格的政治纪律；要始终不渝地在政治上、思想上和行动上与党中央保持高度一致，不断增强全面贯彻执行党的基本理论、基本路线和基本纲领的自觉性和坚定性，时刻保持高度的政治敏锐性，不断增强政治鉴别力。

二是紧紧围绕中心、服务大局开展工作。室党组始终注意把机关党建工作和业务工作结合起来，着力为党中央、国务院中心工作服务，不断提高工作水平和质量。坚持党政工作“两手抓，两手都要硬”，做到党建与业务工作统一研究、统一部署、统一落实。在文稿起草和调研工作中，注意研究党建工作的切入方式和推动、保证作用的发挥；同时，以党建工作促业务工作质量的提高，促机关作风的转变，促干部队伍的建设。

三是不断加强对机关党委的领导和组织建设。近几年，为保证机关党建工作的正常开展，在机构改革后，根据干部调整、变动的情况，及时充实机关党委成员和党支部班子，党的基层组织得到加强。我们坚持党组书记亲自抓党建，由一位党组成员兼任机关党委书记，全面负责机关党委工作。同时，加强机关党委专职副书记的配备。前几年，我室由一位副司级干部兼职任机关党委副书记。为了加强机关党的建设，在编制较紧的情况下，决定由一位正司级干部担任党委专职副书记，最近又选调了年富力强、热爱党务工作的同志担任，并把机关党建工作与人事工作进一步结合起来。2002 年 8 月，我室在业务工作非常紧张的情况下，圆满完成了机关党委换届工作，机关党建工作在组织上得到了保证和加强。

四是健全和完善制度，推动党建工作经常化、规范化。近年来，室党组着力完善了理论学习制度、民主生活会制度、廉洁自律制度等，并狠抓贯彻落实。根据中央的部署和要求，制定了《中共国务院研究室党组理论学习中心组制度》；进一步健全和规范组织生活制度，生活会质量明显提高。同时，加强了机关管理的制度化建设，先后制定完善了机关会议、人事、研究成果评审和奖励等方面的规定性文件。制度建设为做好机关党建工作和其他各项工作提供了有力保障。

二、创造一流的工作业绩，建设一流的干部队伍

加强机关党的建设，归根到底，是要认真贯彻“三个代表”重要思想，使党的路线、方针、政策全面反映人民的利益和时代发展的要求，为提高党的执政能力和执政水平服务。

室党组认为，结合研究室的工作特点，加强机关党的建设，落实“三个代表”重要思想的要求，必须着眼于创造一流的工作业绩，建设一流的干部队伍。从研究室的职能和岗位看，无论是起草重要文稿还是政策研究和决策咨询服务，许多工作都与党和国家的路线、方针、政策的贯彻执行密切相关，与推进改革开放和现代化建设的具体任务密切相关。创造

一流的工作业绩，就是要认真做好文稿起草工作，努力提高起草文稿的质量和水平；就是要加强调查研究工作，多提供有科学理论依据和实践价值的政策建议；就是要大力做好信息收集报送工作，及时反映国务院领导同志关心的各种情况与动态。为此，室党组把提高质量作为机关党建和业务工作的重要内容和经常性的工作，坚持高标准、严要求，使室内各级党组织、每名党员进一步增强大局意识、服务意识、质量意识、效率意识和责任意识，积极投身到争创一流业绩的工作中来。

几年来，我们通过多种形式突出抓了文稿起草质量工作。要求全体同志在起草和修改文稿中，力求全面贯彻党中央、国务院的重要决定、方针政策和国家法律法规，力求全面反映现实经济、社会生活的情况和人民群众的要求，力求立论正确、观点鲜明、内容充实、文字简练，经得起历史和实践的检验。除了在工作中磨炼和提高之外，我们还专门举办了“提高文稿起草质量学习班”。全室同志认真阅读有关经典文献，各单位分别进行学习和总结，每位同志都撰写学习心得体会，从而将过去起草文稿中肤浅的、零散的、感性的认识，上升到深入的、系统的、理性的认识，写作知识水平和技能进一步提高，产生了很好的效果。同时，我们还注重转变工作作风，大力开展调查研究。许多同志深入实际、深入基层、深入企业、深入农村，掌握第一手材料，敏锐发现和思考问题，撰写了一批有较高质量的研究报告。

近几年，由于室党组坚持不懈地抓工作质量，无论是文稿起草还是调查研究，工作水平都有较为明显的提高。仅 2001 年，我室负责起草或参与起草党中央、国务院重要文件，国务院领导同志讲话等各类文稿 250 多件，不少文稿受到国务院领导同志和有关方面的好评。在调研和信息工作中，2002 年我室共撰写报送《送阅件》、《决策参考》、《研究报告》、《信息快报》等各种材料近 400 期，比往年有较大幅度增加；其中受到国务院领导同志重视并作出批示的有 48 件，比 1999 年和 2000 年分别增加 1 倍和 40%。2002 年上半年，我们又撰写各种调研报告 210 多篇，国务院领导同志在其中40多件上作出批示，许多研究成果起到了决策咨询服务的作用。

没有一流的干部队伍，就不可能创造一流的工作业绩，两者是相辅相成的。室党组始终把培养造就一支适应新的形势任务需要、符合“三个代表”要求的干部队伍，作为机关党建的一项重要任务。近年来，我们按照创造一流工作业绩的目标，坚持干部“四化”方针和德才兼备的原则，大力推进干部人事制度改革。每次选拔任用干部，都坚持民主推荐、组织考察、党组决定、任前公示等程序，进一步扩大了干部任用工作的民主参与程度，增加了透明度，对于全面、准确地了解干部，提高选人用人质量发挥了较好的作用。

围绕建设一支能创造一流工作业绩的优秀队伍，室党组高度重视党员干部政治思想、业务素质的培养和提高，加强了对党员干部的教育、管理和监督。我们着眼于提高领导能力和管理水平，进一步加强了党支部和司级领导班子建设，落实党支部书记和司长“一岗双责”制度，充分发挥各单位领导干部的作用。同时，积极开展干部的培训和交流，关心干部的成长和进步。坚持用光荣的事业凝聚人，用真挚的感情关心人，用适当的待遇吸引人，逐步形成有利于人人奋发进取和优秀人才脱颖而出的良好环境。

三、深入开展始终做合格共产党员的教育

建设素质高、党性强的党员队伍，是提高党的战斗力的根本保证，是机关党建工作的重要任务。我们研究室党员比例高，只有充分发挥机关各级党组织的作用，充分发挥每名党员的先锋模范作用，才能够更好地履行职责，把各项工作不断推向前进。几年来，我们通过室领导讲党课和机关党委换届等工作，深入开展了始终做合格共产党员的教育活动。重点

抓了以下几个方面：

一是加强理论学习。政治上的清醒和坚定来源于思想理论上的清醒和坚定。良好的政治素质、高尚的人格、洁美的情操、刚直不阿的凛然正气，都不是与生俱来的，而是长期学习和实践的结果。我们反复强调，在国务院研究室工作，学习和掌握理论尤其重要。室党组要求每名党员要把学习看作一种政治责任、一种精神追求、一种思想境界，努力使学习理论变为全体党员的自觉行动，在机关上下形成了学风浓厚的良好氛围。我们坚持组织党员认真学习马克思列宁主义、毛泽东思想和邓小平理论，学习江泽民同志“三个代表”重要思想，及时传达贯彻党中央、国务院指示和领导同志重要讲话精神。同时，强调发扬理论联系实际学风，提高理论学习的针对性、实效性。通过学习，全室党员进一步深化了对重大理论问题的认识，促进了我室各项任务的完成。

二是坚定理想信念。只有坚定共产主义的理想信念，才能做合格的共产党员。我们以纪念建党 80 周年为契机，突出抓了党员的理想信念教育。要求全体党员自觉地树立共产主义理想信念，以远大的理想激励和鞭策自己，以高尚的思想道德要求和规范自己，脚踏实地地为实现党在现阶段的基本纲领和奋斗目标而努力工作。经常教育党员时刻注意保持清醒头脑，同各种错误思想倾向划清界限，自觉抵制右的和“左”的干扰，敢于同各种错误思想做坚决的斗争。

三是牢记根本宗旨。对在国家机关工作的党员来说，实践党的根本宗旨，集中体现在工作态度、敬业精神和责任心上。研究室的工作任务重、要求高、责任大，机关党组织着力加强了爱岗敬业教育，要求每名党员努力发扬淡泊名利、甘当无名英雄的优良传统，对工作一丝不苟，认真负责，吃苦在前，享受在后，克己奉公，做到不为名所缚，不为物所累，不为利所驱，不为财所惑，不为誉所喜，不为失所悲，诚心诚意地投身于党和人民的崇高事业中。

四是执行民主集中制。室党组认真执行党的民主集中制，努力拓宽民主渠道，进一步发扬党内民主，充分发挥全体党员和各级党组织的积极性和主动性。凡是重要决策、重要事项、重要人事任免，都严格执行规定程序，在广泛听取群众意见后，集体讨论决定。同时，认真执行集体领导下的分工负责制。集体决定的事项，必须坚决照办，不能各行其是，做到有令则行，有禁则止，从而有效增强了机关的战斗力。

五是遵守党的纪律。严肃党的纪律是维护党的团结统一，贯彻执行党的路线，完成党的任务的重要保证。由于研究室工作的特殊性，在工作中有的时候知道的情况可能要早一些或多一些，尤其需要严守纪律，保守国家秘密。我们对在研究室工作应遵守的各项纪律，经常加以重申和强调。对新来机关工作的同志，首先要求要熟知各项纪律，并自觉遵守。

六是勇于开展批评。通过“三讲”教育，弘扬正气，反对歪风，机关讲学习、讲政治、讲正气之风进一步光大。我们加强和健全了党内民主生活制度，不断提高民主生活会的质量。许多同志勇于开展正确的批评，勇于坚持真理，纠正错误。看问题、办事情，公道正派，讲党性，讲原则，有意见摆在桌面上，不搞不负责任的背后批评、议论。一些消极庸俗作风得到遏制、克服，机关风气有了明显改观。

七是做到清正廉洁。立党为公，廉洁从政，建设廉洁、勤政、务实、高效的政府，是党和国家根本宗旨的要求，也是对党员干部的基本要求。在新形势下，室党组教育和要求全体党员按照中央的要求，做到清正廉洁，自重、自省、自警、自励。特别是要求各级党员领导干部必须树立正确的权力观、地位观和利益观，坚决反对各种消极腐败现象，增强拒腐防变的能力。

加强党的建设是执政党永恒的主题，也是各部门机关的长期任务。党的十六大即将召开，国务院研究室党组和全体党员将认真学习十六大精神，高举邓小平理论伟大旗帜，全面贯彻“三个代表”重要思想，再接再厉，与时俱进，扎实工作，把机关党建工作提高到一个新的水平，不断开创国务院研究室工作的新局面，为党和人民作出应有的贡献。

努力提高政策研究和决策咨询工作水平*

（2003 年 1 月）

从 1998 年到 2002 年的五年，我国改革开放和现代化建设进程波澜壮阔，绚丽多彩。这几年，国际局势发生深刻变化，外部经济环境相当严峻；国内各种矛盾重叠交织，市场需求不足，多年积累的体制性、结构性矛盾突出；1998、1999 年连续两年发生特大洪涝灾害。在这种情况下，以江泽民同志为核心的第三代中央领导集体驾驭全局，审时度势，指挥若定，果断作出一系列重大决策，率领全国各族人民克服艰难险阻，取得了举世瞩目的伟大成就。我们国家空前繁荣，各项事业蒸蒸日上。这是全国各个方面共同努力的结果。

国务院研究室作为承担综合性政策研究和决策咨询服务的办事机构，五年来紧紧围绕全党全国工作大局和国务院中心工作，围绕改革开放和现代化建设中需要解决的问题，开展调查研究，撰写了一大批具有较高实践价值的调研成果。许多调研成果和建议受到国务院领导同志和有关方面的高度重视，对决策形成和政策制定起到了重要参考作用，为推动改革开放和现代化建设尽了微薄之力。“文以用为贵。”调研成果被决策所采纳，直接或间接运用于实践，贡献于社会，发挥积极作用，应当视为上乘之作。由于不少发挥过重要作用的调研成果当时主要是通过内部刊物或

---

* 本文系作者为国务院研究室调研成果文集写的序言，原载《政策研究与决策咨询——国务院研究室调研成果选》，中国言实出版社 2003 年版。

白头文稿直接报送国务院有关领导同志，没有公开发表。现在应一些同志的要求，将部分调研成果汇编成册，与广大读者见面，这无疑是件很有意义的事情。

收入本书的调研成果，是国务院研究室工作人员在近五年撰写的，涉及内容十分广泛，几乎涵盖改革开放和社会经济发展的各个领域。鉴于国务院研究室的职能要求和工作性质，这些调研成果具有以下一些特点：

其一，有很强的针对性。这些调研成果，都是围绕党中央、国务院的中心任务和社会经济生活中出现的突出问题撰写的。有些是为国务院领导同志思考问题和决策提出建议；有些是为党中央、国务院召开重要会议、起草重要文件做准备；有些还是国务院领导同志直接交办的任务。

其二，有较高的实用性。这些调研成果大都经过深入实际调查研究，尽可能掌握第一手材料，事实确凿，资料翔实，分析深透，对策明确，有较强的使用价值和可操作性。

其三，有鲜明的宏观性。这些调研成果，无论是对部门、地区问题的研究，还是对农村、厂矿企业、学校、医院等基层单位问题的剖析，都十分注意从国家全局和宏观角度思考，尽量避免部门、地区观点的局限，力求找出宏观与微观相统一的正确对策。许多调研成果都是在综合多方面意见基础上形成的。

这些调研成果还有一些其他特点，诸如观点明确、条理清晰、文风质朴、语言简练等。

从这些调研成果中，既可以看到亚洲金融危机以来我们国家发展的不平凡历程，也可以了解党中央、国务院高瞻远瞩，运筹帷幄，采取一些正确决策的背景情况；既可以深刻认识前进中遇到的许多复杂矛盾，也可以直接折射出中央解决一些问题的决策过程。

政策研究和决策咨询是一项十分重要的工作。我们正在进行的改革开放和现代化建设事业，既空前伟大，又无比艰巨。我们面临的国内外环境，既充满无限机遇，又存在巨大挑战。要使党和国家的事业在复杂的环境中不断推向前进，党和政府就必须及时作出正确决策，制定符合实际的方针、政策和措施，避免决策和政策的失误。然而，这绝非是一件轻而易举的事情，需要多方面的努力。无数事实表明，科学的决策和政策必须对客观情况作出全面、真实的了解，并进行深入、透彻的研究分析。离开调查研究，就难以制定出正确的决策和政策。

完全可以说，多年来我们国家之所以能够取得举世公认的巨大成就，各级各类政策研究和决策咨询机构作出的努力功不可没。对此，党和政府也给予了公允的评价。

具有重大历史意义的党的十六大，在全面分析国际国内形势的基础上，确定了我国在新世纪新阶段的奋斗目标。面对新形势和新任务，政策研究和决策咨询工作肩负历史重任。完善社会主义市场经济体制的改革，仍有不少深层矛盾亟待攻坚。随着我国加入世贸组织，对外开放将进一步扩大，既有机遇，也有挑战。经济建设处在产业结构加快调整和增长方式转变的关键时期。这种情况对政策研究和决策咨询工作者提出了更高的要求，也为大家施展才华提供了广阔的实践舞台。我们一定要珍惜机会，再接再厉，“百尺竿头，更进一步”，努力作出新的更大贡献。这既是历史的重托，时代的召唤，也是国家和人民的殷切期望。

总结多年的经验，做好政策研究和决策咨询工作，需要注意把握好以下几点：

首先，坚持以马克思列宁主义、毛泽东思想和邓小平理论为指导，全面贯彻“三个代表”重要思想。这是搞好政策研究和决策咨询工作的根本前提。毫无疑问，政策研究工作必须坚持从实际出发，反对人为设置框框和禁区，积极鼓励开拓创新。同时，必须坚持以党的基本理论、基本路线和基本纲领为指针，这样才能有正确的方向，调研成果才能为决策服务。这与解放思想、实事求是、与时俱进的要求毫无矛盾。不然，我们的政策研究和咨询工作非但起不到应有的作用，反而可能会对决策造成干扰和破坏。

第二，紧紧围绕中心任务，及时把握决策需求。政府机构的政策研究工作是直接为领导者决策服务的。这种服务是否到位，在很大程度上取决于我们对党中央、国务院以及本地区、本部门工作部署、决策需求的贴近距离和把握情况。如同发展经济必须研究市场需求一样，搞好政策研究和决策咨询服务，也必须研究中心工作的需要和决策者的需求，并作为调研工作的出发点、着力点和落脚点。为此，从事政策研究工作的同志，都要敏于观察形势，勤于思考问题，不断增强敏锐性和鉴别力，做到准确把握大局，透彻分析形势，明确鉴别是非，善于见微知著，能够举一反三。只有这样，才能及时发现问题，选准研究任务，正确开展研究咨询工作。为了更好地服务于决策需求，在实际工作中既要吃透“上情”，也要摸准“下情”。中央决定精神和工作部署是研究咨询工作的重要导向，但同时也要高度关注实际情况变化和社情民意动向，必须将领导同志关注的重点问题，广大群众反映强烈的热点问题，各方面工作中遇到的难点问题，作为研究咨询工作的主攻方向。既要想大事、抓大事，深入研究重大问题，也要注意研究具体政策措施问题。对于那些一叶知秋、似小实大、微而见重的倾向性问题和代表性事物，不能视而不见，而要小题大作，彻底搞清弄透。此外，既要把握领导意图，千方百计为领导机关和领导同志服好务，也要坚决防止不顾客观实际和科学规律一味迎合、投决策者所好的庸俗行为和错误做法。

第三，深入实际调查研究，实事求是反映问题。没有调查研究就没有发言权。调查研究是领导机关和领导干部的“谋事之基”、“成事之道”。既要认真调查，更要注重研究。某些基础理论性研究也许可以在书斋里进行，但政策研究工作却必须扎根于现实生活的土壤之中。毫无疑问，要捕捉领导机关难以听到、不易看到和意想不到的新情况、新苗头，要找出解决问题的新视角、新思路和新对策，要拿出情况真实、分析深刻、见解独到的高质量调研成果，就必须走出去、沉下去、钻进去，深入实际、深入基层、深入群众。深入实际要不怕吃苦、不摆架子，真正贴近群众、倾听真话、察看实情，切忌心浮气躁，不能走马观花和道听途说。同时，深入实际也必须全面系统了解情况，切忌偏听偏信，不能以点代面和一叶障目。坚持实事求是，既是马克思主义的理论精髓和我们党的优良传统，也是政策研究和咨询工作必须遵循的基本原则。反映情况时，要讲真话，报实情；既报喜，也报忧。实质上，只有客观地反映实际情况，尤其将那些具有倾向性的问题和矛盾，以及民间疾苦、群众意见如实反映到领导机关，才有助于正确的决策和制定出适宜的政策，并使有关问题得到及时解决。如果回避矛盾、隐瞒问题、夸喜遮忧，则必然会误导判断，引致决策失误，给国家和人民造成损失。应当承认，目前在许多下情上达工作中还存在着报喜易、报忧难的问题，有些对领导机关分析形势、作出决策产生了负面影响。必须深刻认识其危害性，切实加以克服。

第四，增强政策研究和决策咨询工作的前瞻性，争取较快地拿出调研成果。做好任何一项工作，都有一个审时度势、抓住机会的问题，搞政策研究和决策咨询工作当然也不例外。较好地抓住时机，适时提出政策建议，使许多问题及时得到解决，就会事半功倍，否则就会事倍功半，甚至使一些问题久拖不决。如果对于领导者和广大群众在一段时间里普遍关心的问题，及时调查，认真研究，很快拿出较好的政策建议，便能较快地进入决策系统；如果人们关心的焦点转移了，你才慢腾腾地拿出调研报告，即使写得再好，在实际中起的作用也会大打折扣。这样说，并非主张急功近利；而是说，必须有预见地研究问题，并要及时反映研究成果，尽快提出建议或主张，不能迟疑不决、拖拖拉拉。这也是有些同志调查研究成果较多，并能变成决策参考依据的重要经验。

第五，精心写作，改进文风，努力提高文字表达能力。通过调查研究，写出来的东西，既要准确，又要生动。好的调研报告，固然要有独到的见解，但文字表达不好也不行。有些调研成果，用了不少人们不熟悉的概念、名词，又不作必要的解释，效果肯定不会好。我们的调研成果，首先是给领导同志看的，只有吸引人，打动人，才能更好地被采纳，发挥应有的作用。因此,每一篇文稿都要冥思苦想,精心写作。从内容上讲,观点要鲜明,重点要突出,论证要有力;从形式上讲,结构要严谨,条理要分明,语言要生动,善于画龙点睛。写文章也要从实际出发,讲究多样化,切忌公式化,不能千人一面。怎么写,都要让人看得懂,愿意看,引人入胜,看了以后还回味无穷。这样才能取得好的效果。此外,报送给领导同志的调研成果,务求短小精悍,言简意赅。

时代在发展,社会在前进。政策研究和决策咨询工作者要适应形势需要,胜任本职工作,就必须不断加强学习,不断拓宽知识领域,不断提高思想水平。既要志向高远,执著追求,又要不畏艰难,肯下苦功。正是:历尽天华成此景,人间万事出艰辛。

在《政策研究与决策咨询》一书面世之际,谨写下以上感言,作为代序,与读者共勉。

深入开展争创“三个一流”的活动*

（2004年7月20日）

为了推动我室学习贯彻“三个代表”重要思想深入开展，切实加强自身建设，全面提高工作质量和干部队伍素质，为国务院和国务院领导同志提供优质高效服务，室党组研究决定，在全室开展“争创一流业绩，建设一流队伍，营造一流环境”活动（简称争创“三个一流”活动）。今天召开全室干部大会，主要是对这次活动进行动员和部署。我根据室党组讨论的精神，讲几点意见。

一、充分认识开展争创“三个一流”活动的重大意义

在全室开展争创“三个一流”活动，经历了一个较长时间的酝酿过程。2002年8月，国务院研究室机关党委换届，我代表室党组讲话，在思考讲点什么时，就想到机关党建应该围绕创造一流工作业绩、建设一流干部队伍来展开。接着，中央国家机关工委邀请我写一篇党组书记谈党建的文章，在构思这篇文章的过程中，对“创一流”的问题加深了思考，并且在文章里作为一个部分论述。2003年3月新一届政府组成以来，我室面

* 本文系作者在国务院研究室开展争创“三个一流”活动动员大会上的讲话。

临着新形势、新任务，为了很好适应国务院领导的要求，愈加感到有必要开展“创一流”这样的活动。去年5月，中央发出在全党兴起学习贯彻“三个代表”重要思想新高潮的通知，当时就想结合贯彻落实中央通知精神来进行，由于工作过于繁忙没能安排上。去年初，中央国家机关工委在第十七次党的工作会议上，明确提出了“建设一流队伍、培育一流作风、创造一流业绩”的机关党建工作目标。这为各地区、各部门和各单位、各企业开展“创一流”活动提出了明确要求。在这种情况下，室党组进一步研究认为，在全室开展争创“三个一流”活动的时机更加成熟，决定从现在开始进行。

第一，开展争创“三个一流”活动，是全面履行我室职责、提供优质高效服务的内在要求。我室作为国务院的办事机构，承担着综合性政策研究和决策咨询服务的重要职责。我们负责或参与起草的文稿，往往都是国务院作出的重要工作部署，关系着党的路线和方针政策的贯彻执行，关系着国家经济社会发展任务和人民群众切身利益的实现，与国务院的工作紧密相关，与国家发展的大局紧密相关，与改革开放和现代化建设紧密相关。这种岗位职责的要求，必须用一流的水平、一流的业绩提供一流的优质服务。而从现实情况看，我们的工作与国务院领导的要求还有一定的差距。主要是：有些文稿起草的质量不高，调查研究的精品不多，有的干部上进心和责任心不足，机关建设中缺乏有效的激励和约束机制等。这些问题的存在，有多种原因，但主要的还是队伍的思想政治水平和政策理论水平不够高，基本功不够扎实。开展争创“三个一流”活动，强化对研究室职责和本职岗位重要性的认识，明确岗位责任，对照“一流标准”，找出差距，分析原因，有利于大家提高思想境界，提高政治和政策水平，提高起草文稿和调查研究的能力。我们每个人的综合素质、工作能力和责任心提高一步，整个研究室的工作就会提高一步，我们为国务院提供服务的质量和水平就会提高一步。

第二，开展争创“三个一流”活动，是提高干部队伍整体素质、建设强有力的研究室的迫切需要。本届政府组成以来,温家宝总理多次提出希望建设强有力的研究室。他在今年初我室报送的 2003 年工作总结上作出重要批示,要求我们"要努力学习,不断提高思想政治水平和政策理论水平,丰富各方面的知识;深入调查研究,掌握实际情况,提出更多有价值的政策建议;解放思想,大胆创新,求真务实,改进文风,努力提高文稿质量;严格要求,廉洁自律,做公务员的模范"。我理解,强有力的研究室就是:政治上是过硬的,在政治上、思想上、行动上坚决同党中央保持一致,坚决贯彻执行党中央、国务院的大政方针和各项工作部署;工作上是过硬的,在国务院工作中更好地起到参谋助手作用,主动出主意、想办法,急领导之所急,想领导之所想,文稿起草能够达到国家"一流水平"的要求;调研上是过硬的,能够拿出更多、更重要的成果,信息的收集和反馈更敏锐、更及时、更有效;作风上是过硬的,在机关建设、干部队伍建设上,能够适应形势不断发展变化的需要和国务院领导同志的要求,随时能够拉得出、用得上、打得赢,做出一流业绩。

第三,开展争创"三个一流"活动,也是加强机关党的建设、充分发挥党组织战斗堡垒作用的重要举措。争创"三个一流"与机关党建工作是怎样的一个关系呢?我室提出的争创"三个一流"与中央国家机关工委提出的"三个一流"的党建工作目标是一致的,我们开展这一活动,既是贯彻落实中央国家机关工委的工作部署,也是加强本室机关党建工作的实际步骤。

加强机关党的建设,归根到底,是要认真贯彻落实"三个代表"重要思想,为全室完成各项任务提供有力的思想、政治和组织保证。多年来,我们按照党中央、国务院的部署和要求,全面履行职责,勤奋工作,较好地完成了各项任务,也培养和造就了许多优秀人才和业务骨干。但我们也必须清醒地认识到,随着改革开放的不断深入和社会主义市场经济的快速发展,我们的党员干部队伍面临许多新情况、新问题、新考验,机关党建工作必须正视和面对这个现实,这也是实现"三个一流"目标必须正视和研究解决的问题。

通过开展争创“三个一流”活动，要把建设高素质的干部队伍、营造团结和谐的工作环境作为机关党建工作经常性的任务来抓，建立有效的激励和约束机制，使室内各级党组织、每个党员，特别是党员领导干部都增强大局意识、服务意识、质量意识、效率意识和责任意识，坚持高标准、高质量、严要求，使争创“三个一流”变为每个人的自觉行动。进一步深化干部人事制度改革，使那些有本事、肯干事、能干成事的干部充分施展才华，创造更大业绩，更快地成长进步。从而把我室党组织建设成为坚强的战斗堡垒，使每个党员成为名符其实的先进分子。

创造一流业绩，必须建设一流队伍、营造一流环境，三者紧密联系在一起，相辅相成。总体上讲，我们研究室这支队伍，是一支基础素质很好的队伍。机关全体同志、出版社多数同志是共产党员；大多数同志是硕士、博士研究生毕业，具有一定的理论基础，专业基本功比较扎实；司级干部多，不少同志独立工作能力比较强。这是我们的优势。近些年，我室在机关党的建设和干部队伍建设方面做了不少工作，大多数同志都得到了锻炼，也经受住了考验。但是必须看到，现在我室干部队伍的组成情况、所处环境和工作要求，已经有了很大变化，尤其是新一届政府，工作内容、工作布局、工作特点、工作方式都有新的变化，对我室工作和全体同志提出了新的更高要求，需要我们不断适应新形势、新任务、新要求。同时也应清醒地看到，我们在干部队伍建设方面还存在一定的差距，比如，有的思想理论水平、业务知识水平和文字表达水平不能适应本职工作需要，有的创新能力和进取精神不足、工作责任心不强、纪律松弛、作风不严谨，在一定程度上影响了整体优势的发挥和效率的提高。为了尽快解决这些问题，有必要认真开展争创“三个一流”活动。

我们知道，一个人良好的政治素质，高尚的人格魅力，洁美的道德情操，刚直不阿的凛然正气，都不是与生俱来的，是长期学习和实践磨炼的结果。一支政治坚定、业务精通、本领高强、作风过硬、纪律严明、敢打敢拼的队伍，也不是一朝一夕形成的，必须经过精心培养、锻炼和考验。开展争创“三个一流”活动，是加强思想武装、提高政策理论水平的过程，是加强党性锻炼和修养、强化岗位职责、提高责任感和事业心的过程，是进行经验总结和交流、加强业务培训的过程，是开展批评与自我批评、加强沟通、互相帮助、共同提高的过程。通过开展这样的活动，是使大家进一步把思想和行动统一到党的十六大精神上来，把智慧和力量凝聚到做好本职工作上来，凝聚到完成各项任务上来，形成人人奋发进取、追求卓越、勇挑重担、团结协作的良好风尚，为开创研究室工作新局面创造有利的条件。

二、怎样争创一流业绩

一流业绩的标准是：各项工作都符合高标准、高质量、严要求，干出一流的质量和水平，不辱使命，不负重托。由于各方面工作性质不同，评价工作的标准和要求也不相同。根据各岗位职责要求，主要强调以下几个方面：

——坚持把起草文稿作为第一位任务。负责起草的文稿符合中央精神和有关领导同志的要求，做到思想观点正确，全面贯彻党的理论、路线、方针、政策和国家法律法规；指导性强，努力体现时代进步潮流和客观形势的发展变化，认真吸收新思想、新观点、新见解，有高度、有深度，能够经得起实践检验和历史检验；文稿内容充实，条理清晰，结构严谨，逻辑性强；语言文字具有准确性、鲜明性、生动性；努力实现工作质量和效率的统一，及时有效地完成交办的各项任务。

——主动围绕改革开放和现代化建设中战略性、全局性的重大问题和现实经济社会生活中的重点、热点、难点问题进行调查研究，多出优秀调研成果。坚持深入实际、深入基层、深入群众，撰写的调研报告，观点鲜明,内容充实,分析透彻,见解深刻,政策性强;吃透“上情”,摸准“下情”,针对性强,对文稿起草和决策形成发挥参考作用,或对实际工作发挥推动作用。

——及时提供重要经济社会动态信息。视野开阔,思想敏锐,信息真实准确,反映及时,能对起草文稿和决策起到参考作用。

——机关建设和管理做到高标准、严要求。室内规章制度健全,行为准则完备规范。文秘、行政、后勤和人事外事、机关党委等方面工作提供一流的服务,主动、热情、周到、及时;严格按原则、按程序办事;协调顺畅,保障有力。

——出版社工作坚持正确出版方向,多创具有言实出版社特点和风格的品牌,实现社会效益和经济效益的统一。

争创一流业绩的要求是:每个单位和每个人的工作岗位和职责不同,一流业绩的标准和要求也不同,需要有相应的标准,分别加以明确。这里,强调把握好以下几点:

——坚持高起点、高标准、高质量。这是创造一流业绩的根本要求。无论起草文稿、撰写调研材料还是报送信息,都要有高质量意识、高水平意识。

——掌握正确的工作方法。比如起草文稿,必须把握好起草文稿的几个重要环节。一是明确目的、意图,选择好主题、主线,写出新意。二是区分文稿性质,体裁得当。每类文稿都有特定的体裁、内容、结构和语言表达方式要求,写作方法、技巧不尽一样,要写什么像什么。三是整体把握,谋篇布局,主题突出,善于取舍。四是站高想远。善于模拟角色,体现领导者应有的理论高度、全局观念、政治眼光、思想境界。要适应讲话人的风格和习惯用语。五是深究细研,反复修改、推敲,一丝不苟,精益求精。

——合理分工,大力协同。要根据每个人的专长分配任务,充分发挥个人优势,使全室形成最大合力。每个人则要正确对待自己负责的工作,做好任何一项工作都是对集体、对事业的贡献,都要尽心尽力。提高工作质量靠集体智慧,要集思广益。重要的文稿、重要的调研报告,都要认真听取和吸收各方面的意见。

——建立健全责任制。制度建设是根本性的。要把工作质量和效率纳入规范的制度管理,形成工作目标体系、责任体系、考核体系及民主考评体系,使每个人都能按制度的约束和规范工作。落实责任制,每件工作、每个工作环节都落实到人,事事有人负责。室领导成员和各单位负责人要作表率,真正负起领导责任。

三、怎样建设一流队伍

一流队伍的标准是:就是要把研究室干部队伍建设成为政治坚定、业务精通、纪律严明、作风过硬、清正廉洁的公务员队伍。这支队伍中的每一个人都应做到:

——始终坚持正确的政治方向。在任何时候、任何情况下都具有坚定的政治立场、鲜明的政治观点、严格的政治纪律。始终不渝地在政治上、思想上、行动上与党中央保持高度一致。全面熟悉并认真贯彻执行中央的方针、政策。

——坚持贯彻党的解放思想、实事求是、与时俱进的思想路线,勤于学习,敏于思考,敢于创新,善于求真务实。

——具有较高的政治理论和政策水平,较强的调查研究能力、分析问题能力和扎实的文字功底,精通本职工作业务,知识丰富。

——淡泊名利,甘于寂寞,乐于奉献,任劳任怨。刻苦学习,勤奋工作,忠于职守。对工作极端负责任,一丝不苟,精益求精。

——坚持公道正派,不徇私情。心胸坦荡,光明磊落,诚实守信。谦虚谨慎,不骄不躁,艰苦奋斗。善于团结人,能够与自己意见不同的人一道工作。

——模范遵守党的纪律和国家的法律法规，严格遵守中南海工作制度和室内各项规章制度，办事讲原则、讲规矩，奉公守法，廉洁自律，谨言慎行。

建设一流队伍的要求是：建设一流队伍非一日之功，非少数人的力量所为，需要全室上下共同不懈地努力。

——加强学习，武装和丰富头脑。自觉把学习作为一种政治责任、一种精神追求和一种思想境界。找准学习的动力，培养学习的毅力，不断提高学习的能力。系统地学习马克思列宁主义、毛泽东思想、邓小平理论和“三个代表”重要思想，掌握和运用马克思主义的立场、观点、方法研究和解决实际问题；全面、准确地学习把握党中央、国务院的方针政策和工作部署；认真学习基本知识，不断丰富做好本职工作所需要的专业知识，加强学习科学文化知识、历史知识、法律知识，拓宽知识面，努力提高工作本领。善于在工作中学习，总结经验教训，检验讲评成果。善于向周围同志学习，学人之长，补己之短，用人之长，克己之短。年终总结时，不但要述职、述廉，还要述学。

——坚持解放思想，增强开拓创新意识。解放思想，勇于创新，对于我们研究室来讲尤为重要。我们要自觉地把思想认识从那些不合时宜的观念、做法和体制的束缚中解放出来，从对马克思主义的错误的和教条的理解中解放出来，从主观主义和形而上学的桎梏中解放出来，善于在解放思想中统一思想，用发展着的马克思主义指导新的实践。每个人都必须有创新意识，要创造性地、卓有成效地开展工作，把党的方针政策同本室工作实际、同本职工作相结合。

——加强党性修养，提高思想素质。牢固树立共产主义远大理想和中国特色社会主义信念，以远大的理想鞭策自己，以高尚的思想道德要求和规范自己，把远大理想与做好本职工作结合起来，脚踏实地地为实现党在现阶段的基本纲领和奋斗目标作出自己的努力。牢固地树立正确的世界观、人生观、价值观和正确的权力观、地位观、利益观。

——加强基本功训练，努力提高业务能力。文字工作是我室多数人员的主业。所有同志，包括秘书司同志都要打好辞章和文字的根底，努力掌握与自己负责的领域和业务工作直接相关的知识。要不断提高文字表达能力。要掌握一些写作技巧，懂一点逻辑、文法和修辞，改进文风。要仔细品味“厚积而薄发”、“读书破万卷，下笔如有神”、“劳于读书，逸于作文”的道理，并付诸实践。每个同志都应该努力使自己成为一个或几个领域的行家里手，成为专家、权威。

四、怎样营造一流环境

一个单位的工作环境好不好很重要。工作环境对于人们的思想行为具有重要的影响和陶冶作用，是一种无形的“资源”。环境好，有利于创造一流工作业绩，有利于人的身心健康，有利于培养优秀人才，也可以吸引和留住人才。环境好人人受益，环境不好人人受害。我室岗位职责重要，工作任务繁重，营造好的环境尤为重要。

一流环境的标准是：在全室上下营造既有集中又有民主，既有纪律又有自由，既有统一意志又有个人心情舒畅的奋发向上、生动活泼、心齐风正、团结和谐的工作环境，形成讲学习、讲政治、讲正气、讲团结、讲奉献的浓厚氛围。

——建设学习型单位，人人坚持学习、自觉学习、刻苦学习，学习理论，学习党的方针政策和国家法律法规，学习业务，学习新知识，善于学习，学以致用。

——建设奋进型单位，人人保持良好的精神风貌，鼓励开拓创新，激励奋发进取，奖励先进，鞭策后进。

——建设团结型单位，人人树立正确的政绩观，发扬团队精神，工作中既明确分工负责，又密切配合，精诚团结，互相帮助。正确对待自己，正确对待别人，正确对待群众，正确对待组织。

——建设法治型单位，人人严格遵守政治纪律、组织纪律、经济工作纪律、群众工作纪律，做到令行禁止。

——建设自律型单位，正确开展批评与自我批评，人人严于律己，宽以待人；反对自由主义，抵制歪风邪气；加强廉政建设。

营造一流环境的要求是：

——引入学习型单位的理念。探索创建适合我们研究室特点的学习型集体的路子，争创学习型党支部、学习型司（出版社）。提高学习的针对性和实效性；确保学习的连续性、持久性；健全切实可行的学习制度。

——落实组织生活制度。上面提到的一流环境的标准，许多方面都是党章对党的基层组织规定的基本任务的内容，过好党的组织生活是营造一流环境的重要手段。各个党支部必须坚持每月一次组织生活会，每年一次民主生活会，并要在活动前作出具体计划，以确保质量。民主集中制是党的根本组织原则，也是群众路线在党的生活中的运用，机关各级党组织都必须坚持贯彻执行。

——建立谈话诫勉制度。领导干部要定期与部属谈心交心，及时了解思想变化、社会交往、家庭状况和工作、生活困难，发现有不足的，要重点谈、及时谈，帮助改正。作为部属，要主动找组织、领导和同志谈心交心，或者提意见和建议，有困难互相帮助，有问题互相提醒。

——坚持经常沟通。队伍内部不团结，很多时候是由于缺乏沟通造成的。要把沟通作为相处的最基本方法。注意沟通思想，沟通工作情况和信息，沟通感情。要学会理解别人、尊重别人，提倡换位思考。大家在一起共事，既是事业的需要，也是一种缘分。个人的经历、性格、志趣、爱好、处事方式会有差异，工作中也会有不同的看法，但只要我们珍惜在一起合作共事这种缘分，保持积极健康的心态，努力加强个人修养，既讲党性、原则，也讲感情、友谊，自觉做到不利于团结的话不说，不利于团结的事不做，就能够保持团结和谐的氛围。

——抓好规章制度的建设和执行。建立健全各项规章制度，包括坚持民主集中制原则；健全责任制，实行问责制；完善激励与约束机制，实现机关建设和管理的科学化、制度化、规范化。用制度激励先进、鞭策后进，约束不正当行为。

五、高度重视，认真组织，务求实效

第一，加强领导，注重实效。争创"三个一流"活动在室党组领导下进行。各单位都要把争创"三个一流"活动作为一件大事来抓。室领导成员和各单位负责人要以身作则，率先垂范，带头参加争创"三个一流"活动。机关党委和秘书司要及时了解情况，加强督促检查，做好服务工作，保证这项活动顺利开展，不走过场，真正取得成效。

第二，提高认识，精心组织。各单位都要贯彻落实室党组《关于开展"争创一流业绩　建设一流队伍　营造一流环境"活动的意见》，并按照室党组的统一部署和要求，有步骤地、持久地推进。全体工作人员都要积极参加争创"三个一流"活动，结合思想和工作实际，认真回顾工作，加深对研究室工作、对本职工作重要性的再认识。认真回顾在研究室这样重要的岗位上，自己做了哪些工作，取得了哪些重要成绩，积累了哪些经验，还有哪些差距，今后打算怎么做，给自己制定努力的目标。要认真负责地给研究室工作找差距，给本单位工作找差距，给各级领导班子找差距。对照一流标准，查找自己在思想、作风、纪律、工作上的不足，在起草文稿、调研报告及其他工作方面的差距，正确开展批评和自我批评。

第三，正确处理日常工作和争创"三个一流"活动的关系。争创"三个一流"活动是一项长期工作，是机关建设的一件大事。近期集中组织学习讨论，要把它摆在重要位置抓紧抓好，并同业务工作紧密结合起来，以争创“三个一流”活动促进业务工作的开展，以优异的工作成绩检验争创“三个一流”活动的成效。

第四，做到三个结合。一是要把争创“三个一流”活动同学习贯彻“三个代表”重要思想结合起来，努力实践“三个代表”重要思想。二是把争创“三个一流”活动同保持共产党员先进性教育活动结合起来。把“三个一流”作为先进性教育的重要形式和内容，每个党员干部都要带头争创“三个一流”，做人民满意的公务员，做合格的共产党员。三是把争创“三个一流”活动同民主生活会、同对干部的考评考核结合起来。

开展争创“三个一流”活动，是室党组大力培育“国务院研究室机关文化”的重要决策和部署。通过深入开展争创“三个一流”活动，大力弘扬爱岗敬业、顽强拼搏的奉献精神，追求卓越、争先创优的进取精神，注重质量、精益求精的负责精神，团结和谐、互相关爱的团队精神，使我室的工作质量、工作水平明显提高，全员整体素质明显增强，多出精品、多出成果、多出人才。我们相信，在全体人员共同努力下，我室争创“三个一流”的活动一定能够取得丰硕成果，不断开创国务院研究室工作的新局面。

提高调查研究水平　做好决策咨询工作*

（2004 年 9 月）

2003 年是我国发展进程中重要而非同寻常的一年。面对复杂多变的国际形势、突如其来的非典疫情和频繁发生的自然灾害，在以胡锦涛同志为总书记的党中央领导下，全国人民同心协力，顽强拼搏，取得了令人瞩目的重大成就。各级政府研究部门作为承担综合性政策研究和决策咨询服务的办事机构，无疑是这一非凡历程的重要参与者并作出了积极贡献。

调查研究是政府研究部门的基本职责。去年，各级政府研究部门紧紧围绕全国工作大局和本级政府的中心任务，针对经济社会生活中存在的重要问题和突出矛盾，深入调查研究，取得了丰硕成果。许多调研成果不仅质量上乘，而且有很强的使用价值，不少成果受到各级领导同志重视并在决策中起到重要作用；有些直接应用于起草领导讲话及其他文稿，从而对指导和推动工作产生了重要影响。为使这些调研成果能够发挥更广泛的作用，现在从国务院研究室的内部调研报告中选出一部分，汇编成册，公开出版。我相信，广大读者从中肯定会有所裨益，既可以更深刻地认识我们面临的诸多复杂问题和现实矛盾，也可以了解到各级政府作出

---

* 本文系作者为国务院研究室调研成果文集写的前言，原载《政策研究与决策咨询——国务院研究室调研成果选》，中国言实出版社 2004 年版；《人民日报》于 2004 年 12 月 2 日刊载大部分内容。

有关决策的许多背景情况和慎重抉择过程。

这里,我就进一步做好政府研究部门的调查研究工作谈一些看法,与大家共勉。

一、充分认识调查研究工作的极端重要性

重视和坚持调查研究,是辩证唯物主义和历史唯物主义认识论的根本所在,是贯彻党的解放思想、实事求是思想路线和从群众中来、到群众中去群众路线的必然要求,也是保证科学决策与实现正确领导的基本前提。我们党历来十分重视调查研究工作。毛泽东同志提出了"没有调查就没有发言权"的著名论断。他说:"我的经验历来如此,凡是忧愁没有办法的时候,就去调查研究,一经调查研究,办法就出来了,问题就解决了。"他形象地说:"调查就像'十月怀胎',解决问题就像'一朝分娩'。调查就是解决问题。"邓小平同志指出,离开了调查研究,任何天才的领导者也不可能进行正确领导。江泽民同志强调,"坚持做好调查研究这篇文章,是我们的谋事之基,成事之道。"陈云同志也曾指出:"领导机关制定政策,要用百分之九十以上的时间作调查研究工作,最后讨论作决定用不到百分之十的时间就够了。"回顾建党八十多年的历史,什么时候重视调查研究,坚持理论和实际的统一,党的事业就顺利发展;什么时候忽视调查研究,就会导致主观与客观相脱离,造成工作失误,给党的事业带来损失。

在全面建设小康社会的新的历史时期,调查研究工作更加重要。当前,国际形势错综复杂,经济全球化深入发展,科学技术日新月异,综合国力竞争日趋激烈。从国内看,经济市场化程度不断提高,对外经济联系不断扩大,社会经济结构发生着广泛而深刻的变化。经济成分、组织形式、就业方式、利益关系和分配形式等日益多样化、复杂化,改革开放和现代化建设中的各种矛盾相互交织,国内外各种思想文化相互激荡,新事物、

新情况层出不穷。我们既面临着加快发展和现代化进程的历史机遇,也面临着一系列前所未有的难题和挑战。与过去相比,影响决策的因素增多了,决策的时效性增强了,决策的风险性增大了,决策所需的信息量也增加了。这些无疑对调查研究工作提出了更高要求,同时也赋予了政策研究和咨询机构更为重要的使命。

政府研究部门是直接为领导机关决策服务的机构,岗位重要,责任重大。我们的工作主要包括两个方面,一是起草领导讲话及其他重要文稿,二是为领导决策提供情况和建议,而这些都必须建立在大量调查研究基础之上。只有认真调查研究,才能全面深刻地认识客观存在的实际情况,真正把握事物的本质和发展规律;才能对千头万绪的现实生活作出科学分析,对纷繁复杂的社会经济发展形势作出准确判断;才能及时发现问题,掌握新的苗头和动向,抓住关键矛盾;才能充分体察社情,真实了解民意,广泛集中民智;才能发现好的典型,总结好的经验,理出好的思路,想出好的办法。唯有如此,以丰富的调研成果为基础,政府研究部门才能提出分析深刻、观点正确和切实可行的咨询建议;才会起草出符合客观实际、反映时代脉搏和群众愿望的各种文稿;才能真正成为各级政府的眼睛、耳朵和外脑,发挥好参谋助手作用。如果不了解实际情况,不懂得社情民意,无论起草文稿还是其他工作,都难以提高水平。完全可以说,调查研究是政府研究部门的基本功和生命线;它与我们的工作须臾不可分离。离开了调查研究这个关键和基础环节,政府研究部门的工作就会成为无源之水、无本之木。要提高我们的综合性政策研究和决策咨询服务水平,就必须加强和改进调查研究工作。

二、政府研究部门调查研究工作的主要特点

各行各业都需要调查研究,但具体情况却各不相同。基于工作性质

和基本职能的内在要求,政府研究部门的调查研究工作有以下一些重要特点:

一是政策性。政策和策略是党的生命。作为政府的政策研究和决策咨询部门,我们开展调查研究,根本目的就是要为领导作出正确的决策提供服务。与此相联系,衡量政府研究部门调查研究工作质量的高低,关键要看有多少调研成果进入了决策,变成了具体政策,以及这些决策和政策在实际工作中发挥了什么样的作用。可以说,政策性是政府研究部门调研工作的最基本特征。

二是针对性。各级政府的工作千头万绪,有数不尽的问题需要研究探讨,我们的调查研究要围绕中心工作,考虑决策需要,关注重点热点问题,做到有的放矢。实践表明,政府研究部门的调查研究工作,只有忙在点子上,谋在关键处,才能富有成效,事半功倍。如果脱离中心工作,远离决策需要,其调研效果必然会大打折扣。

三是应用性。政府研究部门的调研工作,既不是纯粹的理论研究,也别于具体的工作部署,而多是一种理论与实践相结合的对策性应用研究。它离不开正确的理论指导和深刻的理论思维,具有更强烈的实践性特征,尤其强调"研以致用"。具体说,调研选题必须紧扣现实工作需要,出发点是为政府工作提供急需有效的对策建议;调研成果必须有实用价值,落脚点是解决社会经济生活中的具体问题。古人云:"文可载道,以用为贵。"我们的调研成果只有被领导者作决策所采纳,直接或间接用于改革开放和现代化建设的实践,才能真正称为上乘之作。

四是超前性。政府的许多决策与未来发展趋势密切相关,特别是一些重大决策更是如此,作出这样的决策首先要预知未来。为此,调查研究必须有战略眼光,既要立足当前,又要面向未来,注意瞻前顾后。这是为决策服务的一个重要方面。只有把视野放得更宽一些,眼光看得更远一些,既能预见潮流所在和大势所趋,又能看到苗头性倾向性问题,才能提出有真知灼见的建议。

五是操作性。政府研究部门提出的对策建议不能笼统含糊和空发议论，务必做到符合实际，思路正确，措施具体。社会经济生活极其复杂，有些对策建议，看似很正确，却因无实际操作办法，只能成为书柜之物。一项好的建议，必须兼顾需要和可能，应有切实可行的具体措施。

六是时效性。对急迫问题以及领导机关关注的重要问题，必须集中力量，及时调查，快速反应，适时提供情况和建议，才能适应和满足决策者的需要。“文当其时，一字千金。”倘若时过境迁，工作重心转移，才慢腾腾拿出调研成果，即使写得全面、正确、深刻，也为时已晚，难有大用。事实上，对多数调研成果而言，时机因素至为重要，“生逢其时”才能“谋当其用”。

毫无疑问，深刻认识和正确把握政府研究部门调查研究工作的特点，从中总结出一些带有规律性的东西，对于我们提高调研成果质量是非常重要的。

三、着力提高调查研究工作水平

提高政府研究部门的调研工作水平，涉及诸多因素，需要多方面努力，特别要做到以下几点。

首先，努力提高政治理论和政策水平。这是提高调研工作水平的根本前提。政府研究部门的调查研究，一般都与制定和实施政策措施相关。必须坚持以马克思列宁主义、毛泽东思想、邓小平理论和“三个代表”重要思想为指导，认真贯彻党的路线、方针和政策。这就需要刻苦学习理论，熟悉党的方针政策和国家法律法规，从而提高认识和鉴别事物的能力。这样，也才能提高调研成果的政策水平。创新是社会进步的不竭源泉，也是调查研究工作者的可贵品质和必须遵循的重要准则。缺乏起码的理论功底，不知晓党的路线方针政策，没有创新思维能力，就难以搞好调查研究，也难以提出有分量、有重要价值的调研成果。

其次，紧紧围绕工作大局和中心任务。政府研究部门的调研工作是直接为领导机关决策服务的。如同企业生产必须符合市场需求一样，我们的调研工作也必须适应政府中心工作需要和领导决策需求，做到急政府之所急、想政府之所想、求政府之所求。为此，一定要把握全国的中心任务，了解政府的工作部署，掌握领导同志的工作意图；同时，还要敏于观察形势，勤于思考问题，善于见微知著。只有这样，才能自觉地使我们的调查研究同决策需要紧密联系起来；才能把握好调研工作的重点任务，为决策多出主意、出好主意。总的来说，政府研究部门的调查研究，要想大事、议大事，着重研究解决事关改革、发展、稳定大局的突出问题，着重研究解决全局性、战略性的重大问题，着重研究解决人民群众关心的热点、难点和重点问题。对有关问题要尽量提供决策前、决策中和决策后的全方位咨询服务。对于那些一叶知秋、似小实大、微而见重的倾向性问题和代表性事物，要敏锐观察，抓住不放。在我们的调查研究工作中，既要领会领导者意图，千方百计为领导机关和领导同志服好务，也要坚决防止不顾客观实际和科学规律而一味迎合、投领导者所好的庸俗行为和错误做法。

再次，务必在全面、深入、求实上下工夫。要捕捉领导机关难以听到、不易看到和意想不到的新情况，要找出解决问题的新视角、新思路和新对策，就必须深入地开展调查研究。调查研究必须走出去，沉下去，钻进去；必须深入实际，深入基层，深入群众；必须认真思考，深刻分析，精心研究。具体来说，搞好调查研究，一要全面把握。努力做到脚勤、眼勤、口勤、脑勤、手勤，多层次、多方位、多渠道地了解情况。既要调查机关，又要调查基层；既要调查干部，又要调查群众；既要看到事物的正面，又要看到事物的反面；既要解剖典型，又要了解全局；既要到工作局面好和先进的地方去总结经验，更要到困难较多、情况复杂、矛盾尖锐的地方去研究问题。同时，还要搜集和阅读大量的相关材料。二要深入研究。无论是深入调查，还是潜心研究，一定要有不获实情不收兵、不得真理不甘心的毅力和追求。在调查中，应本着求深、求细、求准的原则，"一竿子插到底"，深入到问题的所在地和矛盾的症结处，溯本求源，真正掌握第一手材料，深刻了解事物本来面目。要综合运用归纳与演绎、分析与综合、具体与抽象以及比较、分类、统计、想象等手段，对调查中掌握的材料进行一番去粗取精、去伪存真、由此及彼、由表及里的深入思考和研究，透过现象把握本质，找出规律性和普遍性东西，找到解决问题的有效办法。三要注重求实。搞好调查研究，必须坚持实事求是的原则，树立求真务实的作风，具有追求真理的勇气和无私无畏的精神。要全面了解客观情况，善于听取各种意见，勇于反映真实情况。搞调查研究，不能预设框框，先入为主；不能只看好的，不看差的；不能只报喜，不报忧；不能只总结经验，不反映教训。对调查了解到的真实情况和各种问题，要敢于"较真"和"碰硬"，不粉饰太平、不掩盖矛盾、不怕得罪人，有一说一、有二说二，"不唯书、不唯上、只唯实"，做到说老实话、办老实事、当老实人。唯科学是从，唯国运顿首。敢不敢把自己通过深入调研得到的、而与领导者意见不一致甚至相反的观点，秉笔直书，不仅是个水平与胆量的问题，而且是个品德与党性的问题。实质上，只有客观反映情况，尤其将那些具有倾向性的问题和矛盾，以及民间疾苦、群众意见如实反映到领导机关，才有助于作出正确的决策、制定出有力的政策，使有关问题得到及时解决。如果一味迎合领导者意见，回避矛盾，隐瞒问题，夸喜遮忧，则必然会误导判断，引致决策失误，给国家和人民造成损失。这是需要极力加以避免的。

第四，广泛听取群众意见。"群众是真正的英雄。"人民群众的社会实践，是我们获得正确认识的不竭源泉，也是检验和深化认识的根本所在。我们调查研究成果的质量如何，形成的意见正确与否，最终都要由人民群众的实践来检验。因此，搞好调查研究工作，必须放下架子，扑下身子，深入田间地头和厂矿车间，拜群众为师，和群众交友，"问问家长里短事，听听鸡毛蒜皮言"，同群众一起讨论大家关心的问题，倾听他们的呼声，体察他们的情绪，感受他们的疾苦，总结他们的经验，集中他们的智慧。既要了解群众盼什么，也要了解群众怨什么；既要听群众的顺耳话，也要听群众的逆耳言；既要让群众反映情况，也要请群众提出意见。尤其对群众最盼、最急、最忧、最怨的热点、难点和重点问题，更要主动调研，抓住不放。只有这样的调查研究，才能够真正听到实话、察到实情、获得真知、收到实效。

第五，创新调研工作方法。在实践中，我们积累了许多行之有效的调研方法，如召开调查会、研讨会、走访调查、蹲点调查、典型调查、实地考察等等。这些方法具有感受直接、体验深刻、互动性强、人情味重等优点，应继续坚持。但必须在此基础上，适应社会经济发展变化的新情况，拓展调研渠道，创新调研方式。要积极使用统计调查、问卷调查、抽样调查、网络调查等现代方法，提高调查的效率和质量。要充分利用现代信息技术和手段进行资料的收集、整理和加工，为调研乃至决策提供快捷、全面、翔实的信息资料。要综合运用经济学、社会学、信息论、系统论、控制论，以及规划与优选、预测与评价、计算机仿真等方法，对已掌握的调查材料进行多层面、多角度的系统研究。只有把传统调研方法和现代调研手段结合起来，才能增强调查研究的科学性和时效性，提高调研工作效率和调研成果质量。此外，调查研究既是科学，更是艺术。搞好调研工作，必须在实践中做有心人，不断积累经验、丰富技巧、提高能力。比如，调查的提问方式就有多种，或开门见山，直来直去；或投石问路，先做试探；或竹笋剥皮，层层深入；或枯井打水，一竿到底；或耐心开导，循循善诱；或旁敲侧击，弦外听音。究竟采用何种方式，必须因情而定，随机应变。

第六，精心写好调研报告。撰写报告是调查研究的重要环节，调查再全面，研究再深刻，文章写不好仍达不到预期目的，甚至会前功尽弃。写文章是一门很大的学问，涉及的因素很多，一般说来，需要注意几个方面。一是把握主题，突出主线，抓住重点，善于画龙点睛，给人以启迪。二是文字表达要准确、鲜明、生动。写调研文章不应过多雕饰、过于华丽，不要用词生僻、苦涩难懂，也不要过于平淡或官话套话连篇，而要准确、鲜明、生动、朴实。即使讲道理也要寓理于事实之中，不能搞纯粹的理论推理。要让人看得懂，愿意看，引人入胜，看了以后还津津乐道、回味无穷。三是表现形式要多样化。写文章也要从实际出发，讲究多样性，切忌公式化，不能千人一面。有些文章，形式死板，毫无个性，如同“八股”，给人以似曾相识之感，领导见了烦，读者见了厌。四是从内容上讲，言之要有物，资料要翔实，论证要有力；从形式上讲，结构要严谨，条理要分明，布局要合理。五是要提倡写短文章。领导同志和决策机关日理万机，很难有时间读长篇大作。调研报告要力求短小精悍、言简意赅，应意到言到、意尽言止，千万不要冗长乏味，动辄洋洋万言，让人到沙堆中淘金捡宝。

第七，全面提高自身素质，练好基本功。调查研究是运用科学的理论去探索未知，认识事物发展，寻求解决问题方法的一种复杂的脑力劳动，是一项高度依赖调研人员素质的工作。提高调研工作水平必须提高调研人员的思想、业务和写作素质。政府研究部门调研工作的重要性对人员素质提出了极高的要求。概括起来说，要有较高的马克思主义理论水平和全面准确把握党的路线方针政策的本领，要有较高的政治洞察能力和鉴别能力，要有解放思想和敢于创新的意识，要有实事求是的精神和严格的科学态度，要有较强的分析研究和文字表达功底，要有比较广博的政治、经济、法律、历史和科技等各种知识，要有较好的电脑、网络等现代化办公技能。调查研究工作者一定要博学厚积，自强不息，秉要执本，常勤精进，做到站得高、看得远、想得深、写得好，努力使自己成为政治合格、业务精良、作风过硬、善打硬仗的高素质全面发展人才，更好地提高调查研究工作水平，以更好地适应党和国家事业发展的需要。

自觉保持共产党员先进性
提高整体素质和工作水平*

（2005 年 3 月 1 日）

根据我室开展保持共产党员先进性教育活动的实施方案，室主要领导要在学习动员阶段为全体党员上一次党课。最近，我跟大家一样，按照中央规定，系统地学习了《保持共产党员先进性教育读本》中的重要文献，认真学习了胡锦涛总书记在新时期保持共产党员先进性专题报告会上的重要讲话，还学习了《江泽民论加强和改进执政党建设》（专题摘编），受到很大教育和启发。我想借这个机会，谈一些体会和想法，与大家一起进行再学习、共勉。下面，准备讲三个问题：一是为什么要保持共产党员先进性；二是保持共产党员先进性需要着力解决好的几个问题；三是开展保持共产党员先进性教育活动重在提高整体素质和改进工作。

一、为什么要保持共产党员先进性

什么是共产党员的先进性？概括地讲，就是共产党员必须走在人民和时代的前列。走在人民的前列，就是要成为广大人民群众中最先进的

* 本文系作者在国务院研究室开展保持共产党员先进性教育活动中为全室人员讲的党课。

分子。走在时代的前列,就是要成为时代潮流的最积极推动者。共产党员为什么一定要保持先进性,可以从以下五个方面来认识。

(一)先进性是马克思主义政党的根本特征

先进性是马克思主义政党的根本体现,是区别于其他一切政党的根本特征。早在马克思主义诞生之初,有关工人阶级政党的先进性问题就被提出来了。马克思、恩格斯在《共产党宣言》中指出,在无产阶级和资产阶级斗争所经历的各个发展阶段上,共产党人始终代表整个运动的利益。共产党人是各国工人政党中最坚决的、始终起推动作用的部分。共产党人代表着运动的未来。列宁在创建和领导俄国布尔什维克党的过程中,也高度重视党的先进性建设。他明确提出:"党是阶级的先进觉悟阶层,是阶级的先锋队。"它"吸收了这个阶级的一切优秀代表,集中了经过顽强的革命斗争的教育和锻炼的、完全觉悟的和忠诚的共产主义者"。

中国共产党是马克思主义政党,在80多年的光辉历程中,始终高度重视保持党的先进性,总是把先进性建设摆在突出位置。毛泽东同志在党的七大所作的口头政治报告里讲:"无产阶级里头出了那样一部分比较先进的人,组织成一个政治性质的团体,叫共产党。"党的十一届三中全会以后,邓小平同志围绕在改革开放的条件下加强党的先进性建设,提出了一系列重要思想。他明确提出,执政党应该是一个什么样的党,执政党的党员应该怎样才算合格,党怎样才叫善于领导,这是一个需要根据实践的发展和时代特征不断回答的问题。党的十三届四中全会以后,以江泽民同志为核心的第三代中央领导集体高度重视加强党的先进性建设,"三个代表"重要思想集中概括了新的历史条件下党的先进性的丰富内涵。十六大党章据此对党的性质作了新的表述:"中国共产党是中国工人阶级的先锋队,同时是中国人民和中华民族的先锋队,是中国特色社会主义事业的领导核心,代表中国先进生产力的发展要求,代表中国先进文化的前进方向,代表中国最广大人民的根本利益。"党的十六大以来,以胡锦涛同志为总书记的党中央继续推进党的先进性建设，把它作为推进党的建设新的伟大工程和提高党的执政能力的一项重要任务来落实。胡锦涛同志指出：“先进性是马克思主义政党的根本特征，也是马克思主义政党的生命所系、力量所在。党的先进性建设是关系马克思主义政党的生存和发展的根本性问题，是马克思主义政党自身建设的根本任务。”

马克思主义政党的先进性的基本内涵，是由党的阶级基础的先进性、指导思想的先进性、纲领的先进性、宗旨的先进性以及党组织和党员作用的先进性所决定的。第一，中国共产党是马克思列宁主义与中国工人运动相结合的产物，党自成立之日起就把自己定为中国工人阶级的政党，坚持工人阶级先锋队的性质，为党的先进性奠定了坚实的阶级基础。第二，我们党坚持以马克思列宁主义、毛泽东思想、邓小平理论和“三个代表”重要思想为指导，始终坚持用马克思主义理论武装全体党员，努力把马克思列宁主义的基本原理同中国革命、建设和改革、发展的具体实践相结合，使马克思主义理论不断创新发展，与时俱进。第三，我们党的纲领是具有先进性的纲领。党把实现共产主义这个最高纲领和建设中国特色社会主义这个最低纲领有机地统一起来，一方面把实现共产主义事业作为最终的奋斗目标，不忘远大理想，始终保持崇高的追求；另一方面又坚持从实际情况出发，把建设中国特色社会主义作为现阶段党的奋斗目标，把共产主义的奋斗目标建立在现实的基础之上。第四，我们党的根本宗旨是全心全意为人民服务，是与人民群众利益和历史发展的要求相一致的。人民群众是历史的创造者和主体，党把全心全意为人民服务作为根本宗旨，就体现了时代进步的要求、历史发展的要求和人民群众的根本利益。第五，我们党的各级组织，都是在马克思主义建党理论的指导之下，按照民主集中制原则建立起来的，体现着党的主张和要求，广大共产党员发挥着先锋模范带头作用，党组织和党员作用的先进性，构成了党的全部先进性的基石。

(二)先进性建设是实现党的目标任务、提高执政能力的必然要求

党的先进性是具体的、历史的,是同党在不同历史时期所肩负的任务紧密联系在一起的。失去了先进性,党就无法承担历史使命,更不能实现远大目标;保持了先进性,党就能够无往不胜。

我们党自成立以来,之所以能够不断发展壮大,成为执政党并带领全国人民取得史无前例的伟大成就,最根本的原因就在于我们党能够始终走在广大人民的前列,也始终走在时代潮流的前列。战争年代,中国共产党以自己正确的纲领、路线和共产党人英勇无畏的献身精神,赢得了人民群众的真诚拥护,胜利地完成了革命的任务,当之无愧地确立了时代先锋的地位。新中国成立后,中国共产党领导人民建立了社会主义基本制度,广大共产党员以无私奉献的模范行为和积极进取的探索精神,在社会主义革命、建设,特别是改革开放和现代化建设进程中创立了新的功绩。

党的十六大确立的全面建设小康社会的宏伟目标,体现了人民群众的根本利益,反映了时代发展要求。团结带领全党和全国各族人民抓住本世纪头 20 年的重要战略机遇期,集中力量建设一个惠及十几亿人口的小康社会,是我们党在新世纪新阶段所肩负的历史使命。能否完成这一重大任务,关键在于我们党能否继续保持先进性。

先进性与政党的命运息息相关。古今中外政权更迭、政党兴衰的经验教训一再证明,一个政党是否具有凝聚力、战斗力和生命力,核心就在于这个政党先进与否。只有保持党的先进性,才能得到人民群众的拥护和支持,并不断发展壮大,长盛不衰;反之,则终将成为历史的匆匆过客。上世纪 80 年代末 90 年代初以来,原苏联、东欧国家的共产党,先后丧失执政地位,原因固然很多,但从根本上说是因为他们丧失了先进性。同时,历史的经验也证明,党的先进性不是一劳永逸的,一个政党过去先进,不等于现在先进;现在先进,不等于将来先进。我们只有坚持用发展的眼光审视和评估自己,以改革的精神加强和完善自己,永不自满,永不懈怠,

才能巩固党的执政地位并长期执政，才能不断把中国特色社会主义事业推向前进。

党的十六届四中全会作出的《中共中央关于加强党的执政能力建设的决定》，反映了时代的要求，人民的要求。加强党的执政能力建设，是关系中国特色社会主义事业兴衰成败、关系中华民族前途命运、关系党的生死存亡和国家长治久安的重大战略课题。在新的历史条件下，我们党能不能长期执政，能不能为人民掌好权、执好政，关键在于能否保持党的先进性。只有始终保持先进性，才有资格代表人民执政，才能巩固执政地位。党的十六届四中全会确定加强党的执政能力建设的总体目标是：通过全党共同努力，使党始终成为立党为公、执政为民的执政党，成为科学执政、民主执政、依法执政的执政党，成为求真务实、开拓创新、勤政高效、清正廉洁的执政党，归根到底成为始终做到"三个代表"、永远保持先进性、经得住各种风浪考验的马克思主义执政党，带领全国各族人民实现国家富强、民族振兴、社会和谐、人民幸福。这里的四个"成为"，都与"先进性"相联系，都是"先进性"在执政理念、执政宗旨、执政方略、执政作风方面的具体体现。只有保持党的先进性，才能不断提高党的执政能力，才能保证党和人民事业的兴旺发达和国家的长治久安。

（三）先进性建设是我们党应对国内外复杂形势的正确决策

在新世纪新阶段，国际国内形势继续发生深刻变化，对我们党保持先进性提出了新的更高要求。从国际上看，和平与发展仍然是当今时代的主题，霸权主义和强权政治仍然存在并不断发展，围绕多极还是单极的斗争依然十分激烈。不公正、不合理的国际政治经济秩序没有根本改变，不稳定、不确定、不安全因素明显增加。国际环境虽然总体上对我国发展有利，但西方敌对势力仍在加紧对我国实施西化、分化图谋，境内外敌对势力总是企图从政治、思想、文化等方面千方百计对我国进行渗透，妄图推翻中国共产党的领导和我国社会主义制度。我们将长期面对西方发达国家经济、科技占优势的压力,长期面对激烈的国际竞争。

从国内看,经过二十多年的改革开放和现代化建设,我国社会主义市场经济体制初步建立,综合国力显著增强,为今后的发展奠定了坚实的物质基础和体制环境。但是经济社会发展中面临着不少矛盾和问题。我国人均国内生产总值突破1000美元之后,经济社会发展进入一个关键阶段。一些国家和地区的发展经历表明,人均国内生产总值1000美元到3000美元这个阶段,既是"黄金发展期",又是"矛盾凸显期"。在这个阶段,既有因为举措得当从而促进经济持续发展和社会全面进步的成功经验,也有因为应对失误导致经济徘徊不前甚至出现社会长期动荡和倒退的失败教训。对我国而言,这个阶段尤为重要。我国经济社会仍处于转型期,结构深刻变化,改革任务艰巨,各类矛盾突出,利益关系更加复杂,新情况新问题层出不穷。经过二十多年的改革开放,我国经济社会发展具备了许多新的有利条件,也产生了一些新的矛盾和问题,有的还很突出、很尖锐。妥善解决这些矛盾和问题,是我们党必须正视而不可回避的历史性课题。

无论从国际还是国内看,我们既面临着需要紧紧抓住的发展机遇,也面临着需要认真对待的严峻挑战。能不能从容应对复杂多变的国际局势,能不能维护和利用好我国发展的重要战略机遇期,能不能正确把握我国改革发展的进程,推进社会主义物质文明、政治文明、精神文明的全面协调发展,构建社会主义和谐社会,既是对我们党执政能力的考验,也是对广大党员素质的考验。我们只有自觉适应时代发展的要求,加强党的先进性建设,不断提高党的执政能力,才能永远立于不败之地。

(四)保持共产党员先进性对保持党的先进性具有决定性作用

党的先进性必然要求共产党员的先进性。党员是党的肌体的细胞和行为主体。党的先进性,既要由党的整体来体现,也要由党员个人的表现来形成。这是因为:第一,党的正确理论、路线、纲领和方针政策,只有靠广大党员发挥先锋模范作用,团结带领人民群众贯彻落实,才能体现出先进性。离开了广大党员的先锋模范作用,党的理论、路线、纲领和方针政策无论怎样正确,也不可能转化为人民群众的实践活动,当然,也就无法体现党的先进性,第二,党的全心全意为人民服务的宗旨,“立党为公,执政为民”的理念,只有靠广大党员的行动来体现。人民群众通常是根据他们身边的党组织和党员的言行来了解和评价我们党的。第三,党员的先进性是巩固党的执政地位的关键和基础。正如江泽民同志所说:“全党同志始终保持共产党人的蓬勃朝气、昂扬锐气、浩然正气,永远与人民群众心连心,我们党的执政基础就坚如磐石。”第四,党员的先进性关系到党的执政任务和执政使命的完成。党的各项任务只有靠广大党员带领群众去奋斗,才能实现。党领导的事业要取得胜利,不但必须有正确的理论、路线和纲领,还必须有能够坚决贯彻执行党的理论、路线和纲领的党员,特别是高素质的党员干部来领导人民群众奋斗。如果党员、党员领导干部不能在群众中发挥先锋模范作用,党就会失去联系群众的桥梁和纽带,党的任务就会落空。总之,党的先进性需要共产党员通过自己的先进思想和先进行为来保持。在党的正确的路线、纲领确定之后,共产党员先进性对于保持党的先进性具有决定性作用。

(五)开展先进性建设是根据党员队伍现状作出的重要举措

从总体上说,我们党的组织和党员队伍是好的,是有战斗力的。在新的历史时期,广大党员在改革、发展、稳定的各项工作中发挥了先锋模范作用,赢得了人民群众的赞誉。但是,也要清醒地看到,由于多方面因素的影响,党员队伍中还存在着一些与保持先进性的要求不相适应、不相符合的问题,有的还相当严重。主要表现在:一是理想信念不坚定。有的党员对建设中国特色社会主义信心不足,有的甚至存在“信仰危机”。二是宗旨意识淡薄。有些党员忘记了全心全意为人民服务的宗旨,极少数党员一切以自我为中心,一味追求个人名利,有的甚至跌入腐败的泥坑。2000 年至 2003 年,全国因经济问题受纪律处分的党员干部有 287956 人,其中县处级12557名，厅局级909名，省部级39名。三是组织纪律观念不强。有的不遵守党的政治纪律，对党的路线方针政策和中央的决定公开唱反调。有的缺乏组织观念，不参加甚至长期不过组织生活。据统计，从1990年到2003年，党员因政治类原因受纪律处分的共有11133名。近五年国家安全机关破获的案件中，涉及处级干部65名、局级干部45名、部级干部9名；其中，被境外间谍机关策反29名。四是精神萎靡不振。有的党员认识模糊，意志消沉，极少数甚至不想继续当党员。据统计，近三年全国退党和自行脱党的，2001年为18812人，2002年为17695人，2003年为16317人。五是自身素质不高。有一些党员文化水平和业务能力低，不能胜任本职工作，不会生产经营，在群众中威信低。党员队伍中存在的种种与先进性要求不相适应、不相符合的问题，妨碍了党的路线方针政策和决策部署的贯彻执行，损害了党同人民群众的血肉联系，削弱了党的凝聚力和战斗力。同时还要看到，随着党和国家事业的发展，新党员、青年党员明显增加，老党员也面临着新形势、新任务、新环境的考验，党员的教育管理任务更加繁重、更加紧迫。

总之，保持共产党员的先进性，是我们党的性质决定的，是马克思主义政党自身建设中一个带根本性的重大课题，是实现党的奋斗目标和任务的必然要求。开展先进性教育活动，根本目的在于使党始终走在人民和时代前列，永葆党的旺盛活力，为实现全面建设小康社会进而实现社会主义现代化的宏伟目标提供坚强的政治保证和组织保证。

二、保持共产党员先进性需要着力解决好哪些问题

（一）牢固树立正确的理想信念

崇高的理想信念，始终是共产党人保持先进性的精神动力。共产主

义理想和中国特色社会主义信念是建立在马克思主义揭示的人类社会发展规律基础之上的，因而是科学的、崇高的。坚定的理想信念是共产党员立身做人的根本、为官从政的灵魂、事业成功的保证，也是永葆共产党员先进性的基础。共产党员只有坚定理想信念，把个人的前途命运与党的事业和人民的根本利益联系在一起，才能够站得更高、看得更远、想得更深，始终与党同心同德、同舟共济；才能做一个高尚的人、一个纯粹的人、一个有道德的人、一个脱离了低级趣味的人、一个有益于人民的人；才能够经得起各种诱惑，经受住权力、金钱、美色的考验，明辨是非、识别美丑。在革命战争年代，无数革命先烈之所以能够为新中国的诞生抛头颅、洒热血，赴汤蹈火，视死如归，靠的就是坚定正确的理想。在社会主义革命、建设和改革、开放中，许许多多共产党员之所以能够为党和人民的事业鞠躬尽瘁、死而后已，也是因为有崇高理想和坚定信念的激励。而一些党员不思进取，贪图享乐，甚至以权谋私，腐化变质，最根本的原因就是共产主义理想和中国特色社会主义信念淡漠了、动摇了。这方面的例子不胜枚举。

理想信念的坚定，来源于理论上的清醒；理论是非不清，则理想信念不牢。坚定理想信念，关键是要不断加强学习，打牢理论基础。共产主义理想和中国特色社会主义信念不是自发形成的，只有通过掌握科学社会主义理论，在理解和把握人类社会发展规律的基础上才能真正树立起来。马克思主义是科学，是无产阶级和广大劳动群众认识世界、改造世界的强大思想武器，是我们理想信念的理论根基。只有学习好马克思主义科学理论，坚持用马克思主义的立场、观点、方法认识世界，才能正确把握人类社会的发展规律。理想信念是一个思想认识问题，更是一个实践的问题。我们现在的努力以及将来多少代人的持续努力，都是朝着实现共产主义这个最终目标前进的。同时必须认识到，实现共产主义是一个非常漫长的历史过程，我国现在正处于并将长期处于社会主义初级阶段。我们要脚踏实地地推进党的事业，自觉地、坚定地为建设中国特色社会主义不懈奋斗。

（二）忠实实践党的根本宗旨

全心全意为人民服务是我们党的根本宗旨，是我们每个共产党员必须时刻牢记、终生实践的崇高使命。我们党的根基在人民、血脉在人民、力量在人民。党章明确提出："坚持全心全意为人民服务。党除了工人阶级和最广大人民群众的利益，没有自己特殊的利益。"毛泽东同志曾告诫全党："全心全意地为人民服务，一刻也不脱离群众；一切从人民的利益出发，而不是从个人或小集团的利益出发；向人民负责和向党的领导机关负责的一致性；这些就是我们的出发点。"邓小平同志指出："中国共产党员的含意或任务，如果用概括的语言来说，只有两句话：全心全意为人民服务，一切以人民利益作为每一个党员的最高准绳。"江泽民同志也说过："我们共产党人全部工作的出发点和归宿，都是为人民谋利益。这是我们的立党之本、执政之基。"无论是革命时期还是社会主义建设时期，中国共产党始终致力于维护和发展最广大人民的根本利益。据统计，全国有名可查的革命烈士370多万人，仅在北伐战争、土地革命战争和抗日战争时期在战场上牺牲的就达76万人，其中32万人是共产党员，占了近一半。近年来，全国各条战线评选表彰的各类先进模范人物中，85%以上是共产党员。特别是在保卫祖国、抢险救灾以及人民生命财产遭受损失的关键时刻，共产党员总是冲在前面，显示了共产党员忠诚为人民谋利益的本色，实践了党的全心全意为人民服务的宗旨，赢得了人民的拥护与爱戴。

忠实实践党的根本宗旨，最重要的是坚持做到以下三点：一是人民群众是真正英雄的唯物史观不能丢。在马克思主义唯物史观看来，只有人民群众才是历史的真正创造者，才是推动历史前进的真正动力。共产党的力量来源于人民，党的事业离不开人民，党员的自身价值只有通过全心全意为人民服务才能得到真正体现。二是立党为公、执政为民的意识不能忘。我们党是执政党，怎样认识权力、掌握权力、使用权力，是我们处在执政条件下实践党的宗旨的核心问题。每一个党员干部都应该懂得，我们手中的权力是人民群众赋予的，只能用来为人民群众谋利益，绝不能用来为自己谋私利；要真正坚持权为民所用、情为民所系、利为民所谋，始终为人民掌好权、用好权。三是诚心诚意为群众谋利益的态度不能变。古语云：为政之道，以厚民生为本。我们共产党人更应该把人民群众的利益放在高于一切的位置，每一个共产党员特别是各级领导干部都应该始终把为人民群众办好事、办实事作为自己的第一责任，把解决人民群众关注的热点、难点问题作为当务之急，关心群众生活，体察群众疾苦，倾听群众呼声，时刻把群众的安危冷暖挂在心上，为群众尽心竭力解难事，坚持不懈做好事。

（三）坚持遵守和自觉维护党的纪律

党的纪律是全党意志的体现，是党的各级组织和全体共产党员必须遵守的行为规则。在长期的革命、建设和改革实践中，我们党形成了一套严明的纪律，对于维护党的团结统一，保持党的先进性和纯洁性，增强党的凝聚力和战斗力，保证党的纲领、路线和任务的实现，发挥了十分重要的作用。

严明的纪律是我们党的一个重要优势。有了严明的纪律，才能保证党的路线方针政策的贯彻落实，才能维护党的团结和统一，才能始终保持党的先进性和纯洁性。党执政的时间越长，越要严肃纪律，严格要求党的组织和广大党员。每个共产党员必须认真学习党规党纪，增强纪律观念，自觉做到遵守党的纪律不动摇，执行党的纪律不走样。

遵守党的纪律，最重要的是遵守和维护党章。党章是最根本的党规党法，是我们党全部活动的总章程，是党员和党的干部必须遵守的基本准则。这里着重强调两点：一要严格遵守政治纪律。政治纪律是党的全部纪律的基础，在整个纪律体系中起着主导作用。严格遵守政治纪律，最重要的就是要求党的组织和党员坚决维护中央的权威，保证中央的政令畅通。要自觉在政治上与党中央保持高度一致，不允许公开发表违背中央决定的言论，不允许散布违背党的路线方针政策的意见，不允许编造、传播政治谣言及丑化党和国家形象的言论。要不折不扣地贯彻执行中央的方针政策，勇于同违背党的路线方针政策和党纪国法的行为作斗争。二要严格遵守组织纪律。党的组织纪律的核心是民主集中制原则。坚持民主集中制，既要充分发扬党内民主，保障党员的各项民主权利，又要实行正确的集中，使全党在政治上思想上保持高度统一，在行动上做到步调一致。每一个党员都要维护党的团结统一，对党忠诚老实、言行一致；都必须坚持参加组织生活，按期交纳党费，努力完成党组织分配的工作；都必须贯彻执行党组织的决定。同时，还要严格遵守经济工作纪律、群众工作纪律、宣传纪律、保密纪律、外事纪律等。

（四）切实发扬党的优良传统和作风

作风建设是党的建设的重要组成部分。“党的作风，关系党的形象，关系人心向背，关系党的生命。”党的作风有着极端重要性。我们党是中国工人阶级的先锋队，同时也是中国人民和中华民族的先锋队。这就从本质上、必然性上决定了我们的党员应该具有优良的作风。我们党正是因为始终坚持和发扬优良传统和作风，并在实践中不断丰富和发展，才始终保持了无产阶级政党的本色；一代又一代共产党人正是受到这些优良传统和作风的教育和熏陶，才始终保持了工人阶级先锋战士的本色。继承和发扬党的优良传统和作风，是保持党员先进性的必然要求。

继承和发扬党的优良传统和作风，要按照中央提出的“八个坚持、八个反对”的要求，着力解决党员思想作风、学风、工作作风、领导作风、生活作风方面存在的突出问题。这里特别强调坚持“两个务必”，继续保持谦虚谨慎、不骄不躁的作风，继续保持艰苦奋斗的作风。

谦虚谨慎、艰苦奋斗，是我们党的优良传统和优良作风，是我们共产党人的政治本色。共产党员在新的历史条件下发扬谦虚谨慎、艰苦奋斗精神,就是要牢记我国的基本国情和我们党的庄严使命,树立为党和人民事业长期艰苦奋斗的思想,保持旺盛的革命意志和坚忍不拔的革命品质;就是要保持共产党人的蓬勃朝气、昂扬锐气和浩然正气,成绩面前不自满,困难面前不退缩,戒骄戒躁、不断进取,始终做到清正廉洁,自觉地与各种腐败现象作斗争;就是要牢记党和人民的重托和肩负的责任,自觉加强党性锻炼,弘扬艰苦朴素的作风,坚持勤俭建国、勤俭办一切事业。对于共产党员来说,保持和发扬谦虚谨慎、艰苦奋斗的作风,说到底就是要牢固树立和坚持马克思主义的世界观、人生观问题。只有从根本上解决世界观、人生观问题,牢固树立群众观点,党的谦虚谨慎和艰苦奋斗的好作风才能在自己的思想上真正扎根。

三、开展先进性教育活动重在提高整体素质和改进工作

搞好先进性教育活动,保持共产党员先进性,关键是要落实在思想和行动上,体现在实际工作中。衡量这次教育活动质量高低、成效大小的一个重要标志,是看能否解决存在的突出问题,提高党员素质,提高党组织的凝聚力和战斗力。我们要通过开展先进性教育活动,围绕国务院领导同志关于“建设强有力的研究室”的要求,解决好我室党员和党组织存在的问题,全面增强自身素质,进一步开创全室工作新局面。为此,要着重抓好以下几个方面:

(一)坚持勤奋学习,建成学习型单位

坚持学习,勤奋学习,是共产党员增强党性、提高本领、做好工作的重要前提。毛泽东同志曾指出:“情况是在不断地变化,要使自己的思想适应新的情况,就得学习。即使是对于马克思主义已经了解得比较多的人,

无产阶级立场比较坚定的人,也还是要再学习,要接受新事物,要研究新问题。”邓小平同志有一句名言,“学习是前进的基础。”江泽民同志强调:“勤于学习,善于学习,不仅有利于我们更好地改造客观世界,也有利于我们更好地改造主观世界。”胡锦涛同志不久前在新时期保持共产党员先进性专题报告会上明确要求,“面对新形势,全党同志一定要有学习的紧迫感,抓紧学习、刻苦学习,善于学习、善于重新学习”。我们正处在知识创新的时代,不懂得和不熟悉的东西很多,即便是过去懂得和熟悉的知识也有一个不断更新的问题。我室作为承担综合性政策研究和决策咨询任务、为国务院领导服务的办事机构,岗位重要,职责重大,任务艰巨。国务院领导对我们研究室的学习十分关心和重视,有过明确要求和殷切希望。温家宝总理在我室 2003 年的工作总结上作出重要批示,要求我们“要努力学习,不断提高思想政治水平和政策理论水平,丰富各方面的知识”。必须清醒地看到,我们的工作同我们肩负的职责、重任和面临的形势,以及国务院领导的要求相比,还有很大的差距。其中一个重要的原因,就是我们在学习上下工夫还不够,基本理论还不扎实,政治思想和政策水平还不高。这样,起草出来的文稿,有的思想高度上不去,有的对党的方针政策和业务知识把握不准。因此,要提高我们的思想水平和工作水平,要把我室建成强有力的研究室,加强学习是我们的首要任务。每个同志都应该自觉地把学习作为一种政治责任、一种精神追求和一种思想境界,做到学习、学习、再学习,坚持不懈地学习,努力把我室建成学习型单位。

加强学习,首先要认真学习马克思列宁主义、毛泽东思想、邓小平理论,特别要学习“三个代表”重要思想。“三个代表”重要思想是对马克思列宁主义、毛泽东思想、邓小平理论的继承和发展,反映了当代世界和中国的发展变化对党和国家工作的新要求,是加强和改进党的建设、推进中国特色社会主义事业发展的强大思想理论武器。在新的历史条件下,认真学习、身体力行“三个代表”重要思想,是共产党员站在时代前列、保持先进性的根本要求。所有共产党员都要自觉地学习和实践“三个代表”重要思想。我们要深入学习十一届三中全会以来党的重要文献，学习党的十六大和十六届三中、四中全会文件。要通过学习理论，不断加深对党的基本理论、基本路线、基本纲领、基本经验和各项方针政策的理解和把握，不断提高思想政治水平和政策理论水平；通过学习，坚定共产主义理想和建设中国特色社会主义的信念；通过学习，增强共产党员意识和共产党执政意识；通过学习，提高政治理论和政策水平，增强政治敏锐性和政治鉴别力；通过学习，增强事业心和责任感，牢固树立正确的世界观、人生观、价值观。同时，还要认真学习党的方针政策和国家法律法规，学习经济、科技、文化、历史、哲学等方面的基本知识。我们起草文稿、研究问题，没有扎实的理论功底，没有开阔的视野和广博的知识，就不可能提高起草文稿和研究成果的质量，也就不能履行好自己的职责。我们必须充分认识勤奋学习的极端重要性，切实纠正某些同志忽视学习理论、忽视学习方针政策、忽视学习专业知识或者以干代学的倾向，真正把学习作为头等重要的任务。

加强学习，要以自学为主。室、司两级党组织也要尽可能为大家学习提供必要的条件和方便。比如说，营造学习交流的氛围，定期召开学习交流会或研讨会；也可以通过“请进来”与“走出去”的方式为全室同志提供学习机会，以拓宽视野，启迪思路。

（二）全面提高自身素质，造就一流队伍

从总体上看，我们这支队伍的政治素质、业务素质和作风素质都是比较好的，是有战斗力的。在这里工作比较“清苦”，任务繁重。大家爱岗敬业，不辞辛苦，甘于寂寞，乐于奉献，经常加班加点。这些都是我室共产党员先进性的具体表现。同时，也应清醒地看到，我们的队伍素质还存在着一定的差距。比如，有的同志思想理论水平、业务知识水平和文字表达水平还不能适应本职工作的需要，有的同志创新能力和进取精神不足、工作责任心不够强、纪律松弛、作风不严谨等。这些在一定程度上影响了我

室整体优势的发挥和工作质量的提高。此外，近两年来，我室新调入一些同志，在增添新鲜血液的同时，这些同志对新的工作岗位和环境也有个适应的过程。我们要充分利用这次先进性教育活动的机会，全面提高党员干部队伍的自身素质，努力建设一支政治坚强、业务精通、纪律严明、作风过硬、清正廉洁的一流队伍。

为此，一要努力提高思想政治素质，始终不渝地在政治上、思想上、行动上与党中央保持高度一致。二要坚持党的思想路线，解放思想，实事求是，与时俱进，自觉运用马克思主义的立场、观点、方法观察和分析问题。三要忠于职守，有高度的事业心和责任感，对工作极端负责，一丝不苟，兢兢业业，任劳任怨。四要增强工作的能力和本领，提高业务素质，努力使自己胜任工作，并争取成为本领域、本专业和本岗位的行家里手。五要加强思想道德修养。做到淡泊名利、克己奉公，谦虚谨慎、不骄不躁；坚持"常修为政之德、常思贪欲之害、常怀律己之心"；防微杜渐，经常做到自重、自省、自警、自励。

（三）不断提高工作质量和水平，创造一流业绩

开展先进性教育活动的一个重要目标，是促进工作。理论必须付诸于实践，思想应该见诸于行动。我室共产党员保持先进性，发挥先锋模范作用，就要立足本职，奋发进取，努力创造为国务院领导满意的一流工作业绩。具体来说，就是要全面提高文稿起草、调查研究和信息工作的质量和水平，以一流的文稿水平、一流的调研成果和一流的信息质量，为国务院领导服好务。

——着力提高文稿起草质量。我们研究室的工作质量，干部的思想政治水平、业务知识和写作能力，在很大程度上体现在起草文稿的质量上。本届政府组成以来，国务院领导特别是主要领导同志对文稿的质量要求很高，也很看重我室起草的文稿。这既是对我们的信任，也对我们的工作提出了更高的要求。应当说，我们负责起草的文稿多数质量是比较

高的,有关领导是满意的。但是,必须清醒地看到,我们起草的文稿同有关领导的要求还有差距,有些文稿的质量还不够高,有些文稿甚至还出现不该出现的错别字、漏字等“硬伤”。这不是水平高低问题,而主要是认真不认真的问题。在研究室工作,必须以十分认真的态度去工作,九分九认真也不行,不能有丝毫的粗心大意。要进一步强化文稿起草的质量意识和责任意识,在提高文稿起草质量上下大工夫、硬工夫。提高文稿起草质量是一项系统工程,必须多方面努力,但关键是要练好基本功,包括打好思想素质和品格的根底、打好基本理论和政治方向的根底、打好国家法律法规和方针政策的根底、打好基本知识和业务的根底、打好辞章和文字的根底等。“台上十分钟,台下十年功”,说的就是这个道理。只有打好这些根底,练就一身好功夫,才能提高得快,进步得快。上面说的加强学习,就是练好基本功的最重要的方法。除此之外,还要掌握好文稿起草的技巧和要领。比如,区分文稿性质,体裁要得当;明确文稿起草目的,善于领会和贯彻领导意图;了解服务对象,准确掌握其语言表达习惯和个人风格;要站得高想得深,反复修改,精益求精,认真核校。只有掌握好这些基本技巧和正确的工作方法,才能写出好文稿。

——着力提高调查研究水平。重视和坚持调查研究,是辩证唯物主义和历史唯物主义认识论的根本所在,是贯彻党的思想路线和群众路线的必然要求,也是保证科学决策与实现正确领导的基本前提。搞好调查研究是我们研究室的一项重要任务。离开了调查研究这个关键和基础环节,我们的工作就会成为无源之水、无本之木。近几年,我室调查研究工作有了明显加强,每年都产生一大批有较高质量和使用价值的调研成果。这方面的成绩应当充分肯定。但是,客观地说,由于目前室内起草文稿任务繁重,很多同志往往疲于应付,没有多少学习、思考和调查研究的时间,对很多东西学习不够、思考不多,对许多经济社会的重大问题、热点问题深入调查研究不够。下去调研少,掌握实际情况少,一些文稿缺乏针对性和可操作性。因此,要提高我们的综合性政策研究和决策咨询服务水平,必须加强调查研究工作,努力提高调查研究水平。如何提高调查研究水平？主要应把握好以下六个方面:一是紧紧围绕国务院工作大局和中心任务开展调研,做到急领导之所急、想领导之所想、求领导之所求,还要想领导之未想。这就要求有超前意识并及时作出部署。二是切实把握好我室调研工作的特点,即政策性、针对性、应用性、可操作性和时效性。三是务必在全面、深入、求实上下工夫。调查研究必须走出去、沉下去、钻进去,必须深入实际、深入基层、深入群众,必须全面把握、深入研究、求真求实。四是广泛听取群众意见,尤其是对群众反映的热点、难点问题,要主动调研,抓住不放。五是努力创新调研工作方法。要把传统调研方法与现代调研手段结合起来,增强调研的科学性和时效性,提高调研工作效率和调研成果质量。六是精心写好调研报告。要把握主题,突出主线,抓住重点;文字表达要准确、鲜明、生动;表现形式要多样化;内容上要言之有物,论证有力;文章短小精悍、言简意赅。

——着力提高信息工作质量。信息工作是我室又一重要任务。收集、分析、整理和报送信息,不仅仅是信息司的工作,各司和每位同志都要结合本司和自己的业务工作范围,不断拓宽信息来源,多方面收集信息资料,进行认真分析,精心加工整理,及时报送。要积极探索符合我室职能要求和实际情况的信息报送工作的路子,更好地为国务院领导决策提供信息服务。

(四)加强机关建设,营造一流环境

建设强有力的研究室,必须营造一流环境。“环境”其实就是一种风气,是大家共同努力营造的一种良好氛围和团队精神。营造一流环境,有利于建设一流队伍,更好地培养、吸引和留住人才;有利于创造一流业绩,多出成果,多出精品。

营造一流环境,就是要按照建设和谐社会的要求,结合我室实际,构建民主法治、诚信友爱、充满活力、安定团结、融洽相处的工作环境。我在

去年开展争创“三个一流”活动的动员大会上，曾讲过营造一流环境的标准，我们要按照建设和谐社会、和谐单位的要求，加以充实、完善。这里强调几点：一要发扬民主，严格纪律。坚持民主集中制，提倡和鼓励人人充分发表意见，敢讲话、讲真话、讲实话，最大限度地发挥全室同志的积极性和创造活力。室党组要经常听取各支部和党员群众的意见，及时解决提出的问题。室党组和各支部之间要互通情报、互相支持和互相监督。同时，要健全请示、报告工作的制度。人人都要严格遵守党的纪律和国家的法律法规，办事讲原则、守规矩。二要弘扬正气，奖惩分明。坚持共产党人的高尚情操，培养积极健康向上的生活情趣。人人保持良好的精神风貌，心胸坦荡，光明磊落。该表扬的表扬，该批评的批评，使学习先进形成风气。三要诚信友爱，融洽相处。人与人之间互相信任、互相帮助，在工作中团结协作、密切配合，生活上互相关心、互相爱护，形成良好的人际关系。四要严于律己，宽以待人。正确开展批评与自我批评，自我批评要诚恳，相互批评要中肯，既要严肃认真，又要心平气和。总之，要在全室上下形成又有集中又有民主，又有纪律又有自由，又有统一意志又有个人心情舒畅的奋发向上、生动活泼、心齐风正、团结和谐的工作环境。

开展先进性教育活动，提高党员素质，加强机关党组织建设，是营造一流环境的重要保证。要通过开展先进性教育活动，强化党员意识，经常想想党员应该做什么不应该做什么，自己的言论行动是不是无愧于“先锋战士”的称号，一句话，就是在任何时候任何情况下都不能忘记自己是一名共产党员；要按照党章要求，切实加强机关党的思想建设、组织建设、作风建设和制度建设，充分发挥党组织的战斗堡垒作用。

开展保持共产党员先进性教育活动，是党中央在新形势下为加强党的执政能力建设和先进性建设采取的一项重大举措。我们一定要按照党中央的部署，认真开展这项活动，坚持高标准、高质量，注重实效，不走过场，切实提高每个共产党员的素质，努力把我室各项工作提高到一个新的水平，为党和人民的事业作出更大贡献。

在国务院研究室新调入人员培训班上的讲话

（2005 年 4 月 23 日、4 月 24 日）

培训班开始时的讲话

（2005 年 4 月 23 日）

今天，我们举办国务院研究室新调入人员培训班。这项活动是去年底室党组研究决定的。参加培训班的，主要是本届政府组成以来新调入和借调我室工作的人员以及调入出版社工作的人员，来研究室的时间有长有短，今天都参加培训班了，各单位也来了一位司长参加，除有特殊工作任务外的室领导同志也都来了。这说明，我们室党组对干部队伍建设和人才培养工作高度重视。举办这期培训班也是开展保持共产党员先进性教育活动，加强党的先进性建设的具体举措，目的在于帮助新调入国务院研究室的人员全面了解研究室岗位特点、职能任务和对工作人员的要求，明确我室工作规则、制度、工作纪律和行为规范，以使大家尽快适应新的工作任务的需要。

下面，我讲几点意见，供大家讨论、交流时参考。

一、充分认识举办这期培训班的重要意义

国务院领导十分重视和关心我室工作。去年,从加强队伍建设方面采取了一系列措施:一是增强了室领导班子力量;二是经中央编委批准,增设一个内设机构,即信息研究司;三是增加12名行政编制。从本届政府组成以来,除室领导成员外,调入和借调我室工作的共20人,占我室行政编制的28%。这些同志有的来自国家机关,也有的来自事业单位;有的从京内调来,也有的从京外调来;有司局级、处级干部,也有主任科员;有的干部还担任过单位的一二把手,从领导岗位上来。所有新来的都是经过严格考察,认真筛选,是比较优秀的同志。有人说,既然都很优秀,还有必要举办这期培训班吗?我们认为,不仅有必要,而且非常重要。

第一,举办这期培训班,是全面履行研究室职责的要求。中央批准的“三定”方案明确规定:国务院研究室是承担综合性政策研究和决策咨询任务、为国务院主要领导同志服务的办事机构。主要职责是:负责起草《政府工作报告》;单独或组织、协同有关方面起草、修改国务院有关重要文件;起草国务院领导部分重要讲话;参与党中央、国务院大型会议的文件起草;调查研究和进行经济形势分析;收集、整理、分析、编辑和报送重要综合信息、动态;承办国务院交办的其他事项。从这些职责看,我室岗位重要、工作重要,使命重大、责任重大。起草和修改各类文稿、撰写调研报告、提供重要信息,是我们为国务院和国务院领导服务的基本形式和主要载体,是我室主要的任务。我们负责或参与起草的文稿,往往都是国务院做出的重要工作部署,关系着党的路线和方针政策的贯彻执行,关系着国家经济社会发展任务和人民群众切身利益的实现,与国务院的工作紧密相连,与国家发展的大局紧密相连,与改革开放和现代化建设紧密相连。国务院主要领导曾经说过,研究室工作水平提高了,国务院工作水平

也就提高了。这是对我们工作的期望和要求。大家面对新岗位、新职责，要充分认识到我们所在岗位的重要性。这种岗位职责要求，全室每个人必须不断地加强学习，特别是新调入的人员更应该如此。希望通过举办这期培训班，提高大家对国务院研究室职责和岗位重要性的认识，对照职责要求，查找差距，明确方向。

第二，举办这期培训班，是建设强有力研究室的迫切需要。本届政府组成以来，面临新形势、新任务、新要求，温家宝总理多次提出要把国务院研究室办成强有力的研究室。明确指出，本届政府不设重大课题办公室、重大课题研究任务划归研究室承担，希望大家增强责任感，继续发扬勤奋敬业、甘于奉献的精神，进一步做好工作，要努力学习，不断提高思想政治水平和政策理论水平，丰富各方面的知识；深入调查研究，掌握实际情况，提出更多有价值的政策建议；解放思想，大胆创新，求真务实，改进文风，努力提高文稿质量；严格要求，廉洁自律，做公务员的模范。去年 7 月开始，我们在全室开展了“争创一流业绩，建设一流队伍，营造一流环境”的活动。通过开展争创“三个一流”活动和最近开展的保持共产党员先进性教育活动，要使我们的工作切实再上一个新台阶，干部队伍素质切实得到提高，把国务院研究室真正办成强有力的研究室。为了建设强有力的研究室，国务院领导为我们创造了许多条件，包括对我们参加国务院有关会议、干部队伍建设、办公条件等方面予以大力支持。什么叫强有力的研究室，怎样才能办成强有力的研究室？希望通过这期培训班，大家对建设强有力的研究室有更加深刻的理解和认识。

第三，举办这期培训班，是使新调入人员尽快适应本职工作的重要举措。在座的同志都参加工作多年，有一定的工作经验，综合素质比较高，来到研究室工作，给全室增添了新鲜血液，给我们的工作带来了新的生机与活力。但是，大家来自不同的单位和岗位，不同的单位和岗位对工作和人员的要求不同。不论来自哪个部门、地方和单位，不论过去从事过什么样的工作，也不论以前工作成绩如何，来到研究室工作，都要在思想、业务、工作等方面有不同的转变。例如，有的同志虽然为原来部门和单位领导同志起草过许多文稿或撰写过不少调研报告，但也有一个重新适应研究室工作的问题。原来起草文稿是为本部门或地方领导服务，往往是从局部的角度和本部门利益出发考虑问题；现在不同了，是为国务院和国务院领导同志服务，必须从全国的高度和全局的角度观察和思考问题。思考问题的层面提升了，视野要求更宽了，这是最大的不同。同时，原来工作环境大都是学习党中央和国务院文件后，主要考虑如何结合部门或地方情况贯彻执行的问题；现在不同了，是要按照党中央、国务院的决策和领导同志指示精神，根据不断发展变化了的新情况、新问题，正确构思、设计文稿框架内容和判断、分析问题，创造性地开展工作。又如，有的同志从事业单位来，事业单位工作任务和工作方式与公务员的行为规范和工作要求不同，到我们研究室里要按公务员要求来规范行为，而且要按照在国务院研究室工作的公务员的要求来规范行为。所以，大家都面临如何尽快进入角色，适应新的工作环境，履行新的职责任务，以更好地融入我们室这个新集体。

实践证明，办培训班这种形式很好，2002 年我们举办了一期“提高文稿质量学习班”，那次学习班对我们多年从事文字工作的很多同志来说都是第一次，大家通过学习、交流，在强化基本功、提高文稿起草水平方面受益匪浅。起草文稿质量提高了，工作能力增强了，自然有利于干部的成长和进步。同样，希望通过这次培训，对大家做好今后的工作有所启发，对每个人的健康成长有所帮助。

二、国务院研究室的主要工作

为了使大家更好地了解国务院研究室，根据我室的职责，介绍一下研究室的主要工作和近两年完成任务的情况。主要包括三个方面：

一是起草各类文稿。我们工作中通常说的文稿，不是指自己的著作、调研材料和在报刊上发表的文章，而是指起草的各类文件和领导同志的报告、讲话等。主要有党中央、国务院文件，总理的《政府工作报告》和在中央经济工作会议上的讲话，国务院总理和其他领导同志的各类会议、考察、调研、出访等讲话稿，这是第一位重要的工作。本届政府以来，我们负责起草或参与起草、修改的党中央、国务院重要文件和国务院领导同志重要讲话稿和讲话提纲，2003 年是 212 篇，比 2002 年增加 80 篇；2004 年是 325 篇，比 2003 年增加 113 篇；今年一季度是 79 篇。起草或修改国务院领导同志出席各种重要会议，国内考察活动等新闻稿，2003 年是 144 篇，比 2002 年增加 96 篇；2004 年是 174 篇，比 2003 年增加 30 篇；今年一季度是 36 篇。

二是开展调查研究。我们调研的题目都是紧紧围绕党中央、国务院的中心工作，在年初确定，还有一部分是领导同志临时交办的任务。这也是一项重要的工作。调查研究，掌握第一手资料，是起草好文稿的基础，也是对党中央、国务院工作部署贯彻执行情况的跟踪反映。2003 年全室编发《送阅件》、《决策参考》、《研究报告》162 期，比 2002 年增加 62 期；2004 年是 161 期；今年一季度是 32 期。编发《室内通讯》，2003 年 107 期，比 2002 年增加 41 期；2004 年是 71 期；今年一季度是 11 期。向国务院领导同志直接报送的调研报告，2003 年 27 篇，2004 年 31 篇，今年一季度 10 篇。研究报告的质量进一步提高，受到国务院领导重视并作出批示的，2003 年有 45 件（62 条），2004 年有 64 件（103 条），比 2003 年增加 19 件，今年一季度 9 件（11 条）。许多调研成果为国务院决策和推动工作起到了重要作用。例如，在 2003 年 4 月中旬提出《要严防非典型肺炎疫情向农村扩散》，较早地提出了非典疫情向农村扩散的可能和对策建议，引起国务院主要领导重视，作出重要批示，对全国农村防治非典工作起到了重要推动作用，国务院还专门召开了全国农村防治非典工作电视电话会议。2003 年 4 月下旬在抗击非典中提出《关于解决高校毕业生就业问题的建议》,受到国务院几位领导同志重视,并作出重要批示,有力地推动了工作,2003 年 5 月国务院召开会议专门研究高校毕业生就业工作。2004 年提出的《加大宏观调控力度,尽快遏制投资过快增长》、《采取果断措施遏止乱征滥用耕地的对策建议》等,引起国务院主要领导重视,作出重要批示,对进一步采取加强和改善宏观调控决策起到重要作用。最近我们报送的关于房地产市场的一系列研究报告也受到国务院领导同志的重视,作出重要批示,并要求有关部门进一步研究。这些研究报告中有的就是我们在座的同志撰写的。

三是收集和报送重要信息。无论起草文稿,还是撰写调研报告,都离不开信息材料,及时、准确的信息,对正确分析形势、作出决策具有重要的参考作用。据统计,2003 年编辑《信息快报》115 期,得到国务院领导同志重视并批示的有 5 期 9 条;摘编《互联网信息动态》1600 多期。2004 年编辑《信息快报》71 期;摘编《互联网信息动态》2630 多期。今年一季度向总理报送信息 12 篇;摘编《互联网信息动态》62 期,有些也被国务院领导同志所重视。这些信息材料为室领导及时了解国内外重大事件及反映,起草文稿发挥了重要参考作用。去年我们新组建了信息研究司,信息收集渠道不断扩大,分析研究能力得到加强。

以上这些,今天参加培训班的同志大都亲身经历过,都作出了积极努力和贡献,有的同志已初试锋芒,崭露头角,显示才华。

三、国务院研究室的工作特点

总结多年的实践,我室工作有以下几个主要特点:

第一,紧紧围绕党中央、国务院的中心任务开展工作。始终服从和服务于党中央、国务院的中心任务,是履行好我室职责的根本要求。我室的各项工作,不论是文稿起草、课题研究,还是信息收集、报送,都是紧紧围绕党中央、国务院的中心工作进行的。各类重要文稿起草的本身,就是体现中央的重要工作部署。调查研究也都围绕国务院工作重点。比如,去年起草文稿和调研情况,主要是跟踪宏观经济形势、农村税费改革、财政体制改革、政府自身改革、建设和谐社会等问题研究,不少文稿起草任务和调研课题都是围绕党中央、国务院的工作部署安排的。

第二,服务面宽,要求知识丰富,功底扎实。我们现在的服务范围已经由为国务院主要领导同志服务,拓宽到为国务院副总理、国务委员及其他领导同志服务。涉及的领域广泛,包括经济、贸易、工交、农业、科教、社会、法律、外交、行政管理等各个方面,这就要求大家既是某一方面的专才,又是通才,能够做到触类旁通。既会起草党中央、国务院文件、国务院领导同志在各种场合的讲话,还会起草演讲稿、新闻稿,甚至通知、便函。调查研究报告的形式和内容也多种多样。总之,工作需要什么,我们就能干什么。

第三,标准高、要求严,必须有一流的工作水平。由于我们是直接为国务院和国务院领导同志服务,所做的工作事关改革开放和现代化建设,事关党和国家事业的发展,所以,无论是起草文稿、撰写调研材料还是报送信息,都要高标准、严要求,必须有国家级的一流水平。

第四,大事多、新任务多、急事多,必须时刻处于紧张状态。时代在进步,社会在发展,科技进步日新月异。在 13 亿多人口的大国,又处于改革开放深入推进的历史阶段,国家各个领域每时每刻都有新情况,我们原来不熟悉、不知道的事情越来越多。我们从事的任务都涉及全国大局,国务院领导同志交办的新任务、限时完成的紧急任务也越来越多。这就要求我们必须时刻关注国内外形势变化,随时能够拉得出,用得上,干得好。

第五,主动协调配合,努力形成工作合力。研究室工作涉及面广,许多工作仅靠本司或本室的力量是不够的,必须与其他司或有关单位密切配合,通力合作。这就需要具有团队精神,精诚团结,互相帮助。近年来,我们坚持在实际工作中由我们牵头负责的工作,既认真负责、明确责任,又不包办代替。对于需要我们配合的工作,既积极参与、主动配合,又不越俎代庖。对于重大任务,在一个时期集中各方面力量全力以赴。

第六,人员少,任务多,担子重。本届政府以来,我室工作面临新的任务和要求,服务面有所扩大,任务量明显增加。从我室这两年工作总结中可以看出,我们负责或参与起草的文稿、撰写的调研报告、报送的各类信息和得到国务院领导同志的批示数量都是逐年上升的。这就需要我们的干部具有较高的素质和较宽的知识面,知识储备要雄厚,文字功底要扎实,办事讲效率、讲质量。我室行政、党委、人事工作更是一人干几个人活,在这里工作的人员经常自觉地加班加点,以办公室为家,不辞辛苦,任劳任怨。

四、国务院研究室的基本工作要求

2003 年 3 月,新一届政府组成后,温家宝总理在国务院第一次全体会议上,对全体政府工作人员在作风纪律方面提出了六点要求:一是加强学习,与时俱进;二是牢记宗旨,执政为民;三是恪尽职守,敢于负责;四是求真务实,注重实效;五是廉洁自律,艰苦奋斗;六是顾全大局,团结协作。2004 年,温家宝总理在接见“人民满意的公务员和人民满意的公务员集体”时,就加强公务员队伍建设提出了四点要求:第一,加强思想建设;第二,加强制度建设;第三,加强作风建设;第四,加强执政能力建设。结合我室工作特点,我们研究室的干部应该做到认真学习,扎实工作,不断提高自身素质。下面提出几点具体要求:

第一,加强基本理论学习,不断提高思想政治水平和政策理论水平。提高理论素养是政治上成熟的基础。只有理论素养提高了,才能更好地领会和把握党的路线方针政策,提高从政治上、全局上观察问题、分析问题和解决问题的能力。提高这些能力,不是一朝一夕的事,是一个长期学习积累和锻炼的过程。因此,工作再忙,也要坚持学习,加强学习。要认真学习邓小平理论和“三个代表”重要思想,用科学发展观武装头脑。同时,要认真学习党的基本路线、基本纲领、基本经验,还要学习党中央、国务院文件和中央领导同志讲话精神。要把理论学习作为一种政治责任,一种精神追求和一种思想境界。同时,要把学习和工作结合起来,运用马克思主义的立场、观点和方法指导实践,做到理论联系实际。

第二,坚持解放思想,实事求是,与时俱进。这是我们必须始终坚持的党的思想路线。对于我们研究室的同志来讲,解放思想,勇于创新尤其重要,我们要善于结合变化了的新形势、新情况、新任务和新要求,及时发现并研究一些全局性、前瞻性和战略性的重大问题,使思想认识符合经济和社会发展实际,符合时代进步潮流和世界发展变化趋势,做好文稿起草工作,搞好调查研究和信息报送工作,为国务院作出重大决策提供依据,当好参谋和助手。

第三,保持坚定正确的政治方向。我们要始终保持政治上的清醒与坚定,坚持正确的政治立场、政治方向,坚定正确的理想信念,毫不动摇地坚持党的基本理论、基本路线、基本纲领、基本经验。在政治上、思想上、行动上与党中央保持高度一致。任何人不得发表与党和政府决策和规定相悖的言论,不得参与违背中南海工作纪律的事,不做有损于党和政府声誉、形象的事。

第四,牢固树立服务意识、责任意识、大局意识。国家机关是服务机关。我们研究室直接为党中央和国务院服务,同时为各部门服务、为地方服务、为基层服务。做好服务工作,就是忠实履行职责。要树立强烈的事业心和责任感,坚持高标准、严要求,切实增强工作的积极性、主动性和创造性。平时要多关注国内外发生的重大事件和各方面情况,努力提高政治敏锐性和政治鉴别力。要站在党和国家全局利益的高度,正确处理局部与全局的关系。

第五,精通业务知识和技能。这就要求刻苦学习本职业务知识和相关的各方面知识。做到知识面宽,一专多能。学无止境。正如古人所言:士三日不读书,便语言无味,面目可憎。一个人不学习,就不能适应工作的需要。研究室的工作性质要求大家必须不断提高业务能力和工作水平,要系统地学习业务知识,熟练掌握本职工作所需要的知识和技能,熟悉本职工作的内容、方法和程序,不断提高业务工作水平。要加强对现代经济、财政、金融、贸易、科技、农业和管理等方面知识的学习,不断拓宽视野,完善知识结构,促进知识更新。要加强对党的政策和国家法律法规的学习,注意重大改革措施出台的背景、内涵和相关举措。特别要注意研究党的中心工作,研究改革发展稳定的大政方针,学习和熟悉改革的政策和内容,找准工作的切入点。努力使自己成为某一方面的行家里手。

要善于抓住经济社会中的重点、热点、难点问题开展调查研究,收集、整理、报送重要信息。研究室的一个优势就是能够直接向国务院领导报送调研报告和重要信息材料,国务院领导也非常重视我室报送的材料,只要是好的调研报告和重要信息,一般都有重要批示,能够对文稿起草和决策形成发挥重要作用,或对实际工作发挥推动作用。什么是好的调研报告呢? 根据研究室的职责要求和工作性质,一篇好的调研报告除了要观点正确鲜明、思路条理清晰、文风质朴、语言简洁,还应该具有“六性”,即政策性、针对性、应用性、时效性、超前性和可操作性。这些需要大家在今后的工作中仔细琢磨、认真体会。

第六,要打好辞章和文字的根底。本届政府组成以来,国务院各位领导同志特别是主要领导同志对文稿的质量要求很高,也很看重我室起草的文稿。这既是对我们的信任,也是对我们的工作提出了更高的要求。文章要写得好,除了思想正确、观点鲜明外,还要掌握一些写作技巧,懂一点逻辑、文法和修辞。比如,区分文稿性质,体裁要得当;明确文稿起草目的,善于领会和贯彻领导意图;了解服务对象,准确掌握其语言表达习惯和个人风格;要站得高,想得深,反复修改,精益求精,认真核校。只有掌握好这些基本技巧和正确的工作方法,才能写出好文章。要仔细品味

"劳于读书,逸于作文"、"读书破万卷,下笔如有神"的道理,要加强辞章修养,改进文风,增添文采,不断提高文字水平。

第七,爱岗敬业,甘于奉献,团结协作。我室许多工作都直接或间接地与党和国家的路线、方针、政策的贯彻执行密切相关,与推动改革开放和现代化建设的任务密切相关。能在这样的岗位工作,我们既感到肩上的担子重,责任大,又感到无上光荣。要做好我们承担的工作,必须自觉培养忠于职守、爱岗敬业、甘于奉献、淡泊名利的精神。在每一个岗位上都要全身心投入,对每一项工作都要有高度认真负责的精神和严谨细致的作风,做到精益求精。

要团结协作,密切配合,互相帮助。处理好个人与组织的关系,个人与同志的关系。注意加强沟通,沟通思想,沟通工作情况,沟通感情。要心胸坦荡、彼此尊重。大家在一起共事,既是事业的需要,也是一种缘分。我们要珍惜这种缘分,既讲党性、原则,也讲感情、友谊,真正成为政治上志同道合的同志,思想上肝胆相照的知己,工作上密切配合的同事,生活上互相关心的挚友。努力营造一种和谐向上的工作氛围。

第八,严格遵守法律法规和各项规章制度。纪律是人们的行动准则,一个单位只有纪律严明,才能出凝聚力和战斗力。近年来我室不断完善制度建设,先后制定了国务院研究室工作规则、机关管理的若干规定、干部任用和调动管理办法、外事工作规定、保密守则等。大家可以借这个机会认真学习一下这些规定,秘书司正在把这些规定汇集成册,发给全室每位同志。在这里工作要严格遵守政治纪律、组织纪律、工作纪律、外事纪律,要遵守请示报告制度、请假制度、会议制度、出差制度、保密制度、安全保卫制度等。要严格遵守中共中央办公厅、国务院办公厅联合下发的《关于进一步加强在中南海办公的各单位内部管理的通知》要求和《在中南海办公的各单位工作人员行为规范》的有关规定。特别要有高度的保密观念,严格做好保密工作。

总之,在国务院研究室工作要按照争创一流业绩、建设一流队伍、营造一流环境的要求，激励自己、鞭策自己、约束自己、塑造自己，都要做争创“三个一流”的模范。

同志们，这次培训班虽然时间短，但内容丰富，希望大家充分利用这个难得的机会，虚心学习，认真思考，充分认识国务院研究室工作的重要性，认识国务院研究室的职责、任务，认识在国务院研究室工作必须具备的素质和本领，增强在国务院研究室工作的荣誉感、责任感，不辱使命，不负重托，以高度的政治觉悟、饱满的工作热情和奋发有为的精神风貌，更快更好适应国务院研究室的工作岗位和工作环境，为全面履行我室的职责，不断开创我室工作新局面作出积极贡献。

培训班结束时的总结讲话

（2005 年 4 月 24 日）

一、这次培训班取得重要收获，达到了预期目的

概括地说，这次培训班有四个收获：一是大家通过学习党中央、国务院领导同志讲话和有关文件，以及通过对我室历史演进和多年实际工作情况的介绍，比较全面地了解了国务院研究室的职能、职责、任务、工作特点和要求。二是比较全面地了解了国务院研究室的规章制度、纪律，以及在中南海、研究室工作与其他单位的不同要求。三是增强了在研究室工作的责任感、使命感和自豪感。四是不少同志发现了自己的不足和差距，明确了努力方向。一些同志从不同的角度、不同的岗位谈了自己的认识，并用很生动、很形象的语言反映出这些收获。因此，这次培训班达到了预期目的，取得了比原来预计还要好的成效。

二、着力提高适应研究室工作的能力

针对大家发言中提出的一些问题和困惑,我根据自己的体会谈几点看法,希望能使同志们加深对我们室岗位和工作要求的了解和认识,对大家能够有所帮助。

(一)如何看待国务院研究室的工作岗位

——研究室职能重要,责任重大。刚才同志们的发言都谈到了这一点。研究室的工作直接与国务院工作密切相关,与国家的改革开放和现代化建设事业密切相关,与广大人民群众的切身利益密切相关。研究室出个好主意是人民之福,出个馊主意是人民之害。我们负责或参与起草的重要文稿,包括总理作的《政府工作报告》,以及总理、副总理、国务委员的讲话,负责起草或修改的有关法律法规和其他文件,都很重要,每篇文稿都不同程度地涉及全局。我们室撰写的一些调研报告也直接或间接地影响着中央领导的决策。因此,研究室的工作岗位非常重要,责任也非常重大。

——研究室使命光荣,任务艰巨。我室每个岗位都很重要,任务繁重。在我们室,室领导和全体人员都经常夜以继日地工作,加班加点是正常活动,不加班加点才是偶然现象。我们工作虽然很辛苦,但也觉得很光荣。大家可以试想一下:全国几千万名干部中能够直接为国务院总理和其他领导同志服务的机会不多,人也不可能多,我们有这个机会是幸运的。要求来研究室工作的人很多,前几个月我们室要招收 3 名公务员,报名的就有 300 多名。研究室工作虽然很辛苦,但这个岗位是难得的。

——研究室岗位平凡,价值崇高。从价值观的角度看,在研究室工作能使人生价值得到更好实现。研究室的岗位虽然平凡,但是在这里工作可以使个人才华得到最大程度的展示,各种能力得到最大程度的发挥。我室负责或参与起草的文稿可以直接用于指导社会实践,我们撰写的重要调研报告,党中央、国务院领导可以直接看到,有的还会作出批示。当然,在其他单位都有实现个人价值的机会,但在我们室工作,个人愿望和本领能够得到更好的体现。我们有好的思路、建议,一旦被国务院领导采纳,即可能推动全国工作,产生良好的社会效果。

——研究室工作苦中有乐,苦中有甜。我们都会有这样的体会,起草文稿或调研报告时加班加点,冥思苦想,而工作成果得到领导同志肯定,能正确有效地指导工作,化作各方面行动,我们就会感到十分高兴,疲劳和苦恼都一下子烟消云散了。例如,总理作的《政府工作报告》在全国人大会议上得到高票通过,这固然有多方面原因,一是归结于党中央的正确领导,二是说明国务院的工作做得好,三是总理高度重视;同时,也是我们室同志参与起草工作的结果。虽然在起草报告的过程中,大家付出了艰辛的劳动,但这是幸福的付出。

——研究室单位是个大课堂,大舞台。我室是个学习型的单位,工作岗位是个学习型的岗位,这个集体是个学习型的集体。我们感到,在这里一天不学习,就不了解瞬息万变的国内外形势变化,就不了解发生的新情况,心里就感到发慌。每个人都必须养成天天学习的习惯。每个重要文稿起草的过程,也都是个学习、提高的过程。这是因为,参与起草的同志可以直接听到有关领导同志的指示、要求,工作中收集材料、研究问题、提炼思路和观点,大家相互学习、启发,都会从中得到收获,每个人的知识、智慧也都会充分展示出来。完全可以说,国务院研究室是提高干部素质的大熔炉,也是英雄有用武之地的大舞台。

(二)如何看待工作中的差距

我认为,应当从两个方面看:

一方面,到一个新的岗位,必然有一个熟悉工作性质和岗位的过程,每个同志也有一个逐步成长的过程。在座的同志在原单位有的是知名的经济学家,有的是一个单位主要负责人,有的著作颇丰,我就经常拜读一些同志的大作。现在到研究室工作,有一个岗位转换和适应新岗位的问题。转换岗位和适应新岗位的过程中,在短期内也许会感到彷徨、困惑,甚至是苦恼。从不适应到适应是个进步的过程,我自己同样经历了转换岗位和适应新岗位的艰苦过程。我 1978 年前在祖国边疆企业基层工作,1978 年 3 月调到国家计委工作,一下子从基层、从企业到国务院最大的宏观管理部门工作,开始一段时间,无论知识结构还是思维能力都不适应工作要求。在国家计委工作 16 年,对工作性质和特点逐渐熟悉,1994 年 8 月又调到中央财经领导小组办公室工作,1998 年 3 月又调到国务院研究室工作,每个岗位工作的性质、任务和要求都不一样。我每到一个新岗位也和同志们一样经历了彷徨、困惑甚至苦恼的过程。我在国家计委工作的以后几年经常主持重要文稿起草和审定文稿,到了中央财经小组办公室和国务院研究室工作后,文稿起草和定稿都要过一关又一关,每一个修改过程都是找差距的过程。到国务院研究室工作后的一段时间内也很不适应。例如,过去我从来没写过新闻稿,以后经过学习、实践,才逐步掌握这种文体和国务院领导同志的要求。又如,过去我主要是从事宏观经济研究和搞计划工作,对工交贸易、科教文卫等方面知识掌握得不多,而国务院研究室工作涉及的业务面相当宽,也只得边干边学,努力拓宽知识面,逐步提高水平。

另一方面,感到有差距、有压力,这是我们向新台阶迈进的动力,也是正确认识自己的表现。如果感到没有差距,满足于现状,就很难有进步。有差距,才能找准自己努力的方向和目标。所以,要善于将找出来的差距变成自己的前进目标,变压力为动力,变挑战为锻炼机会。没有压力的工作,就得不到实践锻炼。人的知识和才干是从实践中得来的,要敢于实践。人们常讲,“人生能有几次搏?”就是说人的一生很短暂,能够参与崇高的事业、光荣的事业,并为此而拼搏的机会没有多少次。我希望大家不要苦恼,不要彷徨,不要不知所措,要敢于面对现实,要以辩证的、全面的观点,正确看待我们现在所处的工作阶段。古人云:"艰难困苦,玉汝于成"。我认为,困难是最好的教师。这个适应性时期闯过以后,那就是"柳暗花明又一村"。只要自强不息,就一定会取得成功。

(三)如何更快地进入工作角色

古人云:"玉不琢,不成器;人不学,不知道。"这里的关键是勤于学习、善于学习、敏于学习。学习,可以说没有捷径,也可以说有捷径。勤于学习,是要刻苦学习、经常学习。善于学习,是要注意学习方法。敏于学习,则是处处留心皆学问。首先是学习基本理论。要学习和掌握马克思列宁主义、毛泽东思想、邓小平理论、"三个代表"重要思想。起草重要文稿,必须以科学理论为指导,不然,所提出的主张、观点就会缺乏理论根基。还要认真学习历史文献,学习党中央、国务院的文件,特别是学习和掌握最近时期的文件精神,包括中央领导的讲话精神。二是向文章大家学习。要向不同时期的范文学习。例如,接到一个重要文稿起草任务后,就要注意看一些历史文献和重要文章,从中得到思想启迪。三是向周围同志学习。我们周围的同志都各有长处。新调入我室的人员,在起草文稿和撰写调研报告方面,也有自己的优点、长处,每个人都有值得学习的地方。我每次阅改一些同志起草的文稿,都感到里面有不少好的东西,包括思想、观点和文采等,都有闪光的地方。在我们室工作的同志,有的长达十多年,积累了不少经验,要相互学习、取长补短、共同提高。四是向实践学习。干中学,这是个真理。要勇于承担任务,不断在实践中提高自己的写作能力。特别是要看领导同志是怎样修改自己写的稿子,领导同志最后保留了什么,改了什么,删去了什么,增加了什么?为什么这样改?要认真地对照、思考,看看差别在哪儿。最近,社会发展研究司、综合研究司、宏观研究司都开展了文稿起草过程的对照、讲评活动,这样做很有益处。

国务院领导提出:工作要做到“有心、留心、细心”。我想,如果我们每个同志能够做到这三个“心”,就能很快进入新的工作角色。大家要善于学习,善于积累,善于做有心人。我总是相信,“勤能补拙”,“一分耕耘一分收获”。勤奋学习,就能够弥补不足。“有志者,事竟成”,“苦心人,天不负”,“一分辛劳一分才”,也都是讲的这个道理。学习还要增强悟性,做到举一反三,触类旁通。“高、深、新、实”是起草所有文稿都应达到的要求。一般来说,起草文稿要有思想高度、有分析深度,要有新的东西,包括新情况、新观点、新概括,要有实在的内容。对调研报告来说,一个成功的经验就是“小题大做”,切忌题目很大,而内容空泛。

(四)如何看待文稿修改

有的同志认为自己是很会写文章的,而到研究室写出来的文稿往往被修改得很多,甚至采纳的东西不多或者要全部推倒重来,因而心里感到不是滋味。我想在这方面要消除思想顾虑。起草文稿特别是起草重要文稿,反复修改是一个很正常的过程。应当从多方面看文稿修改:一是起草国务院文件和国务院领导讲话稿,要求是很高的。既要指导当前工作,又要经得起历史和实践的检验。有些重要文件、讲话是要载入史册的,必须高标准、严要求,必须精益求精。如果能这样认识,对修改文稿就觉得很正常了。二是一篇重要文稿要求有多方面的知识,而我们可能某一方面知识很多,其他方面知识则不足,毕竟个人的知识和水平是有限的,需要集思广益,从多方面加以提高。三是正确认识和把握工作情况有一个过程。对事物的认识是不断深化的,思想认识提高了,或掌握了新情况、新材料,这样就需要对起草的稿子不断充实、完善、修改。四是重要文稿需要集中各方面智慧,实际上也是听取各方面意见,充分发扬民主的过程。五是重要文稿,特别是中央重要文件都是通过反复修改,不断地“磨”,不断“爬坡”形成的。我有机会参加了党的十三大、十四大、十五大、十六大报告的起草和若干次中央全会文件的起草工作,以及多年的政府工作报告起草工作，每一次《政府工作报告》、历次党代会报告和中央全会《决定》的起草都是千锤百炼、无数次修改的，都是集中全党、全国各方面智慧的过程。六是客观事物是不断变化的。客观外界情况变化了，起草文稿的内容也就要随之修改。例如，最近我们室写的经济形势分析报告，开始起草时对固定资产投资特别是房地产投资问题、对进出口问题的认识不是很深刻，而今年3月份统计数据出来了，就看出了新问题，我们就马上进行修改自己写出的文稿。七是有时文稿一开始可能是领导让你这样写的，包括观点和思路，但领导同志对此问题的认识也是不断深化的，也有一个不断思考的过程，文稿起草中也要按照领导同志新要求加以调整、修改。总之，我们每个同志都不要怕修改自己写出的文稿。要有海纳百川、集思广益的境界和善于听取意见、不断修改的精神。这些不仅是对新来的人员讲的，对我们室的老同志也是一样，每个同志都要有不怕修改的思想认识和精神状态。当然，如果你确实写得很好，领导同志也会修改得少，甚至可以不作修改。

（五）如何看待“忙”与“不忙”

对工作忙要有一个全面的、正确的认识。近几年，我们室任务越来越多，确实使大家很忙。我认为，“忙”是一件好事，说明你有事做。如果没有事情做，不是那么忙，时间长了，你就会感到心慌，感到难受。同时，我觉得也有一个责任感的问题。一个有强烈事业心和进取心的人，总是不断地学习、不停地工作，甚至主动争取工作任务。当然，从室领导安排工作来说，也需要注意改进工作方法，提高工作效率，尽量合理安排大家的工作。

总之，大家要充分认识我室工作的重要性，正确认识面临的一些问题，一往无前，再接再厉，坚定决心，增强信心，克服困难，奋勇前进。我们现在的工作环境很好，这里用“乘长风破万里浪”的佳句，与大家共勉，希望每位新来的人员都能更快更好地适应国务院研究室工作岗位的要求。

三、努力创造好的学习和工作环境

第一,要更好地关心新来同志的成长。各单位要在思想上、工作上、生活上给新来的同志以更多的帮助,解决一些实际问题和困难。在文稿起草、调查研究和信息报送等工作上要充分发挥新同志的作用,多给他们压担子,多给予指导。新老同志要互相尊重,相互学习。

第二,要经常听取新同志的意见和建议。同时,也希望新同志把原单位的好作风、好经验、好做法带过来。

第三,要进一步改善学习和工作条件。总的来说,我们的办公条件不算很好,但现在比过去要好得多。我们还需要进一步创造条件,努力改善工作条件,包括信息采集和有效使用等。

四、几点希望和要求

第一,要尽快适应工作岗位。新调入的人员要主动加强学习,认真履行研究室职责,尽快缩短适应新的工作岗位的过程。

第二,要高标准、严要求。要按照我们研究室争创"三个一流"的标准,来要求我们的思想和工作。

第三,要充分发挥聪明才智。研究室是各位大显身手的舞台,大家要主动进取,积极做好工作,为研究室工作作出更多贡献。

第四,要关心新的集体。特别是欢迎对室党组的工作多提宝贵意见和建议,以利于我们改进工作。

总之,我们要在党中央、国务院的领导下,在国务院领导同志的直接关心和支持下,依靠新老人员的共同努力,全面履行我室的工作职能,把我们的工作做得更好，多出优秀成果，多出优秀人才，不断开创全室工作新局面，从而更好地为党中央、国务院服务，更好地为国家改革开放和现代化建设服务。

着力提高调查研究工作质量*

（2005 年 7 月 23 日）

2002 年 3 月，我室采取以自我总结、交流体会的方式，举办了“提高文稿起草质量学习班”，大家普遍反映收获很大。当时室党组就提出，应该举办一次提高调研工作质量培训班。前不久，在开展保持共产党员先进性教育活动期间，我室举办了新调入人员培训班，大家反映也很好，同时再次把举办“提高调查研究工作质量培训班”提上了日程。经过长时间的酝酿和准备，这个培训班今天举办了。室党组对这次活动十分重视，大家也寄予很大期望。

举办这次培训班的主要任务是，回顾总结本届政府以来我室调研工作的情况，肯定成绩，交流经验，畅谈体会，找出差距，明确要求，进一步提高调查研究工作水平，以更好地履行我室的职责，为国务院和国务院领导提供优质服务。同时，这也是落实保持共产党员先进性教育活动整改任务的具体措施。这次办班的方式，也是以自我总结、自我教育为主，相互交流、相互切磋，共同提高。下面，我先讲几点意见，供大家讨论、交流时参考。

---

* 本文系作者在国务院研究室举办的“提高调研工作质量培训班”开始时的讲话。

一、我们室为什么要更加重视调查研究工作

重视调查研究，是坚持辩证唯物主义和历史唯物主义世界观、方法论的必然要求。调查研究是我们认识世界和改造世界的重要手段，是发现问题、找出解决问题方法的重要途径，也是密切联系群众、倾听群众呼声、反映群众要求的重要渠道。

坚持调查研究，是我党的一项基本工作方法和领导制度。历届中央领导集体高度重视，身体力行，在调查研究的理论和实践方面，都为全党树立了光辉的典范。在新民主主义革命极为艰难的时期，毛泽东同志曾进行过大量的实地调查，写出了影响深远的《中国社会各阶级的分析》、《湖南农民运动考察报告》以及《寻乌调查》、《兴国调查》等一系列调查报告。他在《反对本本主义》的文章中，提出了“没有调查，就没有发言权”和“不做正确的调查研究，同样没有发言权”的两个著名论断。他还说：“我的经验历来如此，凡是忧愁没有办法的时候，就去调查研究，一经调查研究，办法就出来了，问题就解决了。”他甚至形象地说：“调查就像‘十月怀胎’，解决问题就像‘一朝分娩’。调查就是解决问题。”新中国成立后，毛泽东同志仍经常亲自进行调查研究。1956 年，他和其他领导同志一起，用了一个半月的时间，听了 34 个部委的汇报，认真分析研究有关问题，并写出了《论十大关系》的重要著作。1961 年，毛泽东同志亲自组织人员，分别到浙江、湖南、广东进行调查，在此基础上制定了农业六十条、工业七十条和其他一些重要条例。邓小平、江泽民等同志都十分重视调查研究工作。邓小平同志指出，离开了调查研究，任何天才的领导者也不可能进行正确领导。江泽民同志强调：“坚持做好调查研究这篇文章，是我们的谋事之基，成事之道。”陈云同志也曾指出：“难在弄清情况，不在决定政策。”“领导机关制定政策，要用百分之九十以上的时间作调查

研究工作,最后讨论作决定用不到百分之十的时间就够了”。现在的中央领导同志也都高度重视调查研究工作。胡锦涛总书记在今年2月22日中共中央政治局第20次集体学习时强调,加强调查和研究,着力提高工作本领。党中央、国务院领导同志每年都抽出大量时间深入基层和群众,召开各种各样的座谈会,亲自组织对一些重大问题的调查研究。历届中央领导同志以调研活动为基础形成的重大决策,对我国的革命、建设、改革事业产生了重要的推动作用。

做好调查研究工作,具有以下重要意义。

第一,调查研究是我们正确认识社会的重要方法。调查研究的过程,不仅是了解实际情况的过程,也是概念、论断形成的过程,还是分析推理的过程。只有在实践中反复进行调查研究,才能正确反映客观事物,并把握事物的本质和规律。毛主席说过:“用马克思主义的基本观点和方法,做周密的调查,仍是了解情况的最基本方法。”他还说过:“认识世界,不是一件容易的事。马克思、恩格斯努力终生,做了许多调查研究工作,才完成了科学的共产主义。”大量事实证明,马克思列宁主义、毛泽东思想、邓小平理论和“三个代表”重要思想的形成,都是在革命、建设、改革实践中进行大量社会调查和深入研究的结果。

第二,调查研究是科学制定和执行政策的重要基础。调查研究是民主科学决策的基础。正确的方针政策,不是基本原理的简单演绎,也不能用推导公式的方法来求得,而是来源于对情况的透彻了解,要全面了解情况就必须以调查研究为先导和基础。毛泽东同志说:“实际政策的决定,一定要根据具体情况,坐在房子里面想象的东西,和看到的粗枝大叶的书面报告上写着的东西,决不是具体的情况。倘若根据‘想当然’或不合实际的报告来决定政策,那是危险的。”温家宝总理在本届政府成立后的国务院第一次全体会议上指出:“各项重大决策,都要经过深入调查研究,充分论证,广泛听取各方面意见。”同时,要正确地执行政策,也必须根据当地的实际情况,找到具体执行的方法和步骤,因地制宜地贯彻落实,这同样离不开调查研究。

第三,调查研究是密切联系群众的重要渠道。群众路线是我们党的生命线。调查研究必须到群众中去,深入农村、工厂、学校,面向社会,面向群众,广泛听取群众的意见,体察群众的生活,从群众中汲取智慧。只有这样,才能制定出充分反映民意、集中民智的政策措施,才能得到群众的拥护、理解和支持。因此,调查研究的过程,也是联系群众的过程,是与群众交朋友的过程。

第四,调查研究是发现问题和解决问题的重要条件。从某种意义上说,推动经济社会发展的过程,就是发现问题、解决问题的过程。然而,经济社会发展中的问题是极其复杂的,各种问题无处不有、无时不在,有些问题互相交织,有些问题或隐或现。要及时发现问题,要找出问题的成因和症结,要提出解决问题的思路和对策,就必须深入进行调查研究。离开了调查研究,在纷繁复杂的问题和矛盾面前,我们就会变得盲目、被动,甚至手足无措。

第五,调查研究是加快培养优秀人才的重要途径。调查研究是一项科学性、实践性很强的工作,要求调研人员具有较高的理论政策水平和文化素质,同时还要具有良好的道德品质和较强的专业技能。要做好这项工作,取得高水平的调研成果,就必须不断加强学习,提高自身素质。同时,对调研人员来说,通过调查研究可以培养出较强的综合分析能力,培养出密切联系群众的工作作风,培养出科学的工作态度和务实精神。总之,调查研究可以使我们长见识、增才干。

面对全面建设小康社会和现代化建设的新形势新任务,调查研究工作更加重要。当前,国际形势复杂多变,综合国力竞争日趋激烈,我国外部环境面临许多复杂的和不确定的因素。从国内看,改革开放和现代化建设中的各种矛盾相互交织,国内外各种思想文化相互激荡,新事物、新情况层出不穷。经济市场化程度不断提高,社会经济结构发生着广泛而深刻的变化。经济成分、组织形式、就业方式、利益关系和分配形式等日益多样化、复杂化。我们既面临着加快发展的历史机遇，也面临着一系列前所未有的难题和挑战。与过去相比，影响决策的因素增多了，决策的时效性增强了，决策的风险性增大了，决策所需的信息量也增加了。这些都对调查研究工作提出了更高要求，同时也赋予了政策研究和咨询机构更为重要的使命。

对我们研究室来说，调查研究无疑具有更加重要的意义。我室是直接为国务院领导提供决策咨询和政策研究服务的办事机构，主要工作包括三个方面：一是负责或参与起草重要文稿，二是调查研究改革开放和现代化建设中的重要问题，三是收集、整理和报送重要信息。在这里，调查研究不仅是我们的基本职能之一，而且也是全面履行其他各项职能的重要前提。这是因为，无论是起草、修改文稿，还是整理、报送信息，都必须建立在调查研究基础之上。离开了调查研究这个基础环节，不了解实际情况，不懂得社情民意，各项工作就会成为无源之水、无本之木，做好工作当然也就无从谈起。只有以大量的、高质量的调研成果为基础，我们才能写出符合实际、思路正确和具体生动的各种文稿；才能提出分析深刻、观点明确和切实可行的咨询建议；才能提供及时准确、内容重要和视角独特的优质信息。完全可以说，调查研究是我们的基本功和生命线；它与我们的工作须臾不可分离。

本届政府成立以来，国务院主要领导高度重视我们研究室工作，多次提出希望建设强有力的研究室，并要求我们“深入调查研究，掌握实际情况，提出更多有价值的政策建议”。同时明确提出，国务院不再设立重大经济问题专题调研办公室，其职能由国务院研究室承担。这既是对我们的极大信任，也是对我们的殷切期望。要完成这个重要任务，就必须更加重视做好调查研究工作。我们要争创一流业绩、建设一流队伍，其中一个很重要的任务，就是多出一流调研成果。

近几年，我们紧紧围绕党中央、国务院的中心任务，通过多种方式和途径开展调查研究活动，调研工作取得了显著成绩，成果不断增多，质量稳步提高。据统计,2003年、2004年撰写的调研报告分别为189篇("三件"发表162篇,专送报告27篇)和192篇("三件"发表161篇,专送报告31篇),国务院领导同志作出批示的分别有45件和64件。今年上半年,撰写的调研报告已达104篇("三件"发表79篇,专送报告25篇),国务院领导同志作出批示的已有35件。这些调研成果质量上乘,突出应用性、政策性和咨询性,有很强的实用价值。许多成果受到国务院领导同志重视并在决策中起到重要作用;有些直接应用于起草领导讲话及其他文稿,从而对指导和推动工作产生了重要影响;有些在社会上产生了较大反响。例如,2003年4月在非典肆虐时刻,我室提出的《要严防非典型肺炎疫情向农村扩散》、《关于解决高校毕业生就业问题的建议》调研报告,温家宝总理立即批示,决定召开全国农村防治非典工作会议和做好全国高校毕业生工作的会议,分别对相关工作作出部署。2004年我室提出的《加大宏观调控力度尽快遏制投资过快增长》、《采取果断措施遏止乱征滥用耕地的对策建议》等调研报告,立即作为进一步加强宏观调控的决策参考依据和重要措施。今年上半年我室对房地产、免征农业税后的农村改革、粮食价格、汽车节能、汇率改革和股权分置改革、完善出口退税机制等问题的调研,都引起国务院领导的重视,作出重要批示,有力地推动了相关工作。此外,近两年国务院领导交办的调研任务越来越多,仅今年上半年批示我室领导阅研的材料就有78件。这实际上也是对我室调研工作的重视与肯定。

当然,也要清醒地看到,我们的调查研究工作与国务院领导的要求还有差距。一是从室领导工作部署上看,在文稿起草工作忙、任务重的时候,往往忽视深入实际调查研究;二是对经济社会中长期发展的全局性、战略性、前瞻性问题研究不够;三是一些调研成果的质量不够高,针对性和时效性不强;四是调研工作与文稿起草工作结合不够密切,应用调研成果不够好。对这些不足之处,我们一定要认真加以改进,努力把调研工作提高到一个新水平。

二、我室调研工作的主要做法和经验

近几年来，我室的调研工作之所以能取得可喜成绩，原因是多方面的。首先归功于国务院领导的重视和支持，也由于我们有一支高素质的研究队伍，同时还与我们努力探索逐步形成了一些好的做法密不可分。归纳起来看，主要有以下几点。

——牢固树立围绕中心、服务大局的思想。作为国务院的办事机构，我们的调研工作必须坚持紧紧围绕党中央、国务院的中心任务开展，并努力做到急领导之所急、想领导之所想、求领导之所求。这既是履行我室职责的根本要求，也是做好调研工作的关键所在。比如，近三年我们主要是跟踪和围绕宏观经济形势、"三农"工作、农村税费改革、财税金融体制改革、非公有制经济发展、政府自身改革、建设和谐社会等问题进行调查研究。这些调研课题都与党中央、国务院的工作部署密切相关。事实上，近几年凡受到领导重视并在推动工作中发挥了重要作用的调研成果，首先是在这方面做得比较好。

——坚持解放思想，鼓励大胆创新。求是乃调查研究的宗旨所在，创新是社会进步的不竭源泉。离开了求真务实，禁锢了自由探讨，缺乏了创新思维，调研工作势必会变成死水一潭。这些年来，我们研究室为大家创造了较为宽松的调研环境，允许不同观点进行争论，鼓励真实反映情况，倡导大胆提出新观点、新见解、新对策。这无疑是我室调研气氛浓厚、思想观点务实、成果不断涌现的一个重要原因。

——注重调查研究与文稿起草有机结合。调查研究和文稿起草、信息报送等工作都有着深刻的内在联系。在实际工作中，只要善于利用、综合考虑、安排得当，就完全可以使它们形成相互促进的局面。比如，在文稿起草中如能及时吸收调查研究的最新成果，其质量必然会显著提高；反过来看,在文稿起草过程中获得的情况和启示,也可用以指导和深化调查研究工作。调查研究与信息工作的关系也大致如此。近几年,我们比较注意各方面工作的有机结合,并取得了显著成效。

——始终把提高调研成果质量放在首位。我室的调研工作直接为中央领导决策和起草重要文稿服务,调研成果质量高低事关大局,责任重大,可谓"优能兴邦,劣可损国"。因此,无论对什么问题进行研究,特别是一些重大调研课题,都必须坚持高标准、严要求,深入调查,精心研究,努力创造优秀成果,决不能"粗制滥造"。惟此,才能与职责相符、不辱使命。近几年,我室的调研精品越来越多,这与我们大力增强调研质量意识是分不开的。

——建立多出高质量调研成果激励机制。我们将调研成果多少、质量高低作为干部业务考核的重要内容,并给予一定的物质奖励和精神鼓励。为了建立提高调研成果质量的激励机制,2001 年起,凡在我室《决策参考》、《送阅件》、《研究报告》和《室内通讯》上发表的调研文章和白头报送件,我们都给了不同程度的物质奖励。同时,我室还制定了《国务院研究室研究成果奖励办法》,每年年终都搞一次成果评奖活动,对获奖者颁发证书并给予物质奖励。这些措施调动了大家进行调查研究工作的积极性,对提高调研成果质量发挥了重要作用。

三、提高调研工作质量需要把握好的几个方面

搞好调查研究工作,最根本的,是必须坚持正确的指导思想。我们要以马克思列宁主义、毛泽东思想、邓小平理论和"三个代表"重要思想为指导,树立和落实科学发展观,认真贯彻党的基本理论、基本路线和基本方针,坚持党的实事求是的思想路线,坚持党的从群众中来、到群众中去的群众路线,努力提高调查研究工作水平。同时,还要把握好以下几个

方面。

(一)搞好调查研究要遵循的重要原则

调查研究必须坚持辩证唯物主义世界观和方法论,反对唯心主义的先验论。坚持历史地、发展地、全面地看问题,反对孤立地、静止地、片面地看问题。坚持一切从实际出发和实践第一的观点,反对主观主义、教条主义。具体地说,调查研究应坚持以下重要原则:

一是客观性。搞调查研究,要“不唯上,不唯书,只唯实”,客观、准确和真实地反映社会现象和客观事物,努力做到调查的情况是真实的,调查得到的数据是准确的,对情况和数据的分析要实事求是,不能搞主观臆断。

二是全面性。列宁说:“如果从事实的全部总和、从事实的联系去掌握事实,那末,事实不仅是‘胜于雄辩的东西’,而且是证据确凿的东西。如果不是从全部总和,不是从联系中去掌握事实,而是片断的和随便挑出来的,那末,事实只能是一种儿戏,或者甚至连儿戏也不如。”调查研究工作要充分反映社会现象和客观事物的方方面面,做到局部和整体相结合、现实和历史相结合、动态和静态相结合、正面和反面相结合,要注意克服片面性,防止走极端。

三是系统性。在调查研究中,必须用辩证的、系统的观点看待和分析问题。要系统分析构成社会现象和客观事物的各个要素,深入研究它们之间的相互关系,搞清楚作为系统的社会现象和客观事物的整体功能,同时还要研究社会现象和客观事物所处的环境条件。不能孤立地看待问题,避免把视野局限在狭小范围之内。

四是群众性。人民群众是智慧之源。调查研究必须深入群众,依靠群众,虚心向群众学习,甘当群众的小学生。要善于发挥群众的积极性和主观能动性,倾听群众的呼声,反映群众的疾苦,认真汲取群众的看法和建议。

五是科学性。搞调研要遵循科学的调查方法,并对事实材料进行去粗取精、去伪存真、由此及彼、由表及里的筛选和加工处理,尤其要注重实证分析和逻辑推理。不能以偏概全,以树木盖森林;不能预设结论或按某种假设去搜集材料;避免随心所欲和主观臆测。

六是理论与实践相结合。做好调查研究工作,一方面要以正确的理论作指导,深入实践,从实践中找出解决问题的办法;另一方面,又要让这些办法重新回到实践中去接受检验。只有经过实践验证是正确的东西,才是高质量的调研成果,才能用于进一步指导我们的实践活动。

(二)政府研究部门调研工作的主要特点

做任何工作都要进行调查研究,但不同工作性质和机构对调查研究的要求不一样。从政府研究部门的工作性质和职能看,调查研究工作要注意把握好以下一些特点:

一是政策性。政策和策略是党的生命。作为政府的政策研究和决策咨询部门,我们调研的根本目的,就是要为领导机关和领导同志决策提供情况和建议,其质量高低关键要看有多少调研成果进入了决策、变成了政策,以及这些决策和政策在实际工作中发挥了什么样的作用。可以说,政策性是政府研究部门调研工作的最基本特征。

二是针对性。政府工作千头万绪,有许多问题需要研究探讨,我们的调查研究必须围绕中心工作,考虑决策需要,关注和着力调研重点热点难点问题,做到有的放矢。实践表明,政府研究部门的调查研究工作,只有忙在点子上,谋在关键处,才能富有成效,事半功倍。如果脱离中心工作,远离决策需要,其调研效果必然会大打折扣。

三是应用性。政府研究部门的调研工作,既不是纯粹的理论探讨,也有别于具体的工作部署,而是一种介于二者之间的应用性研究,尤其强调“研以致用”。古人云:“文可载道,以用为贵。”具体说,我们的调研选题必须紧扣现实工作需要,出发点是提供急需有效的对策建议,落脚点是解决社会经济生活中的实际问题。只有这样的调研成果，才能对决策有用，才能真正称为上乘之作。

四是前瞻性。政府的许多决策往往事关全局、影响深远，特别是一些重大决策更是如此，作出这样的决策首先要有预见性。为此，调查研究必须有战略眼光，既要立足当前，又要面向未来，注意瞻前顾后。只有把视野放得更宽一些，眼光看得更远一些，既能预见潮流所在和大势所趋，又能看到苗头性倾向性问题，才能提出有真知灼见的对策建议。

五是操作性。政府研究部门提出的对策建议，必须做到思想清晰、观点正确、措施具体，千万不能笼统含糊、空发议论。我们的调查研究必须脚踏实地，提出的对策措施必须切实可行，尤其应充分考虑需要和可能。有些对策建议，看似很正确，却是“空中楼阁”、“中看不中用”，因无实际操作可能，只能成为书柜之物。

六是时效性。我们对领导同志关注的重要问题和紧迫问题，必须快速反应，集中力量，及时调研，尽快提供情况和建议。“文当其时，一字千金。”倘若时过境迁，工作重心转移，才慢腾腾拿出调研成果，即使写得全面、正确、深刻，也为时已晚，难有大用。事实上，对多数调研成果而言，时机因素至为重要，“生逢其时”才能“谋当其用”。

深刻认识和正确把握政府研究部门调查研究工作的特点，从中总结出一些带有规律性的东西，对于我们提高调研工作质量是非常重要的。

（三）搞好调研工作要增强各方面的能力

如何进一步搞好调查研究，不断提高我室的调研水平，涉及诸多因素，需要多方面努力。概括而言，要按照上述指导思想和原则、特点的要求，认真把握好以下六个方面，并增强相关能力。

1. 树立大局意识，增强把握全局的能力。“不谋全局者，不足以谋一域。”作为国务院研究室的同志，要站得高、看得远、想得深；要有大局意识和全局观念，在把握大局前提下探讨各种问题；还要善于想大事，议大事，调查研究大事。调研题目的选择极其重要，决定着调查研究总的方向和水平，关乎调研工作成败。根据我室的工作特点和职能要求，我们的调查研究必须紧紧围绕党和国家的工作大局、围绕国务院的中心任务来开展。具体地说，要抓住改革开放和经济社会发展中的重大问题，突出前瞻性、全局性和战略性。要从纷繁杂乱的问题中，提炼出有意义的选题，把研究力量放在重大问题的研究上。要突出重点，首先是党中央、国务院交办的任务，其次是研究室确定的重点研究课题。我们的调研工作只有适应国务院中心工作需要和领导决策需求，才能有的放矢、富有成效，才算尽其本职、务其正业。具体选题可以根据实际情况，或“大题大作”，或“大题小作”，或“小题大做”。

2. 坚持解放思想，增强开拓创新的能力。调查研究贵在创新。国务院领导同志经常讲，希望起草的文稿和调研成果中有新思想、新材料、新见解。要达到这样的要求，最根本的是要坚持解放思想，以宽广的视野观察世界，正确把握时代特征和国内外政治经济形势的变化，真正做到与时俱进。目前，我们一些调查研究成果质量不高，既有调查研究深度不够的问题，更有着眼创新不够的问题。由于没有多少新东西，让人看起来兴趣不浓，看了后收获不大。为了适应国内外情况快速发展变化的要求，必须不断创新观念和思维方式，不断改进调研工作的方式、方法和手段；同时，还要敢于想别人之未想，善于谋别人之未谋，勇于提出新的见解和观点。

3. 跟踪形势发展，增强洞察问题的能力。我们能否履行好自己的职责、搞好调查研究工作，在很大程度上取决于对经济社会发展变化情况的把握程度。为此，必须敏于观察，勤于思考，增强敏锐性和鉴别力，努力做到不断跟踪形势，透彻分析形势，明确鉴别是非，能够举一反三。在调查研究中要增强预见性，特别是对那些一叶知秋、似小实大、微而见重的倾向性因素和代表性事物，不仅不能视而不见，而且要给予高度关注，善于见微知著，能及时发现苗头性问题，并提出具有前瞻性的对策建议。例如，去年初，针对固定资产投资增长过猛的势头，宏观司的同志及时发现问题，撰写了《加大宏观调控力度，尽快遏制投资过快增长》的调研报告，国务院主要领导很快作出批示，要求有关部门研究。今年6月初，针对部分地区粮价出现下跌的新情况，农村司的同志敏锐地发现了问题，并在很短时间内拿出了《关于稳定当前粮食市场价格的建议》的调研报告，国务院主要领导也作出了重要批示，要求有关部门领导同志“抓紧落实各项稳定粮价的政策措施，同时注意分析市场状况，提早做好应对粮价下跌的预案”。这样的例子还有很多，就不一一列举了。总之，要密切关注和及时跟踪经济社会形势的发展变化，善于发现新问题、新情况，努力提高调研工作质量。

4. 做到求真务实，增强深入实际调研的能力。求实是调查研究的灵魂。要捕捉领导难以听到、不易看到和意想不到的新情况、新苗头，要找出解决问题的新视角、新思路和新对策，要拿出情况真实、分析深刻、见解独到的高质量调研成果，就必须弘扬求真务实的精神，必须走出去、沉下去、钻进去，必须深入实际、深入基层、深入群众。在调查中，要本着求深、求细、求准的原则，“一竿子插到底”，深入到问题的所在地和矛盾的症结处，溯本求源，真正掌握第一手材料，深刻了解事物本来面目。要全面了解客观情况，善于听取各种意见，不能预设框框，先入为主；不能只看好的，不看差的；不能只报喜，不报忧；不能只总结经验，不反映教训；不能只调查干部，不调查群众。搞好调查研究，还要具有追求真理的勇气和无私无畏的精神。唯科学是从，唯国运顿首。这是我们应备的基本品质和崇高境界。对了解到的真实情况和各种问题，要敢于“较真”和“碰硬”，做到查实情、说实话、办实事、献实策、出实招。不回避矛盾，不说违心话。

5. 学会科学思维，增强分析问题的能力。调查研究工作是一项根植于实践基础上的创造性思维活动。既要“调查”，又要“研究”。深入调查以及对所得材料进行分析、研究和概括的过程，就是从感性认识上升到理性认识，并逐步揭示事物本质的过程。因此，必须学会科学思维，尤其要善于用辩证法分析研究问题。例如，要掌握共性与个性原理的使用方法。

毛泽东同志在对农村问题进行调研时，通常采取典型调查的做法，然后再由典型推及一般。他形象地把这种调研比喻为“解剖麻雀”。再比如，要学会抓主要矛盾的方法。搞调查研究，材料搜集和情况掌握当然是越多越好，但如果抓不住主要矛盾或矛盾的主要方面，即使再费力也无法达到认识客观事物本质的目的。毛泽东同志曾说过，十样事物，调查了九样，只有一样没有调查，“如果你调查的九样都是一些次要的东西，把主要的东西都丢掉了，那末，仍旧是没有发言权”。此外，在调查研究中还应注意各种方法的有机配合，要把开调查会等传统方式与统计调查等现代方式、定性分析与定量分析、“走马观花”与“下马看花”等方法结合起来使用。只有这样，才能使调研工作更具科学性，最终拿出高质量的成果来。

6. 努力改进文风，增强文字表达能力。精心写好调研报告是提高调研成果质量的重要环节。我们的调研成果，首先是给领导同志看的，只有吸引领导，打动领导，才能更好地被采纳，发挥应有的作用。因此，每一篇调研报告都要冥思苦想，精心写作。具体地说，需要注意几个方面：一是把握主题，突出主线，抓住重点，善于画龙点睛，给人以启迪。二是文字表达要准确、鲜明、生动。写调研文章不应过多雕饰、过于华丽，不要用词生僻、晦涩难懂，也不要过于平淡或官话套话连篇。即使讲道理也要寓理于事实之中，不能搞纯粹的理论推理。要让人看得懂，愿意看，引人入胜，看了以后还津津乐道、回味无穷。总之，要做到观点表达鲜明而不失之偏颇，周到全面而不庸杂累赘，活泼新颖而不花哨飘浮，逻辑严谨而不是党八股。三是表现形式要多样化。写文章也要从实际出发，讲究多样性，切忌公式化，不能千人一面。有些文章，形式死板，毫无个性，给人以似曾相识之感，领导见了烦，读者见了厌。四是从内容上讲，言之要有物，资料要翔实，论证要有力。毛泽东同志在《反对党八股》的著名报告中，曾号召全党干部要像列宁同志那样写文章，“不是空话连篇，言之无物；不是无的放矢，不看对象；也不是自以为是，夸夸其谈”。从形式上讲，结构要严谨，条理要分明，布局要合理。五是要深入浅出。写文章有四种境界：深入浅出,深入深出,浅入浅出,浅入深出。深入浅出是最高境界。毛泽东同志是深入浅出写文章的大师。郭沫若同志曾说,听了毛主席讲话,好像热天吃了冰淇淋,又好像疲倦后喝了一杯热茶。四种境界中唯有浅入深出是做文章之大忌,它必然"以己昏昏,使人昭昭",效果自然不好。六是要提倡写短文章。领导同志和决策机关日理万机,很难有时间读长篇大作。调研报告要力求短小精悍、言简意赅,应意到言到、意尽言止,切忌冗长乏味,动辄洋洋万言,让人到沙堆中淘金捡宝。《庄子》有句名言,"凫胫虽短,续之则悲。"这同样适用于写文章。就今天的文风来说,把水鸭子(凫)的脚加长的文章太多了。郭沫若同志曾说过,如果内容没有分量,尽管写得像万里长城那样长,还是没有分量。胡乔木同志曾在《解放日报》上以《短些,再短些》为标题呼吁大家写短文章。

此外,还要注意调研报告的反复修改和加强文字校对工作。好文章大多是改出来的,必须千锤百炼。毛泽东同志说:"重要的文章不妨看它十多遍,认真地加以删改,然后发表。"鲁迅先生十分重视文章的推敲和加工,他说:"写完后至少看两遍"。清代书画家郑板桥曾有"删繁就简三秋树,领异标新二月花"的著名诗句。俄国大文学家托尔斯泰在写长篇巨著《战争与和平》时就改过 7 遍。我们不少同志都有切身体会,重要的调研报告都是反复修改出来的,有的是几次甚至十几次地修改。其实,反复修改的过程,也是对所调研问题认识不断深入、思想不断升华、文字不断完善的过程。同时,对调研报告的文字校对工作也不能放松,特别是用语准确、事实准确、数据准确,绝不能有误。在我们室里做文字工作,一个最起码的要求是不能出现"硬伤",包括不能有错别字、数据失实。毛泽东同志形象地说:"从前人称'校对'为'校仇',校对确实很难,非以仇人对之是不胜所为的"。他老人家就曾亲自为 1949 年 4 月 25 日《北平解放报》上登载的《"五四"运动》一文进行过校对,并发现了 5 处错误。鲁迅也曾为不少青年作家校正过文稿和出版物。总之,必须认真对待校对工作,不能有丝毫轻视。

四、搞好调研工作必须全面提高自身素质

调查研究是运用科学的理论去探索未知,认识事物发展,寻求解决问题方法的一种复杂的脑力劳动,是一项高度依赖调研人员素质的工作。提高调研工作水平必须提高调研人员的思想、业务和写作素质。

一是要勤奋学习,提高政治思想和理论政策水平。搞好我室的调研工作,必须讲学习、讲政治、讲纪律。我在不同场合反复讲过,我们研究室的全体工作人员要把理论学习作为一种政治责任、一种精神追求和思想境界。只有大家的政治觉悟和理论水平提高了,才能更好地领会和把握党的路线、方针、政策,提高从政治上、全局上观察问题、分析问题和解决问题的能力。从我们一些同志撰写的调研报告可以看出,对马克思主义基本理论和党的重要文件的内容还不够熟悉,理论水平与工作要求尚有很大差距。必须强调,国务院研究室工作的特殊性要求,无论工作多忙,也要挤出时间学习基本理论,刻苦学习基本理论。要认真学习马克思主义经典作家的著作,认真学习邓小平理论和"三个代表"重要思想,用科学发展观武装头脑,真正使我们的政治理论水平不断得到提高。同时,还要认真学习和全面领会党的基本路线、基本纲领、基本经验,学习党中央、国务院文件和中央领导同志讲话精神,熟悉党中央、国务院的各项方针政策和国家的法律法规,提高思想水平和政策水平,丰富法律法规知识。我们室的人员无论做什么事情,都要把握政治方向,严守政治纪律。要始终不渝地在政治上、思想上、行动上与党中央保持高度一致,牢固树立为党中央、国务院决策服务的观念,站在国家和人民大众的立场上出主意、想办法、提建议。要注重原则性、政策性和纪律性。

二是要有高尚思想境界,增强事业心和责任感。从事决策咨询和政策研究是一项艰苦的工作,大家经常加班加点,付出很大,收入不高。搞

好我们的工作，必须自觉培养忠于职守、爱岗敬业的精神，必须要有高度的责任感和强烈的事业心，必须树立正确的人生观和价值观。只有这样，才能热爱这项工作，不辞辛劳，甘于奉献，淡泊名利，守得住清贫，耐得住寂寞，沉下心来扎扎实实地把工作做好，为党的事业奉献自己的心血和才智。

三是要拓宽知识面，在“博”和“精”上下工夫。要刻苦学习与本职工作相关的业务知识，不断提高业务能力和工作水平。要加强对现代市场经济、现代政府管理、世界经济、财税、金融、农业、工业、贸易、科教和各项社会事业等方面知识的学习，努力成为某个领域的专家。社会经济现象都不是孤立存在的，任何一种问题的出现都有复杂而深刻的社会经济原因。要准确把握事物的本质，要求我们有广博的知识，善于从不同的角度观察、分析问题。因此，除了学习专业知识，我们还要注意学习哲学、历史、文学等知识。不仅要懂得发展的知识，还要掌握改革开放的知识，不断完善知识结构，重视知识更新。只有这样，才能增强发现问题、揭示矛盾的能力，增强战略思维、科学分析的能力，既成为精通业务知识的专家，又要成为“万金油式”的通才。

四是要善于博采众长，增强综合分析研究问题的素质。我们的调查研究工作，必须要认真听取各方面的意见，充分利用社会智力资源，吸取优秀研究成果。只有集思广益、善于综合、长于提炼，才能全面把握问题的实质，才能提出新的观点和建议，才能快速拿出高质量的调研成果。马克思主义经典作家们之所以在理论上有宏大建树，重要原因之一就在于他们能兼收并蓄、海纳百川，最终集世界优秀文明之大成。

五是多写勤练，打好辞章和文字功底。调研报告是调查研究工作的最后成果。虽然说“水无定势，文无定法”，但调研报告要写得好，除了思想理论正确、立场观点鲜明，还要掌握一些写作技巧，懂一点逻辑、文法和修辞。古人说：“言而无文，行之不远。”这就要求我们多读一点文学作品，尤其是多看一些中外名篇，以丰富我们的语言词汇，避免行文枯燥刻板,味同嚼蜡,使人不能卒读。同时,要多写多练,从写作实践中摸索写作的规律、叙述的方法,使我们写出的调研报告逻辑严谨、叙述清楚、说理透彻、语言简练、文采斐然。

五、为提高调研工作水平创造更好的条件

为了提高调研工作质量,多出成果、多出精品、多出人才,要努力创新调研工作机制,积极采取有效的保障措施,进一步营造有利于搞好调查研究、多出优秀调研成果的环境。

一是要加强对调研工作的领导。做好调研工作是我们为国务院领导决策服务的一个重要方面,是我们的一项基本工作职责。室领导和各司负责同志一定要高度重视,加强对这项工作的组织领导。第一,对调研工作要切实负起领导责任。室党组和各单位负责同志,都要根据经济社会发展形势的变化和工作需要,及时发现问题和提出调研题目,组织有关人员深入调查研究,形成调研成果。对于重要的调研任务,有关领导要亲自抓,亲自参与调查研究。对室里确定的重点调研计划,各单位要落实到人,并经常检查督促,保证高质量的按时完成。第二,要组织好联合攻关,充分发挥整体优势。我们需要调研的一些问题往往是跨领域、综合性的问题,有时不仅涉及农业、工业,还涉及外贸、金融、财税等领域;不仅涉及经济发展,而且涉及社会发展;不仅涉及经济社会发展,还涉及改革开放。只有组织各个方面的力量共同参与,大家通力合作,密切配合,才能较好地完成调研任务。要善于调配和组织力量联合攻关,明确各司承担任务,既发挥各司特长,又形成整体合力,从而实现优势互补,推出更多优秀成果。在各司工作范围内,同样存在一些综合性问题,也要重视搞好调研工作中的协调配合。

二是努力保证信息渠道畅通。第一,要更好地使大家及时了解中央

精神。尽可能争取多让一些同志参加国务院和有关部门的会议，及时传达中央有关会议和领导指示精神，以利大家能够全面了解和把握中央的工作意图和国务院各部门正在进行的工作，从中发现需要调研的问题，更加贴近领导和工作的需要。第二，进一步加强信息、资料工作。我室资料室订阅了不少报刊，要充分利用。有关司要进一步做好工作，与相关方面加紧协商，开辟更加通畅的信息渠道。各单位和每位同志都要结合本单位和自己的业务工作范围，不断拓宽信息来源，从不同方面收集信息资料。各司要加强文件、资料管理工作，加快文件、资料传阅速度，使大家能够及时看到文件和资料，需要时能够查找到和借阅。

三是正确处理文稿起草和调研工作的关系，保证一定时间用于调研。我室各种文稿起草任务比较重。要统筹兼顾，合理安排人力和时间，使大家有一定时间进行调查研究工作。这一方面是加强和改进调研工作的需要，也是提高文稿起草和信息报送工作质量的重要保证。

四是完善促进调研工作的激励约束机制。要通过建立和完善制度，形成压力和动力，促进调研工作质量的提高。第一，继续坚持鼓励调研和出优秀调研成果的制度，形成良好导向，调动大家做好调研工作的积极性。第二，把调研工作情况列入业绩考核的重要内容，并作为晋升职务的重要依据。

做好我室调研工作意义重大，提高调研工作质量的潜力也很大。我们要深入持久地开展争创“三个一流”的活动，认真总结经验，深入查找不足，不断加强学习，努力提高素质，锐意开拓进取，提高调研工作水平，多出优秀调研成果，更好地为国务院领导决策服务，为推进我国改革开放和现代化建设事业作出新的更大贡献。

练好调查研究基本功*

（2006 年 1 月）

调查研究是认识世界和改造世界的重要途径和手段，是发现问题、认识问题和解决问题的基本工作方法；同时，也是理论和实践都极为丰富的专门学问。对于我们广大党员和干部来说，调查研究更是关心群众、了解群众、团结群众、依靠群众的一门必修课，是谋事之基，成事之道。

重视调查研究，是我们党长期保持并不断发扬光大的优良传统和作风，是共产党人在工作方法和工作作风上的独特优点之一，也是共产党员先进性的重要体现之一。这是由中国共产党的性质所决定的。党的十六大通过的部分修改后的《中国共产党章程》开宗明义指出："中国共产党是中国工人阶级的先锋队，同时是中国人民和中华民族的先锋队，是中国特色社会主义事业的领导核心，代表中国先进生产力的发展要求，代表中国先进文化的前进方向，代表中国最广大人民的根本利益。"这一性质决定了中国共产党是一个植根于广大人民群众的政党，是一个站在时代前列、致力于推进社会实践和社会发展的政党，因而也必然是一个以调查研究为基本工作方法和重要手段的政党。

重视调查研究，也是我们党的理论基础和指导思想所决定的。"中国共产党以马克思列宁主义、毛泽东思想、邓小平理论和'三个代表'重

* 本文系作者为《新时期调查研究工作全书》一书所作的序言，人民出版社 2006 年 1 月版。

要思想作为自己的行动指南。"辩证唯物主义和历史唯物主义是共产党人的科学世界观、方法论。坚持解放思想、实事求是的思想路线,弘扬与时俱进的精神,也要求以搞好调查研究为基础,一切从实际出发。

历届党中央领导同志身体力行,在调查研究的理论和实践方面,为全党树立了光辉的典范。在新民主主义革命时期,毛泽东同志曾进行过大量的实地调查,写出了影响深远的《中国社会各阶级的分析》、《湖南农民运动考察报告》,以及《寻乌调查》、《兴国调查》等一系列重要调查报告。他在《反对本本主义》的文章中,提出了"没有调查,就没有发言权"和"不做正确的调查研究,同样没有发言权"的著名论断。他还说:"我的经验历来如此,凡是忧愁没有办法的时候,就去调查研究,一经调查研究,办法就出来了,问题就解决了。"他形象地说:"调查就像'十月怀胎',解决问题就像'一朝分娩'。调查就是解决问题。"新中国成立后,毛泽东同志仍经常亲自进行调查研究。1956 年,他和中央其他领导同志一起,用了一个半月的时间,听了 34 个部委的汇报,认真听取实际情况,深入分析有关问题,在调查研究基础上写出了《论十大关系》的光辉著作。1961 年,毛泽东同志亲自组织人员,分别到浙江、湖南、广东进行调查,根据调查了解的实际情况制定了具有重要指导意义的农业六十条、工业七十条和其他一些重要条例。邓小平、江泽民等同志也都十分重视调查研究工作。邓小平同志指出,离开了调查研究,任何天才的领导者也不可能进行正确领导。江泽民同志强调:"坚持做好调查研究这篇文章,是我们的谋事之基,成事之道。"陈云同志曾指出:"难在弄清情况,不在决定政策";"领导机关制定政策,要用百分之九十以上的时间作调查研究工作,最后讨论作决定用不到百分之十的时间就够了。"以胡锦涛同志为总书记的党中央也高度重视调查研究工作,强调加强调查和研究,着力提高工作本领和水平。党中央、国务院领导同志每年都抽出大量时间深入基层和群众,召开各种各样的座谈会,亲自组织对一些重大问题的调查研究。历届中央领导同志以调查研究活动为基础作出的重大决策,对我国的革命、建设、改革事业产生了重大的推动作用。

在我国历史上，一些名人名著对调查研究曾留下了无数名言佳句。比如，孔子的"每事问"；《吕氏春秋》中关于不能人云亦云、黑白不分的"察传"思想；王安石"农夫女工无所不问"的做法；王夫之"察之精而尽其变"的论述等。还有如，兼听则明，偏听则暗；知己知彼，百战不殆；集众思，广众益；遇事虚怀观一是，与人和气察群言；等等。伟大的民主革命先行者孙中山则认为，只有调查研究才能"顺应世界之潮流，合乎人群之需要"。所有这些，都从不同侧面强调了做好调查研究的必要性和重要性。

调查研究的理论和实践都十分丰富，它既是基本的工作方法和手段，更是一门科学性和实践性都很强的学科体系，是我们以马克思主义的理论和方法为指导去发现问题、认识问题、分析问题和解决问题的专门学问。调查研究就其内容和方法来看，涉及的学科领域十分广泛，包括哲学、政治学、经济学、社会学、统计学、数学、计算机科学、心理学等等。因此，从某种意义上来说，调查研究是一门内容极为丰富的交叉性学科。我们不能仅仅满足于对调查研究重要性和一般方法的基本了解，而应当把调查研究当成一门必修课和一项基本功。大体说来，练好调查研究基本功，必须把握以下几点：

一是坚持以正确的思想理论作指导。源于实践是马克思主义理论的重要特征之一，而调查研究又是社会实践的重要方法和手段。因此，要练好调查研究基本功，首先必须熟悉马克思主义理论。要系统地学习和掌握马克思主义基本理论，善于运用马克思主义的立场、观点、方法，去发现问题、认识问题、分析问题和解决问题。任何机关作决定，发指示，都要靠真理，要靠有用。而做到这一点，从根本上说，必须以正确的思想理论为指导搞好调查研究。

二是坚持实事求是的科学精神。调查研究的根本目的是为了认识和解决问题，也就是为了达到我们的主观认识符合客观规律的目的。因此，我们作调查研究，就一定要坚持尊重客观存在的事实，用心去探求事物的特征、本质和规律，坚持实践是检验真理的唯一标准，坚持“不唯上，不唯书，只唯实”。只有这样，得出的结论和解决问题的办法，才能与客观事物和事物发展的规律相吻合。

三是坚持以人为本和走群众路线。这是我们党提出的科学发展观的核心内容，也是做好调查研究工作的根本要求。人民群众是创造历史的真正英雄，人民群众既是我们调查研究工作的对象，更是我们调查研究服务的主体，我们的一切调查研究工作，都是围绕着人民群众的切身利益来展开的，离开了人民群众，任何调查研究都会成为无源之水、无本之木。

四是坚持系统和细密的调研工作。任何事物都不是孤立静止的，而是相互联系的，有些问题往往涉及到经济社会生活的方方面面。粗略的调查研究可能发现问题，但是难以真正解决问题。要解决问题，需要做系统的周密的调查工作和研究工作。因此，做好调查研究工作，必须学会分析和综合，才能去伪存真，由此及彼，由表及里。

五是坚持与时俱进和运用先进手段。也就是与时代同行，与客观事物发展变化同行。要用广阔的视野和发展的眼光认识事物发展变化。世界在不断发展，现代科技日新月异，我们既要保持和发扬传统的调查研究方法的长处和优势，同时也要及时吸收先进的科技成果，要把传统的调研方法与现代科技手段结合起来，使之相得益彰，取长补短。

当前，我国经济社会发展已站在新的历史起点上。面对全面建设小康社会和现代化建设的新形势新任务，调查研究工作更加重要。我国是在更加开放和更加复杂的国际环境中推进现代化建设的，可以利用的机遇在增加，制约我国发展的外部因素也在增多。从国内看，随着改革开放不断深入，经济市场化程度不断提高，社会经济结构发生着广泛而深刻的变化。经济成分、组织形式、就业途径、利益关系和分配方式等日益多样化、复杂化。经济社会发展的各种矛盾相互交织，各种思想文化相互激荡，新事物、新情况层出不穷。与过去相比，目前影响决策的因素增多了，决策的时效性增强了，决策的风险性增大了，决策所需的信息量也增加了。这些都对调查研究工作提出了新的更高的要求;同时,也赋予了政策研究和咨询机构更为重要的使命。

由中国政策科学研究会组织有关专家和学者共同编写的这本《新时期调查研究工作全书》,内容丰富,脉络清晰,条理清楚,系统性强,既有理论,又很务实,还收集了一些典型范例,具有一定的参考价值,是一部不可多得的调查研究工具书。相信这本书的出版,对我国广大干部和研究人员做好调查研究工作,写好调查研究报告,一定会有所帮助。

祝愿广大干部和科研工作者练好调查研究这门基本功,在调查研究工作中取得更大的成绩。

调查研究要多出精品力作*

（2006年9月）

重视做好调查研究，是辩证唯物主义和历史唯物主义世界观、方法论的必然要求，是我党的一项基本工作方法和领导制度，也是我们政府研究部门全面履行职责的基本功和生命线。做好调查研究工作，不仅要多出成果，更要努力提高调研质量，多出优秀成果、多出一流成果。政府研究部门的调研工作是直接为政府领导决策和起草重要文稿服务的。调研成果质量高低，直接关系党的路线方针政策的贯彻执行，关系经济社会发展任务和人民群众切身利益的实现，关系政府的工作大局，可谓责任重大、使命光荣。这就要求我们必须具有高度的责任感，无论对什么问题进行研究，特别是一些重大调研课题，都要坚持高标准、高质量、高要求，深入调查，精心研究，努力创造精品力作。

一般来说，一篇调研文章只要做到观点鲜明、思路清晰，内容翔实、重点突出，论证有力、分析透彻，见解新颖、思想深刻，文字准确、语言流畅等，就应属于上乘之作。但从政府研究部门的工作特点看，仅此是不够的，还必须满足政策性、针对性、应用性和操作性等方面要求。“文可载道，以用为贵。”衡量政府研究部门调研成果质量的高低，归根结底是要看这些成果有无使用价值，能否进入决策、变成政策，以及在实际工作中

* 本文系作者为《国务院研究室优秀研究成果选》一书所作的前言，中国言实出版社2006年9月版。

发挥多大作用、解决多少问题。一项调研,无论工夫下得多深、文章写得多好,做不到“语当其时,策当其用”,无助于领导决策和实际工作,就很难称之为精品力作。当然,也确有一些调研建议,因种种原因没能引起重视、付诸应用,但以后的实践证明是正确的甚至很有见地,这样的文章往往富有先见之明,自然仍不失为优秀成果。其实,调研精品并无明确而统一的判定标准,表现形式也多种多样。有的妙在选题,有的贵在见解;有的小题大做而分析深透,有的大题小做却要害清晰;有的注重直接调研、深入实际、情况真实可靠,有的借重间接调研、浏览广泛、资料全面系统;有的洋洋万言、体大思精、茹古涵今、堪称集大成之作,有的短小精悍、言简意赅、对症下药、却为实用之良方;凡此不一而足。如果一定要寻求调研精品的共同特征,最根本的就是要有所发现、有所创新,能提供别人想知而未知甚至出人意料的新问题、新情况、新观点和新对策,从而给人以深刻启迪和重要参考。有人说过,在通往真理的大道上,每向前迈进一步的价值,比在前人已开辟道路上重复千百步的价值还要高出千百倍。这一说法不无道理,也同样适用于调研工作。此外,调研精品还必须经得起实践检验和历史检验,既要适合应用,又能开花结果;不仅有较高的即时实践价值,从未来看也要站得住、立得稳、走得远。

观念先于行,万事端于思。如同搞好企业生产经营必须树立质量意识、品牌意识一样,做好调查研究,多出精品力作,首先要树立强烈的精品意识。或者说,要追求精品、打造精品,必先崇尚精品。事实上,同为一篇文章或研究成果,良莠殊异,价值悬殊,或有霄壤之别。比如,马克思、恩格斯的《共产党宣言》,虽篇幅仅为二万多字,却揭示了人类社会发展的客观规律,为全世界无产者指明了前进方向;爱因斯坦提出的相对论,也不过是由几篇论文组成,却奠定了现代物理学的重要基础,开辟出人类社会物质文明的崭新时代。这样的振聋发聩之作,无疑具有造福人类、推动历史的巨大力量。与此相反,无论古今中外总有一些粗制滥造的文章或所谓研究成果,不仅了无新意、几无价值,甚至还会混淆社会视听,造成信息混乱和判断困难。伟大的精品可以功在当代、利在千秋，而许多庸文劣作不仅有害无益，还会浪费纸张、污染耳目。追求精品既是一种意识，更是一种责任。我国明清之际的杰出思想家、史学家顾炎武，为完成《日知录》这部传世精品，以"经世致用、资政育人"为追求目标，四十年如一日，埋头于汗牛充栋的史料之中披沙拣金、孜孜钻研，在完稿之后还"存之箧中"，不肯轻易示人，"以待后之君子斟酌去取"。这种对待著述精益求精、慎之又慎和高度负责的治学态度，是何等可贵！我们的调研工作，虽然不能与经典作家、科学巨匠们相提并论，但却不能不向他们追求完美、打造杰作的严谨态度和精品意识看齐。在我们的调查研究中，只有强化责任意识、精品意识，树立"为天地立心、为国家立策、为民众立言"的崇高追求，努力做到"调查不深不言停、研究不透不收兵、文章不精不放行"，才能打造出无愧于时代的精品力作。

精品是艰苦劳动的结果，靠汗水浇灌，由心血凝成。马克思为写作《资本论》这部鸿篇巨著，在长达 25 年的时间里，几乎每天都到大英博物馆废寝忘食地查阅资料，阅读的各种书籍和文献超过 1500 多种，以致在他座位下面的水泥地上留下了两道深深的脚印，也为无产阶级和全人类留下了最宝贵的财富。"十年磨一剑"是我国古人打造精品的形象写照。他们为了创造传世佳作，往往呕心沥血、默默钻研，不惜历经千辛万苦，甚至穷其毕生精力。王充《论衡》用时 31 年，班固《汉书》用时 28 年，许慎《说文解字》用时 21 年，陈寿《三国志》用时 23 年，李时珍《本草纲目》用时 30 年，司马迁终其一生写《史记》。而宋代的郑樵为了完成名著《通志》，竟然谢绝人事、隐居山林，结茅苦读 30 年。这样的事例还可以举出很多。基于工作性质和基本职能的要求，政府研究部门的调查研究没有必要、也不可能做到"十年磨一剑"，但这种追求真理的态度、吃苦耐劳的精神和坚忍不拔的毅力，于我们的工作却是断不可少的。提高调研质量，打造调研精品，无疑需要做出方方面面的努力，既要提高综合素质，也要增强调研能力，但归根结底要靠勤奋工作、埋头苦干。一言以蔽之，精品佳作是精心调查研究的产物。这里,我想就调查研究怎样才能出精品力作,谈几点看法。

——精心选题。“好题一半成”,选好题目是打造精品的首要环节。如同企业生产必须符合市场需求一样,政府研究部门的调研选题也必须贴近中心任务、围绕决策需要。我们的调研只有忙在点子上、谋在关键处,才能富有成效。如果选题脱离中心任务,远离决策需要,其调研质量必然大打折扣。总的来说,政府研究部门的调查研究,要围绕中心工作,服务领导决策,紧紧抓住当务之急、当务之重,着重研究解决改革、发展、稳定中的突出问题,事关经济社会发展全局性、战略性的重大问题,以及人民群众关心的热点、难点和重点问题。

——精心调查。深入调查是发现问题和解决问题的重要途径,要拿出情况真实、见解独到的调研精品,就必须深入实际,精心调查。一要全面系统,做到脚勤、眼勤、口勤、手勤、脑勤,多层次、多方位、多渠道地了解情况。二要深刻准确,应本着求深、求细、求准的原则,深入到问题的所在地和矛盾的症结处,努力溯本求源,真正掌握第一手材料,深刻了解现实生活的本来面目。三要密切联系群众,应深入了解群众的意见,倾听群众的呼声,感受群众的疾苦,总结群众的经验,集中群众的智慧。只有这样的调查,才能听到实话、察到实情、获得真知、收到实效,为多出精品打下基础。

——精心研究。调研工作是一项根植于实践基础上的创造性思维活动,要打造精品,就必须在深入调查的基础上,认真思考,精心研究。具体地说,就是要综合运用归纳与演绎、分析与综合、具体与抽象,以及比较、分类、统计、想象等手段,对调查中掌握的材料进行去粗取精、去伪存真、由此及彼、由表及里的深入思考和推理,透过现象把握本质,找出规律性和普遍性东西,找到解决问题的有效办法。精心研究,重在深刻,贵在创新。古今中外,大凡精品之作,必为创新之作。因此,要敢于想别人之未想,善于谋别人之未谋,大胆提出新观点、新思路。

——精心撰写。调研报告是调研成果的最终载体,撰写好调研报告是提高调研质量的关键环节。无论调查多么深入、研究多么精心,如果调研报告写得不好,仍然达不到预期目的,拿不出精品成果。这里,应注意以下几点:一是做好内容和形式的总体把握。从内容上讲,观点要鲜明,重点要突出,事实要准确,论证要有力;从形式上讲,结构要严谨,条理要分明,布局要合理,要善于画龙点睛。二是表现形式要多样化。调研报告的表现形式应由内容决定,并随着内容的不同而变化,切忌公式化和千人一面,要不拘一格、丰富多彩。三是文字表达要准确生动。写调研文章既不应过多雕饰,更不应追求深奥,当然也不能过于平淡或官话套话连篇,而要准确、鲜明、生动、朴实。

——精心修改。文不厌改,反复修改的过程实质上就是思路不断清晰、分析不断深入、认识不断升华和对策不断完善的过程,也是文字精雕细刻而臻于完美的过程。要想打造精品,千万不要急于出手,而要不厌其烦地加以修改。观点应仔细推敲,条理应认真梳理,文字应恰当取舍。"删繁就简三秋树,领异标新二月花。"要竭力将一些赘言套话删掉,努力做到"丰而不余一言,约而不失一辞",使文章主题和新观点、新思想更加突出、更加引人。

时势造英雄,沃土结硕果。我们正处在一个伟大的时代,波澜壮阔的改革开放大潮,飞快发展的现代化建设大业,为调查研究工作提供了极好的舞台和机遇。只要我们勇于创新,精心调研,就一定能打造出更多的精品力作。

展现在读者面前的《2003—2005年度国务院研究室优秀研究成果选》一书,汇集了国务院研究室近三年来的获奖调研成果。这些年,国务院研究室紧紧围绕党中央、国务院的工作大局和中心任务,针对经济社会生活中的重要问题和突出矛盾,积极开展调查研究,成果不断增多,质量稳步提高。为鼓励调查研究多出精品力作,我们每年都要进行优秀研究成果评选活动,分别评出一、二、三等奖各若干篇。这些优秀成果的共同特点是,对我国经济社会生活中的某一重要问题作出较深入分析并提出对策建议,大都受到国务院领导同志不同程度的重视,在决策中起到重要参考作用,对指导和推动实际工作产生了积极影响。现在将这些研究成果结集成册,公开出版,相信对许多读者会有所裨益。

总结 2006 年工作　明确 2007 年任务*

（2007 年 2 月 12 日）

根据室党组的统一部署，从去年 12 月下旬开始，各单位先后召开了年终工作总结会议，认真总结 2006 年工作，并对 2007 年的工作提出初步安排意见。

我室年终总结工作与各单位负责人述职述廉、公务员考评、优秀研究成果评选相结合，每位同志都认真回顾了过去一年的工作，分管室领导同志分别参加了各单位总结。在各单位认真总结回顾的基础上，党组同志审阅了各单位工作总结并提出意见和要求。各单位主要负责人在全室干部大会汇报本单位工作情况并进行述职述廉。室公务员考核委员会听取了公务员考核汇报，评选出 2006 年度优秀公务员和先进工作者。室研究成果评审小组评选出 2006 年度获奖优秀研究成果。各单位的工作总结是实事求是、全面客观的，既充分肯定成绩，又认真查找不足，还提出了改进措施，初步明确了今年工作任务。

下面，我代表室党组回顾总结 2006 年工作，对 2007 年工作提出安排意见。

---

* 本文系作者在国务院研究室总结 2006 年工作和部署 2007 年工作会议上的讲话（节录）。

一、2006 年工作回顾

过去的一年,是我室工作任务比往年更为繁重的一年。我们坚持以邓小平理论和"三个代表"重要思想为指导,全面贯彻科学发展观,紧紧围绕党中央、国务院中心任务,认真落实国务院领导同志的指示,自觉服务大局,切实履行职责,全力以赴工作,坚持"两手抓",一手抓任务完成,一手抓队伍建设,各个方面都有新的成绩和进步。

一年来,我们主要做了以下几个方面的工作:

(一)集中力量完成了重要文稿起草和修改工作,文稿质量不断提高

起草和修改重要文稿是我室的首要职能和任务,我们始终用主要力量做好这项工作。据统计,全年负责或参与起草的党中央、国务院重要文件和国务院领导同志重要讲话稿 325 篇。主要包括:参与起草党的十六届六中全会通过的《中共中央关于构建社会主义和谐社会若干重大问题的决定》、《中共中央国务院关于积极发展现代农业扎实推进社会主义新农村建设的若干意见》(中发〔2007〕1 号),负责起草全国金融工作会议文件,负责起草温家宝总理在十届全国人大四次、五次会议上作的《政府工作报告》,在中央经济工作会议上的讲话,在中央外事工作会议上的讲话,在国务院第四次、五次廉政工作会议上的讲话,在第六次全国环境保护大会上的讲话,在全国经济形势电视电话会议、全国农村综合改革会议、省部级主要领导干部社会主义新农村建设专题研讨班和其他全国性重要会议上的讲话,以及温家宝总理在河南、内蒙古、黑龙江、重庆、广西等地考察工作时的讲话和一些出国访问、参加国际会议的演讲等。负责起草或修改国务院其他领导同志的一系列重要文稿,包括起草和修改吴

仪副总理在企业知识产权保护与自主创新大会上的主旨演讲、在第一次中美战略经济对话的主题演讲、在全国血吸虫病防治经验交流会上的讲话等；曾培炎副总理在加快服务业发展座谈会、全国环境保护大会、振兴装备制造业工作会议、全国整顿和规范矿产资源开发秩序工作会议、全国土地调控工作座谈会上的讲话等；回良玉副总理在中央农村工作会议、省部级主要领导干部建设社会主义新农村专题研讨班、全国春季农业生产工作会议上的讲话和全国政协常委会关于“三农”工作专题通报等；华建敏国务委员在全国农民工座谈会、中央国家机关第21次党的工作会议、全国乡镇机构改革会议、全国人口和计划生育工作会议、应急管理工作会议上的讲话等，以及其他重要讲话稿。

同时，负责或参与起草国务院有关重要会议和国务院领导同志重要活动新闻稿190篇。对全国人大、国务院及有关部门草拟的90部法律法规草案提出修改意见和建议，还办理一批全国人大和政协有关议案、提案。

去年起草文稿数量多、涉及面广、要求高，不少文稿是新任务，难度比较大。我们坚持以认真负责、一丝不苟的精神，努力在提高文稿质量上下工夫，不少重要文稿受到国务院领导同志和有关方面的肯定和好评。在起草专业性比较强的文稿时，我们注重利用室外智力资源，通过请进来、走出去等方式，相互交流，相互借鉴，创新文稿起草方式。为提高文稿质量，许多同志刻苦学习有关文件，注意准确把握中央精神和经济社会发展实际情况，注意领会领导同志的思想和意图，注意广泛收集资料，注意运用调研成果。经过全室同志的艰辛努力，较好地完成了文稿起草任务。

（二）认真完成中央交办的重大事项

去年，党中央、国务院和国务院领导同志交给我室研究的重大事项比较多，主要有：

参与全国金融工作会议筹备工作。去年，筹备召开全国金融工作会议,是国务院的一项重要工作,也是我室围绕中心、服务大局,投入很大精力和力量进行的工作。从去年 5 月到今年 2 月,根据国务院领导同志指示,我室参加了国务院组织的 10 个金融专题工作小组,对金融领域的各种重要问题进行全面、系统的调研。在各个专题工作小组中,我们都认真负责地提出意见和建议,为形成各专题调研成果发挥了积极作用。同时,由我室牵头成立由相关部门组成的文件起草组,负责起草会议文件,包括负责起草了《中共中央国务院关于全面深化金融改革促进金融业持续健康安全发展的若干意见》(中发〔2007〕3 号)、温家宝总理在全国金融工作会议上的重要讲话、华建敏国务委员在会议结束时的总结讲话,还负责起草了会议筹备过程中国务院领导同志讲话等有关文稿,以及撰写《人民日报》社论、新闻稿等。围绕起草各种文稿,起草组做了大量调研工作和会议其他准备工作,深入地方了解情况和多次召开不同类型的座谈会,形成了一批有重要价值的调研报告,整理了一批重要专题材料,这些为国务院领导同志和有关部门决策提供了参考依据。我室同志和有关部门一道,经过近 9 个月的紧张工作,很好地完成了各项任务,为全国金融工作会议的成功召开发挥了积极作用。

承担党中央交办的重要调研课题。去年 10 月到 12 月,按照中央的部署和要求,我室承担了"我国经济社会发展到 2020 年总体目标和战略布局以及到 2012 年主要任务"、"健全社会公平正义保障体系"、"加强社会主义民主法制建设"、"加强社会建设与管理"四个重点课题的调研任务。室党组高度重视,组织有关人员深入 11 个省市和部门调研,分别召开 22 次座谈会,查阅了 400 多万字的资料,在反复讨论、修改的基础上,按时完成了 4 个调研报告。其中,"我国经济社会发展到 2020 年总体目标和战略布局以及到 2012 年主要任务"、"加强社会建设和管理"两个课题研究成果,向胡锦涛总书记等中央领导同志作了专题汇报。我们承担的课题调研成果质量较高,受到有关领导同志的好评。

认真做好国务院领导同志交办的调研事项。去年国务院领导同志批示交办调研的重要事项有 32 件，我们组织全室力量，深入开展调查研究，精心撰写调研报告，按时完成了任务。例如，“关于从源头上解决采煤塌陷区突出矛盾的政策建议”、“取消农业税后村级组织运转困难问题凸显”、“当前乡镇机构运转情况及存在一些问题”、“劳动力成本上涨的利弊影响和政策建议”，以及“促进社会稳定构建和谐社会战略研究”，受到国务院领导同志重视并作出批示，为决策起到了重要参考作用。

同时，我们配合贯彻落实《国务院关于解决农民工问题的若干意见》，继续做好涉及农民工问题有关工作，协助新闻单位组织撰写系列宣传报道材料等。

（三）深入开展调查研究，提交一批有较高参考价值的研究成果

在认真完成党中央、国务院领导同志交办任务的同时，积极履行我室经常性调查研究的职能。我们紧紧围绕党中央、国务院的中心任务，针对经济社会发展中的难点热点问题，深入开展调查研究工作，撰写出一批具有较高质量和重要参考价值的研究报告。全年编发《送阅件》、《决策参考》、《研究报告》、《室内通讯》225 期，向国务院领导同志直接报送的白头件 59 篇。据统计，全年得到国务院领导同志批示的共有 96 件（129 条，含信息），比上年增加 16 件。有的研究成果对国务院决策和推动工作起到了积极作用，有的对起草文稿发挥了重要参考作用，有的在社会和实际工作中产生了较大影响。例如，“当前房地产领域的突出问题及政策建议”、“当前土地调控中的突出问题及政策建议”等研究报告，受到国务院主要领导同志高度重视，作出重要批示，对国务院研究制定调控房地产市场、加强土地管理、控制投资过快增长等相关文件和实施宏观调控政策发挥了重要作用。再如，“退耕还林情况的实地调查和完善政策建议”、“农村义务教育经费保障机制改革中的一些问题应引起重视”、“部分城市解决农民工社会保障问题调研报告”、“当前的粮食供求形势及建议”、“改进现行发电调度方式，大幅度降低全国能源消耗”、“乡村基层组

织运转情况调查报告”、“落实最低工资标准存在的问题和建议”、“2006 年高校毕业生就业形势很不乐观”等研究报告，也都受到国务院领导同志重视并作出重要批示，对推动相关工作起到了积极作用。一些同志利用春节休假调查研究，撰写的“春节期间探亲访友见闻”，国务院多位领导同志作了批示，《紫光阁》杂志专门采写的“中南海的‘秀才’探亲‘忙’”一文，被多家媒体转载，产生了很好的社会反响。还有其他一些调研报告，质量也较高，不一一列举。

回顾去年的调研工作，有以下几个突出特点：一是增强了调研工作的综合性、前瞻性、战略性。例如，对宏观经济形势跟踪分析、房地产问题、固定资产投资、土地调控与管理、粮食市场变化、新农村建设、构建和谐社会等研究，力求做深做精，增强研究深度，多出有重要参考价值的成果。二是深入实际调研增多。室领导同志除随国务院领导到地方调查研究外，还分别带队深入基层搞调研。各司的调研工作进一步加强，深入实地调查研究的人数、次数增加，调研方法也有改进，既密切了同广大群众的联系，又掌握了大量鲜活的、来自基层的第一手材料。三是更加重视调研成果与文稿起草相结合，服务文稿起草的意识增强，注重研究成果的应用性和时效性。四是进一步加强对调研工作的组织和管理。在工作布局上，我们精心安排调查研究，除专门印发《国务院研究室 2006 年重点课题研究工作安排》外，还适时根据形势发展变化和实际工作需要进行调整。各司把研究课题分工到人，责任落实到人。五是加强室内外相互交流与合作。去年，我室召开三次部分省（市）政府研究室主任和有关部门研究单位负责人座谈会，就经济形势分析形成专题报告报送国务院，受到国务院领导重视。中德技术合作项目确定 8 个课题与地方政府研究室合作开展研究，形成了一批研究报告。还有一些专题研究，是由室内几个司或与外单位同志合作研究完成的。这些做法和经验，是行之有效的，应该坚持下去。

根据《国务院研究室研究成果奖励办法》有关规定，经研究成果撰写人申请和各司推荐，室研究成果评审小组评选出2006年度获奖优秀研究成果。其中，一等奖2个，二等奖6个，三等奖10个。今天要对获奖研究成果颁奖。这里要特别说明的是，我室去年调研成果丰硕，因设奖数额限制，还有不少优秀成果未能入选，在这里一并给予表扬。

（四）信息收集、整理和报送工作进一步加强

各司都很重视信息研究工作，多渠道收集、整理、交流有关资料信息，尽可能做到信息共享，为文稿起草和调查研究服务。信息司加强信息工作基础能力建设，积极开展信息收集、整理和报送工作，为国务院领导同志和我室工作提供高质量的信息服务。据统计，全年摘编《重要信息快报》70期、《互联网信息动态》215期，撰写综述类专报信息76篇，其中报送国务院领导同志参阅的有51篇，国务院领导同志作出批示的有17篇23条。

我们着力从以下方面改进信息工作：一是注重跟踪关系经济社会发展和改革开放大局的苗头性和倾向性问题，收集整理和报送了一批重要信息。例如，"英国专家认为：保持人民币基本稳定应堵住'热钱'抽逃"、"新型农村合作医疗试点要谨防急功近利苗头"、"中国住房公积金制度存在三大问题"等重要信息，都受到了国务院领导同志的重视，批示有关部门研处、参阅。又如，在推进社会主义新农村建设中，一些地方不顾实际情况，盲目大干快上甚至拔苗助长，我们整理了"新农村建设中的错误倾向值得警惕"的综述，国务院领导同志很重视，要求及时纠正这些错误倾向，进一步加强对新农村建设的指导，确保新农村建设沿着正确的方向和轨道推进。二是注重跟踪重大政策出台的社会反应和落实情况。例如，针对《外资银行管理条例》的颁布、"国六条"和土地调控新政策的出台、成品油价格政策的两次调整、存款准备金率的几次上调和加息等，我们都及时整理了媒体、专家和网民的反应及政策落实情况的综述，对进一步完善配套政策措施起到了促进作用，对推动相关工作起到了积极作用，

引起了社会关注。又如,我们整理的“媒体和网民对《国务院关于解决农民工问题的若干意见》发布后的反应”,国务院领导同志作了重要批示,要求抓紧制订配套法规、政策和措施,突出重点,抓好落实,将工作任务分解到有关部门,国务院农民工联席会议办公室专门召开会议进行研究和部署,有力推动了文件精神的贯彻落实和工作的进一步开展。三是注重整理综述类信息。我们紧紧围绕党中央、国务院的中心工作和我室的主要工作,更加注重通过互联网、召开座谈会、发征求意见函等形式收集整理专家学者、媒体和网民的意见和建议。四是信息渠道进一步拓展。政府系统联系网建设取得新进展,各省区市政府研究室信息联络员已全部确定;“经济学家库”和“企业家库”进一步充实完善,去年已利用“两库”资源,组织召开了多次座谈会。

大事记编写和资料汇编工作取得新进展。2005 年 10 月启动的编写《国务院研究室大事记》是一项开拓性的工作。在室领导同志、秘书司和各单位的大力支持下,信息司克服了材料缺失、素材来源繁杂等困难;调阅、核查了大量档案,浏览了几千万字的书面、网上资料,收集、整理、综合了几十万字的编研素材;经编辑、修改、审校数易其稿,初步完成了 2003、2004、2005 年国务院研究室大事记编写工作。编成的大事记比较系统、全面地记述了 2003—2005 年间,国务院领导同志对我室的重要批示,室内重要事件,我室重要工作完成情况。编研成果不仅丰富了我室的历史档案,而且为领导决策和史料查阅工作提供了重要依据和线索。由秘书司负责编写的 2006 年大事记,也已经基本完成了初稿。

(五)机关建设取得新进展

我们始终把坚持正确的政治方向放在第一位,坚持用发展着的马克思主义武装头脑、指导工作,坚持推进学习和创新,不断提高理论和政策水平,不断提升干部队伍素质水平,不断加强室内基础制度建设,不断加强各方面管理,进一步开展“争创一流业绩,建设一流队伍,营造一流环境”活动，在机关建设方面做了大量工作。

一是以党组中心组为龙头，扎实推进理论武装工作。坚持把理论学习摆在重要位置，与业务工作一同部署，一起推进。坚持党组中心组学习制度，多次组织集体学习讨论，包括集体深入学习党章，学习党的十六届五中和六中全会精神，学习《江泽民文选》，学习胡锦涛总书记的重要讲话，学习党中央、国务院的有关文件。我们坚持理论联系实际，学以致用。组织开展了以“保持共产党员先进性教育活动与党的先进性”为题的理论研究，以及“巩固先进性教育活动成果增强基层党组织活力创建学习型党支部”征文活动。开展学习型党支部创建活动，秘书司支部在“中央国家机关创建学习型党支部工作交流会”上作了交流发言。以创建学习型党支部为载体，各党支部紧紧围绕党员干部的思想实际和本司的业务工作，在武装头脑、指导实践、推动工作上下工夫。一些司继续坚持文稿讲评、交流制度。

二是巩固先进性教育活动成果，加强机关党的组织建设。去年，我室完成了增补机关党委委员工作。秘书司党支部被中央国家机关工委授予“中央国家机关先进基层党组织”荣誉称号。坚持室、司两级党员领导干部民主生活会制度，各党支部于“七一”前夕普遍召开了专题组织生活会，进行社会主义荣辱观教育。坚持重要情况通报制度。开展了民主评议党员工作。机关工会、青年和妇女工作得到加强，完成了机关工会委员会委员选举工作。

三是加强党风廉政建设，创建文明和谐机关。及时传达学习中纪委第六次全会、国务院第四次廉政工作会议和中央国家机关纪工委工作会议精神，坚持教育、制度、监督并重，认真落实党风廉政建设责任制，不断提高党员特别是领导干部的自律意识，提高拒腐防变和抵御风险的能力，各单位负责同志结合年度工作总结述职述廉。按照中央国家机关工委的部署，开展了“创建文明机关、促进政风建设，坚持执政为民、争做人民满意公务员”的活动。积极组织参加纪念建党 85 周年和红军长征胜利 70

周年的一系列活动，参观首都博物馆和中国保护知识产权成果、中国人权等展览，参加中央国家机关工委和中央宣传部等部门举办的报告会，组织部分同志参加工委举办的第二届职工书画摄影展览。努力做好定点扶贫工作；组织参加为贫困群众“送温暖、献爱心”、救助贫困母亲等活动。

四是以贯彻《公务员法》为契机，进一步加强干部队伍建设。印发了《关于学习贯彻〈中华人民共和国公务员法〉的通知》，制定《国务院研究室贯彻〈中华人民共和国公务员法〉实施方案》，对公务员登记信息逐一进行核实。在干部选拔任用工作中充分发扬民主，保证党员干部的知情权、参与权、选择权和监督权，先后两次通过竞争上岗方式选拔司长和巡视员。全年共有 22 位同志职务分别得到晋升、转任或确认。完成军转干部接收安置工作。继续做好干部学习培训工作。

认真做好工资制度改革和规范津贴补贴工作。这是政策性很强、工作量很大、关系大家切身利益的工作。我们认真学习领会和掌握工资制度和配套实施办法的各项政策，根据《国务院关于改革公务员工资制度的通知》精神，结合我室实际，制定了室内公务员工资套改和增加离退休人员离退休费工作方案。经过做大量、细致、扎实的工作，公务员工资制度改革和规范津贴补贴工作都顺利进行。

五是加强了机关各项基础管理工作。进一步加强保密工作。室党组高度重视，召开全室保密教育大会，传达贯彻中央保密工作会议精神，组织观看保密教育录像片。各单位普遍组织学习讨论，增强保密意识，完善保密措施，研究改进保密工作办法。按照国家保密局要求，并配合国办，做好我室涉密计算机管理检查工作。按照中办要求，成立室文件清理领导小组，对 2005 年的文件进行清理销毁，并以此为契机，进一步落实保密工作责任制。制定《国务院研究室“五五”保密法制宣传教育规划》。全年没有发现失泄密事件。

加强行政管理和后勤服务工作。机关文秘、值班工作有了新的进步，较好地发挥了上情下达、联系左右的窗口作用。公文运转、机要、资料借阅、档案管理工作进一步规范。行政后勤、办公自动化建设、经费申请和使用等,积极与有关方面加强沟通协调,保证了工作需要。加强离退休干部服务工作,尽力解决他们生活和就医等方面的困难,丰富他们的业余文化生活。

进一步拓展外事工作。全年本室组团4个,委托地方政府研究室组团2个,到国外进行培训和考察。组团或配合其他单位组团出国共计50人次,为干部提供了考察学习和开阔视野的机会。

(六)出版社工作成绩明显,效益显著提高

言实出版社重视提高职工的政治与业务素质,进一步增强出版工作要"围绕中心,服务大局"的意识,强化管理,改进质量,严格把关,确保了《政府工作报告》学习辅导、《政策研究与决策咨询》、《国务院研究室优秀调研成果选》、《中国农民工调研报告》、《全面落实科学发展观研究报告》等一批重点图书优质按时出版。其中,《中国农民工调研报告》被中宣部、新闻出版总署、农业部评定为面向全社会推荐的"三农"优秀图书之一。全年共出版新书125种,重版重印图书60种,发行图书84万册,发行码洋达2100多万元,实现销售收入925万元,上缴国家增值税33.3万元,超额完成了全年任务。

2006年,我室各项工作全面展开,超负荷运转。全室上下齐心协力、顽强拼搏、锐意进取,大家在不同的岗位上,为完成各自担负的工作任务,为国家和人民的事业,付出了心血。许多同志以报效国家、服务人民为己任,兢兢业业,任劳任怨,夜以继日,加班加点,不辞辛苦,忘我工作,作出了突出贡献。实践进一步证明,我们研究室这支队伍的整体素质是好的,思想觉悟是高的,战斗力是强的,作风是过硬的,经得起急、难、重、大任务的考验。在此,我代表室党组,对全体同志的辛勤工作和对室党组工作的支持,表示诚挚的感谢和崇高的敬意!

过去一年,我们圆满完成了党中央、国务院交给的任务,经受住了新的考验，各方面都取得新的成绩和进步，全室同志都得到进一步锻炼和提高，各单位都总结出不少经验和体会，概括起来就是六个“必须”：

一是必须紧紧围绕党中央、国务院的中心任务开展工作。这是由我室的职责决定的。我们是为国务院和国务院领导同志直接服务的，要使我们所提供的服务有针对性、时效性，能够为国务院和国务院领导同志决策发挥参谋助手作用，我们必须认真学习、深刻领会党中央、国务院的有关文件精神，熟悉和把握各项工作部署，掌握我室工作的规律和职能职责，以此保证工作的主动性和正确方向，使我们的工作真正能够做到想领导同志之所想，想领导同志所未想，急领导同志之所急。这是我们做好工作的前提和基础。

二是必须正确处理文稿起草、调查研究和信息工作的关系。文稿起草、调查研究和信息工作是我室的三项重要职能，只有正确处理好起草文稿、调查研究和信息工作的关系，才能使之相互促进，相得益彰。要坚持把起草重要文稿摆在第一位，这是直接为国务院和国务院领导同志服务的，任务光荣，责任重大，必须从人力和时间安排上优先，确保完成每项任务。调查研究和信息工作是提供政策支持和决策咨询服务的重要工作，也是提高文稿起草质量的重要环节和基础，必须下大力气搞好，着力提高调研和信息收集整理的质量。在去年的工作中，我们从组织领导、工作部署、人员配备等方面，进一步加强了文稿起草工作。同时，又重视和加强了调查研究工作，合理安排人力和时间，对国务院领导同志关注的问题，对改革发展稳定中的热点难点问题，积极主动地和有针对性地开展调查研究，及时掌握和研究新情况。信息工作也要为起草文稿和调研工作服务。通过加强调研和信息工作，提高了文稿起草的针对性和创新性，通过在文稿起草中充分运用调研成果和重要信息成果，更好地推动了相关工作。

三是必须统筹兼顾、突出重点。我室人手少、任务重、头绪多，要按时高质量完成任务，必须以主要精力保证重点工作，按照人员的专长合理分工，责任到人。同时，我室承担的文稿起草和调研任务许多是综合性的，重要文稿起草和调研工作大都是集体创造，要集中全司乃至全室力量，有时还需要外单位的支持与协作，大家互相配合、互相学习、互相促进、取长补短，才能保证各项任务的顺利完成。

四是必须做到工作学习化、学习工作化。我们承担的工作许多方面就是贯彻中央的大政方针，落实党中央、国务院的工作部署，为国务院和国务院领导提供决策咨询服务。必须加强对中央精神的学习，加强政治学习、理论学习和业务知识学习，在学习中深刻领会、吃透中央精神，增长知识才干，才能更好地完成好工作任务。从这个意义上讲，学习也是工作。我们经常接到一些不熟悉、不了解的新任务、急任务，所熟悉的领域也是不断发展变化的。为了完成任务，往往是急用现学，在干中学习和积累，几年下来，收获是很大的。不学习就不能工作，在工作中贯穿学习，相信大家都有同感。因此，我们必须不懈地学习，不仅学习知识、方法，丰富头脑，更重要的是提高学习能力，把我室建成学习型单位。这才是取之不尽、用之不竭的源泉。

五是必须坚持“两手抓”，两手都要硬。搞好机关建设，培养高素质的干部队伍，是做好研究室工作、全面履行职责的关键。我们通过开展争创“三个一流”活动、举办新调入人员培训班、提高调查研究工作质量培训班，有针对性地提高干部素质。工作再忙，时间再紧，我们也不放松干部队伍建设。我们始终坚持两手抓，一手抓工作任务的完成，一手抓队伍建设，既多出优秀成果，也多出优秀人才。

六是必须忠于职守、勤勉尽责。要牢固树立强烈的岗位意识、大局意识、责任意识和敬业精神，甘于奉献，才能尽到我们的职责，才能不辱使命。特别要做到用心，就是用心学习、用心积累、用心思考、用心写文稿、用心完成每一项任务，同时，要全身心地投入工作，从时间安排和精力使用上都要保证做好文稿起草和领导同志交给的各项工作。我们的文稿起草任务是繁重的，依靠正常的坐班时间是难以完成的，经常需要占用八小时以外的时间。我们从事的主要是理论和政策水平要求都很高的文字工作，需要不断地学习、积累和提高水平。不少同志深有体会地说，我们投入的是智慧、才华、旺盛精力和人生最好的光阴；我们提供的是文稿、调研报告、信息，是按时、优质、高效的政策研究和决策咨询服务；我们积累的是经验、才干，得到的是快速成长、进步和能力的提升，因此是非常值得的。

各司和出版社在自我总结和民主评议、民主测评的基础上，提出了年度考核初评等次意见。经室公务员考核委员会审核和室党组同意，2006 年度我室全体公务员都被评定为称职以上等次，其中有 11 位同志被评为优秀公务员；出版社有 3 位同志被评为先进工作者。今天要给他们颁奖，让我们对他们取得的优异成绩表示祝贺！

我们也清醒地看到，我室工作还有差距和不足。一是有些文稿质量不高，与国务院领导同志的要求还有差距。有些文稿的基础性工作不够扎实，存在粗糙、肤浅甚至草率的现象。二是调研工作不够深入，尤其是对经济社会发展和改革开放中的重大问题、苗头性问题进行的前瞻性研究还不够多。有些重要课题研究成果一般化，质量不高，实用价值不大。三是与部门、地方的联系和沟通不够紧密和经常，对一些新情况新问题掌握得不够及时、准确。四是队伍建设抓得不够紧，思想工作还存在薄弱环节。对这些问题，我们要高度重视，认真加以解决。

二、2007 年工作安排

新的一年，每个单位、每个人都有新的期盼和目标。我们室面临更加繁重的任务，要适应新形势新任务的要求，紧紧围绕党中央、国务院的中心工作，全力履行职责，一如既往，积极进取，群策群力，坚持高标准、高质量、高效率，确保完成好各项任务。

（一）继续用主要精力做好重要文稿起草工作

坚持把文稿起草作为我室第一位的任务。今年要根据党中央、国务院的中心任务和国务院领导同志的要求，统筹协调、合理安排力量，做好重要文稿起草工作。包括负责起草或参与起草、修改重要会议文件稿、领导讲话稿和新闻稿等。着力在提高文稿质量上下工夫，确保按时完成文稿起草任务。

（二）深入开展调查研究，进一步提高政策研究和决策咨询服务水平

围绕党中央、国务院的工作大局，围绕改革开放和经济社会发展中的重点难点问题，深入开展调查研究，突出前瞻性、综合性、战略性课题研究，突出政策建议的针对性和可行性，突出提高调研工作的质量和水平。我们要坚持首先搞好党中央、国务院领导同志交办的课题研究任务；同时，切实搞好本室选定的课题研究，初步拟定以下16个重点研究课题：

1. 宏观经济形势跟踪分析研究；
2. 保障国家粮食安全问题研究；
3. 防范和处置金融风险问题研究；
4. 节能降耗、污染减排问题研究；
5. 我国农村新情况和建设新农村问题研究；
6. 深化农村综合改革问题研究；
7. 教育改革和发展问题研究；
8. 推进自主创新与科技体制改革问题研究；
9. 加入世贸组织过渡期结束后对外开放问题研究；
10. 医药卫生体制改革问题研究；
11. 完善社会救助制度研究（重点对建立农村低保制度进行深入研究）；

12. 新疆经济社会发展问题研究；

13. 推进长江三角洲改革开放和经济社会发展问题研究；

14. 社会建设和社会管理问题研究；

15. 影响当前社会稳定的突出矛盾研究；

16. 政府自身改革和建设问题研究。

这里强调一下，以上是重点研究任务，要努力保证完成；同时，各单位还可以根据经济社会发展中的新情况新问题，积极主动地提出调研任务。

（三）加强信息收集、分析、整理和报送工作

紧紧围绕党中央和国务院中心工作，以及领导同志关心、社会关注的重大问题，及时做好信息收集、整理和报送工作，着力提高信息的时效性和质量。要深入探讨收集、整理和报送信息的方式方法，更加注重通过召开座谈会等形式收集信息和建议，更加重视和搞好综述类信息的整理。要进一步在开辟独家信息源上下工夫，着力加强和完善“一网两库”，力求掌握更多的第一手信息资料，不断挖掘信息的深度、拓展信息的广度。全室同志都要重视信息工作，结合本司和自己的业务工作范围，不断拓宽信息来源，从不同方面收集提供信息资料。进一步办好《送阅件》、《决策参考》、《研究报告》、《室内通讯》和《重要信息快报》、《互联网信息动态》，注重提高报送研究成果、提供信息的质量和文字水平，更好地为国务院领导同志和有关部门决策提供咨询服务。

（四）加强机关党的建设和干部队伍建设

在思想政治建设方面。制定全室和党组中心组学习计划，认真组织全室人员深入学习邓小平理论和“三个代表”重要思想，学习《江泽民文选》，学习党中央、国务院文件，学习中央领导同志重要论述和指示，党的十七大召开后要深入搞好会议精神的学习贯彻，用马克思主义中国化的最新成果武装头脑、指导工作。

在组织建设方面。根据党章和《中国共产党党和国家机关基层组织工作条例》的规定，认真做好机关党委换届工作。贯彻落实中央国家机关工委《加强和改进中央国家机关党的建设的意见》和《国务院研究室建立健全保持共产党员先进性长效机制的意见》，健全保持共产党员先进性长效机制，进一步巩固和发展先进性教育成果。继续推进创建学习型党支部工作。

在党风廉政建设方面。认真贯彻中央纪委第七次全会和胡锦涛总书记在会议上的重要讲话精神，全面落实国务院第五次廉政工作会议上的部署和要求，贯彻落实中央颁布的《建立健全教育、制度、监督并重的惩治和预防腐败体系实施纲要》及我室制定的《实施纲要》的具体意见，着力推进制度建设，严格执行党政干部廉洁自律规定。每个同志都要做到自重、自省、自警、自励，同时进一步认真落实党风廉政建设责任制。

在文明和谐机关建设方面。抓紧研究提出创建文明和谐机关的意见，把建设文明和谐机关与建设强有力的研究室结合起来，与完成本职工作紧密结合起来。深入进行社会主义荣辱观教育，每个同志都要自觉做到知荣明辱、诚实守信，做当荣之事，拒为辱之行。加强和改进机关文化生活，多开展有益于干部职工身心健康的活动。坚持以人为本，把对党员和干部的教育、管理和服务有机结合起来。坚持讲政治、讲大局、讲正气、讲纪律，继续开展争创“三个一流”活动，进一步营造勤奋敬业、求真务实、心齐风正、团结和谐的环境。依法加强和完善干部工作各项制度建设，严格执行责任制。继续改进离退休干部管理和服务工作。

进一步做好定点扶贫工作，加大协调工作力度，为定点帮扶贫困县办实事。

（五）继续搞好机关公文运转和后勤保障工作

进一步完善机关各项规章制度，做到任务明确，责任明确，确保各项工作及时、准确、优质、高效。不断提高行政管理、后勤保障服务水平和效率。机关文秘、值班、机要、资料、档案、保密等各项工作,都要做到细之又细、严之又严、慎之又慎、实之又实,确保万无一失。继续积极改善干部办公、工作和生活条件。努力提高机关办公自动化水平。继续做好大事记编写工作。

(六)进一步做好图书出版工作

出版社要继续贯彻出版工作围绕中心、服务大局的方针。坚持正确的出版方向,把为党中央、国务院中心工作服务放在首位,注重体现国研室重点工作,着力提高自主策划选题图书的水平,着力形成言实出版社特色和打造品牌,着力提高编校质量,取得更大的进步。

这里要强调,我们要更加做好关心职工生活、关心同志们身体健康的工作。对家庭有困难的同志、青年同志和离退休老同志的生活,要给以更多关心。秘书司要继续做好后勤保障工作。希望大家保重身体,做到劳逸结合。

回顾过去的一年,我们取得的成绩十分显著;展望新的一年,我们的任务更加繁重。新形势、新任务对我们提出了更高的要求。“潮平两岸阔,风正一帆悬。”我们要高举邓小平理论和“三个代表”重要思想伟大旗帜,全面落实科学发展观,紧密团结在以胡锦涛同志为总书记的党中央周围,忠于职守,勤勉尽责,埋头苦干,再接再厉,精益求精地做好每一项工作,以优异成绩迎接党的十七大召开,为党和国家作出新的贡献。

搞好调查研究贵在深入*

（2007 年 9 月）

调查研究是发现和解决问题的有效方法，是制定和执行政策的重要基础，也是进行政策研究和决策咨询服务的主要手段。因此，提高调查研究工作的质量和水平，有着重要的意义。而要搞好调查研究，贵在深入。

调查研究是一个求实、求是、求解的过程，是一项严谨、缜密、科学的活动。世界是复杂的，各种事物和矛盾错综交织；世界也是变动的，大千万物相互联系又互相转化。认识世界，不是一件容易的事情。“千淘万漉虽辛苦，吹尽狂沙始到金。”要从纷繁复杂而又千变万化的事物中透过现象认清本质，发现客观规律，并科学地说明和解决问题，必须作深入的调查、研究和谋策。

一是深入调查。这是调查研究的客观性原则决定的。客观性原则是任何调查研究活动都必须遵循的。它的基本要求，就是做到全面、真实、准确地认识客观事物和社会现象，不能主观、片面、肤浅地认识客观事物和社会现象。调查是研究的基础，是发现问题、解决问题的首要环节。毛泽东说过：“没有调查，就没有发言权”；他还说过：“不做正确的调查同样没有发言权。”调查，最根本的在于求实、求真，了解真实情况。这就必须“沉下去”，深入基层、深入实际、深入群众，正所谓“不入虎穴，焉得虎

* 本文系作者为《政策研究与决策咨询——国务院研究室调研成果选》一书所作的序言，中国言实出版社 2007 年 9 月版。

子。”调查贵在深入、翔实和缜密；只有从现状表面入手，深入进去弄清真实情况，才能找到正确解决问题的办法；要以大量的事实为基础，形成对情况的整体把握；要把情况摸准，从无数细节中发现问题，用心寻找解决问题的办法。为此，要深入到社会基层、到人们实践活动中去进行调查研究活动。各种材料和数据的获得，不能只通过下级的汇报，而应是通过深入基层、了解实际情况得到的。要深入到工厂、矿山、农村、学校、医院、社区去进行调查，只有真正走到基层单位进行调查，才是真正意义上的调查研究。这样，才能掌握第一手材料，了解真实情况。应当说，在某种情况下，了解情况难，了解真实情况更难。只有深入基层，才能了解鲜活真实的情况。调查，就是观察事物，了解情况，不仅要搞清事物的现状，还要了解事物的过去，要掌握事物发展的轨迹和演变过程，搞清楚来龙去脉。调查工作应力避蜻蜓点水、浮光掠影的做法，也要力戒道听途说就信以为真。人民群众是真正的英雄，是智慧的源泉。搞好调查就必须深入群众，虚心向群众学习，倾听群众的呼声，反映群众的意愿，集中群众的智慧。毛泽东说过，调查研究“没有满腔的热忱，没有眼睛向下的决心，没有求知的渴望，没有放下臭架子、甘当小学生的精神，是一定不能做，也一定做不好的”。甘当小学生，“主要的一点是要和群众做朋友，而不是去做侦探，使人家讨厌。群众不讲真话，是因为他们不知道你的来意究竟是否于他们有利。要在谈话过程中和做朋友的过程中，给他们一些时间摸索你的心，逐渐地让他们能够了解你的真意，把你当做好朋友看，然后才能调查出真情况来”。我们要把人民群众的利益作为一切工作的出发点和归宿，不仅要虚心而且要善于向人民群众学习和请教。

二是深入研究。调查的目的，是要从客观存在的实际事物出发，从中引出规律，作为行动的指南和制定政策的依据。因此，就要对调查的材料，加以科学的分析和综合的研究。观察、分析与综合，是认识客观事物的一般过程和步骤。观察是调查的第一步，这是感性认识阶段，必须对掌握的材料进行加工，才能上升到理性认识；分析是进行加工的重要一步，就是把复杂的事物分解为几个组成部分,然后分别加以研究。研究是调查的升华,是由感性认识上升为理性认识的过程。不调查而研究,是无米之炊;只调查不研究,则是食而不化。调查以"求实",研究以"求是",只有把调查与研究、"求实"与"求是"有机结合,在"求实"的基础上"求是",在"求是"的思维中"求实",才能正确认识事物的本质和规律性,把握事物的发展趋势。调查要"沉下去",研究要"浮上来"。具体而言,在调查环节要深入,要掌握丰富、真实的材料,在研究阶段要吃透材料又不拘泥于材料,要尊重实践又不囿于实践,真正做到源于生活而高于生活。感觉材料固然是客观外界某些真实性的反映,但它们又是片面的和表面的东西。要完全地反映整个事物,反映内部的规律性,就必须深入思考。要综合运用分析与综合、归纳与演绎、具体与抽象的办法,以及比较、分类、统计、想象等手段,对调查中掌握的丰富材料加以科学分析,去粗取精、去伪存真、由此及彼、由表及里的思考,把握事物的本质,找出规律性和普遍性的东西。深入研究,还要注意对事物质和量的分析。任何事物的质都表现为相应的量的规定性。要坚持质和量相结合,要先对调查研究对象进行量的分析,再进行质的分析。只有具体了解事物的量,特别是规定着物质的数量界限,才能更深刻地把握事物的质,也才能对调查对象作出科学和正确的认识。深入研究,不仅要注意对社会现象和客观事物的历史和现状的研究,还要把握事物发展中的未来因素,善于发现新事物、新因素,高度重视新事物、新因素的发展趋势,支持新事物、新因素的发展。

三是深入谋策。谋策,就是寻求解决问题的对策和办法。从事政策研究和决策咨询的调查研究,是应用性研究,目的是要解决经济社会发展中的问题,调查研究的成果是为领导机关做出工作部署和制定政策服务的。因此,在调查研究的基础上,提出正确、可行的政策建议,显得尤其重要。这就要求做到,必须熟悉党的路线方针政策,深刻认识客观问题的实质和趋势,准确领会决策的需要,善于从指导实际工作的角度,从全局和战略的高度加以思考。要多谋良策,出好主意,对症下药,注重实用,具有可操作性,千万不能笼统含糊、空发议论。否则,就会使研究成果成为“空中楼阁”,中看不中用。深入谋策,提出指导工作的政策主张和建议,最重要的是坚持实事求是。这就要求在调查研究中反对各种各样的主观主义,真正做到不唯上,不唯书,只唯实,依据客观实际情况和客观规律提出正确的政策、措施或工作方案,供领导决策参考。

调查、研究和谋策是相互联系的统一过程。在这个过程中,每个阶段虽各有侧重,但不可分割,三者都不可偏废。作为政策研究和决策咨询机构,只有深入调查、深入研究、深入谋策,才能在调查研究工作中拿出精品力作,真正当好领导者的参谋和助手。

成果丰硕的五年*

（2008 年 1 月 30 日）

今天，我们在这里召开全室人员大会，主要任务是回顾总结过去五年的工作，安排部署 2008 年的工作；同时，表彰 2007 年度优秀公务员、先进工作者，为优秀调研成果获奖者颁奖。

根据室党组的部署，从去年 12 月下旬开始，机关各单位先后召开会议，认真回顾总结了 2007 年工作，提出了 2008 年的工作初步安排意见。

今年 3 月，本届政府将任期届满。根据这次总结工作时间跨度的特点和要求，为进一步提高我室为党中央、国务院服务的质量和水平，在各单位进行年度工作总结的基础上，室党组对本届政府五年间全室工作进行了简要总结，形成了《五年工作回顾和 2008 年工作初步安排》，并报经国务院领导同志审阅。

国务院主要领导作出了重要批示，对我室过去五年的工作和今年工作安排意见给予充分肯定，这是对我室工作和全体人员的鼓励与鞭策。我们一定要认真学习，深刻领会，再接再厉，努力把我室工作提高到新水平。

下面，我代表室党组简要回顾总结五年来的工作情况，提出 2008 年工作的初步安排意见。

---

* 本文系作者在国务院研究室全体人员大会上作关于 2003 年至 2007 年五年工作总结上的讲话（节录）。

一、过去五年工作回顾

本届政府的五年,是不平凡的五年。“事非经过不知难”。这五年,我们国家既有不少良好的发展机遇和有利条件,也面临着前所未有的困难和问题,是在应对一系列新挑战和新考验、战胜各种困难和风险中前进的。这五年,国内各种自然灾害频繁发生,特别是本届政府成立伊始,就遭遇了史无前例和突如其来的严重非典疫情,几年来不少地方接连发生洪涝、干旱、台风、地震等严重自然灾害,还发生过比较严重的高致病性禽流感疫情。这五年,我国发展的阶段性特征凸显,改革发展面临的任务十分繁重和艰巨。这五年,国际上政治经济形势复杂多变,跌宕起伏。处于这样的国际国内大背景,在中国共产党领导下,各级政府和全国各族人民顽强拼搏,在中国特色社会主义道路上奋勇前进,改革开放和现代化建设取得了举世公认的巨大成就。

五年来,在党中央、国务院正确领导下,我室坚持以邓小平理论和“三个代表”重要思想为指导,树立和贯彻科学发展观,全面贯彻党的十六大、十七大精神和中央的一系列决策部署,自觉服务大局,忠于职守,全力以赴,坚持高标准严要求,各方面的工作都取得了显著成绩和进步。

(一)全力完成各类重要文稿起草任务,文稿起草质量不断提高

文稿起草是我室的首要任务,我们始终用主要力量做好这项工作。初步统计,五年来,我室负责或参与起草或修改的党中央、国务院重要文件和国务院领导同志重要讲话稿共 1494 篇,其中 2003 年 212 篇、2004 年 325 篇、2005 年 314 篇、2006 年 325 篇、2007 年 318 篇。主要包括:参与起草党的十六届三中、四中、五中、六中全会决定和十七大报告、十七届二中全会文件,以及 2004 年至 2008 年连续五个中共中央国务院关于加强

农业和农村工作的1号文件；负责起草温家宝总理在十届全国人大二次至五次和十一届全国人大一次会议上的《政府工作报告》、连续五年在中央经济工作会议、国务院廉政工作会议上的讲话，以及在中央外事工作会议、省部级主要领导干部“树立和落实科学发展观”专题研究班、社会主义新农村建设专题研讨班上的讲话，在中央农村工作会议、省部级主要领导干部经济形势通报会议、国务院全体会议、国务院经济形势分析和部署经济工作的多次常务会议、全国信访工作会议、全国节能减排工作会议、食品质量安全会议、城镇基本医疗保险会议等全国性会议上的讲话，以及在国内考察工作、出国访问的讲话、演讲等；同时，负责起草或修改国务院其他领导同志交办的大量全国性会议上讲话和国内考察工作、出国访问、出席国际会议的讲话、演讲稿等任务。五年来，我们还负责或参与起草国务院有关重要会议和国务院领导同志重要活动新闻稿915篇，其中2003年144篇、2004年174篇、2005年221篇、2006年190篇、2007年186篇；对全国人大、国务院及有关部门草拟的法律法规（规章、条例等）提出修改意见和建议426件，其中2003年76件、2004年80件、2005年87件、2006年90件、2007年93件；还办理全国人大和政协有关议案、提案。

在起草文稿数量多、涉及面广、要求高的情况下，我们集中力量，精心安排，合理分工，对负责或参与起草、修改的文稿，始终以极端负责、精益求精的态度，全面贯彻党的理论、路线和方针政策，力求正确体现中央精神和有关领导同志的要求，力求将理论与实践、继承与创新结合起来，力求准确把握经济社会发展状况和人民群众的期望，着力在提高文稿质量上下工夫，较好地完成了各类文稿起草的任务。

（二）认真完成党中央、国务院领导同志交办的重大事项

五年来，党中央、国务院领导同志多次交给我室重大任务，我们都调配精干力量独立或与有关部门共同承担。主要有：

——承担为党的十七大做准备的重要课题调研。2006年10月到

2007年初,按照党中央的部署,我室承担了为党的十七大文件作准备的4个重要课题调研任务,包括“我国经济社会发展到2020年总体目标和战略布局以及到2012年主要任务”、“加强社会建设与管理——完善政府社会管理和公共服务基本思路和举措研究”、“健全社会公平正义保障体系——收入分配和社会保障问题研究”、“加强社会主义民主法制建设——完善党和国家决策机制问题研究”。室党组高度重视,在人员少、任务重、时间紧的情况下,组织骨干人员深入11个省市和部门调研,分别召开22次座谈会,在反复讨论、修改的基础上,按时完成了4个重要课题调研报告,有些重要观点和建议被吸收在党的十七大报告中。其中,前两个课题研究成果向胡锦涛总书记主持的汇报会议作了专题汇报,受到有关领导同志的重视和好评。

——承担全国金融工作会议文件准备工作和落实任务。从2006年5月到2007年2月,遵照国务院领导同志指示,我室牵头成立由相关部门组成的文件起草组,负责起草《中共中央国务院关于全面深化金融改革促进金融业持续健康安全发展的若干意见》(中发〔2007〕3号)、温家宝总理在全国金融工作会议上的重要讲话、华建敏国务委员在会议结束时的总结讲话,还负责会议筹备过程中有关文稿和《人民日报》社论撰写等。围绕起草各种文稿,起草组做了大量调研工作和其他准备工作,形成了一批有重要价值的调研报告和专题材料,为国务院领导同志和有关部门决策提供了重要参考,为全国金融工作会议的成功召开发挥了重要作用。2007年,按照国务院统一部署,我室还参与了中国农业银行改革方案研究工作,参与了国家开发银行改革、金融调控、农村金融、外汇储备运用和资本市场等5个专题调研和报告起草修改工作,提供了一些重要调研成果。

——承担解决农民工问题调研和文件起草工作。2005年4月至2006年2月,遵照温家宝总理重要批示,我室牵头成立农民工问题调研和文件起草组,用了近10个月时间,组织力量先后到11个省市实地调研,召开各类座谈会50余次,形成了调研总报告及50多篇专题报告,共

40多万字的研究成果。在此基础上起草了《国务院关于解决农民工问题的若干意见》(国发〔2006〕5号),这是国务院第一个比较系统、全面地解决农民工问题的文件,受到社会各界高度重视和好评。《中国农民工研究总报告》荣获了第十二届(2006年度)孙冶方经济科学论文奖。由这些研究成果编辑、中国言实出版社出版的《中国农民工调研报告》一书,被中宣部、新闻出版总署、农业部评为面向全社会推荐的"三农"优秀图书之一,荣获首届中国出版政府奖(图书奖)。

——与发改委一起牵头承担促进非公有制经济发展等四个重大调研和文件起草任务。近几年,我室与发改委共同牵头,承担了关于鼓励支持引导非公有制经济发展和促进新疆自治区、长江三角洲地区、宁夏自治区经济社会发展的重大课题调研和文件起草任务,这些都是具有综合性、战略性、前瞻性的重大任务。我们高度重视,由室主要领导牵头,分管室领导具体负责,与发改委密切协作。为确保高质量完成任务,室领导同志亲自带队深入实际调研,多次主持召开座谈会,与有关省区市负责同志交换意见,听取有关部门和专家的意见,形成了系列调研报告,起草了温家宝总理在长江三角洲地区经济社会发展座谈会上的重要讲话和在新疆考察工作时的重要讲话。《国务院关于鼓励支持和引导个体私营等非公有制经济发展的若干意见》(国发〔2005〕3号),对推动非公有制经济发展起到了重要作用,受到各方面好评。《国务院关于进一步促进新疆自治区经济社会发展的若干意见》(国发〔2007〕32号),受到新疆党政领导和各族人民的高度赞许。《国务院关于进一步推进长江三角洲地区改革开放和经济社会发展的指导意见》已形成汇报稿,《国务院关于进一步促进宁夏经济社会发展若干意见》稿正在紧张起草之中。这些重大调研和文件起草,也是我室职能的拓展,对推动改革和发展已经和将要起着重要作用。

——积极完成国务院领导交办的其他调研事项。据不完全统计,近五年国务院领导同志向我室批示交办的重要调研事项132件,其中2003年7件、2004年16件、2005年46件、2006年32件、2007年31件。我们按照有关领导同志批示要求，深入开展调查研究，精心撰写调研报告，按时完成任务。例如，《关于从源头上解决采煤塌陷区突出矛盾的政策建议》、《取消农业税后村级组织运转困难问题凸显》、《当前乡镇机构运转情况及存在一些问题》、《劳动力成本上涨的利弊影响和政策建议》、《关于政策性进出口金融机构改革与发展的建议》、《关于企业“走出去”面临的问题及建议》、《国际石油价格变动对我国的影响及对策建议》、《对当前部分地区民工短缺问题的调查与分析》、《关于将境外矿产资源开发作为国家战略的建议》等调研报告，都得到了国务院领导同志的重要批示，为国务院决策发挥了参谋助手作用。2007 年，围绕汇率形成机制改革和人民币升值问题，我们组织几个专题组深入到地方、部门、行业协会和企业调研，召开专题座谈会，形成了《外汇储备大幅增长原因、影响及建议》、《人民币升值影响和相关政策建议——有关部门和行业对汇率改革问题的看法》、《人民币升值影响和相关建议》、《关于人民币对外升值同时对内贬值的看法和建议》等系列调研报告，受到国务院领导的重视，批示印发了国务院办公厅刊物《信息参考》，为正确深化人民币汇率改革问题提供了重要参考。为了正确认识宏观调控、农民工返乡创业、保理业发展等问题，有些同志通过实地考察和召开座谈会进行调研，形成了《关于正确认识宏观调控有效性问题——专题座谈会综述》、《农民工返乡创业是一个新事物——3 省 5 县农民工返乡创业调查及建议》、《我国保理业发展面临的突出问题及建议》，都受到国务院领导同志重视并作出批示，为国务院决策和解决问题起到了积极作用。

(三)加强室内选题调查研究工作，撰写了一批有较高参考价值的调研成果

我们认真履行经常性调查研究的职能，每年初都确定一批重点研究课题，定期开展宏观经济形势分析，在深入调查研究的基础上，撰写出一大批具有较高质量的研究成果。五年共编发《送阅件》、《决策参考》、《研

究报告》、《室内通讯》和直接向国务院领导同志报送白头专送报告1400余篇，其中2003年296篇、2004年263篇、2005年286篇、2006年284篇、2007年275篇（其中“三件”和《室内通讯》208期，向国务院领导同志专送报告67篇）。受到国务院领导同志重视作出批示的有328篇，其中2003年40篇、2004年64篇、2005年80篇、2006年79篇、2007年65篇，不少调研成果为国务院决策、推动工作起到了重要参考作用。例如：

2003年4、5月份，在抗击非典最艰难的时刻，我室许多同志深入基层搜集疫情信息，积极建言献策，及时向中央领导同志报送非典疫情对经济发展影响的分析和对策，提出一系列防治非典的措施和工作建议，包括《严防非典疫情向农村扩散的建议》、《关于非典型肺炎的九点应对措施》、《关于解决高校毕业生问题的建议》等；同时，针对当时经济运行中出现偏热的倾向性问题，及时提出加强宏观调控的建议，包括《农业和农村经济发展中应注意的几个问题》、《我国耕地减少的趋势应引起高度重视》、《近期几种农产品价格上涨的情况和建议》、《关于加强耕地保护的几点建议》、《国有企业管理者收购亟须规范》等，都受到国务院领导同志的重视并作出批示，为中央采取针对性措施提供了决策支持。

2004年，我们围绕中央加强和改善宏观调控的需要，提出一批有重要价值的建议，特别是《加大宏观调控力度尽快遏制投资过快增长》、《采取果断措施遏止乱征滥用耕地的对策建议》、《流通领域的盲目投资和重复建设不容忽视》等研究成果，为国务院采取果断措施严把土地闸门，制定《深化改革、严格土地管理的决定》，控制固定资产投资过快增长、整顿规范土地市场秩序，起到了重要推动作用。

2005年，我们及时研究部分行业产能过剩、股权分置改革、人民币汇率形成机制改革、加强房地产宏观调控等问题，撰写了《部分行业产能过剩的基本情况及政策建议》、《妥善解决股权分置应当遵循六项原则》、《全部免征农业税以后的农村改革任务还相当艰巨》、《人民币汇率形成机制改革研究》、《房地产价格问题系列研究》等研究报告，温家宝总理等国务院领导同志都作出重要批示，为国务院作出相关决策提供了重要依据。

2006年，针对经济社会发展中的难点热点问题，撰写出一批研究报告，包括《当前土地调控中的突出问题及政策建议》、《退耕还林情况的实地调查和完善政策建议》、《农村义务教育经费保障机制改革中的一些问题应引起重视》、《当前的粮食供求形势及建议》、《落实最低工资标准存在的问题和建议》等，及时为国务院领导决策提供了咨询建议，推动了相关工作。

2007年，宏观经济形势错综复杂，我们加大了研究力度。7、8月份，在社会上对物价形势众说纷纭的情况下，我们认为已经出现通货膨胀加剧的趋势，经过深入研究，于9月初及时报送了《关于高度重视和防止严重通货膨胀的建议》，受到温家宝总理和有关部门领导的高度重视，对正确判断物价走势和作出重要决策起到了重要作用。这个建议经受住了实践的检验。同时，在有关部门准备出台"港股直通车"的措施引起国内外广为关注时，我们通过召开座谈会等形式，作出分析判断，报送了《对"港股直通车"的几点看法》，得到温家宝总理的高度重视，妥善作出了应对之策。我们还撰写了《投资总规模仍然偏大的原因分析和政策建议》、《建立农村最低生活保障制度中的问题和建议》、《部分省区新型农村合作医疗试点扩大情况调查》、《部分省区农村义务教育经费保障机制改革情况调查》、《关于钢铁工业结构调整的调研情况及政策建议》、《当前粮食方面值得关注和研究的几个问题》、《当前影响社会稳定的突出问题和建议》、《和谐社区建设问题调研报告》、《遏制政府部门利益扩张的建议》、《进一步做好电力节能减排工作的建议》等多篇专题调研报告。《创新生猪生产发展方式的成功实践——四川资阳市养猪业发展调查思考》，国务院领导同志批示刊登在国务院办公厅《内部情况通报》上，印发各地区、各部门。这些政策建议对推动相关方面工作发挥了积极的作用。2007年，中央国家机关工委开展构建社会主义和谐社会优秀调研成果评选活动，在全部76篇获奖研究报告中我室占5篇。

近些年，许多同志利用节假日探亲访友的机会进行走访调研形成多篇调研报告，例如2004年的《一个贫困县的农村教育状况》、2006年的《春节期间探亲访友见闻》、2007年的《以人为本施德政　关注民生暖人心》等，国务院领导同志都作出重要批示。2006年，中央国家机关工委主办《紫光阁》杂志社记者来我室采访，撰写了《中南海的“秀才”探亲“忙”》；2007年，根据国务院领导同志的要求，中央国家机关工委宣传部和《紫光阁》杂志社同志来我室和财政部、信访局采访，编发了《一枝一叶总关情》的长篇通讯，这些在社会上产生了很好反响。

2007年，我室受重庆市委、市政府委托，对重庆市科学发展战略和重庆市统筹城乡综合配套改革试验区改革方案作了深入研究，提交了有较高质量的调研报告。

这几年，我们深深体会到，调研工作必须坚持紧紧“围绕中心，服务大局”，自觉为党中央、国务院提供决策咨询服务；必须坚持超前研究，提高预见性，及时抓住事关全局的苗头性、倾向性问题；必须坚持深入基层，了解真实情况，提出有针对性和操作性强的政策建议。这些好的做法需要继续坚持下去。

我室去年调研成果丰硕，根据《国务院研究室研究成果奖励办法》规定，经本人申请和各司推荐，室研究成果评审小组评选出2007年度获奖优秀研究成果：其中，一等奖3个，二等奖6个，三等奖9个。

（四）努力做好信息收集和报送工作

2004年底，我室组建了信息研究司，信息研究工作得到加强。2005年开始建设政府研究室系统信息交流网、专家库和企业家库，信息网络建设取得新进展。建立了省区市政府研究室信息联络员制度。专家库和企业家库收集了大量相关资料，不断充实完善，并利用“两库”资源，组织召开了多次座谈会。我们不断探索改进收集信息的方式，注重跟踪重大政策出台后的社会反应及落实情况，关注对重大事件的社会反应，及时收集整理专家学者、媒体、网民的意见和建议。近3年整理和报送了一大批具有重要价值的信息材料，据统计，共撰写信息综述报告197篇，2007年为51篇；其中报送国务院领导同志参阅的144篇，2007年为35篇。摘编《重要信息快报》264期，2007年为69期。报送《信息摘报》694期，2007年为259期。受到国务院领导同志重视作出批示的有65篇，2007年为23篇27条。例如：《全球化背景下的中国金融版图告急》、《一年"吃掉"2500万棵树》、《英国专家认为：保持人民币基本稳定应堵住"热钱"抽逃》、《交通建设领域成拖欠新"灾区"》、《美国"金融快速反应部队"密谋对华出手》、《海内外媒体、教育专家、部分师生对教育部直属师范大学实行师范生免费教育的看法和建议》、《国内外研究机构及专家学者对人民币汇率走势的预测和建议》、《国内外媒体和部分专家对全国金融工作会议的反应和建议》、《对发行特别国债和停减利息税的反应》、《部分媒体和专家对2006年节能减排指标完成情况的看法和建议》、《外资做庄中国股市揭秘》、《开发商如此圈地，为何不打击》等等，这些信息，为国务院领导同志解决问题、推动工作，发挥了重要参考作用。

（五）不断加强机关党的建设和干部队伍建设

我们始终坚持两手抓，在重视做好业务工作的同时，重视加强机关党的建设和干部队伍建设。

——坚持不懈加强思想政治建设。我们始终把坚持正确的政治方向放在第一位，坚持在思想上政治上同党中央保持一致，坚持用中国特色社会主义理论体系武装头脑。认真组织全室党员干部深入学习邓小平理论和"三个代表"重要思想，深入学习科学发展观等重大战略思想，学习党的十六大和十六大以来历次中央全会文件，学习党的十七大文件，及时传达和学习贯彻中央有关重要会议和文件精神，不断提高全体人员运用马克思主义立场、观点、方法观察和解决实际问题的能力，提高全面贯彻党的基本理论、基本路线、基本纲领、基本经验的自觉性,提高思想政治觉悟和政策水平,使全体人员时刻了解大局,全力服务大局,自觉在大局下行动。

——认真开展先进性教育等活动。2005 年上半年,我们严格按照党中央的统一部署和要求,开展了以学习贯彻"三个代表"重要思想为主要内容的保持共产党员先进性教育活动,使全体党员受到生动、深刻的党性教育,达到了提高党员素质、加强基层组织、服务人民群众、促进各项工作的目的。同时,还形成了《国务院研究室建立健全保持共产党员先进性长效机制的意见》,成为我室机关党建工作的一项基本制度。2004 年起,我室提出并组织开展了"争创一流业绩,建设一流队伍,营造一流环境"活动,把它作为建设强有力研究室的重要抓手,激励全体干部爱岗敬业、争先创优。近两年,按照中央国家机关工委的要求,开展了"创建文明机关、争做人民满意公务员"活动;开展了以"为民务实清廉"为主题的党日活动,组织党员干部参观周恩来总理长期工作生活过的西花厅,缅怀周恩来总理的丰功伟绩,继承发扬中南海优良作风,接受革命传统教育和"两个务必"教育。开展这些活动,对提高全体人员思想素质,发展心齐风正、团结和谐的良好局面起到了积极作用。

——加强干部培训和挂职锻炼工作。2005 年,我们举办了提高调研工作质量培训班,室领导同志带头交流调研工作体会,全室同志总结调研工作情况,肯定成绩,交流经验,畅谈体会,找出差距,有力地推动了调研工作。我们还开展了对新调入人员培训工作,通过学习有关文件和畅谈体会的方式,提高大家对国务院研究室岗位职责重要性的认识,牢固树立爱岗敬业精神,全面提高自身素质,努力适应本岗位工作。近两年,有的司建立了文稿起草讲评制度,定期进行重要文稿起草讲评,引导大家从亲身经历中总结经验教训,创造了提高文稿写作能力的有效途径。同时,我们争取选派干部参加培训,五年全室参加各类培训 80 余人次,其中到中央党校、国家行政学院、中央党校中央国家机关分校和中国浦东、井冈山、延安三所干部学院参加培训 34 人次；参加境外培训 33 人次。还选派干部到四川、河北、江苏、西藏、黑龙江等省和三峡工程挂职锻炼，通过这些工作，使一些干部得到了更快的成长。

——进一步健全各项制度。几年来，我们逐步健全机关工作制度，加强规范化、制度化管理。包括制定和实施《中共国务院研究室党组工作规则（试行）》、《国务院研究室工作规则（试行）》、《国务院研究室干部任用和调动管理办法》、《国务院研究室干部任前公示制实施办法》、《国务院研究室公务员考核办法》等。各司、出版社也不断完善司（社）建设管理各项制度。秘书司在总结以往公文处理工作经验的基础上，先后制定了《关于做好国务院领导同志批示件管理工作的规定》、《关于进一步规范使用行文报批单的规定》等，进一步完善、规范了公文处理的制度和程序。

——重视加强党风廉政建设。我们及时传达学习党中央、中央纪委有关会议、国务院廉政工作会议及中央国家机关党的工作和纪检工作会议精神，认真落实中央关于党风廉政建设的规定，坚持进行反腐倡廉教育和党风党纪教育，不断增强党员特别是领导干部的自律意识，提高拒腐防变和抵御风险的能力。这几年，全室工作人员中没有发现违规违纪的问题。机关党委、纪委在加强党风廉政建设方面做了大量工作，发挥了重要作用。

（六）人事外事工作取得新进展

我们比较早地在全室进行干部晋升制度改革，坚持在全室范围内开展竞争上岗选拔司长、副司长和巡视员。严格按照条件和程序做好任免工作。五年来，我室外事工作取得开创性进展，共组织因公出国团组 19 个，参加其他部委团组 79 个，室内干部因公出国（境）211 人次。

为了使我室人员更好地赴国外考察学习和开展重大专题调研，2004 年起我室执行中德技术合作项目，这是国研室成立以来第一次利用国外资金进行调研工作，是一个创新性实践。我们积极探索，双方合作开展了多种形式的活动。2004 年至 2007 年，我室中德合作项目共组织出国考察团 10 个，其中委托有关部门、地方组团 5 个，分别就产业转型与区域经济发展、建设节约型、环保型社会和节能环保等问题进行考察。我们还积极拓宽外事工作的服务面，五年来，共邀请了 46 个单位参加我室团组。这些对我室与外单位建立合作关系发挥了积极的作用。人事外事工作在人手少、头绪多、任务重的情况下，做了大量艰苦细致的工作。

（七）机关管理工作进一步加强

——扎扎实实开展保密工作。室党组高度重视保密工作，将保密工作列入重要工作日程，及时听取保密工作情况汇报。2006 年和 2007 年两度主持召开全室大会，进行保密教育，组织观看保密教育录像片。室保密委加强了对保密工作的领导，及时对全室保密工作作出部署。根据中办要求，认真开展涉密文件清退工作。多次组织专业人员对计算机信息系统保密情况进行检查。室保密办同志高度负责，切实加强保密工作管理，查找消除泄密隐患，有力地促进了我室保密工作。

——行政管理和后勤服务工作不断改进。秘书司同志不断提高服务意识、强化服务精神，克服困难，团结协作，保证了全室工作的正常运转。机关文秘、值班工作较好地发挥了上情下达、联系左右的窗口作用。公文运转、文件传阅和档案管理等工作进一步规范。综合司牵头的农民工文件起草组和宏观司牵头的金融工作会议起草组对文件起草整个过程中有关材料收集、整理、归档，这两项工作的档案管理和移交工作规范、及时，资料齐全，有力地支持了档案工作，特提出表扬。这里再强调一下，做好档案工作确实非常重要。我们辛辛苦苦做了大量工作，如果不及时将有关工作进展情况认真记载和归入档案，时过境迁，无论多么重要的事实情况也都不清楚了。因此，希望各司负责档案工作的同志和室领导同志秘书，更好配合秘书司及时将该归档的材料收集归档。行政后勤工作不断规范。2007年配合国办,完成了固定资产清理登记工作。财务管理工作进一步加强。积极与国办和财政部沟通,确保各项经费及时到位。通过财务电算化管理,单据严格审核,账目及时核对,保证了经费合理有效使用。机关工会、青年、妇女工作积极开展活动,丰富了机关生活。组织参加了中央国家机关第二届职工运动会,积极参加中央国家机关工会、共青团、妇女组织的各项活动。关心职工生活。在职工家庭出现困难时,给予关怀和帮助。一些同志本人或直系亲属因病住院,及时派人看望。信息司一位同志生病住院,信息司、秘书司和全室同志给予无微不至的关怀,积极帮助解决各种困难,组织全室人员捐款,充分体现了全室同志亲密无间、团结友爱的可贵精神。

——认真做好规范公务员津贴补贴工作。这项工作政策性强、工作量大,关系大家切身利益。负责工资和财务工作的同志认真执行有关文件,反复核对信息,严格按要求填报有关材料。我室于2007年2月份顺利完成全室公务员工资套改工作,第一步规范津贴补贴实施工作完成了自查和资金测算工作,并通过了中纪委等六部委的检查。同时,按照人事部规定,言实出版社工资套改工作于9月份顺利完成并兑现。

——努力做好离退休干部工作。我室离退休干部虽然较少,但我们依靠国务院机关老干部活动中心,认真组织安排好室内离退休同志参加各项活动。

——重视编写室内大事记。《国务院研究室大事记》编写工作于2005年10月启动。这是一项开拓性的工作。负责这项工作的同志克服材料缺失、素材来源繁杂等困难,调阅、核查了大量档案,浏览了几千万字的书面、网上资料,收集、整理、综合了几十万字的编研素材;经编辑、修改、审校数易其稿,初步完成了2001年至2005年国务院研究室大事记编写工作。编成的大事记比较系统、全面地记述了2001—2005年间,国务院领导同志对我室的重要批示,室内重要事件,我室重要工作完成情况。编研成果不仅丰富了我室的历史档案,而且为领导决策和史料查阅工作提供了重要依据和线索。由秘书司负责，2006 年全年和 2007 年上半年大事记初稿基本完成，1998 年至 2000 年大事记已经收集了部分资料。

（八）图书出版工作取得显著成绩

言实出版社始终坚持正确的出版方向，注重从政治与业务两个方面加强对工作人员的培训，牢固树立出版工作服务于党和国家工作大局的意识，立足于出好书、出精品，努力打造品牌和突出特色，政治学习辅导类、政策研究成果类和公文写作类图书逐渐成为具有标志性品牌和特色。一年一度的《〈政府工作报告〉辅导读本》，得到全国人大常委会负责人好评，近 3 年每年“两会”后，我室都将该书赠送全国人大代表和全国政协委员，作为他们学习的辅助材料。五年内出版了一批精品力作，在发挥良好社会效益的同时，经济效益不断提高。5 年来共出版新书近 600 种，重版重印图书 200 多种，发行图书 380 万册，实现销售收入 3700 万元，完成回款 3160 万元，利润总额 290 万元，上缴增值税和所得税 220 多万元。

我们过去五年取得的成绩和进步，是党中央、国务院正确领导的结果，是国务院领导同志亲切关怀、直接指导的结果，也是全室同志齐心协力、顽强拼搏的结果。五年来，我们坚持讲学习、讲政治、讲大局，紧紧围绕党和国家中心任务开展工作，注重把握大局，自觉服务大局；我们坚持解放思想，与时俱进，求真务实，勇于创新，为推进改革发展、解决经济社会发展难点和热点问题积极献计献策；我们忠于职守，勤奋敬业，坚持高标准严要求，为全面履行职责尽心尽力，殚精竭虑，努力提供一流的业绩和服务；我们淡泊名利，甘于奉献，任劳任怨，夜以继日，加班加点，把为党和人民的事业多作贡献为最崇高的追求；我们齐心协力，同舟共济，彼此尊重，相互支持，为了共同的目标任务团结奋斗；我们乐于清苦，廉洁自律，奉公守法，不尚奢华，带头树立良好政风。这一切都是难能可贵的，表现了高尚的精神境界和职业道德。人的一生是短暂的，而五年时间创造的业绩是永恒的，使我们人生价值得到满意的实现。我们有幸相逢在这个大好时代、大好环境，能够在如此重要和神圣的岗位上工作，直接为党中央、国务院领导同志服务，对于我们每位同志都是极为难忘、极为宝贵、极为光荣的。这五年里，室党组各位成员和全体同志对我的工作给予了很大支持和帮助。在这里，我向大家表示诚挚的感谢和崇高的敬意！同时，通过大家对各位同志家属给予我室工作的大力支持和帮助表示衷心的感谢！

过去五年，我们圆满完成了各项任务，全室同志都得到进一步锻炼和提高，各单位都总结出不少好的经验和体会。成绩固然可喜，经验更加珍贵，对于我们今后进一步做好研究室工作很有帮助。概括起来，主要有以下几点：

一是必须坚持用中国特色社会主义理论体系武装头脑。中国特色社会主义理论体系，是建设社会主义现代化国家的科学指南，是我们观察世界、改造世界的强大思想武器。这几年，我们正是由于认真学习领会和运用中国特色社会主义理论体系，才胜利完成了各项任务，并不断提高自身素质。只有坚持用中国特色社会主义理论体系武装头脑，才能不断提高我们的思想政治水平和政策理论水平，保证我们各项工作的正确性和有效性。

二是必须坚持紧紧围绕党中央、国务院的中心任务开展工作。这是由我室履行职能决定的。我室是直接为国务院和国务院领导同志服务的办事机构，主要从事重要文稿起草，以及综合性政策研究、决策咨询和提供信息服务。要很好地完成党中央、国务院交给的任务，使我们的工作富有成效，当好参谋助手，我们就必须熟悉和围绕党中央、国务院的中心任务，积极、正确地安排工作，提供优质服务。这几年，我们无论是重要文稿起草还是调查研究工作，也无论是信息报送还是编辑出版图书工作，之所以不断取得一个又一个令人欣喜的成绩和进步，关键在于我们始终自觉地“围绕中心、服务大局”，急领导之所急，想领导之所想，办领导之所需，主动、及时提供服务。

三是必须坚持高标准严要求。我们从事的文稿起草工作，直接关系党的路线、方针、政策的制定和正确贯彻执行，直接关系到人民愿望和利益的实现，直接关系到领导同志思想水平和工作水平的正确体现。我们的调研成果和信息直接或间接影响到领导决策。无论是起草文稿还是调查研究，都一定要站得高、看得远、想得深，确保高水平、高质量、高标准。我们负责或参与起草的文稿和调研报告，都要做到字斟句酌、精益求精，这也是我们的职责要求和责任所在。

四是必须坚持弘扬爱岗敬业精神。我室工作岗位重要、责任重大，任务光荣而艰巨，对工作人员素质要求比较高、比较严格，而工资收入却不多，比较清苦。履行职责和做好工作靠的是对党和人民事业的热爱和忠诚，靠的是对从事工作的责任感、使命感。我们要充分认识自己岗位的重要性，钟爱本职工作。只有这样，才能真正做到全身心地投入工作，尽心尽力，恪尽职守，兢兢业业，不辱使命。

五是必须坚持处理好各方面工作关系。文稿起草、调查研究和信息工作是我室的三项主要职能。只有正确处理好三者间的关系，统筹兼顾、突出重点、抓住关键，才能使各项工作相互促进，相得益彰。要坚持把起草重要文稿摆在第一位，这是我室最重要的职能、职责，也是为领导服务、发挥参谋助手作用最直接的表现形式，责任特别重大，作用也特别重大，因而必须从人力和时间上予以切实保证，确保按时和高质量地完成每项任务。调查研究和信息工作既是提供政策支持和决策咨询服务的重要工作，也是提高文稿质量的基础和重要环节。调查研究和信息工作要努力为起草文稿服务，文稿起草过程中也要注重运用调查研究和信息提供的成果，这样才能提高文稿起草工作的质量和水平。这几年，不少重要文稿都是及时吸收了我室调研和信息成果。要坚持大兴调查研究之风，每个同志都应当经常深入实际调查研究，掌握第一手材料，在为领导提供决策咨询服务的同时，为丰富文稿内容、提高文稿质量提供有力的支持。

六是必须坚持两手抓、两手都要硬。搞好机关建设，培养高素质的干部，建设一流队伍，是全面履行我室职责、创造一流业绩的关键。这几年，我们在工作任务十分繁忙，时间极为紧张的情况下，丝毫没有放松加强队伍建设。我们注重搞好机关党的思想、组织、作风和制度建设，注重关心干部的培养、成长和进步，坚持开展“争创一流业绩，建设一流队伍，营造一流环境”活动，努力营造良好的工作环境和氛围，全面提高干部素质，使每个同志都想干工作、会干工作、能干好工作，充分施展聪明才智，在多出优秀成果的同时，也多出优秀人才。只有坚持不懈地加强机关建设和队伍建设，才能不断增强全室的凝聚力、战斗力，才能适应新形势新任务的需要。

在各单位自我总结和民主评议、民主测评的基础上，提出了年度考核初评等次意见；各单位主要负责人在全室大会上作了述职和进行了民主测评，经室公务员考核委员会审核和室党组同意，2007 年度我室全体公务员都被评定为称职以上等次，其中有 13 位同志被评为优秀公务员；出版社有 4 位同志被评为先进工作者。

我们既要充分肯定成绩，也要清醒地看到，我室工作距离党中央、国务院的要求和实际工作需要还有不小的差距。一是有些文稿起草的质量不够高，提交的基础稿子达不到修改的基础，缺乏应有的创新性和思想性，甚至有明显错误和文字粗糙的现象。二是对战略性、全局性重大课题研究投入的精力不够，优秀成果还不够多。三是干部队伍建设中存在一些薄弱环节，激励机制和约束机制不够健全，有的同志要求自己不够严格，上进心不够强，缺乏应有的组织纪律性。对这些问题，需要在今后的工作中认真加以解决。

二、2008 年工作初步安排

2008 年，是全面学习贯彻党的十七大精神的第一年，也是政府换届之年，国家大事多。在新的一年里，我室工作面临新的形势和任务，今年全室工作的总体要求是:全面贯彻党的十七大精神,高举中国特色社会主义伟大旗帜,以邓小平理论和“三个代表”重要思想为指导,深入贯彻落实科学发展观,继续解放思想、求真务实、开拓进取,紧紧围绕党中央、国务院的中心任务和重点工作,着力增强预见性、超前性、主动性、及时性,着力增强服务意识、大局意识、创新意识、责任意识,着力提高文稿起草质量、调研成果质量、信息报送质量、机关工作质量,坚持高标准、高质量、高效率,全面履行职责,确保完成好各项任务。

(一)坚持用主要精力做好文稿起草工作,不断提高文稿起草质量

要始终坚持把起草、修改文稿作为我室工作的重中之重。合理调配力量,统筹协调,突出重点,确保按时完成每件文稿起草任务。对于每年例行的文稿起草任务,要制订计划,及早准备,统筹安排,重视新情况、新问题的收集和分析。要加强与有关部门的交流与沟通,注意吸收他们的意见和建议。室内要加强协作,群策群力,着力提高文稿质量。

(二)进一步搞好调查研究,不断提高决策咨询服务水平

要围绕解决改革开放和经济社会发展中的重大问题和热点问题,深入开展调查研究,力争多出一些有实用价值、有重要影响、有相当分量的研究成果。要坚持首先搞好党中央、国务院交办的课题研究任务。根据党的十七大精神和中央关于今年工作的部署,今年我室的重点研究课题为下列十七个:

1. 宏观经济形势和宏观调控政策跟踪研究;
2. 国际经济、金融变化趋势及我国对策的研究;
3. 防止物价涨幅过大和通货膨胀问题研究;
4. 完善人民币汇率机制改革问题跟踪研究;
5. 防范金融风险问题研究;
6. 加大节能减排、保护环境力度研究;

7. 保障粮食安全和主要农产品供给对策研究；

8. 强化农业基础、扎实推进社会主义新农村建设研究；

9. 深化农村改革研究；

10. 深化垄断行业和国有企业改革问题研究；

11. 教育改革创新问题研究；

12. 完善廉租房制度和建设研究；

13. 深化医药卫生体制改革问题研究；

14. 提高对外开放水平研究；

15. 完善中国特色社会保障体系研究；

16. 深化行政管理体制改革问题研究；

17. 影响社会稳定的突出矛盾研究。

这里强调一下，以上是全室今年的重点研究任务，必须集中力量确保完成，要把任务落实到单位和责任人；同时，各单位还可以根据国内外经济社会发展中的新情况新问题，积极主动地选择有关课题，更有针对性地开展调研活动，及时提出对策建议。

（三）努力提高信息工作水平，更多提供重要信息

要进一步增强信息工作的主动性、敏锐性、有效性，努力拓宽信息渠道，注重提高信息报送的时效性和准确性。要在开辟独家信息源上下工夫，加强和完善“一网两库”建设，力求提供更多的第一手信息。信息司要认真做好收集整理报送重要信息工作，其他单位也都要增强提供重要信息的意识和责任感，把各类重要信息及时提供给有关领导同志参阅。要进一步办好《送阅件》、《决策参考》、《研究报告》、《室内通讯》等刊物，使之发挥更大的作用。

（四）继续加强机关党的建设和干部队伍建设

要以党组中心组为龙头、司处级干部为重点，认真组织全室人员深

入学习中国特色社会主义理论体系,学习党的十七大精神,学习中央各项方针政策和工作部署,不断提高政治理论和政策水平,提高分析解决问题的能力。要认真落实各级党组织保持共产党员先进性长效机制的措施,严格组织生活和民主生活制度,落实党建工作责任制。机关党委换届去年做了一些准备工作,今年要在适当时候召开全体党员大会总结和部署机关党建工作,进行换届选举。要认真学习和遵守党章,增强党员意识和党性观念,保持党员先进性。要严格执行党政干部廉洁自律各项规定,加强反腐倡廉建设,全体党员干部都要按照中央的要求和部署去做,讲党性、重品行、作表率。要深入开展争创"三个一流"和"建设文明机关、争做人民满意公务员"活动,进一步营造勤奋敬业、求真务实、心齐风正、团结和谐的机关环境。认真做好干部调配、选拔任用工作,继续选派干部参加各种培训,加强和完善干部工作制度建设。根据工作需要,有针对性地组织干部出国考察和培训。改进离退休干部管理和服务工作。继续做好定点扶贫工作,加强联系沟通,努力为贫困县多办实事。

(五)进一步做好外事工作

最近,国务院常务会议上研究讨论了进一步加强因公出国(境)管理的若干规定,将建立出国量化管理机制和出访成果共享机制等。需要赴国外考察和外方合作完成的任务要有计划地进行。

(六)不断改进机关行政管理和后勤保障工作

继续加强机关基本建设和行政管理工作,提高服务效率和质量。进一步完善机关各项规章制度,着力抓好落实,做到任务明确,责任明确,确保及时、准确、优质、高效做好各项工作。继续做好机关文秘、值班、机要、资料、档案、保密等各项工作,发挥好枢纽和窗口作用。进一步加强机关办公自动化建设,特别要加强计算机信息系统安全保密工作。继续改进机关后勤保障工作，关心职工生活，帮助解决实际困难。利用现有条件，多开展一些有益于职工身心健康的文体活动。

（七）努力提高图书出版质量和效益

出版社要认真贯彻“为人民服务，为社会主义服务”的出版方针，继续把为党中央、国务院中心工作服务和国研室重点工作服务放在首位。积极宣传党的十七大精神，要配合纪念改革开放30周年，大力宣传改革开放的历史性成就和面临的任务，组织好重点图书的编辑出版工作。要进一步深化改革，强化管理，继续着力提高自主策划选题图书的水平、着力形成言实出版社特色和打造品牌、着力提高编校质量，努力提高图书出版的质量和效益，不断扩大言实出版社的市场占有份额和市场竞争力，争取更大的进展和更好的业绩，为推动社会主义文化大发展、大繁荣作出应有的贡献。

这里需要强调，我们要更加努力做好关心职工生活、关心全室人员身体健康的工作。对家庭有困难的同志、青年同志和离退休干部的生活，要给予更多关心和帮助。秘书司要继续做好这方面的保障工作。希望大家保重身体，做到劳逸结合，妥善安排各项工作，认真执行国家休假制度。

回顾过去五年成绩和进步，我们无限欣慰和自豪。展望未来新形势新任务，我们更加感到责任重大和光荣。繁重而艰巨的现代化伟大事业和我们单位的特殊职能岗位，为每个人员施展才华、建功立业提供着良好机遇和广阔舞台。让我们紧密团结在以胡锦涛同志为总书记的党中央周围，高举中国特色社会主义伟大旗帜，以更加饱满的工作热情和奋发有为的精神风貌，积极进取，再接再厉，把各项工作做得更好，不断开创我室工作新局面，为国家和人民作出新的贡献。

春节将至，借此机会，我代表室党组，向全室同志拜个早年！并通过你们转达对各位家属的诚挚问候，祝大家新春愉快，身体健康，万事如意，阖家幸福！

告别国务院研究室*

（2008 年 5 月 27 日）

根据党中央决定，我于 1998 年 3 月从中央财经领导小组办公室来到国务院研究室工作，至今已有十年多时间。前三年作为桂世镛主任的助手，2001 年 2 月以来主持研究室全面工作。这十年，是我人生最荣幸、最珍贵、最难忘的十年，也是我的人生价值得以充分实现的十年。今天我要离开研究室，向同志们、战友们道别。

离开研究室，我感到很欣慰。十年多来，在党中央、国务院正确领导下，先后在朱镕基总理、温家宝总理直接领导下，我们室围绕中心、服务大局，全面履行职责，较好完成了重要文稿起草、重要课题研究、重要信息报送等各项任务。在这个过程中，我忠于职守，尽职尽责，尽心尽力，不懈进取，经受住了各种考验，得到了很大锻炼和提高。党中央对这些年来国务院研究室的进步和我的工作，给予了充分肯定，这是对我的鼓励和鞭策。这些成绩，是研究室历届领导班子精诚团结、共同努力的结果，也是全室同志包括出版社同志顽强拼搏、艰辛奋斗的结果。

离开研究室，我充满感激之情。十多年来，我同室领导成员、全体同志一起度过了许许多多的不眠之夜。在工作中我们相互信任、相互支持、相互帮助，同心协力，任劳任怨，无私奉献，结下了真挚而深厚的友谊，令

---

* 本文系作者在国务院研究室全体人员会议上的告别讲话。

我终生难忘。在这里，我谨向在共同战斗中给我大力支持、密切配合的室党组各同志表示崇高敬意和衷心感谢！向多年来与我一起摸爬滚打、同甘共苦的全体同志表示崇高敬意和衷心感谢！我从心底里由衷地感谢大家对我的关心、支持和帮助。

离开研究室，我还有歉疚之意。这些年来，有的工作没有做好，有些工作要求过急过高，有时批评同志过于严厉，甚至是伤了有的同志自尊心。这里，我向这些同志说一声道歉，请你们谅解。

国务院研究室是个很重要的单位，这里工作大有作为。这支队伍富有强烈的事业心、责任感，是一支素质高、爱岗敬业、特别能战斗的队伍。谢伏瞻同志长期在经济理论研究和实际部门工作，有着丰富的经验。我相信，国务院研究室在党中央、国务院正确领导下，在谢伏瞻同志主持下，全体同志团结奋斗，再接再厉，一定能够不断取得更大的成绩与进步！

谢谢大家！

二、在国家行政学院期间

2010 年 12 月，魏礼群在全国行政学院院长会议上

走进国家行政学院*

（2008年5月28日）

我首先表示坚决拥护中央的决定。从今天起，我就成为国家行政学院的一员。

国家行政学院是培养高中级公务员的摇篮和重要阵地，也是为党和政府提供决策依据的重要咨询机构。建院以来，在党中央、国务院正确领导下，在历任院领导班子带领下，在学院教职工共同努力下，紧紧围绕党和国家工作大局，培训规模不断扩大，科研水平不断提升，政策咨询工作不断加强，开放办学领域不断拓宽，改革创新不断推进，各个方面都取得显著成绩，为发展国家干部教育培训和人才培养事业，推进行政管理体制改革和现代化政府建设作出了重要贡献，也为学院今后发展奠定了坚实的基础。

党的十七大之后，我们国家沿着中国特色社会主义道路阔步迈进。新一届国务院刚刚组成，对今后五年工作也作出了部署。国家行政学院面临着新的形势和任务，中央在这个时候让我来学院工作，我深感责任重大，使命光荣。

我虽然没有专门做过干部教育培训的工作，但我对这项工作和国家行政学院有着深厚的感情。早在1996年10月，我就陪同时任国务院总

* 本文系作者被党中央任命为国家行政学院党委书记、常务副院长（正部长级）后在国家行政学院干部大会上的讲话。

理的李鹏同志参加国家行政学院落成暨开学典礼(当时我为中央财经领导小组办公室副主任),2001 年 12 月陪同时任国务院总理的朱镕基同志、2003 年 9 月又陪同温家宝总理来到国家行政学院考察工作。从国家行政学院建立以来,我一直被聘为兼职教授,还来讲过两次课。近 30 年来,我一直在党中央、国务院综合部门工作,长时间直接为党中央、国务院领导同志服务,深知做好干部教育培训和政策咨询工作的极端重要性。特别是深化行政管理体制改革,推进政府职能转变和管理创新,尤其要大力加强高中级公务员和高层管理人才培训,提高科研和政策咨询水平。

来国家行政学院工作,对我来说,是一个新的考验和锻炼。我有决心、有信心、有恒心做好工作,同大家一起,在原有基础上把学院越办越好,不辱使命,不负重托。为此,我一定要做到以下几点:

第一,勤奋学习,增强本领。一定要加强学习,认真学习中国特色社会主义理论体系,学习、充实和更新知识,不仅要向书本学,而且要向实践学,向院领导班子成员学,向老同志学,向广大教职工学,努力掌握干部成长规律、公务员培训规律和行政学院发展规律。

第二,解放思想,改革创新。一定要坚持正确的办学方向和办学方针,深入贯彻落实科学发展观,积极适应新形势、新任务、新要求,坚持解放思想、实事求是、与时俱进,坚持用改革创新精神推动学院各项工作。

第三,维护团结,带好队伍。一定要严格执行党的民主集中制,自觉维护领导班子团结,紧紧依靠学院党委各同志和各单位领导班子,依靠全院教职工,形成和谐共事的良好氛围;坚持以人为本,注重加强队伍建设,积极研究解决学院发展中的实际困难和问题,着力做好服务工作;坚持尊重劳动,尊重知识,尊重人才,尊重创造,充分发挥学院各个方面和广大教职工的积极性、主动性、创造性。

第四,严格律己,作出表率。一定要坚持以身作则,牢记“两个务必”,讲党性、重品行、作表率,在勤勉敬业、顾全大局、发扬民主、勤政廉洁、树立良好院风等各个方面当好带头人。

中央决定让我到这里工作，给了我一个服务国家行政学院、建设国家行政学院的良好机会，也给了我一个继续报效国家和人民的重要岗位。我一定要倍加珍惜，尽早尽快适应新环境，尽心尽力做好新工作，尽职尽责完成新任务，全面做好各项工作，决不辜负党中央的重托，决不辜负学院教职工的期望。我坚信，在党中央、国务院正确领导和马凯同志直接领导下，有学院历届班子包括姜异康同志主持工作期间打下的良好基础，有学院广大教职工的集体智慧，改革创新，攻坚克难，真抓实干，团结奋进，国家行政学院一定能够实现更好的发展，为党和国家事业作出更大的贡献。

深入开展调查研究　加强和改进学院工作*

（2008 年 7 月 1 日）

今天是 7 月 1 日，是中国共产党成立 87 周年纪念日。请大家来开座谈会，既是纪念党的生日，也是做个调查研究，深入了解学院的情况，以利于进一步加强和改进学院工作。

一、调查研究是谋事之基

我们国家行政学院的定位、方向、功能、职责和任务，党中央、国务院都有明确的规定和要求。学院历届领导班子和广大教职工认真贯彻执行中央规定和要求，取得了明显成绩，积累了不少经验。我到学院工作一个月来，多方面地进行调查研究，先后拜访了建院初期的几位老领导，与学院领导班子和各部门负责人也都分别进行了交谈，初步了解到学院的一些情况。大家都认为，多年来学院建设有了一个较好的基础；但也都认为，国际国内形势发生了很大变化，对我们国家行政学院建设和发展提出了新的要求，我们要在以前工作的基础上，把学院办得更好。从根本上说，进一步办好学院，主要靠我们全院的教职工，靠集体的智慧和力量。

---

* 本文系作者在国家行政学院召开调查研究座谈会上的讲话。

搞好调查研究是谋事之基、成事之道。所以,在前一个月普遍进行访谈和交流之后,我想开四个座谈会,深入进行调查研究。这四个座谈会都是同一个主题,就是学院工作如何进一步围绕中心、服务大局;如何充分发挥学院优势,更加突出特色;如何继续解放思想,推进改革创新;如何实施人才强院战略,加强队伍建设。由于时间关系,大家可以就其中的一两个题目充分发表意见。我召开的四次座谈会,有两次座谈会是听取专家学者的意见,还有两次座谈会是听取行政后勤部门人员的意见。这次座谈会主要是听取专家学者的意见,参加座谈会的,有老同志,有中年同志,有青年同志,各个方面的意见都听一听。要充分发扬民主,广开言路,大家可以站得高一些、看得远一些、想得深一些,建议提得具体一些,做到知无不言,言无不尽,言者无罪,闻者足戒,特别是需要迫切解决的问题,包括有些涉及全院的问题,有些涉及部门的问题,有些涉及某一部分人的问题,都可以敞开思想,畅所欲言,使我们的座谈会更有成效。

二、需要深入研究的几个问题

刚才,11 位教授的发言是作了充分准备的,都讲得很好。这次座谈会使我进一步了解了学院的发展历史和现状,也使我知道了大家的要求和期盼,都希望有一个明确的战略目标,以凝聚人心,鼓舞斗志,催人奋进。大家提了一些建议,有些是属于全局性的,有些属于机构设置的,有些属于部门工作的,很有价值。这说明大家都十分关心我们学院的建设和发展,都有一片赤诚的心,都希望把国家行政学院办得更好,把我们学院办好也就是为国家事业作出贡献。今天我也深受教育,感到大家对学院的未来充满信心。我到学院工作后的第一次党委会议上就讲,我是来干事业的,我要同大家一起把我们国家行政学院事业推向前进。

我今天提出几个题目,请大家深入思考和研究。

一是学院的定位问题。中央已经有了明确的规定,我们怎样全面地、准确地理解和贯彻?国家行政学院不是政府机关,但有些人员是参照公务员管理的,又有机关的某些特点;学院是干部教育培训机构,又有学校的某些特点,既有机关的某些特点和要求,也有学校的某些特点和要求。怎样正确把握学院定位?这是我最近考虑的问题。既是高中级公务员的培训机构,培养高层次管理人才的阵地,又是国务院直属事业单位、重要的机构。我也看到中央文件规定,学院要以政府工作为主题,围绕政府工作开展工作。学院应该为国务院的工作服务,理论与实际结合得好,就能准确找到学院的定位,充分发挥学院的功能和作用。搞得不好,要么变成政府机关,要么变成普通高等学校;要么就是单纯搞理论研究,要么就会陷入具体实际工作,像国务院业务部门那样,处理大量的具体事务。怎样把理论和实际结合得更好,使国家行政学院的定位更准确,在工作中更好发挥功能和作用?这是值得我们深思的一个问题。

二是学院的优势问题。国家行政学院有哪些优势?我们说要发挥优势必须看清优势在哪里?有的教授说,学院是个"金矿",这很有道理。怎么样认清、看准我们的优势,大家可以继续研究。学院的优势在哪里?我看起码有两个突出方面:一是学院贴近政府工作实际,我们要为国务院工作大局服务,这方面有自己的优势。二是国家行政学院承担着更多的国(境)外公务员培训任务,同国际上公务员培训和公共行政领域合作更多一些。能不能把我们的优势很清晰地归纳成几个方面?只有这样,才能充分利用和发挥各种优势,实现更好的发展。

三是学院的特色问题。国家行政学院的鲜明特色是什么?有的同志对我讲,我们的学院是国家级的,在地方还有地方各级行政学院。行政学院和党校有区别,和延安、井冈山、浦东等几个干部学院也有区别,就是学院主要围绕公共行政领域理论和实践,围绕现代化政府建设、行政体制改革、政府职能转变、依法行政、社会管理,开展教学、科研、咨询工作。我们的特色、品牌究竟在哪里？需要作深入研究。教学、科研、咨询成果要不断地推陈出新。要围绕品牌做大做强。学院特色怎么才能更加突出，在国内外更加有影响，发挥更大的作用。这涉及核心竞争力的问题。现在各方面干部教育培训机构的竞争更加激烈，北京大学、清华大学等也在举办干部教育培训班、国有企业领导人员培训班。我们要在激烈的竞争中发展壮大，就需要有自己特色和自主品牌。

怎么认识和把握好这几个问题，不仅要认准自己的定位、优势、特色、品牌，而且要有一套体制、制度、机制、手段来保障。我们的体制、制度、机制、手段怎样才能有利于发挥优势、品牌、特色？学院的希望在于推进改革开放，生命力也在于推进改革开放。我们要从改革开放中找出路、求发展，发挥自己的优势，彰显自己的特色。

三、关于行政学院的工作方针

在经过前段时间调查研究的基础上，我已经在学院党委会上提出，要实行科学建院、民主建院、依法建院的工作方针。学院党委各同志都赞成这条工作方针。

所谓科学建院，就是以人为本，全面协调可持续发展。以人为本是科学发展观的核心，根本方法是统筹兼顾。我们要按照科学发展观的要求来建设学院。

所谓民主建院，就是要充分发扬民主，广开言路，让每一位教师、每一位党政管理工作者、每一位后勤人员都能够自由发表意见，都能够献计献策，都能够充分发挥聪明才智，使一切有利于学院事业发展的积极性、创造性都最大限度地迸发出来。

所谓依法建院，就是要健全规章制度，靠制度管人，靠制度管事，靠制度管权，不只是靠哪一个人的威望、哪几个人的能力。学院已有的制度，正确的要坚持、要执行，不完善的要完善，还没有的要抓紧制定。办好学院要靠制度，制度带有根本性、全局性、长远性和稳定性。

我相信，在党中央、国务院的关怀下，全院上下一致努力，国家行政学院一定会在新的起点上开创新的发展局面。

发扬学术民主　打造特色品牌*

（2008 年 7 月 17 日）

国家行政学院学术委员会自 1997 年成立以来，围绕党和国家的中心任务和学院的实际做了大量工作，为推动学院的教学、科研和咨询工作发挥了重要作用。包括：设立了 6 批共 59 项院级科研课题；审定了学院《“十五”期间科研规划》和《“十一五”期间科研规划》；组织了一批重大课题研究和重要学术活动等。这些都很好地激发和调动了教研人员开展科研、咨询的积极性和主动性，有力地促进了学院学术研究工作的开展。

在看到成绩的同时，也要认识到我们学院科研、咨询工作面临的新形势和新挑战。目前，全国干部教育培训的大环境已经和正在发生重大变化。中央党校、国家行政学院和浦东、延安、井冈山三所干部学院形成了干部教育培训的新格局，普通高校和社会培训机构积极地进入干部教育培训领域开展竞争，境外的大学和培训机构也越来越多地参与到干部培训竞争中来。这些都对我们提出了新的任务和要求。学院工作如何进一步找准定位、发挥优势、办出特色？科研咨询工作如何不断有所突破和创新？这些问题要依靠全院教职工的智慧，共同出主意、想办法，在改革开放中找出路、求发展。

1996 年国务院印发的《国家行政学院办学工作若干意见》，是我们开

* 本文系作者担任国家行政学院学术委员会主任后在学院学术委员会议上的讲话。

展学院各项工作的基本依据，为学院的建设和发展指明了方向。这个《意见》确立了国家行政学院的三大任务：一是培训高中级公务员的新型学府；二是培养高层次行政管理及政策研究人才的重要基地；三是成为政府公共行政研究领域具有领先水平的科研基地和咨询中心。第三项任务没有写在《意见》的第一条中，而是写在第十六条中。2001 年国务院批准的《国家行政学院职能配置、内设机构和人员编制规定》明确指出了学院的三项重要任务之一，是"提供政府管理政策咨询、开展公共管理等领域理论研究"。这些都充分说明了学院科研咨询工作的重要性。这两个重要文件为学院的改革、发展、壮大打下了坚实的基础。

学院学术委员会是全院学术研究工作的决策机构，汇聚了学院各个方面专家学者，对科研咨询工作具有重要的指导和协调作用。下面，我就如何加强学院学术委员会的建设，促进全院科研、咨询工作，讲几点意见：

一、发扬学术民主，勇于探索创新

党的十七大报告指出，要"大力推进理论创新，不断赋予当代中国马克思主义鲜明的实践特色、民族特色和时代特色"；并明确要求："繁荣发展哲学社会科学，推进学科体系、学术观点、科研方法创新，鼓励哲学社会科学界为党和人民事业发挥思想库作用，推动我国哲学社会科学优秀成果和优秀人才走向世界"。学院要成为"政府公共行政研究领域具有领先水平的科研基地和咨询中心"，发挥党和人民事业思想库作用，就必须在理论创新和学科体系、学术观点、科研方法创新方面有所作为。创新是一种复杂的创造性的劳动，它不是对实践经验的简单概括，也不是对原有理论、观点、方法的增删修补，它要求对客观事物的本质和运动规律有突破性的认识和发展。

理论创新、观点创新、方法创新需要发扬学术民主。我们党历来主张，学术上的是非问题，应当而且只能通过自由讨论去解决，通过进一步的实践去解决。毛泽东同志在《关于正确处理人民内部矛盾的问题》中，提出了著名的“双百”方针。他指出，“百花齐放、百家争鸣的方针，是促进艺术发展和科学进步的方针，是促进我国的社会主义文化繁荣的方针。艺术上不同的形式和风格可以自由发展，科学上不同的学派可以自由争论。”邓小平同志曾经说，“不仅是自然科学，还包括社会科学，要大力提倡学术讨论和交流。要允许犯错误，特别是社会科学领域，要允许犯错误，允许说话。”胡锦涛同志也指出，“在理论研讨中，要坚持解放思想、实事求是的思想路线，切实贯彻执行‘百花齐放，百家争鸣’的方针，活跃学术空气，引导大家探索新问题，发表新见解，努力造成民主的、生动活泼的学术讨论环境。学术讨论要提倡敞开思想、畅所欲言，鼓励不同的观点间的相互切磋，不能听不得不同意见。”科学、文化、艺术的发展，最重要的是要贯彻“百花齐放、百家争鸣”的方针，提倡学术民主。中国历史上的先秦、魏晋南北朝时期，出了不少大思想家、大哲学家，很重要的是思想活跃。学术研究要广开言路，集思广益，兼收并蓄，博采众长。发扬学术民主，推动理论和文化创新，是党的一贯方针，也是增强理论和文化领域活力、发展科学理论和繁荣文化的必由之路。我们从事干部培训工作的教研、管理人员，要坚持讲政治、守纪律，也要敢于解放思想、勇于创新，做到科学研究无禁区、讲坛有纪律。我们在实践中要全面、正确地认识和把握“双百”方针。

学院学术委员会是一个发扬学术民主的平台。利用这样一种平台，把学院各方面专家学者汇聚到一起，就科研、咨询中的重大问题深入讨论交流，各抒己见，畅所欲言；表决时，一人一票，充分发扬民主；通过设立院级招标课题、学术著作出版资助等，鼓励广大教研人员积极开展学术研究，不断推进理论创新、学术观点创新、科研方法创新。这是“民主建院”的一个重要环节。

二、加强制度建设，健全管理机制

“没有规矩，不成方圆。”学院制度建设直接关系到学术委员会能否有效开展工作。要切实用制度管人、管事、管权，使学术委员会的工作有章可循，避免盲目性和随意性。

学院学术委员会的一项重要职责，是“审议和批准学院科研工作管理条例和各项规章制度”。

我院《学术委员会工作条例（试行）》制定于1997年，已经过去11年了，很多情况都发生了变化。要根据科研咨询工作的新形势、新任务，结合实际抓紧对《学术委员会工作条例（试行）》的内容进行修订和完善。行之有效的要坚持，不合时宜的要改革，没有相关规定的要抓紧完善。同时，要进一步制订和落实学术委员会的工作制度，并且要定期检查和总结制度执行情况，防止制度流于形式。

学术研究具有开放性、自主性、规范性等一些不同于其他工作的特点。要结合这些特点，深入研究健全有利于加强科研咨询工作的管理机制。一是健全资金投入机制。要进一步拓展经费筹措渠道，形成财政拨款、课题资助、部门和企业委托、国际项目、社会捐助等多种渠道并存，多方筹措的科研经费投入机制，稳步增加对学术研究的投入力度。二是健全学术研究合作机制。要采取有力措施，整合不同学科、不同研究领域的科研资源，集中力量，联合攻关，努力占领学术前沿。三是完善学术评价体系。要以提高学术研究质量为重点，进一步完善和实施学术评价标准，鼓励多出精品力作。四是强化激励约束机制。要通过评选和表彰成绩突出的教研人员、优秀的科研咨询成果，同时制定相应的约束措施和配套的绩效考核办法，充分调动教研人员参与学术研究的积极性和创造性。

三、贴近政府工作,打造特色品牌

国家行政学院作为国务院直属单位,重要任务之一就是“提供政府管理政策咨询、开展公共管理等领域理论研究”。学术委员会要发挥我院贴近政府工作实际的优势,开发教员、学员等各方面研究资源,努力把学院建设成公共行政领域的国家级思想库。

一要高质量地完成好党中央国务院交办的重要研究课题。今年的中央政治局第四次集体学习“国外政府服务体系建设和我国建设服务型政府”的授课,是中央交给学院来牵头承担的,我们较好地完成了任务。胡锦涛总书记亲切接见了课题组成员,勉励继续加强对建设服务型政府的实践探索和理论研究,深入分析新情况、新问题,及时总结实践经验,认真借鉴国外有益做法,促进我国服务型政府建设。遵照国务院领导同志的重要指示,由学院牵头组织完成的“建立具有约束机制的政府科学民主决策体系研究”重大课题,也得到了国务院领导的批示。通过承担党中央国务院交办的重要研究任务,进一步加强了对政府管理相关领域的深入研究,锻炼了研究队伍,很好地发挥了学院的学术研究优势,体现了我院的科研咨询特色。今后要进一步加强这方面的工作,努力多承接一些党中央国务院重大课题研究任务,扩大影响,提高声誉。在公共行政领域,形成国家行政学院的话语权和影响力。

二要针对行政管理中的热点难点问题,主动开展调查研究。要围绕国务院的中心工作,力求在政府管理当前热点难点问题的研究上有所突破,在深化行政管理体制改革、推进政府管理创新等方面,取得前沿性研究成果。学院的科研咨询工作要着眼改革开放长远发展和深层次矛盾,深入开展调查研究,总结实践中好的做法和经验,提出操作性强的对策建议。

三要打造有行政学院特色的品牌。品牌就是公信力和影响力，品牌就是竞争力、持续发展力。我们学院建院的历史不长，被社会广泛认可的有特色的品牌还不突出。我们应该认真研究解决存在的问题。要发挥学院的优势，抓住有特色的科研咨询项目，持续、深入地开展系统研究，争取在优势专业方向上，形成高质量的研究成果，达到国内领先水平。

对学术著作的出版资助和招标课题的选定，都要突出学院功能定位、突出办院特点、突出工作重点、突出自主品牌。与之相应，有关工作部署和经费等资源配置，都要注意支持和鼓励品牌产品和精品力作。

我们学院主办的“中国电子政务论坛”已经连续办了三年，在电子政务领域初步形成了代表国家行政学院的特色品牌。这个项目要坚持做好做强，进一步提升“论坛”的层次和影响力，同时还要开发新的品牌项目，并开展持续跟踪研究，使之成为国家行政学院新的特色品牌。

我来学院还不到两个月，对学院各方面的情况还在调查研究之中。对学术委员会的工作，欢迎大家提出宝贵的意见和建议。让我们集思广益，共同努力，进一步加强学院学术委员会的建设，推动学院的教学、科研、咨询等各项工作迈上一个新台阶。

尽快适应学院新的工作岗位*

（2008 年 9 月 7 日）

举办新入院人员培训班，主要是进行“知院、爱院、建院”的院情教育。举办这样的培训班很有必要，也很重要，目的在于使大家尽快熟悉学院情况，尽快地进入角色，尽快地适应新的工作岗位需要。每个人到了新的单位，都会有一个熟悉工作性质和岗位的过程。学院多年来一直坚持为新进学院人员举办培训班，这是一个很好的做法。这次培训班与历次培训班相比，层次高，人员多。既有司处级干部、教授、研究员，也有一般工作人员；既有军转干部，也有应届毕业生，共有 30 人。有的来自中央国家机关，有的来自研究机构、部队，有的来自学校等。昨天和今天上午，已经有几位部门领导给大家讲了课，他们围绕学院职能、机构设置、教学科研、规章制度、岗位职责等进行了介绍，内容全面，针对性强，对大家更快更好地进入工作状态，做好自己的本职工作，一定会有很好的帮助。大家在学习培训中，表现出了良好的精神状态，都能自觉学习，认真听讲，遵守纪律，取得了很好的学习效果。对此，我代表院党委对大家来学院工作表示热烈的欢迎，对大家学习取得的成绩表示祝贺，对各部门有关领导、教师的辛勤劳动表示感谢。同时，借此机会提几点希望和要求，与大家共勉。

---

* 本文系作者在 2007 年 9 月至 2008 年 8 月新调入国家行政学院人员培训班上的讲话。

第一,提高认识,增强使命感。

人的一生会有许多美好的憧憬,调换多个工作岗位,大家到学院来工作,也会有自己的向往和追求,这些向往和追求只有融入到学院建设与发展的目标中去,才能实现。大家要在学院定准人生坐标,实现人生价值,必须对自己工作岗位有个清醒的认识。

一要清醒认识到岗位的重要。一个国家、一个政党、一个政府,能不能培养出高素质的干部队伍,在很大程度上决定着它的兴衰存亡。所以,我们党在各个历史时期,都高度重视干部教育培训工作。近几年,中央反复强调,要始终把干部教育培训放在先导性、基础性、战略性的地位。党中央、国务院对我们学院也有明确的功能定位。概括地说,学院是培养高中级公务员、高层次管理人员和政策研究人才的新型学府,是提供政府管理政策咨询、开展公共管理等领域理论研究的重要机构。我们的工作关系到建设高素质的公务员队伍,关系到建设服务型政府、法治政府、责任政府、高效政府,对改革开放和社会主义现代化建设具有重大意义。从学院的职能和重要作用中,我们每个工作人员不仅应当感到使命的光荣和自豪,而且应当以此来找准定位,使之成为我们为这个光荣事业奋斗的强大动力。

二要清醒认识到任务的艰巨。根据国内外新形势,党的十七大对干部教育培训工作提出了新要求。当前,在干部培训机构多元化、培训渠道多样化、培训格局发生深刻变化的情况下,改革开放、竞争择优的形势逼人,学院发展面临前所未有的机遇和挑战。最近,温家宝总理又明确提出:国家行政学院要更加突出特色,创建国际一流行政学院。这对我们是一个很高的目标,也是很艰巨的任务。创建国际一流的行政学院,必须从多方面努力,要建设一流的队伍、创出一流的业绩,要营造一流的环境、实施一流的管理,等等。我们不仅要把教育培训工作搞得更好,而且要在科研和决策咨询方面加大力度,多出有分量的科研、咨询成果,真正为国务院当好参谋助手,在经济和社会发展中发挥更大的作用。要实现这个目标,必须全面加强自身建设。大家就是在这样一个重要时期来到行政学院的,正是展示才华、发挥专长的好时候,希望你们珍惜这个机会,在立足本职岗位做好工作的同时,积极投入创建国际一流行政学院的各项改革和工作中来。

三要清醒认识到责任的重大。大家首先要思考这样一个问题,就是我们是为何到国家行政学院来?我们来学院不是为了谋生,不是养家糊口,包括我,不是来退休养老的,我们都是来干事业的。目前,学院在国内外都有着较高的声望和影响,这是十多年来努力取得的成绩。我们要把崇高的使命感转化为强烈的责任心,要在前人的基础上把学院的事业推向新的阶段。一座大楼的矗立需要每一块砖的堆砌,一个机器的运行离不开每一个零件的支撑。每个同志尽管处于不同岗位,职责可以不同,但每个岗位都是重要的,都是行政学院这个大厦不可或缺的。学院要迈上新的台阶,办成国际一流的行政学院,必须依靠全体教职员工齐心协力的共同努力。

第二,坚持讲政治,提高政治素养。

要建一流的队伍、创一流的业绩,就必须在各个方面坚持高标准、严要求。至关重要的是,每个工作人员都必须具有政治意识、大局意识、正气意识,这是我们在国家行政学院履行职责的根本要求。

首先,要有政治意识。学院作为国家公务员培训的主渠道、主阵地,作为科研工作的重要基地和决策咨询思想库,决定了我们的工作具有很强的政治性。讲政治,就要善于从政治上观察、分析、处理问题。讲政治,就要坚定走中国特色社会主义道路,坚持党的基本理论、基本路线不动摇。特别是在各种错误政治观点、理论思潮的干扰情况下,必须具有敏锐的政治观察力和鉴别力,保持头脑清醒和信念坚定。学院工作任务很重,如果我们全身心投入进去,就会感到每天都有做不完的工作,但是大家决不能忽视政治。要坚定正确的政治方向,在思想上、政治上同党中央保持一致,熟悉和执行党的路线、方针和政策,真正实现政治上的自觉。政治上成熟了，才能“千磨万击还坚劲，任尔东西南北风”，始终做到立场坚定，旗帜鲜明。

其次，要有大局意识。“不谋全局者不足谋一域，不谋万世者不足谋一时。”我们学院的各项工作，包括教学、科研、咨询工作，一定要自觉同全党全国工作的大局联系起来，服务和服从于党和政府的中心工作，着重研究事关改革、发展、稳定的重大问题，着重研究人民群众关心的热点、难点和重点问题。大家都要关心学院的大局。学院的大局就是紧紧地围绕党和国家的中心任务，全面地发挥好党中央、国务院赋予学院的教育培训、科学研究、决策咨询等职能作用。只有把每个岗位的工作与学院工作的大局联系起来，才能做到方向明、干劲大、效果好。

再次，要有正气意识。《论语・为政》中讲：“政者，正也。”国家行政学院工作人员身上，应始终坚定理想信念，充盈着浩然正气，光明磊落，襟怀坦荡，堂堂正正做人，清清白白办事，勤勤恳恳奉献。以一流人品，出一流业绩，成一流事业。坚决抵制歪风邪气和消极腐败现象。尽管我们学院不是权力部门，但不等于这里就是“安全岛”。党中央、国务院高度重视党风廉政建设，强调建设服务型政府、廉洁政府、法治政府。身为国家行政学院的工作人员，一定要牢记全心全意为人民服务的宗旨，牢记“永做人民公仆”的校训。真正做到常修为政之德，常思贪欲之害，常怀律己之心，这样才能抵得住诱惑、守得住清贫、经得起考验。

第三，善于学习，不断提高综合素质。

学习是自我完善的需要，是成长进步的根基。面对不断发展变化的新形势、新任务，要做好工作，关键是要勤于学习、善于学习。“腹有诗书气自华”。只有在学习上下大工夫，才能达到学以立德、学以增智、学以致用的目的。

学贵自知。尽管大家在原单位都有过自己的业绩，但从学院的工作性质来看，从所承担的任务来看，大家未知的领域还很多，需要掌握的履行职责所必备的业务知识还很多。要知人之所长，知己之所短，多向老同志学、多向领导学、多向同事学，按照“缺什么补什么”的原则，对那些与岗位相关的知识进行急用先学。需要学习的领域很多，新进学院工作的人员，更应该学习基本理论、学习方针政策、学习业务知识。要学习基本理论，特别是学习中国特色社会主义理论体系，包括学习邓小平理论和“三个代表”重要思想，以及科学发展观、构建社会主义和谐社会等一系列重大战略思想，学习党的十七大报告等；要学习党和国家的方针政策、法律法规等各方面的知识；要学习业务知识和技能，尽快掌握履行职责所必备的知识。总之，要尽快完成角色转换，努力成为各项工作的行家里手。

学贵有恒。这是古今中外成功者的共同品质。著名作家罗曼·罗兰有段论述极为精辟：成年人慢慢被时代淘汰的原因，不是年龄的增长，而是学习热忱的减退。因此，要想不被时代淘汰，就必须有不屈不挠的恒心，把学习作为终生的追求，坚持进行一场学习的“强行军”，做到天天学习、终身学习，坚持下去，必有好处。

学贵在用。学习是一个不断运用的过程，不能等到学完再用，要边学边用。就我们工作的需要来看，学习要同提高三种能力结合起来，或者主要在提高三个方面的能力中体现出来。一是文字表达能力。新来的同志，特别是搞管理工作的，要会写计划、总结、调研报告等，这是学院工作人员的基本要求，也是必备的技能。从事教学、科研、咨询的人员，不仅要讲台上能言，更要讲台下能写，尤其要写一些思想性强、有一定理论水准的学术文章。二是沟通协调能力。学院分工很细，要使各个部门、各个环节、各个层次的工作都衔接好、运转起来，需要大家多加强沟通协调，建立起相互理解、支持、配合、协作的良好关系。大家一定要强化沟通协调意识，每个人都必须提高这种能力。三是调查研究能力。坚持调查研究，是我们党历来十分重视的工作方法，也是我们完成任务、履行职责的基本前提。江泽民同志和胡锦涛同志都曾反复强调：调查研究是我们的谋事之基、成事之道。每个同志都要养成调研的习惯，学会调研的方法，真正使调研成为我们做好各项工作的基础。调研能力与理论水准、思维能力、写作能力都有关联，有一个提高的过程，但必须从现在做起，从自己承担的具体工作做起，从小问题到较大问题，从简单问题到较复杂的问题，一步步提高。只要坚持下去，调研能力一定会获得提升，我们工作的水准和质量也一定会提高。

第四，敬业奉献，积极开拓进取。

人总是要有一点精神的。敬业奉献是一种崇高的精神境界，是美好的人生追求，也是成就事业的要素。无论时代发生怎样的变化，这种精神是永存的。总的看，学院工资福利等方面待遇不高，工作任务又很重，所以更需要大家立足岗位，甘于奉献。

成就事业首先必须敬业。大家虽然属于不同的工作岗位，但工作本身没有轻重贵贱之分，而对于工作的态度却有高低之别。把工作当成事业，尽职尽责、用心用力、一丝不苟、止于至善等职业道德，是成就事业的重要条件。俗话说："苦心人，天不负"，"一分耕耘一分收获"。事业只垂青那些有执著爱好和痴迷追求的人。有些人学历不一定那么高，能力也不一定那么强，但勤能补拙嘛。著名数学家华罗庚有这样一首有名的诗："发白才知智叟呆，埋头苦干向未来，勤能补拙是良剂，一分辛苦一分才。"我们应当经常用这首诗激励自己。只要辛勤耕耘，工作中做到"有心、留心、用心"，积极主动，一定会在本职岗位上作出突出的成绩。

成就事业就要甘于奉献。目前，学院各项事业正处于蒸蒸日上的发展时期，有许多事需要我们大家做出努力，甚至做出必要的牺牲。其实，这种牺牲只不过是牺牲一点休闲时间、多流一些汗水罢了，比起革命先烈做出的牺牲算不了什么。我们只要求大家把主要精力集中在学院工作上，全身心对待工作。要正确对待名利、职位、荣誉。要把国家和人民的事业放在第一位，淡泊名利，克己奉公，任劳任怨，勤勉工作。

成就事业就要精益求精。"天下之难事，必作于易；天下之大事，必作于细。"细节决定成败。我们从进院的第一天起，就要培养这种细致的精神，强化质量意识、精品意识，做任何工作都要讲质量，做就做得最好。衡量一个人的成绩，当然要看他工作的数量，但更要看工作质量。数量要服从质量，有限的时间，有限的资源，做出高质量的产品，这才是真正的成绩。对于教学科研人员来说，最重要的是看他出了多少堪称精品的教学、科研成果，为提高干部教育培训质量作出了多大贡献。要弘扬精益求精的精神，注重工作质量，不断提高工作水平。

成就事业必须勇于创新。创新是一个民族进步的灵魂，也是学院发展的不竭动力。要创新就要解放思想，敢于开动脑筋想问题，用新思维、新办法研究解决问题。同志们刚从外单位过来，容易发现学院存在的不足和薄弱环节，要敢于提出改进意见，推进学院工作改革创新。同时，大家也要有适应新环境、新任务的勇气，不断与时俱进，拓宽工作思路，改进工作方法，延伸工作领域，创造性地完成各项任务。

第五，自觉遵守纪律，严格按制度办事。

学院由多个职能部门组成，这些职能不同的部门最终组成一个统一的整体。为确保这个整体正常运转，必须有严格的纪律和健全的规章制度作保证。为此，学院把严肃纪律、健全规章制度作为一项重要的基础工作来抓。尽管学院有些规章制度还不健全，我们要做好健全的工作，但现在最重要的是强调执行，强调对现有规章制度的落实。

遵守纪律就要遵规行事。“不以规矩，不能成方圆。”按规矩办事，是社会文明的基本要求。纪律不仅维护正常的工作、学习和生活秩序，而且有利于提高工作效率，甚至保证着人们的自由，否则，凡事无章可循，必定使人无所适从。一个人到了新的单位，不是放松下来，而是要紧张起来，因为大家对新的规章制度还不清楚，新的行为规则还不了解。因此，我们到学院后，要认真学习和遵守院规院纪，使自己的思想和工作符合学院的要求。

遵守纪律就要严格自律。人贵在自律，大家要有“畏法度”的意识，自觉维护法规政策的严肃性、权威性，始终以遵纪守法为荣，以违法乱纪为耻。人世间最顽强的“敌人”就是自己,最难战胜的也是自己。一个管不住自己的性格和欲望的人,怎么可能干好党和政府交给的工作?“不能胜寸心,安能胜苍穹”,讲的就是这个道理。

遵守纪律就要服从组织。组织是团结的核心,是成长的摇篮,是个人力量的倍增器。有位哲学家曾经说:“人们塑造了组织,当组织成型后就成了组织塑造我们了。”人是生活在组织里面的,一个人的成长进步不仅需要自己的努力,更离不开组织的培养。我们每一个同志都要处理好个人与组织的关系,自觉做到个人服从组织,始终把自己摆在学院各级组织的领导和管理之下。

第六,加强团结,营造和谐氛围。

大家都来自不同的行业和部门,为了党的干部教育培训事业走到一起来了。俗话说相聚是缘分,要格外珍惜,像爱护自己的眼睛一样维护好团结,在共同的事业中增进友谊、增进理解、增进感情。搞好团结,这是我们做好一切工作的基础。事实证明:团结出凝聚力、出战斗力、出创造力,团结出成果、出人才、出干部。大家不仅要在工作中奋勇争先,更要作团结的表率和模范。

首先,要树立团队精神。每个同志都有自己的个性,到了一个新的集体,要互相配合,必须多理解多沟通,有矛盾及时化解,达到步调一致。一个团结、和谐、宽松的工作环境不是哪一个人带来的,更不是一把手创造出来的,需要大家共同努力,多寻找相互间的共同点,充分发挥个人积极性、主动性,这样就能达到和谐共进的目的。

其次,要正确对待利益得失。人有时候要吃一点亏,哪有一点亏也不吃的。事实上,谁占便宜谁吃亏,大家是心中有数的,组织上也是有数的。有的人吃亏后工作照干,这是一种境界。爱因斯坦讲过一句非常精彩的话:“每个人实际上都是为别人而活着,我经常想自己是不是因为懒惰、不勤奋而过多地占有了别人创造的财富。”大师巨匠就是这样认识问题的。所以,做人要有良好境界,特别是在关键时候,更要显示高尚风格。

再次，要有宽广的胸怀。古人云："海纳百川，有容乃大；壁立千仞，无欲则刚。"大家要心胸豁达，宽厚待人，博采众长，才容得下人，听得进不同意见。面对磕磕绊绊的事情和矛盾，要有雅量和胸怀，"每日三省吾身"，容人容事，才能更好地容自己。想问题、办事情要从大局出发，善于多关心、多理解、多支持别人；对出现的矛盾和遇到的困难，多沟通少误解，多信任少猜疑，多宽容少计较，千万不能耍"小心眼"，搞"小动作"。只有这样，内心才能温馨，环境才能和谐。

最后，讲讲院风问题。院风是学院办学指导思想、发展目标、建设水平和自身特色的集中体现，是培育优良学风、教风的根本保证。学院作为教育培养公务员的神圣殿堂，在公众的心目中，是一个十分圣洁的地方，令人向往和崇敬。从某种意义上说，学院院风是学院的形象、政府的形象。学院院风不正，危害性不仅仅局限于学院校园以内，而且还要波及到整个干部队伍和全社会。学院的院风，是由学院每个教职工的作风决定的，因此，形成好的院风，我们每个人都有责任和义务。优良院风的形成也非一朝一夕之功，需要我们长期努力和追求。新来的人员更要带来新风尚，把原单位好作风好传统在学院发扬光大。

我院是个学习型单位，是施展才华的舞台，学院尽可能为大家创造良好的学习工作条件，希望大家充分发挥聪明才智，关心学院发展，在创建国际一流行政学院、推进干部教育培训事业创新发展中多作贡献。

提高科研咨询水平　充分发挥思想库作用*

（2009 年 1 月 8 日）

刚才，我们进行了学院首届优秀科研成果的评选工作。经过评审委员和工作人员的辛勤努力，现在评选结果已经出来了。我们对重大科研成果特等奖和一、二、三等奖获得者表示热烈祝贺！这是国家行政学院自建院以来组织的第一次评选优秀科研成果，也是学院当前在深入学习实践科学发展观活动中，把贯彻科学发展观具体落实到实处的一项重要举措。在这里，我向参加本次优秀科研成果评奖工作的评审委员会全体委员和办公室全体工作人员，致以诚挚的谢意！

今年是国家行政学院建院 15 年。建院以来，为服务党和国家的工作大局和中心任务，为繁荣发展我国的哲学社会科学，为提升国家行政学院的知名度和影响力，学院历届领导、学院全体教职工和学院科研管理部门，努力推动科研咨询工作，作出了积极的贡献。特别是近年来，学院围绕政府管理重大问题开展研究，完成了中央有关部门委托的重要的科研咨询课题，取得了明显的成果。这些科研咨询成果，在公共管理学、行政法学、政府经济学、政治学、领导学、文化学等学科领域具有较高水平，产生了较大的社会影响力，其中一些科研咨询成果为政府决策提供了重要参考依据。2008 年，全院共报送 35 件科研咨询类报告，得到了中央领导

---

* 本文系作者在国家行政学院首届优秀科研成果评审会议上的讲话。

同志批示的有22件59条，是历年来最多的一年。下半年，学院创办了《送阅件》，直接报送中央领导同志。截至12月31日，在短短的两个多月时间里已经出了15期，充分展示了我们加强科研咨询工作的决心和能力。目前，学院承担的国家级课题有20多项，其中国家社科基金重大委托项目1项，重大项目1项，国家软科学计划项目6项，国家自然科学基金项目3项，成为承担项目最多的时期。

正是在产生了日益显著的科研咨询成果、学院初步成为党和政府重要的科研咨询基地和思想库的基础上，为了激发全院教职工的科研、咨询工作积极性和创造力，多出科研咨询精品名品，学院党委决定开展首届优秀科研成果评奖活动。这项活动开展后，得到全院教职工的积极响应和大力支持。事实说明，评奖工作很有必要，效果十分明显。下面，我就充分认识学院评选优秀科研成果的意义，以评选优秀科研成果为动力，加大科研咨询力度，加强评审委员会建设和发挥评委作用，更好推动学院科研咨询工作发展等问题，讲几点意见：

一、充分认识学院评选优秀科研成果的重大意义

我来学院工作后为什么重视评选优秀科研成果？因为学院承担着教学、科研、咨询“三位一体”的办学职能，科研咨询是其中重要的工作。搞好科研咨询工作，需要建立激励机制。评选优秀科研成果，就具有这样的功能，就可以达到这样的目的。它能够激励我们更好地全面履行学院的职责，更好地完成科研咨询任务。这件事现在开了一个好头，今后还要长期抓下去。因此，我们必须很好地认识评选优秀科研成果的重大意义。

第一，评选优秀科研成果，有利于“围绕中心、服务大局”，全面履行学院职能。国家行政学院作为国务院直属事业单位，这个性质决定了学

院必须紧密围绕党和政府的工作中心,服务于全党全国工作的大局。学院应充分展现紧贴政府、了解政府工作部署和重点的优势,及时按照党中央、国务院的需要,做好"围绕中心、服务大局"的文章。党的十七大报告要求:"繁荣发展哲学社会科学,推进学科体系、学术观点、科研方法创新,鼓励哲学社会科学界为党和人民事业发挥思想库作用"。思想库意味着要出思想、出观点、出对策,即要为中国的改革、发展、稳定提供决策思路、理论支撑和方案措施。行政学院是哲学社会科学界的组成部分,理所当然地要发挥思想库的作用,全面履行思想库的职能。我们这次评选优秀科研成果,就是评出了紧密联系改革开放和经济社会实际开展理论研究和对策研究的优秀科研成果。这样鲜明的导向,有利于鼓励全院教职工适应形势发展和实践要求,加强对重大理论和实际问题的研究,更加努力地推出有深度、有分量、有广泛社会影响的科研咨询成果,成为党和政府决策的重要参考依据。

第二,评选优秀科研成果,有利于提升学院的地位和水平,扩大学院的影响。按照国务院关于我院办学的规定,学院是培养高中级公务员的新型学府和培养高层次管理与政策研究人才的重要基地,是政府管理理论研究和政策咨询的重要机构。前不久,温家宝总理又明确提出:"国家行政学院要坚持高标准、严要求,创建国际一流行政学院。"学院的科研咨询成果好不好、水平高不高,直接关系到学院是否达到"新型学府"、"重要基地"和"重要机构"的要求;创建国际一流行政学院,这就需要我们在科研咨询管理和科研咨询成果方面达到一流的程度。通过评选优秀科研成果,对于学院加强科研咨询工作,加大科研咨询力度,彰显科研成果品牌,推介优秀科研成果,都具有极大的促进作用。

第三,评选优秀科研成果,有利于培养良好的学风、院风,形成积极进取、昂扬向上的风气。进行科研咨询工作是一件十分艰苦的事情,要想取得一定的成果,就需要集中精力、专心致志,深入实践、深入研究,不能有半点马虎。否则，就很容易流于一般、沦为平庸。马克思说过："科学是地狱的入口处。"又说："在科学上没有平坦的大道，只有不畏劳苦沿着陡峭山路攀登的人，才有希望达到光辉的顶点。"都说明科研工作的艰辛。这次评选出来的优秀科研成果，集中代表了我院这两年整体的研究水平和科研实力。这些优秀科研成果经过院党委的审批和公示后，如果没有意见、异议，我们就将在新学期开学之后，隆重地召开大会进行表彰、鼓励。对优秀科研成果进行表彰、鼓励，是对获奖作者们的辛勤劳作、科研水平和优良学风的肯定。同时，也是树立了榜样，树立了标杆，这将对全院教职工起到示范作用，大家很好地向他们学习看齐，追求卓越、追求精品，把全院的科研咨询工作做得更好。

第四，评选优秀科研成果，有利于勉励全院教职工爱岗敬业，树立为学院多作贡献的理念。学院现在有一种不太好的现象，一些教研人员没有把主要精力放在学院工作上，在外边为自己名利奔波。有的难耐寂寞，心态浮躁，拿不出有影响的科研咨询成果。除了个人原因外，重要的就是学院缺乏有效的激励约束机制，造成科研咨询工作做多做少一个样，科研咨询成果做好做差一个样。现在开展评选优秀科研成果活动，就是克服这些不良现象的一个有力举措，是完善科研咨询激励约束机制的一项重要制度。今后，我们还要继续建章立制，建立健全科学合理的教研人员科研咨询成果考核办法和公正合理的科研咨询成果评价机制，注重科研咨询成果的实际应用效果和社会反响情况，注重科研咨询成果的理论创新性和形成的社会影响，明确规定凡是获得中央领导批示、对政府决策产生重要影响的科研咨询成果，及时给予精神奖励和物质奖励，并作为职称评定和岗位聘任的重要依据。通过这些办法，引导教研人员爱岗敬业，树立良好的职业道德和规范，把精力和热情放到学院工作上来，静得下来，钻得进去，多出科研咨询精品，促进形成在学院内多出优秀成果对教研人员自身发展更有利、更有好处的氛围。

二、以评奖为动力,更好推进科研咨询工作

学院开展优秀科研成果评奖活动,是加强科研咨询工作的迫切需要,适应了当前学院面临的新形势新任务新要求。在2008年12月召开的全国行政学院院长会议上,国务委员兼秘书长马凯同志指出:"行政学院不仅是重要的培训机构,还是重要的科研咨询机构。"这个功能定位,进一步强化了学院为政府决策提供科研咨询的职能。最近,中央编委批准学院专门成立"决策咨询部",对外叫"国家行政学院决策咨询中心",这是对我们加大科研咨询力度给予的极大支持。为此,我们要借着评选优秀科研成果的强劲动力,推动学院科研咨询工作更好发展。

第一,坚持把科研咨询工作放在更加突出的位置,作为全面开创学院工作新局面的一个重要举措。近年来,党和政府对学院科研咨询工作的要求越来越高,任务也越来越多,需要我们研究国家改革发展中具有长远性、全局性、战略性的问题,研究经济社会发展中的热点、难点、重点问题,研究政府管理创新重大理论问题,承担党中央、国务院交办的专题调研任务,承担为中央部门提供决策咨询服务的相关事项。应该说,学院为政府的科研咨询工作虽然已经作出很大努力,但仍然比较薄弱,与中央的要求还有较大差距。学院具有重大影响的科研咨询成果还不够多,咨询服务作用发挥得还很不够。我们一定要把科研咨询工作放在更加突出的位置,要加强领导、全面规划、精心组织、精心实施、扎实推进、确保成效。要建立健全科研咨询经费投入和保障机制,增加咨询的研究经费。我院今年的科研咨询经费增加到300万元,要加大对重点学科、重点项目和前沿领域研究的投入。同时,拓展科研咨询经费筹措渠道,逐步形成财政拨款、课题资助、部门和企业委托、国际项目等多层次、多渠道的科研咨询经费筹措与投入机制。

第二，坚持科研咨询工作的正确导向，紧紧围绕党和政府工作大局开展活动。学院科研咨询工作要充分发挥在公共行政理论等领域中的优势，密切结合政府工作和政府自身建设的实际，深入研究改革开放和经济社会发展遇到的新情况新问题，包括那些深层次的思想理论问题和长远发展的战略问题。近期，学院要加强对以下10个重点课题的研究：(1)如何总结我国改革开放和社会主义现代化建设的成功经验，研究世界各国的发展模式、发展战略及其在发展进程中的经验教训；(2)如何按照统筹兼顾的要求，更好地实现经济建设、政治建设、文化建设、社会建设、生态建设协调发展；(3)如何按照以人为本的原则，切实保障人民群众的经济、政治、文化和其他方面权益，促进人的全面发展；(4)如何在推动经济体制改革的同时，深入推进政治体制、文化体制和社会体制改革，使各方面改革协调前进；(5)如何进一步发展社会主义民主，健全社会主义法治，建设中国特色社会主义民主政治；(6)如何走中国特色的工业化、城镇化道路，统筹工业化、城市化和农业现代化，建立城乡发展一体化制度；(7)如何在当前世界金融危机冲击的情况下，有效应对各种风险，保持经济持续稳定发展和社会大局稳定；(8)如何深化行政管理体制改革，减少行政层次，建设服务型政府、法治政府、责任政府、廉洁政府、效能政府，降低行政成本；(9)如何推进政府改革和管理创新，提高政府的决策力、执行力和公信力，正确开展政府绩效评估和建立问责制；(10)如何准确把握新形势下社会管理的特点和规律，加强社会建设和社会管理。要围绕这些重大课题，进行全面、系统、深入的研究。要充分发挥我院专家学者较多的优势，力争在一些难点、热点、重点问题上有所突破，不断推出有价值、有参考作用的理论研究和决策咨询成果。

第三，坚持实施精品战略，推出一批具有较高价值的科研咨询成果。创新是科研咨询工作的生命。要坚持解放思想、实事求是、与时俱进，积极推进理论创新。要努力创造新成果、得出新认识、形成新结论，力争取得能够在社会上和相关学术领域产生重大影响，或者对党和政府的战略决策起到重要咨询作用的优秀科研咨询成果。要着力提高科研咨询成果的质量，以质量为重，以质量取胜。要倡导首创精神，提倡发表新见解、提出新观点、创造新方法、构建新体系，多出科研咨询的精品和名品。学院要按照政治强、学业精、作风正的要求，逐步培养、造就一支不断壮大、结构合理、善于创新的教研人员队伍。

三、加强评审委员会建设，积极发挥评审委员作用

学院首届优秀科研成果评奖活动进展顺利、取得成功，是与优秀科研成果评审委员会的有力领导和各位委员的积极工作分不开的。因此，今后我们要继续做好评选优秀科研成果这项工作，就必须重视加强评审委员会的自身建设，更好地发挥评审委员的作用，使评审委员会与评审委员进一步明确自己的任务和职责，增强做好评审工作的责任感和使命感。

首先，要进一步搞好评审委员会的组织建设。学院优秀科研成果评审委员会是在学院党委领导下成立的，评审委员会由学院领导成员、专家学者和有关部门负责人组成。评审委员的能力和水平直接决定了评审委员会的整体能力和水平。应该根据学院建设和发展的实际情况，在现有人员构成的基础上，进行适当调整，增加学科带头人和专家学者的比重，也可以根据需要，聘请少数院外有代表性、知名度高的专家学者担任评审委员。评审委员会要搞好换届选举，评委的产生要体现民主性和透明度。要搞好评审委员会办公室建设，办公室人员由科研部和相关部门工作人员组成，要适当增加其他部门人员的数量，使其更具代表性。

其次，要进一步加强评审委员会的制度建设。没有规矩，不成方圆。制度建设直接关系到评审委员会能否有效开展工作。要使评审委员会工作有章可循，避免盲目性和随意性，就要加强评审委员会自身的制度建设。要注意不断总结经验，适时完善《国家行政学院优秀科研成果评奖

暂行条例》，进一步健全和完善评审委员会的工作程序，例如，增加评审委员会对优秀科研成果集体讨论的环节、加强评审委员不同意见的交流和协商。同时，要检查和总结评审委员会执行制度的情况，避免制度流于形式。

最后，希望各位评委严格要求自己并积极发挥作用。评审委员肩负全院教职工的期望进行评审工作，这是非常光荣而又责任重大的一件事。各位评委一定要引以为荣，工作上兢兢业业，态度上精益求精。为了做好评审工作，评审委员要自觉加强理论学习和政策学习，不断提高自身的理论素养和政策水平。要善于把握党和政府的工作大局和科研咨询工作发展的方向和趋势，身体力行，牵头负责或积极参与重大科研咨询课题的研究，增强自身的科研咨询能力和工作魄力。要关心和研究优秀科研成果评奖工作，及时向学院提出改进评审委员会工作建议。在评审优秀科研成果工作中，评审委员要坚持实事求是，坚持原则标准，不徇私情。要出于公心，办事公平、公正，敢说真话，敢于批评不良倾向，大力提倡学术讨论与学术民主。

这次学院评选优秀科研成果，有了一个好的开端。但这毕竟是第一次，一定有不尽如人意的地方。我们要认真总结这次优秀科研成果评奖的经验和做法，并针对这次评奖工作中存在的不足加以改进。通过做好学院的优秀科研成果评奖工作，提高学院科研咨询工作的水平，真正发挥学院作为政府智库的作用，为政府决策提供有力的智力支持，为创建国际一流行政学院而努力，这也是大家对学院建设的一个重要贡献。

加强科研咨询工作　争取多出优秀成果*

（2009年3月10日）

加强哲学社会科学研究，努力为党和政府科学决策服务，是党中央的明确要求。胡锦涛总书记在党的十七大报告中指出，要“繁荣发展哲学社会科学，推进学科体系、学术观点、科研方法创新，鼓励哲学社会科学界为党和人民事业发挥思想库作用”。这是我们党和国家事业发展的需要。按照国务院规定，国家行政学院是培养高中级公务员的新型学府和培养高层次管理人才与政策研究人才的重要基地，也是政府管理理论研究和政策咨询的重要机构。2008年10月，温家宝总理明确提出：“国家行政学院要坚持高标准、严要求，更加突出特色，创建国际一流的行政学院。”在去年底举行的全国行政学院院长会议上，马凯国务委员指出：“行政学院不仅是重要的培训机构，还是重要的科研咨询机构。”国务院领导关于国家行政学院功能定位的指示和论述，进一步强化了学院作为政府的思想库的职能。思想库意味着要出思想、出观点、出对策，即要为国家的改革、发展、稳定工作提供决策咨询服务。国家行政学院作为哲学社会科学界的重要组成部分，作为国务院直属事业单位，理应当好这样的角色，充分发挥政府的思想库作用，不断推出有分量、有价值、有影响力的科研咨询成果，为党和政府决策提供参考依据。

---

* 本文系作者在国家行政学院首届优秀科研成果奖颁奖大会上的讲话。

国家行政学院成立以来,学院历届领导一直重视科研、咨询工作,在广大教职工的共同努力下,取得了一大批科研、咨询成果。仅最近 5 年来,学院教职工共出版著作 239 部,发表论文与研究咨询报告 1797 篇,其中在《求是》、《人民日报》等大报大刊上发表的有 121 篇。这些成果凝聚了我院教职工的汗水和智慧,反映了学院的整体科研实力和研究水平,产生了广泛的社会影响。这些成果也有力地说明,国家行政学院为服务党和国家工作大局,为繁荣发展我国哲学社会科学,为推进中国特色社会主义伟大事业,作出了重要贡献。为了进一步调动广大教研人员从事科研咨询工作的积极性,去年 9 月学院党委作出决定,坚持开展优秀科研成果评奖活动。从事科研咨询工作,尤其是研究重大课题,需要艰辛的付出。现在,我们对优秀科研成果进行奖励,就是对获奖者的辛勤劳动、理论水平和优良学风给予充分的肯定,这对于在我院进一步形成重视科研咨询工作、鼓励先进、争创精品、多出人才的良好氛围,具有十分重要的意义。

当今世界,风云变幻、沧海横流,革故鼎新、急速变迁,在经济、政治、文化、科技、社会等领域出现了一系列新变化、新矛盾、新问题。我国的改革发展,也面临着一系列新情况、新任务、新课题。尤其是去年下半年以来发生历史罕见的国际金融危机,给我国经济社会发展带来了严重的困难和挑战。但综观国际国内形势,挑战与机遇并存,困难与希望同在。我们党正带领全国各族人民抓住机遇,应对挑战,坚定不移地把改革开放和现代化建设事业继续推向前进。面对新形势、新任务,我们学院要进一步改进工作,争取有更大的作为,生产出更多的高质量科研咨询成果,更好地为党和政府服务。下面,我就进一步做好学院科研咨询工作,讲几点意见。

(一)切实把科研咨询工作放在更加重要的位置

近年来,政府工作对学院科研咨询的要求越来越高,任务也越来越多,要求我们注重研究国家改革开放和现代化建设中全局性、前瞻性、战略性的重大问题,注重研究经济社会发展中的热点、难点、重点问题,注重研究行政管理体制改革和政府自身建设的理论和实践问题，并承担党中央、国务院交办的专题调研任务，积极为各方面提供决策咨询服务。应该说，学院对科研咨询工作已经做出很大努力，但总体来看这个方面工作仍然比较薄弱，与中央要求还有较大差距，具有重大影响的科研咨询成果还不够多，决策咨询服务的作用发挥得还不够好。我们一定要进一步加强领导、全面规划、精心组织、合理安排、扎实推进。要建立健全科研咨询经费的投入和保障机制，特别要加大对重点学科、重点项目和重大课题研究的投入。进一步拓展学院发挥思想库作用的渠道和平台，使各类科研咨询成果更多更好地转化为理论创新，转化为教学培训和科学决策服务。

（二）深入探索学院科研咨询工作的特点和规律

几个月来，我在思考一个问题，作为国家行政学院，与其他高等院校和专门研究机构相比，科研咨询工作应该具有哪些自己的特点和规律？初步考虑，我认为至少有以下三点：

首先，教学、科研、咨询"三位一体"的功能定位，应该是我们区别于高等院校和专门研究机构的一个突出特点。从全面履行国务院赋予学院的职能看，教学是中心，科研是基础，咨询是支撑，三者都不可偏废。学院作为国家公务员教育培训的重要机构，当然要以教学为中心，但如果不加强科研咨询工作，没有高质量、高水平科研咨询成果作支撑，不将科研咨询成果运用于教学之中，教育培训工作水平就难以提高。作为一般高校，它们要抓好教学、科研；作为专门研究机构，它们要抓好科研、咨询。而我们行政学院则是要下大力气同时抓好教学、科研、咨询，在坚持教学为中心的前提下，重视做好科研、咨询工作，使三者协调发展、相互促进。

其次，贴近政府、为政府服务，是学院开展科研咨询工作的明显优势和特点，也是我们义不容辞的责任。与一般高校和研究机构不同，作为国务院直属事业单位，学院的工作本身就是政府工作的组成部分。同时，学院的学员大部分是来自政府机关的公务员。我们开展科研、咨询的目的很明确，就是既要为教学培训服务，又要为政府履职服务，针对政府工作中的实际问题，提出建设性的意见和建议。尤其是要为政府决策提供咨询服务，这应当成为行政学院的重要使命。

第三，注重应用性对策研究也是我们的一个鲜明特点。哲学社会科学研究体系宏富庞大，从广义上看，可以分为基础研究和应用研究两大类型，不同的研究单位可以各有侧重。与一般高校和研究机构不同，按照国务院对国家行政学院职能的规定，学院的科研咨询工作尤其要做到理论与实际相结合，在重视基础性研究的同时，更加注重开展应用性对策研究。如果说行政学院以贴近政府为优势，那么就必须直面政府工作的热点、难点、重点问题，深入开展理论探索和调查研究，并及时提出解决问题的有针对性、实用性、可操作性的对策。

以上三点，既是国家行政学院科研、咨询工作的特点，也是学院科研、咨询工作的发展规律和基本趋势。在开展科研咨询工作中，一定要加以正确的认识和把握。

（三）更加注重围绕中心、服务大局

党和政府的中心工作，也是我们学院开展科研咨询工作的主要任务。围绕中心、服务大局，就是要围绕政府正在做和将要做的大事、急事、难事，主动地和有预见性地进行科研咨询工作，及时提出可供使用的建议。也就是我曾多次讲过的：想领导之所想，急领导之所急，想领导所未想，急领导所未急，科研咨询工作要有时效性、前瞻性。今年，国家改革发展稳定的任务十分繁重，需要我们研究的重大课题也很多。我们学院的科研咨询工作一定要按照国务院领导的要求，紧紧围绕应对国际金融危机、保持经济平稳较快增长这一首要任务，开展保增长、扩内需、调结构、保民生、保稳定等重大问题研究，开展加强政府自身改革和建设、提高政府行政能力、公信力和服务水平的专题研究，积极为党中央、国务院建言献策。学院已研究提出几个重大问题作为院级科研咨询的招标课题，鼓励全院

教职工和全国行政学院系统教研人员积极申报,进行深入研究,力争取得一批有价值和有影响力的重大科研咨询成果。

(四)坚持解放思想,勇于改革创新

解放思想是发展中国特色社会主义的一大法宝。创新是科研咨询工作的灵魂。党的十七大报告强调,要"大力推进理论创新,不断赋予当代中国马克思主义鲜明的实践特色、民族特色和时代特色"。创新是一种复杂的创造性的劳动,它不是对实践经验的简单概括,也不是对原有理论、观点、方法的增删修补,它要求对客观事物的本质和运动规律有突破性的认识和发展。正确的理论要靠不断的创新,要创新就必须坚持解放思想。实践没有止境,创新也没有止境。只有坚持解放思想,不断推进实践基础上的理论创新,才能更好地把握时代大局,顺应时代潮流,与时代发展同步伐。学院开展科研咨询工作,一定要提倡解放思想,积极推进改革创新,鼓励追求真理、自主创新,力争取得在社会上和相关研究领域产生重大影响、对党和政府的决策起到重要作用的优秀科研咨询成果。要倡导首创精神,提倡发表新思路、提出新见解、创造新方法、构建新体系,不断提高科研咨询工作的水平。

(五)为科研咨询工作创造良好环境和条件

科研咨询工作是创造性的思维活动,只有提供良好的环境和条件,才能有利于工作的开展。如果条条框框太多,约束限制太死,科研咨询工作就失去了活力。"百花齐放、百家争鸣",是我们党一贯倡导的鼓励学术探索、推动理论创新、促进科学发展的正确方针。邓小平同志曾经说过:"不仅是自然科学,还包括社会科学,要大力提倡学术讨论和交流。各种学报和刊物,都是交流的场所,还要召开学术讨论会。要允许犯错误,特别是社会科学领域,要允许犯错误,允许说话。"改革创新离不开民主、开放的政治风气,必须积极营造学院有利于理论创新、科研创造的环境。我们要尊重哲学社会科学发展规律，坚持贯彻“双百”方针，按照“课堂讲授有纪律，科学探索无禁区”的规定，更好地形成和维护一个宽厚、宽容、宽松的科学研究氛围，鼓励进行创造性的理论探索和诚实的科学研究，支持冒尖，宽容失误。我们还要为教职工的科研咨询工作提供必要的条件，包括方便阅读文件和内部资料，帮助联系外出调研活动，保证有充足的科研咨询工作时间。学院和各部门都要加强科研咨询工作环境建设，大力营造有利于出成果、出人才的良好氛围和条件，充分发挥广大教研人员的聪明才智，做到人尽其才、才尽其用。

（六）完善奖励制度，鼓励多出精品

这次优秀科研成果评奖是我院建院以来的第一次。通过评选和表彰，建立了制度，树立了榜样，起到了很好的推动作用。我们要认真总结这次评奖的经验，进一步完善优秀科研成果奖励制度。一是要研究扩大授奖成果的覆盖面。随着我院科研咨询工作的发展，科研咨询的成果将会越来越多。现在的授奖规模偏小，今后应该随着成果的增多，不断扩大授奖范围。二是要建立多方面的激励制度。进一步研究把优秀科研咨询成果获奖同职称评聘、职务晋升、经费资助、评选先进、出国进修等方面联系起来，形成正确导向的激励机制，使优秀的科研咨询工作者发展得更好更快。三是要完善评奖标准和程序。严格按照“坚持标准、质量第一、宁缺毋滥”的原则，认真做好优秀科研咨询成果评奖工作，进一步细化各项评奖指标，增强评奖工作透明度，做到公开、公正、公平。通过完善有效的奖励制度，鼓励科研咨询工作者多出精品力作、多出优秀成果。

当前，我国哲学社会科学事业和国家行政学院事业的发展，都面临着前所未有的大好时机，我们要按照党中央和国务院的要求，抓住机遇，振奋精神，求真务实，开拓进取，不断创造出更多的、高质量的优秀科研、咨询成果，在为党和国家工作大局服务、建设国际一流行政学院中，作出新的更大贡献！

牢记使命　奋发有为
在创建国际一流行政学院中建功立业*

（2009年6月19日）

今天的学院团员大会开得很成功。第一届团委书记赵立地作了一个很好的工作报告，中央国家机关团工委书记吴海英同志作了重要的讲话，选举产生了国家行政学院新一届团委会。这是一次民主、团结、鼓劲、奋进的大会。这次会议对于团结和带领学院团员青年奋发进取、勇于创新，共同开创学院共青团工作的新局面，在建设国际一流行政学院中建功立业，将会产生积极的推动作用。在此，我代表院党委向新当选的学院团委委员表示热烈的祝贺，向全体团员青年表示诚挚的问候！

中国共产主义青年团是中国共产党领导的先进青年的群众组织，是广大青年在实践中学习共产主义的学校，是中国共产党的助手和后备军。长期以来，我们党始终十分关心青年成长，对青年一代寄予殷切期望。毛泽东同志曾生动地把青年比作早晨八九点钟的太阳，把希望寄托在青年人身上。邓小平同志曾饱含深情地指出，青年一代的成长是我们的事业必定要兴旺发达的希望所在。江泽民同志深刻指出，青年兴则国家兴，青年强则国家强，青年有希望，未来的发展就有希望。我们党的领导人对青年的嘱托和期望，鼓舞和激励了一代又一代中国青年茁壮成长。

---

* 本文系作者在国家行政学院团员大会上的讲话。

新世纪新阶段，胡锦涛总书记对青年的成长提出了明确要求。今年"五四"前夕，他在同中国农业大学师生代表座谈时指出，青年要把爱国主义作为始终高扬的光辉旗帜，把勤奋学习作为人生进步的重要阶梯，把深入实践作为成长成才的必由之路，把奉献社会作为不懈追求的优良品德。新一代中国青年要在党的领导下，以执着的信念、优良的品德、丰富的知识、过硬的本领，勇敢地担负起历史重任，同广大人民群众一道，奋力开创中国特色社会主义事业新局面。这充分体现了党中央对团员青年的高度重视和亲切关怀，为当代青年的成长指明了方向。

今年是新中国成立 60 周年。60 年来特别是经过 30 多年来的改革开放，党领导全国各族人民团结奋斗，我国社会主义现代化建设事业取得了辉煌成就，综合国力大为增强，人民生活不断改善，国际地位显著提升。当前，我国发展正站在一个新的历史起点上，面临的机遇前所未有，面对的挑战也前所未有，特别是国际金融危机对我国经济的影响还在加深，保增长、保民生、保稳定的任务十分艰巨，全国人民正同心协力、共度时艰。青年同志们要坚定信心，勇挑重担，为国分忧。

今年，学院也将迎来建院 15 周年。在党中央、国务院的正确领导下，广大教职工团结奋斗、顽强拼搏，我们学院取得了长足的发展。其中凝结着广大团员青年的智慧和汗水，许多优秀青年也伴随着学院的发展而茁壮成长。回顾过去，成绩显著，令人鼓舞；展望未来，任重道远，催人奋进。我们的宏伟目标是，在不太长的时间内，把国家行政学院建设成为国际一流行政学院。这是学院全体教职工的光荣使命，团员青年责任重大。国际一流的行政学院，需要国际一流的教学培训水平、一流的科研咨询成果和一流的学风院风，为此需要有一流的教职工队伍。学院党委对广大青年同志寄予厚望。在这里，我代表院党委给团员青年同志们提几点希望：

一是要坚定理想信念，明确政治方向。理想信念是人生的指路明灯。没有理想信念，就没有正确的方向，就会失去前进的力量。古往今来，凡有作为者，无不具有坚定的理想信念，而且大多立志于年轻之时，追求于一生之中。青年人只有把个人理想融入广大人民的共同理想之中,把个人奋斗融入广大人民的集体奋斗之中,才能获得前进中永恒的动力,才能成就一番事业,实现人生的崇高价值。学院的团员青年要自觉用中国特色社会主义理论体系武装头脑,立志成为中国特色社会主义共同理想的坚定信仰者。要牢固树立正确的世界观、人生观、价值观,把生命的价值与国家的前途和民族的命运紧密结合起来,把理想抱负与建设国际一流行政学院的崇高事业结合起来,把个人成长与学院建设发展的实践结合起来,与时代同步伐,与祖国同奋进,与学院同发展。

二是要坚持解放思想,勇于开拓创新。解放思想、实事求是、与时俱进,是我们党的思想路线,是适应新形势、解决新问题、完成新任务的思想保证。只有解放思想,才能破除迷信、大胆探索、实践创新。青年人最有朝气、最少保守思想,是我国社会中最积极、最活跃、最有生气的力量。学院广大团员青年要不断解放思想,敢于探索,勇于创新,克服墨守成规、安于现状思想,以争创一流的志气、敢为人先的勇气、革故鼎新的锐气,力争在本职岗位上有所发现、有所创造,在学院的教学创新、科研创新、制度创新和管理创新等方面走在前面。

三是要勤奋读书学习,积极投身实践。读书学习可以增长知识、开阔视野,可以陶冶情操、增强思维能力,也是坚定理想信念、提升精神境界的一个重要途径,还是做好本岗工作、个人成长进步的必然要求。列宁在1920年向共青团提出了学习的任务,明确指出:“只有了解人类创造的一切财富以丰富自己的头脑,才能成为共产主义者。”在新的时代条件下,青年人学习和实践的任务比以往任何时候都更加繁重而紧迫。希望广大团员青年要更加勤奋刻苦学习,做到每天都要挤时间学习、孜孜不倦地学习、持之以恒地学习。要认真学习当代中国马克思主义理论著作,提高思想政治素质,打牢科学理论功底。要广泛学习现代科技知识和经济社会知识,打牢业务技能功底。还要阅读古今中外优秀传统文明书籍,吸收前人在修身处事、治国理政等方面的智慧和经验。读书是学习,实践也是学习,而且是更重要的学习。既要坚持读书学习,也要积极参加实践锻炼。养成敏于求知、善于思考、勤于实践的习惯,做到"博学之、审问之、慎思之、明辨之、笃行之"。要结合学院发展实际,将学到的理论和业务知识运用到学院的教学培训、科研咨询、行政后勤管理等各项实际工作中去,努力在实践中求得真知、增长才干、练就本领,成为学有所长、业有所精的行家里手。

四是要立足本职工作,甘于耕耘奉献。爱岗敬业,是履职尽责的要求,也是一个人事业心、责任感的体现。青年人立志高远的精神要与脚踏实地的工作相结合,胸怀大志也要兢兢业业、甘于耕耘。宋朝的大学者朱熹说:"敬业者,专心致志以事其业也。"这讲的是用一种恭敬严肃的态度对待工作,认认真真,精益求精,埋头苦干。学院的团员青年尽管有岗位不同、责任大小不一,但工作没有贵贱之分,都是学院建设不可缺少的重要力量。希望广大团员青年立足本职,自觉成为创建国际一流行政学院的积极参与者。如同刚才两位青年所唱《步步高》歌词中那样:"世间自有公道,付出总有回报,说到不如做到,要做就做最好。"要把崇高的目标追求转化为做好本职工作的动力,在其岗谋其责,做其事尽其职,坚持高标准、严要求,一丝不苟、任劳任怨,积极完成各项工作任务,把青春所蕴藏的热情和潜能转化为推动学院发展的强大动力。

五是要锤炼品德修养,陶冶道德情操。古人云:人生有三不朽,立德、立功、立言。这里把立德放在首位。古代贤者崇尚道德修养,主张做事先做人。我们是新时代的青年,更要重品行、守道德,首先学会做人。青年时期是形成良好思想道德品质的关键时期。既要重视增长才干,又要注重培养优良品德。要努力成为社会主义核心价值体系的模范践行者。自觉弘扬以爱国主义为核心的民族精神,自觉传承中华民族的传统美德,自觉加强社会公德、遵守职业道德、维护家庭美德、修养个人品德。要保持高尚纯洁的思想境界和生活情趣,克己奉公,淡泊名利,抵制拜金主义、享乐主义和个人主义思想的侵蚀,大力发扬团结互助、平等友爱、诚信和谐的文明风尚，牢固树立团队精神、集体主义精神，努力塑造和展示国家行政学院青年人的良好形象，为营造良好院风作出贡献。

学院各级团组织是学院各级党组织联系团员青年的桥梁和纽带，在创建国际一流行政学院的事业中承担着重要职责。近几年，学院各级团组织在院党委的领导下，围绕中心、服务大局，积极进取、开拓创新，主动开展多种形式的活动，引导青年成长成才，激励青年奋发向上，活跃团员青年生活，探索组织建设新形式，取得了可喜的成绩，展现了学院团员青年的风采，彰显了学院各级团组织的创造活力。

长期以来，学院党委一直高度重视共青团工作和青年工作。最近，学院党委专门研究了共青团和青年工作，要求更加关心和支持青年人的成长进步，为优秀青年脱颖而出创造更多更好的平台和机会，决定进一步完善团组织和青年工作机构，充实新生力量，加大工作力度，推进学院团的工作迈上新台阶。各级团组织要按照院党委的统一部署和要求，围绕创建国际一流行政学院的目标和学院的中心工作，充分发挥组织青年、引导青年、服务青年、维护青年合法权益的职能，认真研究和解决工作中的新问题，扩大团的工作覆盖面和影响力，进一步增强团组织的凝聚力和创造力。特别是在团员青年人数较多的部门，更要把团的工作和青年工作提到重要地位，积极组织开展形式多样、丰富多彩的活动，把广大团员青年的心思、智慧和力量凝聚到行政学院发展的事业之中。

专兼职团干部都要热爱团的工作岗位，把团的工作作为增长才干，磨练意志，提高组织工作能力和综合素质的重要平台。在认真做好本职工作的基础上，积极投入团的工作，以奋发有为的精神状态、扎扎实实的工作作风，奋力创造无愧于光荣岗位的佳绩。

学院机关党委要加强对团委和青年工作的领导和指导，统筹协调，充分发挥各级团组织的作用。各级党组织要切实关心和重视青年工作，充分信任青年，热情关心青年，正确引导青年，严格要求青年，真心帮助青年，特别是要努力解决他们在学习、工作、生活中遇到的实际困难，千方百计为青年同志的成长成才、干事创业创造条件。对编外青年要一视同仁，同样信任、同样关爱、同样培养，使他们尽快成长进步，让他们感到学院的温暖。要积极支持青年参加共青团组织的各项活动，注意发现和培养青年工作骨干，为学院长远发展增添后备力量。

同志们、青年朋友们，伟大的事业激励人心，崇高的目标光彩耀人。学院新一届团委要以创新的思想、创新的精神、创新的方式，开展创造性的工作，团结带领全院团员青年高举中国特色社会主义伟大旗帜，深入贯彻落实科学发展观，牢记使命、奋发有为，用智慧和汗水谱写青年时代的灿烂华章，为国家行政学院美好的未来努力奋斗！

认真做好政策研究工作
努力提高决策咨询水平*

（2009 年 7 月 6 日）

这期厅局级领导干部公共政策专题研讨班，今天开班了。举办高层次的全国性公共政策专题研讨班，是国家行政学院建院以来的第一次。本次研讨班有多方面的意义：首先，这是全面履行国家行政学院职能的重要体现。国务院文件明确规定：国家行政学院“是培训高、中级国家公务员的新型学府和培养高层次行政管理及政策研究人才的重要基地”，把高层次政策研究人才的培养作为国家行政学院的一项重要职能。但由于种种原因，我院还没有举办过政策研究人员的专题培训班。举办本期专题研讨班，就是要全面履行国务院赋予学院的职能。其次，这是推进全国政策研究工作的重要举措。大家知道，政府系统的政策研究工作十分重要，它直接关系各级党委政府决策水平和治国理政能力的提高，关系党中央路线、方针和工作部署的贯彻落实，关系政府绩效的状况。第三，这是培训政策研究人才的重要步骤。当前，国内外形势急速变化，特别是应对国际金融危机，我国经济社会发展面临的新形势新任务，对各级政府决策提出了更高的要求，也对政策研究人员提出了新要求。新形势、新任务、新要求，迫切需要进一步提高政策研究人员的素质和能力。举办这期研

* 本文系作者在国家行政学院厅局级领导干部公共政策专题研讨班上的授课提纲。

讨班,组织政策研究机构的领导干部在一起学习、研讨,有助于大家开阔视野,启迪思路,丰富知识,交流经验,增强素质,提高能力。基于以上三个方面的考虑,我们把本期专题研讨班列入了学院今年的培训计划。

今天上午是本期研讨班的第一课。我准备讲三个问题,与大家一起交流和探讨。

一、充分认识做好政策研究工作的重要性

从历史上看,研究和制定政策,是随着国家和政府的出现而产生的。对于政策的含义,中外学者从不同角度作过多种界定。一般说来,政策是国家、政党为实现一定历史时期的路线和任务而规定的行动准则。政策的表现形式多种多样,从政党和政府制定的战略规划、颁布的政令条例,解决问题的举措、到领导人作出的指示、发出的号召,都可以纳入政策的范畴。如何理解政策的本质内涵呢?我认为,可以从以下三个方面来把握:

第一,政策是统治阶级意志和利益的体现。马克思主义告诉我们,政策作为上层建筑,与一定社会的经济基础相适应,反映着该社会占统治地位的生产关系。列宁曾经指出:“政策就是阶级之间的相互关系”。任何国家任何时期的政策,总要体现该国家一定时期政策制定主体的意志,反映特定社会中统治阶级的世界观、价值观、利益观,是为统治阶级的利益服务的。所以,政策往往具有政治性,是一种价值理性的产物。

第二,政策是政党和政府实现意图和任务的手段。任何一个政党和政府都会根据对特定时期内外部环境的认识,确定自己的行动方向、目标追求和路径选择。为此,一方面要通过相应的政策加以体现,另一方面要通过具体的政策措施加以落实。制定和实施政策是政党和政府履行公共管理职能的形式和途径。从这个角度来说,政策又是工具理性的产物。

第三，政策是指引和规范社会行为的准则。特定社会目标的实现有赖于政党和政府采取相应的行动。执政党和政府需要通过制定和实施政策来调控各类社会主体的行为，使之按照期望的方向、目标和通过一定的方式采取行动。这种调控可以采取两种方式：一种是引导，就是为社会各主体提供行动指南和动力，这种政策具有导向性、激励性；另一种是规范，就是要求社会各主体必须遵守一定的规则和标准，这种政策具有强制性、约束性。

政策研究，顾名思义，就是以制定政策为目的的一种研究活动。进一步说，政策研究是综合运用多学科知识，为决策者搜集和提供所需信息、研究和提出解决有关问题的政策建议的活动过程。这个过程从现实的问题出发，通过深入地调查、分析和研究，向决策者提供解决问题的政策备选方案。政策研究与决策是一种“谋”与“断”的关系，其成果是提出供决策者参考、选择的政策建议。作为决策的一种辅助和支持活动，政策研究成果可能对最终决策和政策制定产生直接的重要影响。因此，做好政策研究工作至关重要。

（一）做好政策研究工作，是进行领导决策和政策制定的重要环节

政策研究是为决策服务的。政策研究工作的重要性，首先是由决策的重要性决定的。关于决策的重要性，中外许多著名的学者和政治领导人都有过论述。美国著名管理学家、现代决策理论的奠基人、诺贝尔经济学奖获得者赫伯特·西蒙提出了“管理就是决策”的著名论断，认为决策是一切管理实践的核心。古今中外无数事实证明，决策是事业成败的关键。北宋司马光呕心沥血 19 载写成的《资治通鉴》，记述了公元前 403 年至公元 959 年长达 1362 年的朝代更替、民族兴亡的史实，其中很多是关于决策的故事，供后世统治者或决策者借鉴。一部《三国演义》，给人们留下最深刻的印象不是武将角力、勇士争斗，而是文臣谋士之间计策的较量、谋略的争锋。我们党的几代领导人对决策的重要性都作出过精辟

的论述。早在1948年3月,毛泽东同志在为中央起草的《关于情况的通报》中就指出:“只有党的政策和策略全部走上正轨,中国革命才有胜利的可能。政策和策略是党的生命,各级领导同志务必充分注意,万万不可粗心大意。”邓小平同志在1986年9月《关于政治体制改革问题》的谈话中告诫我们:“国家这么大,情况太复杂,改革不容易,因此决策一定要慎重”,强调了决策对于改革事业取得成功的重要性。江泽民同志在《没有调查就没有决策权》一文中明确指出:“历史经验说明,各种问题的解决都取决于正确的决策。”中国共产党和党领导的军队之所以能从弱变强,用小米加步枪打败了用飞机、坦克武装起来的敌人,最终取得革命的胜利,关键是因为以毛泽东同志为主要代表的党中央制定了正确的路线方针政策。新中国成立和建设发展的历程,也从正反两方面验证了决策的极端重要性。20世纪50年代后期的“大跃进”等“左”倾政策、60年代中期发生的十年“文化大革命”,这些重大的决策失误使我国经济社会发展遭受严重挫折。而1978年年底党的十一届三中全会作出改革开放伟大决策以及之后制定的一系列正确的方针政策,则指导我国经济社会发展取得了举世公认的辉煌成就。

政策和决策对于事业发展的极端重要性,决定了做好政策研究工作的重要性,因为在一定意义上讲,政策研究的水平直接影响到决策的水平。2002年2月,时任国务院总理的朱镕基同志在看望国务院研究室工作人员时说过:我希望研究室的同志加强学习,更好地改进自己的工作,提高自己的工作效率和水平。研究室的工作提高一步,反映到我们的工作上就提高一步,反映到国务院的工作上就提高一步。2003年,温家宝总理在国务院研究室工作总结上作出重要批示:国务院研究室为国务院决策和指导工作发挥了重要的参谋助手作用。可见,党和国家领导人高度重视政策研究工作,对政策研究机构和工作人员寄予厚望。

近几十年来,世界上许多国家出现了政策研究类的智库。智库,也称智囊机构、智囊团、思想库,是指由专家组成、多学科的、为决策者在处理社会、经济、科技、军事、外交等各方面问题出谋划策，提供最佳理论、策略、方法、思想等的研究机构。各类不同形式的智库为各国政界、商界提供了大量有价值的重要决策咨询服务，彰显了现代智库在决策和政策制定中的重要作用。

（二）做好政策研究工作，是推进决策科学化民主化的必然要求

我们党历来重视决策的科学化民主化。1962 年，毛泽东指出："在总路线指导之下，制定一整套的具体的方针、政策和办法，必须通过从群众中来的方法，通过作系统的周密的调查研究的方法，对工作中的成功经验和失败经验，作历史的考察，才能找出客观事物所固有的而不是人们主观臆造的规律，才能制定适合情况的各种条例。""没有民主，意见不是从群众中来，就不可能制定出好的路线、方针、政策和办法。"1978 年，邓小平在全军政治工作会议上的讲话中指出："按照实际情况决定工作方针，这是一切共产党员所必须牢牢记住的最基本的思想方法、工作方法。"江泽民同志在党的十六大报告中指出："正确决策是各项工作成功的重要前提。要完善深入了解民情、充分反映民意、广泛集中民智、切实珍惜民力的决策机制，推进决策科学化民主化。"胡锦涛同志在党的十七大报告中强调，要"推进决策科学化、民主化，完善决策信息和智力支持系统，增强决策透明度和公众参与度，制定与群众利益密切相关的法律法规和公共政策，原则上要公开听取意见"。现代政府决策是由诸多环节组成的过程。提高决策科学化民主化水平，要求我们必须做好政策研究工作。这是因为：第一，只有通过扎实深入的调查研究，才能及时获得关于国内外形势和环境条件的各种真实信息，从而为决策提供准确可信的依据，制定符合客观实际的政策。第二，只有通过细致科学的分析研究，才能提出切实可行、合理有效的政策建议，从而为决策者提供解决问题的多种思路和方案，有利于在比较选择的基础上优化决策。第三，只有通过广泛了解民意、汇聚众智，才能充分反映人民群众的心声，更好地汲取专家的智慧，制

定符合人民群众愿望、符合事物发展规律的政策。第四，只有通过密切跟踪评估政策实施过程及其后果，才能及时纠正政策偏差，确保政策得到有效执行，避免不良政策后果。

（三）做好政策研究工作，是妥善应对复杂多变形势的迫切需要

我们党和政府决策面临的内外部环境越来越复杂。当今世界，正处在大发展、大变革、大调整时期。随着世界多极化、经济全球化的深入发展，国际力量对比出现新态势，全球思想文化交流、交融、交锋呈现新特点。随着改革开放不断深化，我国与世界的联系和互动空前紧密，国际政治格局、世界经济走势的变化必然对我国产生影响，同时我国发展形势和政策变化对世界也会产生影响。随着我国工业化、信息化、城市化、市场化快速发展，经济建设、政治建设、文化建设、社会建设以及生态文明建设全面推进。我国发展呈现一系列新情况、新问题。面对复杂多变和不确定性的因素，面对性质不同和领域不同的众多问题，任何一个领导机关或决策者仅仅凭借自己掌握的知识和积累的经验，难以制定有效的政策。这就需要加强政策研究工作，提高政策咨询水平，为党委和政府以及领导者的决策提供多方面的和有力的智力支持。

去年下半年以来，发端于美国的国际金融危机不断蔓延和加深，我国经济增长速度减缓、就业压力加大、财政收入下降、公共开支需求增加、影响社会稳定的潜在因素增多。这是对决策能力最现实的新挑战，也是对我们政策研究工作和研究人员素质最现实的新考验。为有效应对国际金融危机的冲击，决策必须反应快捷、及时果断、准确有力，这就要求我们必须进一步提高政策研究咨询服务水平，为党和政府的决策及时提供有价值的和高质量的政策建议，同心协力，共克时艰。

总之，无论从政策研究对决策的影响作用和推进决策科学化、民主化，还是从当前国内外复杂多变的形势要求，都说明必须高度重视和用大气力做好政策研究工作。

二、全面把握政策研究工作基本要求，努力提高决策咨询水平

（一）政策研究工作的主要特点

深刻认识政策研究工作的特点，努力把握其中带有规律性的东西，对于我们做好这项工作非常重要。大体说来，政策研究工作的特点，可以概括为“六性”：

一是政策性。政策性是政策研究工作的核心和灵魂，是这项工作的主旨和主线。我们搞政策研究的根本目的，就是要为党委政府制定政策提供参考依据。这方面工作质量高低关键要看有多少研究成果进入了决策程序，变成了实际政策，以及在实际工作中发挥了什么样的作用。可以说，体现政策性是政策研究部门工作的最重要特征。这就要求政策研究人员要有强烈的政策观点和政策意识。

二是针对性。政府工作千头万绪，政策研究必须围绕政府工作的中心和大局，考虑政府决策的需要，着力研究解决政府工作面临的重点难点热点问题，做到有的放矢。政策研究工作只有忙在点子上，谋在关键处，才能富有成效，事半功倍。如果脱离政府中心工作，远离政府决策需要，研究工作的效果必然会大打折扣。

三是应用性。政府研究部门的研究工作，既不是纯粹的理论探讨，也有别于其他科研工作，而主要是一种应用性对策性研究，尤其强调“研以致用”、“以用为贵”。具体地说，研究选题的出发点是提供实际工作急需的对策建议，研究工作的落脚点是解决社会经济生活中的问题。只有这样的研究工作成果，才能对政府的决策有用。

四是前瞻性。政府的许多决策往往事关全局、影响深远，特别是一些

重大决策更是如此。作出这样的决策首先要有预见性,符合事物发展的趋势。特别是对倾向性因素和典型性事物,要给予高度关注,善于见微知著,提出具有前瞻性的对策建议。要有深虑和远见,既要着眼解决当前突出问题,又要面向未来发展趋势,既要"顾后",又要"瞻前"。只有这样,才能提出有真知灼见的对策建议。

五是操作性。政府研究部门提出的政策建议,不仅要做到思路清晰、观点正确,还必须切实可行,尤其应充分考虑可行性和可操作性。有些政策建议,看似很正确,但因无实际操作性,只能是"空中楼阁"、"中看不中用"。

六是时效性。政策研究工作成果能否发挥应有的作用,在很大程度上取决于对经济社会发展变化情况的反应速度。"文当其时,一字千金。"这就要求我们的政策研究必须快速反应,对领导同志关注的重要问题和紧迫问题,应立即组织力量,迅速开展研究,及时报出成果,这样才能恰逢其时、正值其用,产生良好效果。倘若时过境迁,工作重心已经转移,才慢腾腾地拿出调研成果,即使写得多么全面、正确、深刻,也为时已晚,只能做"事后诸葛亮"了。

(二)政策研究工作应遵循的基本原则

一般地说,政策研究工作必须注意把握好以下基本原则:

一要坚持客观性原则。列宁指出:"事实是我们政策的基础。""马克思主义者只能以确切的、有凭有据的事实作为自己政策的前提。"搞政策研究,切忌主观臆断。要具有追求真理的勇气和无私无畏的精神,不"唯上",不"唯书",只"唯实",惟事实是从,惟国运顿首,这是政策研究人员的基本品质。对了解到的真实情况和各种问题,要敢于"较真"和"碰硬",做到查实情、说实话、献实策、出实招。要深入群众,倾听群众真实的呼声,反映群众真实的疾苦。要客观、准确和真实地反映社会现象和客观事物,努力做到搞清真实情况,掌握准确数据,在深入分析基本情况和数据后,提出符合客观实际的对策建议。

二要坚持全面性原则。列宁说:“如果从事实的全部总和、从事实的联系去掌握事实,那末,事实不仅是‘胜于雄辩的东西’,而且是证据确凿的东西。如果不是从全部总和,不是从联系中去掌握事实,而是片断的和随便挑出来的,那末,事实只能是一种儿戏,或者甚至连儿戏也不如。”政策研究工作要充分反映社会现象和客观事物的方方面面,做到局部和整体相结合、现实和历史相结合、动态和静态相结合。要全面了解真实情况,善于听取各种意见,注意克服片面性,防止走极端。

三要坚持系统性原则。在政策研究中,必须用系统的观点看待和分析问题,要系统分析构成社会现象和客观事物的各个要素,深入研究它们之间的相互关系,既要“左顾”,又要“右盼”,搞清楚作为系统的社会现象和客观事物的整体功能,同时还要研究社会现象和客观事物所处的环境条件。要有大局意识和全局观念,在把握大局前提下探讨问题,不能孤立地、零散地看待问题,避免把视野局限在狭小范围之内。

四要坚持创新性原则。政策研究贵在创新。各级领导都希望政策研究部门提出的对策建议有新思想、新材料、新见解。要达到这样的要求,最根本的是要坚持解放思想,与时俱进。要及时掌握国内外快速发展变化的新情况,不断创新观念和思维方式,不断改进政策研究工作的方式、方法和手段。同时,要敢于想别人之未想,善于谋别人之未谋,勇于提出创新性的见解和建议。

五要坚持科学性原则。政策研究是一门严谨的科学,必须遵循科学规律,进行科学思维,使用科学方法,尤其要善于用辩证法分析研究问题。要掌握共性与个性原理的使用方法。毛泽东同志在对农村问题进行研究时,通常采取典型调查的做法,然后再由典型推及一般。他形象地把这种方法比喻为“解剖麻雀”。要学会抓主要矛盾或矛盾的主要方面,把握主题,突出主线,抓住重点,善于以“纲举”实现“目张”。只有这样,才能使政策研究工作具有科学性,拿出有价值、高质量的对策建议。

六要坚持理论联系实际原则。理论联系实际是认识客观规律、推动理论不断向前发展的必由之路。做好政策研究工作,一方面要以正确的理论为指导,深入实践,从实践中找出解决问题的办法;另一方面,又要让这些办法重新回到实践中去接受检验。只有经过实践验证是正确的东西,才能用于进一步指导实践活动。

(三)做好政策研究工作需要把握的重要环节

1. 认清形势,把握环境。

形势是事物发展变化的状态及其趋势。正确认识和把握形势是政策研究的前提。考察古往今来,研究形势制定对策,已成为我国源远流长的治国传统和理政文化。《战国策》、《过秦论》、《隆中对》等关于研究分析形势提出良策的名篇不胜枚举。我们党领导革命、建设和改革的实践,也总是从形势出发,研究任务,制定政策。我们经常学习到以“形势和任务”、“形势和政策”做标题的重要文献和领导同志讲话。以色列著名学者叶海卡・德罗尔教授在其专著《逆境中的政策制定》中指出:中国拥有最悠久的治国传统,包括政策制定方面的思考和实践,相比于往往只注重特定问题而对周围环境不太注意的西方主要思维模式,中国的思维模式首先是广泛关注周围大环境背景,然后根据这种背景来分析考虑之中的具体问题。事实证明,能否看清形势,决定着能否制定正确的政策,决定着施政的效果。

如何才能科学研判形势,客观分析环境,提出正确的政策建议呢?一是要有整体把握。列宁曾说:“要真正地认识事物,就必须把握住、研究清楚它的一切方面、一切联系和中介。”事物的性质特征是由系统整体的而不是由部分要素的性质特征决定的。这就要求我们在分析问题、研判形势、认识事物时,要全面地审视局部事物在全局中的位置,系统地分析各种事物之间的相互关系,从整体上把握事物的性质,防止一叶障目不见泰山,只见树木不见森林,孤立地看待问题。二是要有矛盾分析。社会现象纷繁复杂,我们要善于分析。包括分清哪些是互为因果,哪些是单向因果;哪些是一果多因,哪些是一因多果;什么是本质的、主流的,什么是非本质的、支流的。许多矛盾错综交织,要善于分清哪个是矛盾的主要方面、对形势变化起决定性作用,哪个是矛盾的次要方面、对形势变化有一定的作用。只有找出形势发展变化的原因,看清事物的本质,才能提出解决问题的正确对策。三是要有战略思维。就是要从全局、长远发展观察、思考问题。任何形势发展变化都有其自身的规律,作为政策研究工作者,要看局部、想全局,看当前、想长远,从事物的全局和未来角度认识事物发展变化的大趋势。分析判断当前的形势,要见微知著,善于抓住关乎全局和长远的苗头性、倾向性问题。四是要有世界眼光。我们是在开放的环境中推进现代化建设的,也是在信息时代推进现代化建设的,在网络铺天盖地的情势下,可以说"世界是平的"。因此,研究分析问题必须具有世界眼光,避免把眼光局限在狭小范围内。在研究问题时,要顺应世界潮流,把握时代脉搏。用心考察世界上有关国家的做法,善于学习借鉴国际有益的经验。五是要有过程思想。一切事物都随时间、地点、条件的转移而转移,形势在不断变化,思想认识也要不断随之变化。形势变化也就要求调整政策。我们要根据形势变化,把握政策的"机会窗口"。

2. 围绕中心,服务大局。

做好各项工作都有一个围绕中心、服务大局的问题。我们从事政策研究工作尤其要确立这样的观念和定位。其一,这是我们工作的根本方向和要求。政策研究部门是直接为领导和领导机关服务的机构,必须紧紧围绕党和国家的中心任务、党委和政府的工作部署,把握领导同志的工作意图。否则,我们的工作就无的放矢。其二,这是我们工作的性质和任务决定的。政策研究部门是直接为党委政府和领导同志服务,理应发挥参谋助手作用,主要任务是负责或参与起草、修改重要文稿,调查研究需要解决的重要问题,收集、整理和报送重要信息。这样的工作性质和工作任务,要求我们必须围绕中心,服务大局。其三,这是我们工作的岗位和作用决定的。研究部门的工作不是一般的文稿起草,更不是为了论证某些学术观点、写理论文章,而是直接为党委和政府决策服务,是领导同志的大脑延伸。我们的工作事关重大,因而必须心中装着大局、工作体现大局,在大局下行动。

在政策研究工作中,如何做到围绕中心、服务大局?我看,至少要把握好以下三点。一要选题紧扣工作任务。凡是受到领导重视并在推动工作中发挥重要作用的政策研究成果,都是紧扣中心任务、主动服务大局的。一方面,对政府工作面临的问题,特别是领导交办的重要任务,必须高度重视,快节奏、高效率地集中力量尽快提供情况和建议。另一方面,还要自觉想大事、议大事,对关系全局的战略性问题要主动进行超前、深入、系统的研究,做到预为之谋。二要高效服务领导决策需要。党委政府领导公务繁忙,往往在较短时间内做出决策。时间限制是政策研究工作的重要特点。在这种情况下,要高效服务领导的决策需要,就需要我们"身在兵位,胸为帅谋",善于从全局高度谋划思考问题,准确把握党和政府工作的基本方向,深刻领会党和政府作出的事关长远发展的重大决策、每一阶段的工作部署以及当前的重点工作。需要我们经常研判、跟踪经济社会发展情况,关注那些可能出现尤其是将要出现的关系全局的问题,提前加强研究,准备解决的预案和对策。三要提高研究成果转化率。研究成果推动工作的情况,是衡量围绕中心、服务大局成效的主要标志。因此,我们要采取多种方式反映、报送调研成果,积极主动地向领导汇报调研成果的价值所在;要丰富转化形式,既可以直接为领导决策提供依据,也可以吸纳在领导讲话、文件起草之中;最重要的是要建立支撑科学决策、民主决策的咨询机制,防止研究政策和实际决策两张皮。与此相联系,我们还要摆正位置,正确处理好政策研究工作和领导决策的关系。政策研究的主要使命是要在科学研究的基础上,为领导决策提供咨询服务;而是否制定政策、制定什么样的政策,则是领导的职责。由于政策制定的复杂性,领导所要考虑的许多因素是政策研究人员所难以完全了解的,因而，政策研究部门并不能代替政策制定者进行决策。在向领导提供政策建议时，政策研究人员不能也不应要求领导非接受不可，而只是供其决策参考，或通过揭示那些易于被忽视的因素、分析各种备选方案的利弊来帮助领导作出选择。我们绝不能因为自己提出的建议没有被采纳就产生抱怨的情绪，更不能因此对自己的作用悲观失望。我们应当在围绕中心、服务大局中找准定位，自觉做到越位的要正位，缺位的要补位，错位的要归位。

3. 深入调查，科学研究。

调查研究是一项根植于实践的创造性思维活动，包括“调查”和“研究”两个主要阶段。只有调查而无研究，或者只有研究没有调查，或者只有调研而无正确结论，都不能称之为真正的调查研究。政策研究人员开展调查研究的主要目的，是把感性认识理性化，把零散做法系统化，发现和剖析存在问题，总结和提炼实践经验，形成适应新形势、解决新问题的科学思路和对策，为政府决策提供咨询服务。调查研究是做好政策研究工作的关键环节，是谋事之道，成事之基。毛泽东同志说过：“没有调查，就没有发言权”。“不做正确的调查研究，同样没有发言权”。这是至理名言。对于我们政策研究人员来说，不做调查研究或不会调查研究，就没有参谋权、建言权。

那么，如何搞好调查研究工作呢？我觉得，需要做好以下六个方面的工作：一是下工夫掌握实情。陈云同志讲过：“我们做工作，要用百分之九十以上的时间研究情况，用不到百分之十的时间决定政策。所有正确的政策，都是根据对实际情况的科学分析而来的。有的同志却反过来，天天忙于决定这个，决定那个，很少调查研究实际情况。这种工作方法必须改变。要看到，片面性总是来自忙于决定政策而不研究实际情况。”这说明了解真实情况、深入调查研究的重要性，说明弄清情况是制定政策最为基础的工作。只有情况明，才能决心大、方法对。因此，我们从事政策研究工作的人员，必须下真工夫、大工夫、苦工夫开展调查研究，摸清真实情况。要深入实际、深入基层、深入群众，深入到问题的所在地和矛盾的症结处，溯本求源，真正掌握第一手材料，深刻了解事物本来面目。我们要客观、公正、理性地听取各种意见。要带着问题摸情况，但不预设框框，先入为主；要把握主流声音，但不只听一种声音，忽视不同的意见；要搜集各种材料和意见，但不凭间接材料作出结论，也不凭不负责任的片面之词下论断。只有深入调查，善于调查，“入深水抓大鱼”，才能捕捉领导机关难以听到、不易看到和意想不到的真实情况，找出解决问题的对策。

二是潜心深入研究。摸清情况是为了研究问题，研究是调查的深入，深入必须心入。毛泽东同志当年在兴国作调查，耳边是炮声隆隆，但他却静下心来，一蹲就是一个多月，写下了指导革命胜利的不朽之作。我们要学习伟大领袖这种精神风范，静心定神搞调查研究，心浮气躁一定出不了好的调研成果。我们搞政策研究，首先要“吃透两头”。要吃透上情，把准方向，全面了解党的路线、方针、政策；要摸准下情，把握社情民意。只有把握住这两头，分析问题才有基本的依据。其次要消化材料。要对调查中了解到的感性的、零星的、无序的、不系统的情况，进行分类、归纳、提炼。收集消化材料当然是越多越好，但如果丢掉了关键材料和主要事实，也是无用和无效的。毛泽东同志曾说过：十样事物，调查了九样，只有一样没有调查，“如果你调查的九样都是一些次要的东西，把主要的东西都丢掉了，那末，仍旧是没有发言权”。他还指出，“要抓住主要矛盾，突出重点，‘眉毛胡子一把抓’不仅耗费精力，而且往往不得要领，难以深入。”再次要科学分析。要综合运用归纳与演绎、分析与综合、具体与抽象、定性与定量等手段，对调查中掌握的材料进行一番去粗取精、去伪存真、由此及彼、由表及里的深入思考和研究，透过现象把握本质，分析原因，找出规律，提出解决问题的有效办法。

三是切实维护群众利益。人民群众是调查研究的对象，人民群众的社会实践，是我们调查研究的活水源头。调研成果的质量如何，提出的政策意见正确与否，最终都要由人民群众的实践来检验。因此，搞好调研工作，必须坚持以人为本，端正对待群众的态度。抱着满腔的热忱、眼睛向下的决心、求知的渴望、甘当小学生的精神、与群众作朋友的真诚，放下架子、扑下身子，“问问家长里短事，听听鸡毛蒜皮言”。必须倾听群众的呼声。既要了解群众盼什么，也要了解群众怨什么；既要听群众的顺耳话，也要听群众的逆耳言；既要让群众反映情况，也要请群众提出意见。总的来说，我们要广察民情，广集民智，广谋民利。只有这样的调查研究，才能真正察到实情、获得真知、收到实效。

四是充分发挥专家作用。现代管理的专业性、科技革命的全球性、世界形态的开放性、社会现象的复杂性，向我们提出了更高的要求。在当今时代，单凭个人的知识、经验和智慧，很难把握日新月异的发展形势。因此，做好调研工作，必须注重发挥专家作用。要坚持内外结合、专家和职能部门相结合。要发挥专家的专业素养优势，吸收最新的研究成果和最前沿的信息，拓展调查研究的深度和广度。特别是对一些重大问题，要善于借用外脑，依托专业知识支撑，全方位、宽领域、多层次地开展调研。要充分发挥专家的积极性，尊重专家的智力投入和智力成果。

五是综合运用各种调研方法。调研方法影响调研成果质量，决定调研工作水平。在实践中，我们通常采用召开调查会、研讨会、走访调查、蹲点调查、典型调查、实地考察、问卷调查等多种行之有效的调研方法，应继续坚持发扬。比如开调查会，是最简单易行又忠实可靠的方法。在调查中，口问手写，展开讨论，感受直接、体验深刻、互动性强，是其他现代调查技术所不可代替的。同时，还必须拓展调研渠道，创新调研方式。要积极使用统计调查、抽样调查、网络调查等现代方法，提高调查的效率和质量；充分利用现代信息技术和手段进行资料的收集、整理和加工，对已掌握的调查材料进行多层面、多角度的系统研究，对复杂的社会、经济系统进行定性和定量分析，提高调查研究的科学性和时效性。

六是注意广泛收集利用信息。只有广泛收集利用信息，才能当好领导的“千里眼、顺风耳”。在当今信息网络时代，社会信息传播方式和传播速度与过去相比已发生巨大变化，重视和加强这方面的工作都显得十分迫切。收集利用信息，重在发掘出信息的价值。正确的决策必须建立在准确可靠的信息基础上，否则就会使决策出现失误。

4. 精心谋篇布局，写好调研报告。

撰写调研报告的主要任务是，把调查研究所得用文字表达出来、写成报告，用以总结工作、分析问题、推广经验、吸取教训、提供决策依据。撰写报告是调查研究的重要环节，调研报告是政策研究成果的最终体现。调查很全面，研究也很深入，调研报告写不好仍达不到预期目的，甚至会前功尽弃。更重要的是，我们从事的不是一般的文字材料工作，也不是简单地反映情况，而是要通过调研报告为领导决策提供咨询。写好调研报告，要求严格、责任重大。

那么，怎样写好调研报告呢？我感到，需要做到以下七点。一是站位要高。能否站好位，对写好调研报告是很重要的问题，也决定着调研报告写作的成败。写调研报告一定要站在领导的位置，换位思考，也就是我们常说的思领导所思，想领导所想，急领导所急，与领导同频共振；一定要处理好“有我”和“无我”的关系，既用“有我”的强烈责任意识写报告，又不能站在自己的角度做文章；一定要善于从宏观着眼、把握大局。二是思想要深刻。“思想立身、文稿立言、品德立人”。对于我们从事政策研究工作的人来说，思想立意至关重要。一篇有分量、有价值的调研报告，一定要有新思想、新材料、新见解。要深思熟虑，整体把握，要想得深、谋得远，凝炼主题，提炼思想，画龙点睛，给人启迪，提出问题要抓住重点和本质，分析问题要鞭辟入里、入木三分。三是观点要鲜明。撰写调研报告必须对调查的事物有鲜明的态度。要观点明确，是什么、不是什么要说清楚，提倡什么、反对什么，利弊分析要直指要害，对策建议要直截了当，不能观点模糊、语焉不详。要化繁为简，直奔主题，一针见血，不能内三层外三层，让人“雾里看花”。四是内容要充实。内容充实要体现在务实上。所阐述的观点、提出的政策措施建议，既要考虑需要，又要考虑可能，既要解决现实问题,又要符合发展趋势,要以解决实际问题为出发点,体现实用性、实效性、指导性的有机结合。内容充实也要体现在真实上。对调查了解到的真实情况和各种问题,要如实反映,防止功利思想,粉饰太平,掩盖矛盾,投机取巧做文章。内容充实还要体现在唯实上。要不唯书、不唯上,处理好对上负责和对下负责的关系,敢于把深入调研得到的但与领导意见不一致甚至相反的观点秉笔直书,为领导作出正确决策、制定有效政策提供帮助;防止一味迎合领导意见,回避问题,误导判断,导致决策失误。五是结构要严谨。文无定法,却有成规,调研报告的结构要符合内在的逻辑关系。要谋好通篇布局,对主题、立意、内容进行科学思维,系统思考,整体构思,形成框架结构,做到结构和内容的有机统一。要注重结构得当,切忌繁琐,不能层次过多、分叉过多。要提倡多样性,切忌公式化,不能形式死板,反对做"八股"文章。六是表达要准确。毛泽东同志在《工作方法六十条》中指出:"文章和文件都应具有这样三种性质:准确性、鲜明性、生动性。"这其中,准确性是第一位的也是最基本的要求。我们无论是总结经验、分析问题还是提出对策建议,要做到概念准确,判断恰当,使用概念、判断进行推理符合逻辑;不能言不达意,用词生僻,晦涩难懂,使人产生歧义。要做到表述恰如其分、中肯到位,不能无病呻吟。要做到恰当选词,严密造句。在此基础上,还要力求生动活泼,耐看耐读,引人入胜,回味无穷。七是文风要朴实。如果说,思想内容是调研报告的"精",结构表述是调研报告的"气",文风则是调研报告的"神"。我们要根据机关工作特点和调研报告的要求,体现朴实的文风。要平实,用事实说话,实实在在,切忌泛泛议论。要简洁,力求短小精悍、言简意赅,意到言到、意尽言止,要言不烦,不要拖泥带水,冗长乏味,动辄洋洋万言,让人到沙堆中淘金捡宝。要质朴,开门见山,把话说到位,既不要过多雕饰、过于华丽,也不要官话套话连篇。

我们前面从政策研究的特点、原则及主要环节等方面,阐述了如何做好政策研究工作问题。那么,衡量政策研究水平高低的标准是什么呢?

我看，至少可以从政策研究成果的价值和应用价值两个方面进行考察。从政策研究成果的价值看，可概括为“三个符合、三个检验”，即政策研究成果要符合经济社会发展实际，经得起实践检验；要符合客观规律，经得起历史检验；要符合民心民意，经得起人民群众检验。从政策研究成果的应用价值看，可概括为“发挥三个作用”，即发挥参谋助手和智囊作用；发挥服务科学决策的作用；发挥推动实际工作和社会进步的作用。我觉得，在“三个符合、三个检验、发挥三个作用”方面成效如何，就是衡量我们政策研究水平高低的重要标准。

三、努力提高政策研究人员的素质和能力

做好政策研究工作，至关重要的是不断提高政策研究人员的素质和能力。政策研究工作政治性强、涉及面广，对政策研究人员的素质和能力要求非常高。概括起来说，就是要有较高的马克思主义理论水平和全面准确把握党的路线、方针、政策的本领，要有较高的政治洞察能力和鉴别能力，要有解放思想和敢于创新的意识，要有实事求是的精神和严谨的科学态度，要有较强的分析研究能力和文字表达功底，要有比较广博的政治、经济、法律、历史和科技等各种知识，还要有较好的电脑、网络等现代化办公技能。政策研究人员一定要博学厚积、秉要执本、常勤精进，做到站得高、看得远、想得深、写得好，努力使自己成为政治合格、业务精通、作风过硬、善打硬仗的高素质全面发展人才，以更好地适应党和国家事业发展的需要。

（一）不断提高政策研究人员的思想政治和政策理论水平

打好基本理论和政治方向的根底。政策研究人员要坚持刻苦学习马克思列宁主义、毛泽东思想、邓小平理论和“三个代表”重要思想，努力学

习实践科学发展观。善于运用马克思主义的立场、观点和方法来观察、处理问题。始终坚定正确的政治方向。这是最重要的。任何一项政策研究工作,都必须以党的理论、路线、方针为指导。只有政治觉悟和思想理论水平提高了,才能更好地领会和把握党的路线、方针、政策,提高从政治上、全局上观察问题、分析问题和解决问题的能力。

打好国家法律法规和政策的根底。每一项政策研究工作都与国家某些法律法规和政策规定相联系。不熟悉这些方面,就很难做好政策研究工作,起草、修改政策研究文稿。一些部门、地方提供的材料中的有些提法不符合国家的有关法律法规和政策,如果不熟悉法律、法规和政策,就很难看出问题来。我们不仅要熟悉一些基本法律、重要法规和方针政策,还要熟悉专业部门的规定、政策等。

打好善于把握全局能力的根底。政策问题往往事关大局。作为从事政策研究工作的人员,要有大局意识和全局观念,在把握大局前提下探讨问题;要善于想大事、议大事。要善于抓住改革开放和经济社会发展中的重大问题作调查研究,突出前瞻性、全局性和战略性。要从纷繁复杂的问题中,提炼出有意义的选题,把研究力量放在重大问题的研究上。要突出重点,首先是党委、政府交办的任务,其次是政策研究部门确定的重点研究课题。政策研究部门工作只有适应政府工作需要和领导决策需求,才能有的放矢、富有成效,才能算尽其本职、务其正业。

(二)不断提高政策研究人员的业务能力

提高熟悉基本知识和业务的能力。首先,要丰富各方面知识,努力掌握与自己负责的领域和业务工作直接相关的知识,不断提高业务能力和工作水平。要努力加强对现代市场经济、现代行政管理、世界经济、财税、金融、农业、工业、贸易、科教和各项社会事业等方面知识的学习,努力成为某个领域的专家。不仅要掌握有关基本业务知识和以前的情况,还要及时跟踪和掌握新的变化情况。要注意拓宽知识面,不仅要懂专业知识,还要注意学习哲学、政治、历史、文学等方面的知识。不仅要熟悉社会科学知识,还要学习自然科学知识;不仅要知道中国的有关知识,还要知道国外的有关知识。每个研究人员都要有自己的重点领域和专业范围,精通与自己工作相关方面的基本理论、基本知识、基本政策。每位研究人员都应当成为一个或几个领域的专家、权威。绝不能满足于若明若暗、似懂非懂。“以其昏昏,使人昭昭”,是不行的。要博览群书,“厚积而薄发”,用起来就会得心应手。古人云:“劳于读书,逸于作文。”意思是说勤奋读书,作文方能轻松自如。杜甫的“读书破万卷,下笔如有神”,苏轼的“读书万卷始通神”,都是讲的这个道理。社会经济现象都不是孤立存在的,任何一种问题的出现都有复杂而深刻的社会经济原因。要准确把握事物的本质,要求有广博的知识,善于从不同的角度观察、分析问题。要不断完善知识结构,重视知识更新。只有这样,才能增强发现问题、揭示矛盾的能力;才能增强战略思维、科学分析的能力,成为既精通业务知识的专家,又具有广博知识的通才。

提高开拓创新的能力。政策研究是一项富于创新性的工作,要求政策研究人员具有较强的创新能力。特别是当今国内外经济社会形势瞬息万变,新问题、新挑战层出不穷,更要求我们政策研究人员必须及时掌握新情况,大胆创新,在思维方式、工作方式等方面努力创新,敢于提出具有创新性的政策思路和措施。目前,我们一些政策研究成果质量不高,既有调查研究深度不够的问题,更有创新不够的问题。为增强政策研究人员的开拓创新能力,一是要坚持解放思想,与时俱进,在研究问题中不受条条框框束缚,敢于破除迷信;二是要创新工作方式方法,通过方式方法的创新形成观点、思路和对策的创新;三是要坚持深入群众,深入社会,善于汇聚人民群众的智慧和创造力。

提高审时度势、洞察问题的能力。我们能够履行好自己的职责,搞好政策研究工作,在很大程度上取决于对经济社会发展变化情况的把握。为此,要敏于观察,勤于思考,增强敏锐性和鉴别力,努力做到紧密跟踪形势,透彻分析形势,准确判断形势,及时提出对策建议。要善于发现新问题、新情况,特别是要能及早发现苗头性问题;要有一双慧眼,透过纷繁复杂的现象看到事物的本质、问题的根源。

提高善于博采众长和综合分析研究问题的能力。做好政策研究工作,必须认真听取各方面的意见,充分利用社会智力资源,吸取优秀研究成果。只有集思广益、善于综合、长于提炼,才能全面把握问题的实质,才能提出新的观点和建议,才能快速拿出高质量的政策研究成果。

提高辞章修养和文字表达的能力。要撰写好政策研究文稿,就需要不断提高政策研究人员的文字表达能力。撰写政策研究文稿与写其他文章一样,本身有个技能问题。文稿要写得好,除了思想正确、态度鲜明、作风正派之外,还要掌握一些写作技巧,懂一点逻辑、文法和修辞。古人说:"言而无文,行之不远。"有些政策研究人员写的稿子逻辑混乱、文理不通的现象时有发生,也有的乱造概念,用词离奇,令人难懂。这就要求我们多读一点文学作品,尤其要多看一些中外名篇,谙熟一些成语、古语、典故、名人名言,以丰富语言词汇,增添文采,避免行文枯燥刻板,味同嚼蜡,使人不能卒读。因此,要注意加强辞章修养,改进文风。当前,社会各界对文风不正颇有怨言,应特别注意端正文风。

(三)不断发扬政策研究人员的优良作风

要发扬坚定理想信念、心系人民群众的作风。政策研究人员只有坚定理想信念,才能够敢于坚持真理,敢于坚持原则,敢于发表意见,敢于提出真知灼见。要确保在任何时候任何情况下,思想不滑坡,信念不动摇。做好政策研究工作,必须以最广大人民群众的根本利益为最高标准,始终坚持把人民利益放在第一位,切实做到深怀爱民之心、恪守为民之责、善谋富民之策、多办利民之事。始终把群众拥护不拥护、赞成不赞成、高兴不高兴、答应不答应作为政策研究的出发点和落脚点。要有强烈的责任感和使命感,做到心底无私、坦坦荡荡、一身正气,在政策研究工作中彰显自己高尚的思想境界和人生价值。

要发扬求真务实、理论联系实际的作风。求实是政策研究工作的灵魂。要拿出高质量政策研究成果，首先必须有求真务实的精神，要本着求深、求细、求准的原则，“一竿子插到底”。搞好政策研究，还要具有追求真理的勇气和无私无畏的精神。要敢于讲真话，敢于报实情，不怕受冷遇，不怕受挫折。这是我们应具备的基本品质和崇高境界。政策研究人员必须发扬理论联系实际的作风，既要加强理论学习和研究，提高马克思主义理论素养，又要亲身深入实践，提高实践能力，总结实践经验，善于从实践中吸取营养，用于指导新的实践。

要发扬淡泊名利、甘于奉献的作风。政策研究工作是一项非常艰苦的劳动，政策研究部门是一个清苦的单位。必须增强责任感，严格要求，廉洁自律，做到勤勉敬业，恪尽职守，无私奉献，淡泊名利，甘于寂寞，甘当无名英雄。对待每一项研究任务、每一篇文稿起草都要全身心投入，写出最好水平。马克思说过：“《资本论》是一部经过千辛万苦写成的著作，可能从来没有一部这种性质的著作是在比这更艰苦的条件下写成的。为了它，我已经牺牲了我的健康、幸福和家庭。”由此可见，不付出巨大的辛劳，是写不好文章的，也不会做好政策研究工作的。对每个从事政策研究的人员而言，政策研究的工作岗位是短暂的，但事业是永久的，大家要非常珍惜自己的岗位和给自己锻炼的机会，做到“不用扬鞭自奋蹄”，充分发挥自己的聪明才智和潜力，全力以赴地投入，一丝不苟、精益求精、极端负责、殚精竭虑地工作。当然，我们也希望大家要在努力工作的同时，保重身体，以良好的精神状态和健康的体魄完成好本职工作任务。

下面，我对大家参加本期专题研讨班提几点希望。一是要刻苦钻研。这期研讨班时间不长，但内容丰富。既有政策研究的理论方法讲解，又有政策研究的实践经验交流，还有现实政策问题的讨论；既有国内政策研究工作探讨，又有国外政策研究工作情况介绍；既有如何进行调查研究的讲述，又有如何写好文章的授课。大家要珍惜宝贵的学习机会，集中精力，潜心钻研。二是要学以致用。要发扬理论联系实际的学风，紧密联系政策研究工作的实际，紧密联系本地区、本部门的工作实际，联系个人工作和思想实际，善于运用所学理论知识，深入研究思考，把问题想得深一些、透一些、实一些，进一步明确工作思路和努力方向。三是要深入研讨。课前要积极思考、认真准备，课堂讨论要畅所欲言、各抒己见，课后要相互切磋、相互交流，达到集思广益、共同提高的目的。要按照研讨班的统一安排，在深入思考和研讨的基础上，写好报告，提出有分量的意见和建议。四是要严守纪律。在研讨班期间，要严格遵守各项纪律和规定，确保不出问题。学院各有关部门都要切实负起责任，加强配合，共同做好保障工作。

最后，预祝这次专题研讨班取得圆满成功。预祝同志们学有所得、研有所获，并在今后的政策研究工作中取得更大的成绩，为充分发挥决策咨询作用、提高政府科学决策水平作出更大的贡献，为推进中国特色社会主义事业、实现国家现代化和中华民族伟大复兴的目标不懈奋斗。

知院　爱院　建院*

（2009 年 8 月 30 日）

这两天，学院人事局举办新入院人员培训班，对 2008 年秋季以来正式调入学院工作的同志进行一次集中培训。在座的同志中，有的来学院近一年了，我已认识，有一些同志来的时间不长，今天是初次见面。首先，我代表院党委对大家到国家行政学院工作，表示热烈的欢迎！

这个培训班的目的，在于进行“知院、爱院、建院”的学习教育。“知院”，就是要了解学院，了解学院的性质、职能、作用、机构设置、运行特点，了解学院的过去、现在、将来；“爱院”，就是要热爱学院，热爱岗位、热爱工作、热爱行政学院的事业；“建院”，就是要为学院的建设和发展尽心尽力，奋发进取，努力奋斗，多作贡献。只有“知院”，才能“爱院”；也只有“知院”、“爱院”，才能自觉建设学院，为学院更大发展去奋斗。知之愈多，爱之愈切，进行建院的行动才更自觉、更主动、更积极，才能增强工作的针对性、科学性、实效性，不断干出新成绩、获得新进步。

近年来调入学院的人员，来自多个方面。有的是面向全国公开招聘应聘的，有的是参加中组部、人力资源和社会保障部统一组织的考试录用的，有的是从中央部门、地方院校、科研单位选调的，有的是应届毕业生。每个人来学院工作之前，都进行了严格的考察，总体上看，大家都有较好

* 本文系作者在 2008 年 9 月至 2009 年 8 月新调入国家行政学院人员培训班上的讲话。

的素质和适应学院工作的能力。大家从不同地域、不同系统、不同岗位来到学院工作,为学院发展注入了新鲜血液,带来了新的活力。在座的同志经历不同,理论素养、实践经验也各有所长,相信大家都能在国家行政学院这个新的舞台上发挥更大作用,创造新的业绩。

这两天,几个综合部门的领导对学院的职能、机构设置、教学培训、科研咨询、规章制度、岗位职责等作了介绍。刚才,几位同志的发言都很好,集中反映了学习培训的成果,说明培训班内容充实,针对性较强,收获不小,对大家很有帮助。下面,借此机会,我同大家谈谈心,谈一些认识和体会,也是提出的希望和要求,与大家共勉。

第一,认清职责,牢记使命。

人的一生都会经历很多环境,调换多个工作岗位。相信大家到国家行政学院工作,都是经过了一番认真地思考、比较、选择。你们为什么选择学院?学院是什么样的单位?这里为什么值得大家选择?大家的思考,可能集中在如何认识学院的性质、地位、职能和作用方面。为了进一步加深大家的认识,我想先简要地讲讲这个问题。

国家行政学院是在改革开放大潮中,适应社会主义现代化建设的新形势和建立公务员制度的需要成立的。今年是建院15周年。党中央、国务院一直高度重视国家行政学院的建设和发展,对国家行政学院事业寄予厚望。1993年,在学院筹建时期,时任中共中央总书记江泽民同志为学院题词:“永做人民公仆”。这既是对公务员队伍的殷切期望,也是对学院工作的极大勉励。1996年,胡锦涛同志给国家行政学院落成暨开学典礼发来贺信,希望学院“积极探索中国特色的公务员教育培训的规律,为培养具有较高政治素质和业务水平、适应改革开放和现代化建设需要的行政管理及政策研究人才发挥应有的作用”。2000年,胡锦涛同志接见前来出席国际行政院校联合会年会的外方主要代表并发表讲话,希望国家行政学院加强对外的合作与交流。几任中央领导成员中很多领导同志都到学院作报告,接见学员,对学院工作作了许多重要指示。特别是去年 8 月，温家宝总理作出重要指示，国家行政学院要坚持高标准、严要求，更加突出特色，创建国际一流行政学院。这为学院发展指明了努力方向，提出了更高要求。党中央、国务院许多重要文件、法规，也都明确规定了国家行政学院的性质、地位、职能，强调充分发挥国家行政学院的作用。

根据党中央、国务院的文件规定，国家行政学院是国务院的重要机构，是培训高中级公务员、培养高层次管理人才和政策研究人才的新型学府，是公务员教育培训的主渠道、主阵地；学院也是重要的科研机构，是开展公共行政理论和政府管理创新研究的重要基地；同时，学院还是为中央提供决策咨询服务的重要机构，是党和国家重要的思想库。教学培训、科学研究、决策咨询三位一体，密切结合，相互促进，是国家行政学院职能的重要特点。建院以来特别是近几年来，学院紧紧围绕党和国家中心任务，认真发挥职能作用，完成了大量教学、科研、咨询任务和中央临时交办的工作，为公务员队伍的能力建设、深化行政管理体制改革、推进政府管理创新，为党和国家事业发展，作出了积极贡献。

在教学培训方面，学院认真发挥公务员教育培训的主阵地、主渠道作用以及在干部教育培训格局中的示范辐射作用。干部教育工作的重要性是不言而喻的。一个国家、一个政党、一个政府，能不能培养出高素质的干部队伍，在很大程度上决定着它的兴衰存亡。学院把教学培训作为工作的中心任务，逐步形成了以省部级、厅局级、县处级公务员，以及香港、澳门特别行政区政府高级公务员和公共机构高层管理人员培训为核心的班次体系，同时还开办国有重要骨干企业领导人员培训班、涉外培训班、委托培训班等各类培训班次，与北京大学合作举办 MPA 专业学位班。完成党中央、国务院交办任务和中组部、人力资源和社会保障部与学院共同确定的培训计划，是学院培训的主要工作；同时，举办委托培训班也是学院工作的重要组成部分。目前，学院已形成涵盖各层次、多类别的培训体系。建院以来，累计举办各类班次 1000 余期，培训 58000 多人次。仅去年一年，就举办各类班次 160 期，培训学员近 8000 人。为党和国家培养了一批又一批优秀公务员和管理人才。随着教学改革不断深化，学科和课程体系建设深入推进，必将在落实大规模培训干部、大幅度提高干部素质的战略任务中，进一步发挥学院的重要作用。

在科学研究方面，学院的科研工作，是繁荣和发展哲学社会科学的重要组成部分。国家行政学院成立以来，把科研作为学院的基础工作，以高质量、高水平科研成果作支撑，运用科研成果于教学之中，不断提高教育培训工作水平。我们与一般高校和研究机构不同，按照中央对国家行政学院职能的规定，学院的科研工作尤其要做到理论与实际相结合，在重视基础性研究的同时，更加注重开展应用性对策研究，直接面对党和政府工作的热点、难点、重点问题，深入开展理论探索和调查研究，并及时提出具有针对性、实用性、可操作性的对策建议。仅最近 5 年来，在《求是》、《人民日报》等大报大刊上发表的科研文章就有 100 多篇。这些成果集中反映了学院的整体科研实力和研究水平，产生了广泛的社会影响，为服务党和国家工作大局，繁荣发展我国哲学社会科学，推进中国特色社会主义伟大事业，作出了重要贡献。

在决策咨询方面，贴近党和政府工作，提供决策咨询服务，是学院开展决策咨询工作的明显优势和特点，也是我们义不容辞的责任。在去年年底举行的全国行政学院院长会议上，国务委员马凯指出："行政学院不仅是重要的培训机构，还是重要的科研、咨询机构。"国务院领导关于国家行政学院功能定位的指示和论述，进一步强化了学院作为政府思想库的职能。多年来学院取得了不少成绩，包括研究提出行政体制改革思路，完成为中央政治局集体学习讲课任务等。去年下半年，我们创新工作内容和工作方式，成立了决策咨询部（对外称决策咨询研究中心），充实了政策研究和咨询服务力量，建立院刊室，创办《送阅件》，为教研人员、学员搭建了开展决策咨询研究的平台。今年以来，学院围绕应对国际金融危机、保持经济平稳较快发展、维护社会稳定等重大问题开展研究，积极主动地向党中央、国务院建言献策，取得了一批有重要参考价值的成果。

一些重要科研、咨询成果和领导同志的批示，对制定重要决策和改进工作起到了直接的推动作用，为服务党和政府中心工作作出了积极贡献。学院还积极探索决策咨询工作的运行机制，重视利用学员资源，多次召开座谈会直接听取专题研讨班学员的意见建议，及时整理材料向党中央、国务院报送，走与教学培训相结合的路子，为决策咨询工作开辟了一条行之有效的渠道。今年上半年，学院在保证《国家行政学院学报》正常出刊的同时，积极进行院刊整合，创办了国家行政学院《内部研究交流》、《学员论坛》、《报告选》、《院内通讯》4 个内刊，为拓展科研、咨询工作开辟了新平台。还积极申请创办《行政管理改革》，温家宝总理亲自题写了刊名，7 月 17 日国家新闻出版总署正式批复同意创办《行政管理改革》杂志。这对于提升我院科研、咨询水平，扩大学院的影响将起到重要作用。

在开放办学方面，学院突出自身优势，积极承担培训国外公务员的任务，不断深化和拓展国际合作交流，对外开放办学成为学院重要特色。学院目前已与 44 个国家（地区）的 60 多所行政院校和有关机构建立了长期友好合作关系，举办的国外公务员培训班，学员来自 84 个国家和地区，特别是对亚、非、拉美和加勒比地区发展中国家公务员的培训，较好地发挥了培训外交的作用。中欧政府管理高层论坛成为中欧政府间交流对话的一个重要平台。今年以来，学院新增了对外合作项目。目前，中德应急管理合作项目已全面实施；中美和中瑞危机管理项目立项取得进展；中英应急管理项目第一阶段实施工作全部完毕，正在协商第二阶段合作计划；中加预防腐败项目立项取得进展；中欧公共管理项目二期的欧方招标工作已经启动。学院作为国际行政院校联合会副主席和亚太地区行政院校联合会主席单位，在国际组织中积极发挥作用。学院还聘请了 22 名来自英国、美国、加拿大、德国、日本等国家的高级官员和资深专家担任名誉教授。

在队伍建设方面，学院积极实施人才强院战略，采取选送出国（境）培养、挂职锻炼、举办专业培训班、交任务、压担子等措施，加大了人才培养的力度。坚持内外结合的方针，在重视充分发挥现有人才作用的同时，加强引进人才工作，选调了一些教学、科研、咨询和管理骨干，充实和加强了重点岗位人才队伍。积极推进人事制度改革，按照德才兼备、以德为先的要求，提拔使用了一批在工作中表现突出的干部；实施了事业单位岗位设置管理；面向社会公开招聘了高层次专家人才和管理人才；重视加强班主任队伍建设，建立健全了相关制度，在国务院领导的支持下，人力资源社会保障部批准学院增加了17名司局级职数，用于班主任队伍建设。经过多年的努力，学院人才队伍在质量、结构、总量等方面都明显改善，初步建立起了基本适应工作需要的教学科研咨询人才队伍、行政管理和党务人才队伍、后勤服务保障人才队伍。学院认真发挥职能作用，去年以来，多渠道、多领域开拓业务，及时申请增设和调整机构，形成了比较健全的组织机构体系和学科体系。还积极向社会延伸学院的职能，正在申请成立由学院主管的中国行政体制改革研究会。相信随着行政学院事业发展，学院将为大家施展聪明才智、充分发挥作用，提供更多更好的平台。

国家行政学院的功能定位和职能作用，决定了国家行政学院事业是党和国家事业的重要组成部分，是人民的事业，是中国特色社会主义的事业。当前，全院上下同心同德、齐心协力，正在加快创建国际一流行政学院的进程，学院正处于发展的快车道，大家是在行政学院快速发展的重要时期来到学院工作的。我们来到这里，是来干事业的，是抱着干事业的决心来的。学院提供给大家的不仅是一个就业的岗位，更是一个干事业的平台，一个成就人生价值的舞台。我们一定要充分认识到，学院的岗位重要，职责重大，使命光荣，任务艰巨。希望大家自觉在学院找准定位、明确目标，立志做国家行政学院人，忠诚国家行政学院的事业，为党和国家的干部教育培训事业展示才华、贡献力量。

第二，勤奋学习，善于学习。

学习是个人进步的阶梯，是事业成功的基础。古人云："博观而约取，厚积而薄发。"讲的就是大凡成就的取得，皆需具有广博的学识和厚实的基础。面对不断发展变化的新形势、新任务，面对人类社会知识更新和信息化步伐加快的新局面、新情况，学习变得越来越重要。要做好工作，关键是要勤于学习、善于学习。

一要重视学习。学习态度决定学习程度。我们是国家级的行政学院，是培养人、教育人的重要基地，学院要提倡的首先就是学习。学习是为人所需。人之所以为人，关键在于人有崇高道德、有美好心灵、有无限智慧。学能正德，一个人的道德修养高低与学识深浅紧密相联，学习的过程就是陶冶情操、净化灵魂的过程。学能养心，古语说，“养心莫如静心，静心莫如读书。”通过博览群书，汲取人类的文化精华、处世经验、为人之道，不断反思、调整和拓展自己的心灵空间，方能使心灵高尚、心态平和、心胸宽广。学能增智，大智非才不成，大才非学不成。学习是职责所系。过硬的能力素质是做好工作、履行职责的基本前提，如果大家仅有干好工作的良好愿望，不具备为党和人民工作的本领，只能是“壮志难酬”。增强本领没有捷径可走，关键在于持之以恒的勤奋学习。无论是普通教师、干部，还是各级领导干部，学习始终是第一职责。我们不能因工作忙而冲淡学习，不能因内容多而厌烦学习，不能因事务杂而忽视学习，更不能为装点门面而应付学习。人的一生有很多种进步，但在促进人生进步的内因中，学习发挥着最基础、最潜在的作用。学习出思想、出智慧。学习凝聚着心血和责任，体现着作风和意志，是一个人真正的看家本领。

二要博学多识。首先要学好科学理论。深入学习中国特色社会主义理论体系，着力用马克思主义中国化最新成果武装头脑，坚持用发展着的马克思主义指导客观世界和主观世界的改造，提高运用科学理论分析和解决实际问题能力，不断提高理论素养和思维能力。二是学好党和国家的方针政策和法律法规。国家行政学院是国务院的直属事业单位，决定了我们的工作必须掌握党和国家路线、方针、政策和法律法规等各方面的知识。三是学好业务知识。大家在国家行政学院要干好工作，必须不断提高自己的专业知识，面对知识更新的不断加快、国内外形势的不断变化，要通过学习不断提高专业水平，努力使自己在本专业领域站得高一些、看得远一些。四是博览群书，加强对哲学、历史、经济、科技、法律、文学等各领域的涉猎。正如英国哲学家培根所言："历史使人明智，诗歌使人聪慧，数学使人精确，哲学使人深刻，伦理使人庄重，逻辑使人善辩。"要学习人类社会创造的一切文明成果，在学习中开阔眼界、增长见识，更新知识、提高素养。只有这样，才能使自己能够适应多种岗位要求，成为一专多能的复合型人才。

三要掌握学习方法。首先，学习要联系实际，联系工作和岗位实际。联系工作实际的学习是最有价值的学习、最有效率的学习，也就是当前学习型组织理论着力倡导的学习工作化和工作学习化。二是学习要持之以恒。法国作家罗曼·罗兰有段论述极为精辟："成年人慢慢被时代淘汰的原因，不是年龄的增长，而是学习热忱的减退。"因此，我们要想不被时代淘汰，就必须有不屈不挠的恒心，把学习作为终生的追求，坚持进行一场学习的"强行军"。三是学习贵于思考。"学而不思则罔，思而不学则殆。"要善于思考，只有养成善于思考的良好习惯，坚持在学习中思考，在思考中学习，才能收到良好学习效果。四是学习贵在实践。纸上得来终觉浅，绝知此事要躬行。毛泽东同志在井冈山革命斗争时期提出的游击战术"十六字诀"，抗日战争时期发表了《论持久战》，解放战争时期成功指挥了"三大战役"，这些光辉的军事思想都来自于战争实践。只有学习与实践结合起来，才能检验、深化学习，掌握精神实质，把握深刻含义。

第三，爱岗敬业，奋发进取。

作为学院的一员，大家就要热爱学院的事业，热爱工作岗位，把自己追求事业理想的满腔热忱倾注到为学院事业发展而不懈努力奋斗中。不管岗位如何、职务高低，都要振奋精神，积极进取。

一要爱岗敬业、忠于职守。个人进步与学院事业紧密相连。我们都要对自己正在从事的行政学院事业怀有敬畏之心，要把个人的能力和智慧贡献给她；对本职工作充满感情、热情和激情，做到尽心、尽力、尽责、尽智。这种兢兢业业的敬业精神，是干好任何岗位、任何工作都需要的基本素质。在我们日常的工作中，大多数岗位都不是万众瞩目的明星岗位，但是每一个岗位都是学院事业发展不可缺少的。只要我们每个人都能立足本职，认真负责地做好自己的工作，学院的事业就必定会不断发展和进步。

二要解放思想、勇于创新。我们所处的时代是一个快速发展变化的时代，我们面临的形势不断发展变化。学院必须与时俱进，以创新思维来顺应新的变化，满足新的需求，迎接新的挑战。要创新就要解放思想，敢于突破不合时宜的思想、习惯做法束缚，用新思维、新办法、新举措解决新问题。这是学院一贯大力倡导的创新精神。同志们从各方面来到学院，带来了不少新视角、新思维，容易发现学院存在的不足和薄弱环节，要敢于提出改进意见，推进学院工作改革创新。在新的工作中，我们要自觉思考，面对新形势新任务新要求，学院该如何加强重点学科建设，如何提高科研、咨询成果质量，如何完善内部体制机制，等等。在改革创新中激流勇进，力争取得开创性、突破性成果，以创新的精神、创新的勇气、创新的方法，奋力推进学院各项事业。

三要追求卓越、争创一流。国家行政学院是国家级的培训、科研、咨询机构，理所当然地要求在这些方面都应达到全国最高水平。要树立精品意识，注重工作质量。各项工作都坚持高标准、高质量，不断提高工作水平。要培养这种严谨细致的作风，强化精品意识，精益求精，做任何工作都要讲质量，做就做到最好。衡量一个人的成绩，当然要看他工作的数量，但更要看工作质量。对于教学、研究人员来说，重要的是看他出了多少堪称精品的教学、科研、咨询成果。

四要淡泊名利、甘于奉献。共产党人是历史唯物论者，不讳言名利，不否认个人抱负、个人追求、个人利益，提倡成名成家、多劳多得，同时强调淡泊名利，不为私欲所扰，不为名利所累，不为物欲所惑，不一味追名逐利，要有视名利淡如水、看事业重如山的思想境界，做到恪尽职守，勤勤恳恳,埋头苦干,乐于奉献。奉献,是一种责任,是一种觉悟,是一种境界。马克思曾经这样说过:“历史认为那些专为公众谋福利从而自己也高尚起来的人物是伟大的,使大多数人得到幸福的人,他自己也是最幸福的人。”大家可能都会有这种亲身感受。目前我们学院各项事业正处于蒸蒸日上的发展时期,有许多事需要大家共同努力,甚至是奉献。其实这种奉献只不过是多工作一些时间,牺牲自己的休闲或者其他时间,多付出一些心血和精力罢了。目前社会上有两种不同的价值观:一种强调在为个人努力、为个人奋斗中,客观上也为社会工作;另一种坚持在为国家、为人民的事业奋斗过程中实现个人的价值。这是两种不同的价值取向。有什么样的价值取向,就会表现出不同的追求和作风。我们应当做出第二种选择,树立正确的价值观,要把人生价值与党和人民事业的发展紧密结合起来。一个人的才华和能力,只有奉献给国家和人民的光辉事业,才能真正实现人生价值。希望大家要把主要精力投入在学院工作上,正确对待名利、职位、荣誉,克己奉公、任劳任怨,勤勉工作。学院事业的不断发展必定为每个个人的成功开拓宽广的平台,提供良好机遇。

第四,加强修养,严格自律。

行政学院事业的发展,需要有高素质的人才。我们从事学院事业,必须加强自身修养,不断提高综合素质。这里强调以下几点:

一要加强政治修养。政治素质是学院教师和干部最重要的素质。学院作为公务员培训的主渠道、主阵地,作为科研工作的重要基地和为中央提供决策咨询的重要机构,决定了我们的工作具有很强的政治性。我们要增强政治信念的坚定性,始终不渝地坚守中国特色社会主义理想信念。要增强政治立场的原则性,善于从政治上观察、分析、处理问题,自觉抵制错误政治观点和思潮。要增强政治鉴别的敏锐性,始终保持头脑清醒,善于明辨是非,不为错误的东西所惑。要坚定正确的政治方向,在思想上、政治上同党中央保持一致。政治上成熟了,才能“千磨万击还坚劲,任尔东西南北风”,始终做到立场坚定,旗帜鲜明。

二要加强道德修养。我们党的干部标准是德才兼备、以德为先。这里的德,包括政治品德标准,也包括职业道德、社会公德、家庭美德、个人品德标准。我经常讲,人品与文品相比,人品更重要;声誉与生命相比,声誉更重要。我们要注重道德修养,珍重自己的人格、珍爱自己的声誉、珍惜自己的形象。要以一流人品,干出一流业绩,成就一流事业。身为国家行政学院的工作人员,一定要讲正气,大唱正气歌,反对各种歪风邪气。要不断提高道德认识、陶冶道德情操、锤炼道德意志、提升道德境界。要常怀律己之心,稳得住心神,把得住操守,耐得住寂寞,保得住清廉。

三要加强纪律修养。“没有规矩,不成方圆。”纪律是学院正常运转、健康发展的重要保障。大家到学院后,要明规矩,按规矩办事。要增强组织观念、纪律观念,严格遵守政治纪律、组织纪律、外事纪律、保密纪律和学院的各项规章制度。严守制度、严格自律、严明奖惩,是培育优良学风、教风和院风的根本保证。对此,我们每个人都有责任和义务。

四要加强团结修养。搞好团结,这是我们做好一切工作的基础。事实证明:团结出凝聚力、出战斗力、出创造力,团结出成果、出人才、出干部。特别是培养团队精神十分重要,这是多出优质成果的重要途径和有力保证。同事之间要彼此尊重。尊重他人,是一种修养,也是一种境界。大家都来自不同的行业和部门,俗话说相聚是缘分,要格外珍惜。要以平等之心对待同事,以谦逊的态度与人相处;要以善良之心对待同事,与人打交道,做到真诚、友善。同事间要彼此关心。人们常说,“予人玫瑰,手有余香。”在关爱帮助别人的时候,我们也同时收获了快乐和幸福。要有一种甘为人梯、成就他人的精神,积极为同事创造条件、提供支持。同事间要彼此宽容。古人云:“海纳百川,有容乃大;壁立千仞,无欲则刚。”宽容是一种美德,是优良品行的一个具体展现。在一个集体里面,大家由于工作阅历、认识水平和脾气秉性各异,加上看问题的角度不同,工作中难免会出现一些分歧,难免会有一些矛盾,这是很正常的,需要彼此相互体谅,相互宽容。只有这样,内心才能温馨,环境才能和谐。

同志们！光阴似箭，岁月无情，生命短暂。希望大家珍惜来到国家行政学院工作的机会，尽快熟知学院、真诚热爱学院、积极建设学院，在繁荣行政学院事业中，抓住机遇，奋发进取，不断取得新进步、新成就，努力谱写精彩人生的新篇章。

学习先进典型　营造良好院风*

（2009 年 9 月 10 日）

一、学习先进典型，争创一流业绩

这次在全院范围内开展评选表彰先进活动，是学院庆祝新中国成立 60 周年和建院 15 周年活动的重要内容。开展这项活动的目的在于，激励全院广大教职工，始终坚持正确办院方向，忠诚学院事业，恪尽职守，奋发进取，追求卓越，建设一流的队伍，形成一流的环境，创造一流的业绩，加快建设国际一流行政学院。院党委对这次评选表彰活动高度重视，在去年 10 月就作出决定，今年 3 月进行了具体工作部署，专门成立了由院领导负责、各部门代表组成的评选表彰工作委员会，制定了评选标准和办法。有关方面精心组织，做了大量工作。全院各部门和广大教职工对这项活动反响热烈，积极参与。经过充分酝酿讨论，在各部门、各直属机构进行两轮民主推荐的基础上，学院评选表彰工作委员会对民主推荐提名的对象进行了认真审议，采取无记名和差额投票的方式进行表决，产生了建议表彰对象名单，并进行了一个月的公示，广泛听取意见，充分发扬民主。最后由院党委会议集体研究，确定了受表彰的 15 个先进集体和 31

---

* 本文系作者在国家行政学院 2009 年秋季开学教职工大会上的讲话。

名先进个人。

这次评选出来的先进集体，既有教学、科研、咨询部门，也有党务、行政、后勤部门；既有内设机构，也有直属单位。这些先进部门和处室，虽然职能、任务有所不同，但有几个共同特点：一是坚持围绕中心，服务大局。他们保持正确政治方向，坚决贯彻执行党的路线方针政策，认真落实学院工作部署。二是勇于改革创新，出色完成任务。他们履行职责好，服务意识强，创新举措多，作出了显著业绩。三是班子有力，领导带头。这些先进集体的班子整体素质高，领导干部的表率作用发挥得好，抓班子、带队伍成效明显，具有较强的凝聚力、执行力和战斗力。四是团结和谐，风清气正。这些先进集体都具有良好的团队精神和团队作风，重视反腐倡廉建设。

这次评选出来的先进个人，覆盖面较广、代表性较强。其中，既有教研人员，也有行政管理人员；既有部门领导干部，也有普通员工，还有退休返聘的老教师。特别要指出的是，这次还有 8 位合同制职工当选为先进个人，这充分体现了学院党委坚持以人为本，把合同制职工当作学院大家庭中的重要成员。这些受到表彰的先进个人，集中代表了学院全体教职工昂扬向上的精神风貌，在他们身上体现出以下突出特点：一是政治坚定，责任心强。他们理想信念坚定，政治觉悟高，具有强烈的使命感、责任感和事业心。二是爱岗敬业，业绩突出。他们忠于职守，默默耕耘，吃苦耐劳，任劳任怨，淡泊名利，克己奉公，作出了突出成绩。三是顾全大局，和谐相处。他们自觉在大局下行动，勇挑重担，关心学院事业、关爱集体、乐于助人，不计较个人得失，善于合作，秉公办事；四是严于律己，作风严谨。他们对自己要求严格，对工作认真细致，精益求精，组织观念强，自觉遵纪守法，廉洁自律。

各部门、各单位要向受到表彰的先进集体学习，不断加强思想建设、组织建设和作风建设，不断提升队伍综合素质和科学管理水平，争做先进集体；全体教职工要向受到表彰的先进个人学习，爱岗敬业，严谨笃学，奋发进取。同时，这次受到表彰的先进集体和先进个人，要珍惜荣誉，发扬成绩，再接再厉，谦虚谨慎，不骄不躁，更加严格地要求自己，进一步提高素质和能力，在学院建设和发展中作出更大的贡献。

需要指出的是，我们要正确地看待这次评选表彰活动。这次评选过程做到了公正、公平、公开，评选先进成为人人参加、人人受教育的过程。但由于缺乏评比工作经验和名额限制等原因，评比工作中可能也有不尽人意的地方，有一些表现很好的集体和个人没能评选上，但他们同样是优秀的、先进的。从近来的反映看，这些单位和个人能够正确对待评选结果，表现出了很高的思想境界和精神风貌。同时也要指出，受到表彰的集体和个人也有这样或那样的不足和缺点，需要改进和提高。这里再次强调的是，评选先进的目的是为了弘扬进取精神，营造一种比、学、赶、帮、超的良好局面，加快学院各项事业发展。要建立长效的奖励激励机制，每两年开展一次评选表彰先进活动，要以这次评选表彰活动为契机，进一步增强全院的凝聚力、创造力、战斗力，大力鼓励和支持各单位、各方面人员干事业，放手让一切智慧、才华竞相展示，让一切积极因素和创造活力充分发挥，以推进学院事业更好更快发展，早日建成国际一流行政学院。

二、坚持高标准严要求，全面加强院风建设

表彰先进典型的基本出发点，是全面加强队伍建设和院风建设，弘扬新风正气，营造良好院风。下面，我着重讲讲加强院风建设的问题。

（一）充分认识加强院风建设的极端重要性

院风是办院理念、宗旨和特色的集中体现，是学院精神风貌、形象声誉和管理水平的突出反映。良好的院风，是学院生命力、竞争力和感召力的重要源泉。要创建国际一流行政学院，非重视院风建设不可。

我们党历来十分重视院校风气建设。在抗日战争时期，毛泽东同志为抗大题写了"坚定正确的政治方向，艰苦朴素的工作作风，灵活机动的战略战术"，制定了"团结、紧张、严肃、活泼"的教育方针，为抗大形成良好校风指明了方向，在抗大和整个社会上产生了广泛而深刻的影响。在改革开放之初，邓小平同志谈到学校风气时指出："要树立好的风气。讲风气，无非是党风、军风、民风、学风，最重要的是学风。好的党风也要体现在教育中，这才能培养出好的学风。"江泽民同志在我院筹建时，为学院作了"永做人民公仆"的题词，指出了学院干部、教师做什么样的人和培养什么样的人的根本问题。党的三代中央领导集体的一系列重要论述，为干部教育培训院校的建设和发展指明了方向。近几年来，针对干部教育培训院校出现的新情况新问题，党中央、国务院领导多次作出重要指示。去年 10 月 27 日，胡锦涛总书记在全国党校工作会议上强调："要牢固树立纪律意识，始终把从严治校、从严管理作为党校工作必须贯彻的重要方针。"在去年全国干部教育培训工作会议上，习近平同志等中央领导特别强调加强校风建设，要求"从严治校、从严施教、从严管理"。马凯同志也多次要求我们，要从严治院，形成一流院风。他在今年 9 月 2 日学院秋季开学典礼上进一步指出："要把全面加强院风建设作为加强和改进国家行政学院工作的重要切入点，对广大教职工和学员加强学风、教风和作风教育，严格规章制度，严肃组织纪律，认真开展学习先进集体和先进个人活动，努力形成良好的院风。"我们必须坚决贯彻落实中央领导的一系列重要指示精神，更加重视加强院风建设。

重视加强校风建设，是国内外著名院校的共同做法和成功经验。他们的校风中的重要标志——校训，给人们以深刻的印象。比如，美国西点军校的"责任、荣誉、国家"；哈佛大学的"真理"；清华大学的"自强不息，厚德载物"；北京师范大学的"学为人师，行为世范"；同济大学的"严谨、求实、团结、创新"；等等。这些著名院校不仅靠一流的治学水平铸就辉煌，更靠一流的校风饮誉中外，值得我们研究学习借鉴。

国家行政学院成立以来，历届领导班子都十分重视院风建设，做了大量工作，取得了重要进展。特别是去年第四季度以来，我们在深入学习实践科学发展观活动中，在巩固和发展学习实践活动成果中，坚持把加强院风建设放在突出的位置，成效更加显著。总的来看，学院的院风是好的，教职工队伍是一支好队伍，为学院的建设和发展作出了重要贡献。对学院队伍和院风的主流必须充分肯定。同时，也要清醒地看到，当前院风中还存在着一些不符合、不适应优良院风要求的问题。所谓不符合，是指当前院风有不符合学院地位、宗旨和使命要求的问题；所谓不适应，是指当前院风有不适应国内外新形势和面临新任务的要求。例如，有的改革创新意识不强，墨守成规，安于现状，不思进取；有的缺乏事业心、责任感不够强，主要精力没有放在学院工作上；有的学风、教风不正，理论脱离实际，学用脱节，言行不一；有的缺乏组织纪律性，自由散漫，我行我素；有的遇事推诿，办事拖拉，工作马虎，作风飘浮；有的不愿意同别人合作共事，甚至相互拆台。凡此种种，尽管人数不多，但影响不好，妨碍学院健康发展，必须切实加以解决。加强院风建设的重要性，可以从三个方面来认识：

第一，实现创建国际一流的行政学院目标，必须全面加强院风建设。创建国际一流行政学院，是中央领导对学院的殷切期望和重托，是学院在新形势下更好发展、不辱使命的必然选择，是全院教职工的共同愿望和追求。创建国际一流行政学院，是与高标准、严要求紧密联系在一起的。一流的行政学院，必然要求有一流的院风；没有一流的院风，绝不可能建成国际一流行政学院。我们必须把加强院风建设作为创建国际一流行政学院的重要内容、有效途径和可靠保证。

第二，推动学院科学发展，必须全面加强院风建设。我们要全面履行党中央、国务院赋予学院的职能，就必须深入贯彻落实科学发展观，把科学发展的理念转化为科学发展的思路，转化为科学发展的行动，而实现转化的一个基本前提和重要任务，就是要营造良好的院风。加强院风建设，既是深入贯彻落实科学发展观、提高办院水平的必然要求，又是学院实现科学发展和又好又快发展的迫切需要。

第三，优化学院教职工和学员成长进步的环境，必须全面加强院风建设。学院肩负着培养高中级公务员和高层次管理人才和政策研究人才的重任，承担着科学研究和决策咨询服务的职责。使命光荣，任务艰巨。我们每个同志都是怀着干行政学院事业的责任感、使命感而走到一起来的，也都有以自己的聪明才智报效国家和人民的愿望。学员来到学院都是为了提高自身素质和能力。广大教职工和学员的成长进步，需要有一个好的学院环境。“染于苍则苍，染于黄则黄。”环境对人有着重要影响，什么样的环境就能影响什么样的人。只有形成良好的院风，才能使每个教职工都心情舒畅、一心一意干事业，多出高质量的教学、科研和咨询成果，多提供优质高效服务，更好地成长进步。只有形成良好的院风，也才能有利于提高教学培训效果，充分发挥学员在科研、咨询中的作用，更好增强学员的基本素质和能力，培养出高素质、高水平的人才。

总之，无论创建国际一流行政学院、推动学院科学发展，还是广大教职工和学员的成长进步，都要求我们必须切实加强院风建设。我们一定要提高思想认识，进一步增强责任感和紧迫感，下更大的决心，采取更有力的举措，把我们的院风建设好，促进学院各项事业不断迈上新台阶。

（二）全面把握院风建设的基本要求

院风建设的内涵丰富，大体包括作风、教风和学风建设。作风，主要指各方面人员特别是各级领导干部的思想作风、工作作风和生活作风；教风，主要指教研人员的职业道德、敬业精神和治学态度；学风，主要指学员的学习态度、思想行为和道德风貌。作风、教风、学风既各有内涵，又是相互联系的有机整体，共同体现着院风。我们要正确认识作风、教风、学风的关系，按照我国干部成长规律、干部教育培训规律和行政学院发展规律，致力于构建有鲜明特色的院风，把院风努力体现在教学培训目的、培训制度和行为规范上，体现在科研、咨询工作的特点、作用和成果上，体现在每个干部、教职工和学员的人格、素质和能力上。

加强院风建设总的要求是：高举中国特色社会主义伟大旗帜，以邓小平理论和“三个代表”重要思想为指导，深入贯彻落实科学发展观，以社会主义核心价值体系为引领，围绕中心、服务大局，解放思想、改革创新，以人为本、以德为先，科学建院、民主建院、依法建院，着力增强学院的凝聚力、创造力、公信力、竞争力，为建成特色鲜明、素质优良、影响力大、高水平的国际一流行政学院营造良好环境。

综合分析各种因素，院风建设的核心，可以概括为：“立德立行，求实求新。”立德，就是坚持以做人教育为根本，建设德才兼备、以德为先的干部和教职工队伍，培养德才兼备、以德为先的公务员；注重政治品德、职业道德、社会公德、家庭美德和个人品德教育，教育者和受教育者都要有正确的政治立场、高尚的思想境界，忠于国家、忠于人民，甘做人民公仆，自觉讲政治、讲大局、讲责任。立行，就是坚持推进学院建设科学化、规范化、制度化，规范教职工和学员行为；注重理论联系实际，知行合一，言行一致；甘于奉献，遵纪守法，清正廉明，行为世范。求实，就是坚持实事求是，求真务实，崇尚科学，遵循规律，注重实效。求新，就是坚持解放思想，与时俱进，一切从实际出发，破除迷信，鼓励改革创新，激励大胆探索、实践和创造，提倡学习和运用科学的思想、科学的知识、科学的技能。“立德立行，求实求新”，彰显了国家行政学院的办院方向、功能，体现了时代精神，反映了党和政府对学院发展的要求。坚持这样做，学院的综合素质就会有一个大的提高，院风建设就会不断达到新的高度。把立德放在院风建设的首位，这是由国家行政学院的性质和宗旨决定的。大量事实说明，有德才有得，有诚才有成，从政先立德。爱因斯坦曾经说过，“第一流人物对于时代和历史进程的意义，在其道德品质方面，也许比单纯的才智成就方面还要大，即使是后者，它们取决于品格的程度，也远超过通常所认为的那样。”注重德教，意义重大。

按照加强院风建设的总体要求，要做到“立德立行，求实求新”，需要着重抓好以下六个方面：

一是政治坚定，方向正确。要坚持围绕中心、服务大局，始终与党中央在思想上、政治上保持高度一致。要坚定不移地走中国特色社会主义道路，坚持社会主义核心价值观。坚决克服忽视政治、理想信念淡漠、马克思主义信仰不坚定等现象。要大兴学习之风，坚持用科学理论武装头脑，不断提高素质和能力，把学院建设成学习型学院。要坚持把学院办成学习、研究、宣传、实践中国特色社会主义理论体系的坚强基地。要把加强教职工和学员的思想政治修养、道德品质修养教育摆在首位；始终围绕党和国家中心任务开展各项工作，全面履行学院职能，进一步实现学院教学培训、科学研究、咨询服务“三位一体”相互融合、相互促进、协调发展。这些是院风建设的根本所在。

二是知行合一，求真务实。要坚持理论联系实际，努力做到理论与实际、学习与运用、言论与行动相统一，笃行求是，勇于坚持真理，研究探求规律；要把求真务实精神贯穿到学院的各项工作、各个方面、各个环节，真正做到真抓实干、注重实效。要大兴理论联系实际的马克思主义学风，引导广大教职工和学员不断提高运用马克思主义的立场、观点、方法分析和解决实际问题的能力，力求教学培训、科学研究、决策咨询取得实实在在的成效。要大兴调查研究之风，深入基层、深入实际，了解真实情况，研究实际问题，力戒学与用脱节、理论与实践脱节、研究问题与现实情况脱节。要大兴求真务实之风，敢于讲真话、讲实话，不讲假话、空话，出实招、办实事，务实效、重实绩，不摆花架子，不搞形式主义，不做表面文章。

三是与时俱进，改革创新。要坚持继承与创新相结合，使全院教职工和学员的思想跟上时代步伐，用改革创新的办法研究解决前进中的问题。当今时代，是一个快速发展的时代，世情、国情、院情都在变化，我们的认识必须随之变化。要继承学院多年来行之有效的好做法和优良作风，要坚持与时俱进，推进改革创新。要树立强烈的改革开放意识，用创新的思维适应新形势、迎接新挑战、承担新任务；防止和反对因循守旧、墨守成规、满足现状、裹足不前。要强化改革开放的能力建设，推动学院工作内容创新、管理创新、制度创新。要大力营造改革创新的浓厚氛围，使每个人的特长充分发挥出来，使每个人创新欲望、创新潜力、创新激情和创新才华充分迸发起来。

四是爱岗敬业，争创一流。要坚持弘扬勤勉奉献、奋发进取精神，学院全体教职工人人都忠于职守，尽心尽力，志存高远，追求卓越。每位教职工对学院、对工作都充满感情、充满热情、充满激情，心无旁骛，甘于奉献，勤勉工作。要牢固树立追求一流业绩的精神状态，摒弃无所作为、甘于平庸的思想和行为，勇于超越别人，勇于超越自己，始终保持一往无前的昂扬锐气。要确立一流的工作标准，围绕建设一流队伍、实施一流管理、营建一流环境，强化精品意识，精益求精，止于至善，多出堪称精品的教学、科研、咨询成果，不断提升服务质量和水平。

五是民主法治，团结和谐。要坚持建设和谐学院，充分发扬民主，切实依法办事，形成民主法治、公平正义、诚信友爱、充满活力、安定有序的和谐环境。要加强学院民主管理和民主监督，增强决策透明度和教职工参与度。凡是涉及学院改革发展的重大事情，都要通过多种形式，让大家充分发表意见，广开言路，善纳群言。要伸张正义，公道办事。在科学研究、学术探讨方面，要营造民主、自由、宽松和诚实的研究氛围和学术空气，认真贯彻“百花齐放、百家争鸣”的方针。同时，坚决依法治院，在学院工作的各个方面、各个环节，都要严格执行国家法律法规和学院规章制度，坚决纠正有令不行、有禁不止、我行我素的现象，坚决纠正目无组织、违反纪律的行为。要加强团结协作，要格外珍惜为了学院事业走到一起的这个缘分，互相尊重、互相关心、互相支持、互相帮助，大事讲原则，小事讲风格，不搞文人相轻、相互排斥，不争你高我低、你弱我强。同志之间要虚怀若谷，坦诚相见，相互信任，遇事多沟通，多宽容少计较，有了矛盾及时化解。要不断加强和谐学院建设，营造良好而和谐的人际氛围，形成一个既有民主又有集中,既有自由又有纪律,既有个人心情舒畅又有统一意志,团结和谐、生动活泼的新局面。

六是艰苦奋斗,清正廉洁。要不畏艰难困苦,坚持不懈地奋发努力,不断反腐倡廉。创建国际一流行政学院要靠全院教职工和学员们共同努力奋斗。学院发展历史不长,有些基础条件相对较差,要有更大的作为,要实现更高的目标,要在激烈的竞争中争取主动,就必须发扬艰苦创业精神,以“人一之、我十之,人十之、我百之”的苦干精神,扎实推进各项事业。要大兴艰苦奋斗之风,勤俭节约、精打细算,坚决制止铺张浪费。学院不是“世外桃源”,要自觉加强党风廉政建设,认真解决存在的问题,抓紧建章立制,切实堵塞漏洞,使广大教职工和学员做到严于律己,廉洁从政,自尊自爱,洁身自好,不该做的事情坚决不做,自觉拒腐抗蚀。

(三)务必把加强院风建设落到实处

院风建设是一项庞大的系统工程,也是一项复杂的艰巨工作,只有坚持高标准、严要求,狠抓落实,才能真正取得实效。

一要统一思想。只有思想的统一才能保证行动的一致。加强院风建设,关系到学院事业全局和长远发展,关系到每个教职工的成长进步,是一项根本性建设。全院上下一定要把思想真正统一到党中央、国务院对国家行政学院发展的要求上来,统一到“创建国际一流行政学院”的大目标上来,统一到中央关于加强校风院风建设的指示精神上来,统一到学院党委对营造良好院风的工作部署上来。要充分认识加强院风建设的极端重要性,正确认识加强院风建设的方向、目标与途径。像重视教学、科研、咨询工作一样,高度重视、认真抓好院风建设。院党委要把院风建设纳入重要议事日程,定期进行专题研究,提出院风建设的目标和要求。各部门、各单位要切实抓好经常性的院风教育活动。

二要健全制度。培育和形成良好院风,根本措施要靠健全并严格执行制度。去年以来,制定和实施了一系列制度,进一步规范了学院工作,取得了初步成效。根据加强院风建设的需要，要继续抓紧做好学院具体制度的“废、改、立”工作，学院已有的行之有效的规章制度要坚决执行到位，还没有制定或不完善的要及时制定完善，已经不适应形势发展的要尽快清理。要坚决做到按制度办事、按政策办事和公平公正办事。经过近一年的调查研究和广泛征求意见，院党委认真讨论，近日制定了四个绩效考核试行办法，包括：《国家行政学院部门领导班子和局级干部年度绩效考核试行办法》、《国家行政学院处级以下管理人员年度绩效考核试行办法》、《国家行政学院教研人员年度绩效考核试行办法》、《国家行政学院工勤人员年度绩效考核试行办法》。从这学期开始，要在全院各类人员中全面试行绩效考核制度，这是学院制度建设的又一重要举措。实行这一制度，对部门领导班子、管理人员、教研人员和工勤人员试行分类绩效考核，做到管人与管事相结合、分类和分层相结合，切实解决干与不干一个样、干好干坏一个样的问题。大家一定要高度重视，正确认识，认真落实，确保达到预期效果。

三要从严治院。坚持从严治院、从严施教、从严管理，这是党中央、国务院的一贯要求，也是加强院风建设的关键所在。要严格规章制度，严肃各项纪律，做到奖惩严明。要从严抓好教研管理，严肃政治纪律，教研人员要坚持科学探讨无禁区、课堂讲授有纪律。要严肃组织纪律，坚持个人服从组织，少数服从多数，下级组织服从上级组织，健全请示报告制度。要严肃工作纪律，从本学期开始，学院完善了教师坐班制度，以利于更好地做好教研工作，得到了教师们的拥护，要认真抓好这一制度的贯彻执行。要坚持抓好学院行政、党务、后勤人员的科学管理，不断增强服务意识，着力提高服务质量。学院所有干部和教职工都要自觉遵守院纪院规。要从严抓好学员管理。切实加强专职班主任队伍建设，充分发挥班主任在学员管理中的重要作用；要建立健全学员管理和考核制度。不论是学院教职工还是学员，谁违反了院规院纪，都要严肃查处。

四要领导带头。领导干部以身作则，是无声的命令、有力的榜样。学院各级领导干部都要严格要求自己，提高思想政治素质和道德标准，发挥模范带头作用，自觉讲党性、重品行、做表率。要珍重自己的人格、珍爱自己的声誉、珍惜自己的形象，追求崇高的道德品质和情操。要经常自省、自律，不为私心所扰，不为名利所累，不为物欲所惑，稳得住心神，把得住操守，守得住寂寞，保得住清廉，努力成为思想纯洁、品行端正的示范者，爱岗敬业、敢于负责的力行者，明礼诚信、遵纪守法的先行者，生活正派、情趣健康的引领者。要履行好"一岗双职"，管好身边人、身边事，敢于坚持原则，旗帜鲜明地坚持对的、反对错的，大力弘扬新风正气，坚决抵制各种歪风邪气。要把院风建设作为对各级领导干部考评的重要内容，对院风问题不敢抓不敢管、造成单位风气较差的，要对其戒勉、批评，批评不改的要作组织处理；对敢抓敢管的干部要给予支持、表扬。要充分发挥党员的先锋模范作用，所有党员都要加强党性修养，自觉弘扬党的优良作风，以良好的党风带动形成良好的院风。

五要人人参与。培育良好的院风，每个教职工都有责任和义务。要充分发挥教职工在院风建设中的主体作用，组织开展"争创一流院风、建设一流学院"活动，发动全院干部和教职工为院风建设献计献策，形成全员参与、同创共建的氛围。每个教职工都要以主人翁的姿态积极投入到争创一流院风活动中，坚持从我做起、从现在做起，争当院风建设的标兵。要从大处着眼，从点滴入手，注重行为养成。要在全院形成人人参与院风建设、个个营造良好院风的好氛围。

六要典型引导。榜样力量是无穷的，先进典型对良好院风的形成起着重要作用。我们不仅要认真学习全国先进单位和先进个人的先进思想和模范事迹，更要学习学院的先进典型。要通过先进事迹报告会、学习会、网络媒体等多种形式，经常开展学习先进典型活动，使大家学有方向、赶有目标。这次受到表彰的先进集体和先进个人，都要成为营造良好院风的排头兵。

七要加强监督。监督检查是加强院风建设的重要手段，是从严治院的有效措施。学院纪律检查委员会、机关党委、人事局、办公厅督查室等部门要密切配合，形成合力，共同搞好对学院党风院风的监督检查。监督检查的结果，要与提拔使用、职称评聘、先进集体和先进个人评比挂钩。学院纪委、纪检监察室要认真履行职责，加强对中央方针政策、决策部署、党风廉政建设以及有关规定要求在学院落实情况的检查。办公厅督查室也要加强对学院党委决定事项和重要工作部署贯彻落实情况的督促检查，推进良好院风的形成。

八要繁荣学院文化。学院文化是一张无形的“名片”，对外具有重要的影响力、吸引力和感染力；对内起着滴水穿石、潜移默化的熏陶作用。要加强院风问题研究，对院风建设作出系统、科学、全面的规划，加强学院软环境和硬环境建设。要加强新闻宣传工作，及时报道学院重大活动、重要事项、重点工作，及时反映教职工和学员的工作和生活，形成团结鼓劲、积极向上的舆论导向。要宣传好、运用好院徽标识，发挥院徽在培育良好院风中的积极作用。要创新学院文化载体，举办丰富多彩的书画摄影艺术展览和文体活动，营造高雅健康的文化氛围。要通过对学院整体布局的形象设计、绿化美化，塑造具有独特内涵的学院环境，展现国际一流行政学院的鲜明办学理念和人文气息。

加强院风建设既是一项紧迫工作，又是一项长期任务。要立足当前、着眼长远，只争朝夕、长抓不懈，统筹兼顾、标本兼治，突出重点、全面推进。经过全院干部、教职工和广大学员的不懈努力，学院一定会彰显高举旗帜、政治坚定，主动围绕中心、自觉服务大局的形象；一定会彰显德才兼备、以德为先，以人为本、做人民公仆教育培训基地的形象；一定会彰显勇于改革创新、求真务实，纪律严明、人文关怀浓厚的形象；一定会彰显功能特色鲜明、名家云集、成果斐然、人才辈出的形象。总之，学院一定会成为对中国特色社会主义事业发挥重要作用的国际一流行政学院。

三、抓队伍促院风，扎实做好本学期工作

开展表彰先进活动，全面加强院风建设，根本目的在于更好地推进学院工作。今年国家大事多、要事多，我们学院也是这样，本学期任务十分繁重。学院工作总体思路是：高举旗帜，深入贯彻落实科学发展观，围绕中心、服务大局，继续把服务于应对国际金融危机影响、保持经济平稳较快发展作为首要任务，以改革创新为动力，以加强院风建设为重要切入点，全面推进学院工作，进一步开创学院事业发展的新局面。

这里，先简要回顾上学期的工作。

上学期学院工作的突出特点是，按照贯彻落实科学发展观和中央领导同志的要求，各项事业发展全面驶入快车道，取得不少引人瞩目的新进展、新突破。

一是教学培训有新进展。上学期，学院共举办各类培训班 67 期，培训学员 3 828 人次。特别是由常务副省长（直辖市常务副市长、自治区常务副主席）参加的专题研讨班、两期共有 744 人参加的全国县纪委书记培训班、厅局级干部公共政策制定专题研讨班、香港港区妇联代表培训班都是学院首次举办。各类班次都努力创新教学培训的内容和方式方法，培训水平不断提高，取得良好效果。学院教学培训的职能得到进一步发挥。

二是科学研究获得新成果。集中力量完成国务院主要领导同志交给的《应对国际金融危机中加强政府自身改革和建设》重大课题，经过几个月的深入调研，形成了一批重要成果，中央领导同志在多个报送件上作出重要批示，有的建议已被国务院和有关部门制定决策时采纳。其他科研课题和科研组织管理工作，也得到进一步加强。

三是决策咨询取得新突破。上学期，上报白头件和《送阅件》共计 62 篇，有 28 篇得到党中央、国务院领导的批示。一些重要科研、咨询成果得

到领导同志批示，对制定决策和改进工作起到了重要作用。《送阅件》作为学院向党中央、国务院建言献策的“直通车”，作用和影响越来越大，已成为具有学院重要特色和影响力的一个品牌。

四是院刊整合显现新成效。学院原有刊物5大类22种，现整合为《国家行政学院学报》和《报告选》、《学员论坛》、《内部研究交流》、《院内通讯》等几个刊物。特别是经过多方积极争取，成功创办了《行政管理改革》杂志，9月1日创刊号已经面世。温家宝总理亲自题写了刊名，这体现了党中央、国务院对学院工作的重视和关心。这些刊物为学院教职工、兼职教授和学员研究探讨问题、交流理论学术观点和建言献策，搭建了重要平台。

五是开放办学迈出新步伐。引进来和走出去都有了新进展。邀请了一些国外著名政要和知名人士来学院演讲。学院与德国、日本、加拿大、委内瑞拉、美国、英国、欧盟等国家和国际组织有关机构的合作项目进展顺利。学院领导应邀出席国际行政院校联合会年会，访问香港、澳门和委内瑞拉、古巴等，取得了一些新的合作成果。

学院教职工队伍建设、教研管理工作、文化建设、新闻宣传等，也有新创造、新突破。党建、行政、后勤、信息化建设、出版、电子政务、考试测评等都取得了新成绩。

总的来看，学院活力更强了，功能更多了，影响力更大了，知名度更高了。这是党中央、国务院领导同志亲切关怀和马凯同志直接领导的结果，是广大教职工顽强拼搏、团结奋斗的结果。这些成绩来之不易，我们要倍加珍惜，再接再厉，乘势前进。

下面，讲讲本学期的重点工作。

（1）认真组织开展学院庆祝新中国成立60周年暨建院15周年系列活动。

今天的先进集体和先进个人表彰，是庆祝新中国成立60周年暨学院成立15周年的系列活动之一。最近还要继续做好以下几件事：举办学院发展历程展览；举办全国行政学院系统教职工书画摄影作品展；召开新中国成立60周年暨建院15周年理论研讨会；召开建院15周年庆祝大会暨全国行政学院院长会议；还要做好学院简介音像片、图集制作和重点文集、图书出版等。这些工作都要确保进度、确保质量、确保社会效果。

(2)进一步做好教学培训工作。

坚持以教学培训为中心，认真办好各类班次。省部级领导干部人口和计划生育工作专题研讨班已圆满结束，还要着力办好省部级领导干部、国有重要骨干企业领导人员两个反垄断法专题研讨班。同时，办好各类厅局级班、港澳班、国内委托合作班、国外培训班，落实好中央交办的越南党政干部培训任务。要继续深化教学培训改革，认真整理培训需求、调研成果，增强教育培训的针对性、实效性。进一步加强学科建设、教材建设和教学科研实践基地建设。抓紧研究制订明年各类教学培训计划，做好各项准备。

(3)继续加强科研、咨询工作。

坚持围绕应对国际金融危机影响，积极主动开展涉及国民经济和社会发展全局性、战略性问题和热点、难点问题的调查研究。进一步做好重大课题相关工作，包括党中央、国务院领导同志交办的任务，国家社会科学基金项目、软科学基金项目和有关部门、地方委托的课题。认真组织召开"新中国行政管理体制60年"研讨会。同时，各部门都要根据国际国内形势的发展变化，及时提出新的重要研究课题，合理组织力量，深入进行研究。

进一步加强决策咨询工作。抓紧建立决策咨询工作相关制度，理顺部门关系，健全运转机制，认真做好筹建决策咨询研究中心的各项工作。协调好学院教研人员、学员、兼职教师等各方面力量，多出有分量的咨询成果。

切实做好各类刊物工作,着力丰富内容、改进文风、提高质量。特别要认真做好《行政管理改革》创刊后的各项工作,力争办成国内有较大影响的精品刊物。

(4)提高开放办院水平。

重点抓好几个方面:抓紧做好中德应急管理合作项目的全面实施工作;继续做好中欧、中美,以及与有关国家合作项目的立项工作;认真办好上海合作组织成员国国家行政学院院长论坛;适时举办应急管理国际高层论坛;组织落实学院和地方行政学院教师参加亚太地区行政院校联合会年会工作;继续有计划地邀请外国政要、著名专家学者来院演讲和讲学;落实出访巴西、委内瑞拉、古巴,以及与加拿大等国相关机构签署的合作意向和谅解备忘录。总之,要全方位、多渠道、多层次扩大对外开放,着力提高开放办院的水平。

(5)不断强化队伍建设。

要抓紧研究制定人才强院战略的实施意见,深化干部人事管理制度改革,着力提升现有队伍素质,同时不拘一格选拔人才,广揽贤才。认真做好首次集中选拔配备专职班主任工作。继续搞好司局级干部交流,健全部门及处室领导班子,做好各部门司级后备干部选定工作。进一步完善选拔、培养、使用、引进制度,不断提高教学、研究、咨询队伍水平,进一步加强行政、后勤队伍建设。全面落实各类人员年度绩效考核办法。

(6)重视加强机关党的建设。

认真组织学习宣传党的十七届四中全会精神,并结合学院实际贯彻落实。抓紧做好学院机关党委换届工作,健全基层党组织。切实加强学院党的思想政治建设、组织建设、制度建设、作风建设和反腐倡廉建设。深入开展创建学习型党组织工作。建立基层党组织工作考核评价机制。更好地发挥机关工会、共青团、妇联作用。

(7)不断提升服务保障水平。

服务保障工作要坚持服务至上,质量第一。完善经费结算制度,规范服务标准。着力强化质量管理体系,推进服务精品战略。抓好学院港澳公务员培训中心项目建设现场管理,确保质量、确保进度、确保安全,年底前要完成建筑主体结构施工。要加大工作力度,保证国家应急管理人员培训基地项目年内开工建设。继续抓紧研究解决教职工和学员最关心、最直接、最现实的利益问题,努力改善学习、工作和生活条件。

(8)深化各项改革,推进学院体制机制创新。

要在充分调研的基础上,积极推进体制机制改革。进一步理顺学院内部体制,理顺部门关系,明确部门职责。完善激励、约束机制。坚持通过改革创新,不断为学院发展注入强大活力和动力。

现在,正是国家行政学院乘势而上的大好时机。我们要以庆祝新中国成立 60 周年和纪念国家行政学院 15 周年为新起点,以受表彰的先进单位和先进个人为榜样,以更加奋发有为的精神状态,同心协力,锐意进取,扎实工作,努力营造良好院风,不断开创学院建设和发展的新局面,为党和国家事业作出新的更大贡献!

深化行政管理体制改革的目标和主要任务*

（2009 年 12 月）

当前,我国改革发展正处于关键阶段。要更好地推进改革开放和社会主义现代化建设,就必须把加快行政管理体制改革放在更加突出的位置。党的十七大和十七届二中全会站在新的历史起点上,作出了加快行政管理体制改革、建设服务型政府的战略部署,明确提出“到 2020 年建立起比较完善的中国特色社会主义行政管理体制”的总体目标,为继续深化行政管理体制改革指明了方向。综观未来发展趋势,推进行政管理体制改革需要充分考虑到“四个方面的要求”:即充分考虑深入贯彻落实科学发展观的要求,充分考虑完善社会主义市场经济体制和提高对外开放水平的要求,充分考虑发展社会主义民主政治和依法行政的要求,充分考虑建设创新型国家的要求。全面推进体制机制创新、制度创新和管理创新,努力建设服务型、现代化政府。为此,要着重研究解决以下六个问题。

一、进一步转变和正确履行政府职能

这仍然是深化行政管理体制改革的核心。要坚持以人为本的施政

---

* 本文系作者为《政府管理:改革创新与发展——〈国家行政学院学报〉创刊 10 周年精品文集(一)》作的序言,国家行政学院出版社 2009 年版。

理念，实施人本管理，以服务人民为根本宗旨，以广大人民群众为根本依靠力量，切实保障人民群众各项权益，积极解决群众最关心、最直接、最现实的利益问题。要围绕推动科学发展、促进社会和谐，在政府职能方面实现四个根本性转变：一是政府职能要向大力创造良好发展环境转变。在宏观环境方面，主要是制定和执行宏观调控政策，搞好基础设施建设和公共服务，加强对生态环境和资源保护，注重运用经济手段、法律手段并辅之以必要的行政手段管理和调节经济社会活动。在微观环境方面，要强化市场监管职能，健全行政执法、行业自律、舆论监督、群众参与相结合的监管体系，创新监管方式，提高监管能力，维护统一开放、竞争有序、安全健康的市场秩序。二是政府职能要向有效提供优质公共服务转变。要更新管理理念，强化服务意识，做到在服务中实施管理、在管理中体现服务，不断提高公共服务水平。随着经济社会的持续发展，要以不断满足人民群众对公共产品、公共服务日益增长的需求为着眼点，着力解决公共产品供给短缺、公共服务能力不强等问题，推进城乡、区域基本公共服务均等化；加快完善公共财政制度，扩大公共产品和公共服务的覆盖范围，切实保障农村、基层和欠发达地区人民群众基本公共服务的需要。实行更加有力的政策措施，推进教育、卫生、文化等社会事业加快发展。三是政府职能要向注重维护社会公平正义转变。维护社会公平正义，是社会文明进步的重要标志。要正确认识和处理效率与公平的关系，当前和今后一个时期，更加注重社会公平和社会管理，强化政府促进就业和调节收入分配的职能，整顿和规范收入分配秩序，建立科学合理的收入分配调节机制；加快完善社会保障体系，调节社会利益关系，大力发展社会保险、社会救助、社会福利等事业。更加注重突发事件应急管理体系建设，健全社会矛盾疏通调处和安全预警机制，构筑社会安全网，维护社会和谐稳定。四是履行政府职能要向实行科学化的公共治理转变。公共治理相对于传统的公共管理而言，它更强调以规范的、民主的、法治的行政方式来管理公共事务。

推行这种管理模式，符合建设服务型、现代化政府的要求。要树立新的公共治理理念，由以行政控制为主向以服务公众为主转变，由“全能型政府”向“有限型政府”转变；逐步完善公共治理机制，建立健全公开、参与、评价和责任制度；建立健全公共治理结构，改进公共治理方式，综合运用现代管理方法和科技手段，不断推进政府管理创新。

二、进一步简政放权和规范市场、社会秩序

经过多年努力，我们在简政放权方面取得了很大进展，但现实中仍然存在一些政府不该管、管不了，也管不好的现象，同时又存在着一些政府该管而没有管或者没有管好的问题，需要继续认真研究解决。要着眼于增强经济社会发展活力和提高效率，充分调动企业事业单位和各方面的积极性、创造性，从制度上更好地发挥市场在资源配置中的基础性作用。要继续深化企业改革、深化行政审批制度改革、深化事业单位改革，完善现代市场体系，切实推进政企分开、政资分开、政事分开、政府与中介组织分开。要适应人民群众政治参与和社会活动参与积极性不断提高的新形势，更好地发挥公民和社会组织的作用，鼓励、支持、引导公民和社会组织依法有序参与社会公共事务管理，扩大基层民主。在进一步调整政府与市场、企业、社会组织权责关系的同时，更加注重提高政府科学管理水平，正确有效履行政府职责，不断加强和改善宏观调控，有效实施监管，克服和纠正“市场缺陷”、“市场失效”、“社会无序”现象，引导和规范市场主体行为，做到活而不乱、管而不死。要注重发挥国家法令政策、行政规制、行政指导和行政合同在行政管理中的积极作用，引导社会经济发展既充满活力、富有效率，又规范有序、持续稳健运行。

三、进一步优化行政组织结构

机构是职能的载体,职能配置需要科学的机构设置来履行。在优化行政组织结构中,关键是要实现政府组织机构及人员编制向科学化、规范化、法制化的根本转变。要根据经济社会发展变化和全面履行政府职能的需要,科学规范部门职责,合理调整机构设置,优化人员结构,既要解决有些部门机构臃肿、人浮于事的问题,也要解决有些部门编制过少、人员不足的问题,做到职能与机构相匹配、任务与人员编制相匹配。要按照精简、统一、效能的原则和决策权、执行权、监督权既相互制约又相互协调的要求,继续探索实行职能有机统一的大部门体制,精简和规范各类议事协调机构及其办事机构,健全部门间协调配合机制,继续解决机构设置过多、职责分工过细、权责脱节等问题。要严格执行机构编制审批程序和备案制度,加快政府机构编制管理科学化、规范化、法制化进程。

四、进一步推进制度创新和管理创新

制度具有全局性、根本性、稳定性的作用。推进制度和管理创新,主要是加快实现行政运行机制和政府管理方式向规范有序、公开透明、便民高效、权责一致的根本转变,这是建设人民满意政府的重要环节。做到规范有序,就要继续全面推进依法行政,完善有关法律法规体系,规范政府的立法行为;健全科学民主决策体系,规范政府的决策行为;完善行政执法体制,规范政府的执法行为;进一步健全行政监督制度,切实用制度管权、管事、管人。做到公开透明,就要进一步完善政务公开制度,建立健全信息发布制度,提高政府信息质量,及时、全面、真实地发布政务信息,畅通人民群众了解公共信息的渠道;要实行民主管理,保障人民群众依法管理国家和社会事务、管理经济和文化事业,保障人民群众的知情权、参与权、表达权和监督权;要加快"阳光政府"建设,提高政府工作透明度,让权力在阳光下运行,同时加快电子政务建设,充分利用现代信息技术,推进公共管理和服务信息化。做到便民高效,主要是规范和发展行政服务性机构,改进和完善政府各类审批制度和办事制度,简化程序,减少环节,提高政府效能,为社会、企业和群众提供更加方便、快捷、有效的服务。做到权责一致,就要强化责任意识,推动政府从"权力本位"向"责任本位"转变,坚持有权必有责、用权受监督、违法要追究;要建立科学合理的绩效管理制度,推行行政目标责任制,健全并认真实施质询、问责、经济责任审计、引咎辞职、罢免等制度。通过多方面推进管理制度创新,努力实现政府管理现代化。

五、进一步理顺政府职责关系

既要重视在横向上理顺同级政府各部门之间的职责关系,也要重视从纵向上理顺不同层级政府之间的职责关系。理顺各级政府的职责关系,关键是做到财权与事权相对应,权力与责任相统一。要合理划分不同层级政府的职权,根据各自不同的地位和功能确定权力与责任,突出管理和服务重点,形成责任明确、各有侧重、相互衔接、高效运行的职责体系。要研究探索不同层级政府关系的调整方式,综合运用立法规范、政策指导、行政协调、司法裁决以及财政转移支付等方式,逐步实现各层级政府关系调整的规范化、制度化和程序化。积极探索减少行政层级。在我国的行政区划和治理结构中,县级行政区域是一个重要的层次,在国民经济和社会发展中起着重要作用。要扩大县域发展自主权,推进省直接管理县财政体制,依法积极探索省直接管理县的体制。同时,加快推进乡镇机构改革。继续发挥大中城市作用,赋予符合条件的小城镇相应的行政管理权限。要调整和健全垂直管理体制,完善市场经济条件下的中央与地方关系,规范垂直管理部门与地方管理的事权范围和权责关系,建立健全协调配合机制。

六、进一步加强公务员队伍建设

公务员队伍是政府管理的主体,其素质和能力直接影响政府的执行力和公信力。要进一步完善公务员管理配套制度和措施,实现公务员队伍管理的制度化、规范化、法治化。严格规范公务员行为,健全公务员激励、约束机制和进入、退出机制,强化对权力运行的监督和制约。建设爱岗敬业、忠于职守、素质优良、作风过硬、勤政廉政的公务员队伍。要按照党的十七大作出的继续大规模培训干部、大幅度提高干部素质的战略决策,切实把干部教育培训放在先导性、基础性、战略性地位抓紧抓好,充分发挥干部教育培训机构的作用,努力提高干部教育培训的针对性和实效性,为改革开放和社会主义现代化建设提供强有力的人才保证和智力支持。

深入研究和推动行政管理体制改革,促进行政管理学创新和发展,是摆在我们面前的一项重要任务。我们要高举旗帜,勇于创新,为建立和完善中国特色社会主义行政管理体制、形成和发展中国特色社会主义行政管理学做出不懈的努力。

制定人才强院战略规划的几点意见*

（2010年5月7日）

今天，我们召开人才强院战略规划课题研究暨文件起草组成员第一次会议，主要对人才强院战略规划的研究制定工作进行全面部署。这是学院工作的一件大事，学院党委在作今年工作部署时，已明确把这项工作作为一项重要任务。在今年的学院重大课题研究项目中，也明确列为重大课题。为做好这项工作，院党委决定成立人才强院战略规划课题研究暨文件起草组，由我担任组长，杨文明同志和樊秀萍同志任副组长，学院各相关部门17位同志参加。下面，我先讲几点意见，供大家研究问题时参考。

一、充分认识进一步实施人才强院战略的重大意义

实施人才强院战略，是我院作出的一项重要决策。近两年，院党委高度重视这项工作，加大了工作力度，采取了一些措施，取得了一定进展。我从去年以来围绕进一步实施人才强院战略进行了调研，作了一些初步思考。我们这次承担课题研究和文件起草的同志，首先要思想认识到位，

* 本文系作者在国家行政学院人才强院战略规划课题研究暨文件起草组会议上的讲话。

要在以往工作基础上，根据新形势新任务的要求，把人才强院战略规划研究透、制定好。

第一，进一步研究制定人才强院战略，是贯彻落实《国家中长期人才发展规划纲要(2010—2020年)》和《行政学院工作条例》、《意见》的要求。最近，党中央、国务院专门制定了《国家中长期人才发展规划纲要》，从指导方针、战略目标、总体部署、主要任务、体制机制创新、重大政策、人才工程、组织实施等方面，对我国人才工作进行了全面系统详细的规划。这是我国第一个中长期人才发展规划，是今后一个时期全国人才工作的指导性文件。我们要遵照中央通知要求，结合学院实际，认真抓好贯彻落实，根据国家人才规划纲要，进一步研究制定我院的人才强院战略规划。同时，去年年底，国务院颁发了《行政学院工作条例》和《国务院关于加强和改进新形势下国家行政学院工作的若干意见》，充分体现了党中央、国务院对学院工作的高度重视。《条例》第42条规定："行政学院应当加强教学培训、科学研究、决策咨询、行政管理和后勤服务队伍建设，建立一支素质优良、规模适当、结构合理的工作人员队伍。"《意见》在总体要求和主要任务中提出，"加强人才的选拔培养和合理使用，着力建设国际一流水平的高素质教学、研究和管理人才队伍"，明确要求"制定和实施人才强院战略规划"。因此，全面贯彻落实国务院制定的《条例》和《意见》精神，必须抓紧研究制定好学院人才强院中长期战略规划。

第二，进一步实施人才强院战略，是建设有特色高水平国际一流行政学院的要求。创建有特色、高水平、创新型、开放式、现代化的国际一流行政学院，是党中央、国务院对学院工作提出的高目标、新要求。能不能实现这样的目标，关键在于能不能造就一流人才。一流人才是学院科学发展的第一资源、创新发展的第一要素、可持续发展的根本保障。进一步实施人才强院战略，就是要坚持以人才为本，以教学、科研、咨询人才队伍建设为重点，统筹各类人才队伍，重点汇聚一批高水平、有影响力的名师大家和学科带头人，形成一支一流的人才队伍。

第三，进一步实施人才强院战略，是全面履行学院职能和学院应对新形势新任务的要求。学院肩负着教学培训、科学研究、决策咨询“三位一体”的重要职能，教学培训是中心任务，科学研究是重要基础，决策咨询是重要支撑，三者紧密联系，相互促进，这是行政学院区别于党校、其他干部院校、国民教育类院校的重要特色。要全面履行上述职能，就必须全面实施人才强院战略，全面加强各类人才队伍建设。同时，我们要看到，学院已进入新的发展阶段，面临着新形势新任务。从干部培训看，面临着多样化、信息化、现代化这样一个激烈竞争、要求很高的局面。从科研咨询看，当前改革开放和现代化建设面临着大量新情况新问题，需要我们提出研究解决的思路和对策。近年来，我们适应新形势新任务，从组织机构、制度建设、政策措施等方面全面推进学院事业建设，使学院呈现全面发展、快速发展、蓬勃发展的崭新局面。比如，我们在继续加强教学培训的同时，进一步加强科研咨询工作，专门成立了决策咨询部、院刊室；又比如，我们着眼于彰显学院特色和核心竞争力，申请成立了国家应急管理培训中心，致力把我院办成应急管理的教学培训中心、科研咨询中心和国际交流中心等“三大中心”；再比如，我们全力以赴申请并取得硕士、博士学位点的授予权，积极争取并恢复举办青干班，申请并被批准成立学院纪律检查委员会，等等。所有这些，目的在于适应新形势新任务新要求，使学院充分发挥高中级公务员教育培训的主阵地作用，科学研究特别是公共行政领域和政府管理创新研究的重要基地作用，政府决策的思想库作用。所有这些，也为进一步推进人才强院工作奠定了基础、创造了条件、开辟了空间，提出了更高要求。

从我院队伍现状看，各方面人才不断增加，素质不断提高，与学院事业发展总体上是适应的。如果说不适应，就不可能有建院十多年的显著成就。这是院党委对我院人才队伍和人才工作的一个基本估计。但是，我们要清醒看到，我院无论人才队伍的数量、质量、结构和效用，还是人才工作的理念、机制、政策和举措，与学院确立的高目标定位以及在党和国家大局中应发挥的更大作用相比，还有不小的差距。因此，我们必须站在党和国家大局的高度，站在学院更大发展全局的高度，充分认识人才强院工作的极端重要性，切实增强做好人才强院战略规划的使命感、责任感和紧迫感。

二、进一步实施人才强院战略的指导思想和指导方针

做好人才强院战略规划课题研究和文件起草工作的总体要求是，必须做到与党中央、国务院对学院工作的要求相适应，与国家中长期人才发展规划相符合，与《行政学院工作条例》和《意见》相一致，与学院"十二五"规划的制定相衔接，充分考虑学院事业长远发展。

进一步实施人才强院战略的指导思想是，高举中国特色社会主义伟大旗帜，以邓小平理论和"三个代表"重要思想为指导，全面贯彻落实科学发展观，深入贯彻落实党十七大和全国人才工作会议精神，认真贯彻落实《条例》和《意见》，按照《国家中长期人才发展规划纲要（2010—2020年）》的总体部署，遵循干部教育培训规律、学院发展规律、人才成长规律，加快人才队伍建设、体制机制改革和政策措施创新，以教研人才队伍为重点，统筹各类人才队伍建设，努力建设一支规模适当、结构合理、素质优良、德才兼备的人才队伍，为建设有特色高水平的国际一流行政学院提供人才保障和智力支持。

进一步实施人才强院战略必须有明确的指导方针，这些指导方针要充分体现全局性、战略性、前瞻性。初步考虑，建设高水平、高素质、高层次的人才队伍，必须要做到"五个坚持"。

一是坚持服务发展。要把服务学院科学发展、又好又快发展作为人才工作的根本出发点和落脚点，围绕建设有特色高水平国际一流行政学院目标确定人才队伍建设任务、制定人才政策措施，用学院科学发展成果

检验人才工作成效。

二是坚持人才优先。要把人才建设放在学院建设的首要位置,做到人才资源优先开发,人才结构优先调整,人才投入优先保证,人才政策优先考虑。

三是坚持以用为本。要把充分发挥各类人才的作用作为人才工作的根本任务,围绕用好用活人才来培养人才、引进人才,积极为各类人才干事创业和实现人生价值提供机会和条件。

四是坚持创新机制。要把深入改革作为推动人才发展的根本动力,坚决破除束缚人才发展的思想观念和制度障碍,构建有利于又好又快发展的人才体制机制,最大限度地激发人才创造活力。

五是坚持优化组合。要按照学院不同岗位特点及其对人员的要求,合理培养、选拔、使用各类人才,使各类人才各尽所能,各尽其才,各尽其责,彼此尊重,相互配合,和谐共事。

三、需要重点研究的几个问题

第一,认真研究学院各类人才队伍建设的规模和结构。学院事业发展的需求决定了学院人才队伍发展的需求,决定着学院的人才规模、结构。要立足当前、着眼长远,突出特色、形成品牌,保证重点、统筹兼顾,根据学院当前和今后较长一段时期的事业发展需要,合理确定学院人才队伍的规模和结构。就目前新开拓的一些事业而言,急需人才队伍及时跟上。比如,恢复举办青干班,学制多长、开设哪些课、需要多少教师？比如,博士学位申请下来后,今年起步、明年开始、后年达到什么样规模、需要多少教师？再比如,我们要建成国家级的应急管理教学培训、科研咨询和国际交流的基地,需要什么样的人才结构和规模？还有教学科研基地建设、博士后流动站建设等等,都要充分考虑事业需要,进行人才队伍建设规模和结构的深入研究。

第二,紧密结合学科建设规划研究人才强院规划。教学培训是学院的中心工作,学科建设是教学培训的基本建设。人才队伍建设规划要服从学科建设规划的需要。《行政学院工作条例》明确了我院重点建设行政管理学、经济管理学、行政法学、领导科学、社会管理学和应急管理学等学科。我们要围绕重点学科建设和学位点建设,加强人才队伍建设,尤其是加强高层次人才的引进和培养。通过人才的引进和培养,不断强化优势学科,保持特色学科,保证干部培训和学位教育的质量和水平。

第三,深入研究高层次人才队伍建设。要打造有特色高水平的国际一流行政学院,必须在高层次人才队伍建设上取得突破,以此带动整个人才队伍水平和办院质量的提高。学科领军人才是学院的核心人才,在推动重点学科的持续发展和新兴学科的开发中发挥着关键性作用,学院要有计划的培养和引进一批国内外一流的学科领军人才。《国务院关于加强和改进国家行政学院工作的若干意见》明确要求:"加大培养选拔学科带头人的工作力度,面向国内外引进高层次紧缺人才,确保每个学科都有在国内外具有重要影响的带头人,培养和引进有较高科研、咨询工作能力的优秀人才。"我们要在这方面解放思想,加大研究力度,制定相应的规划、政策措施和人才培养办法。

第四,着力研究中青年骨干教研人员培养问题。中青年骨干教研人员是学院队伍的主力军,也是学院的未来和希望。但总体看,中青年骨干教研队伍总量、结构、素质,都还与学院当前和长远发展要求不相适应。因此,要在中青年骨干教研队伍培养上下更大的力度,坚持引进和培养并重,实现人才引进和自主培养、现有人才和外来人才均衡发展。要充分利用"千人计划"、"新世纪百千万人才工程国家级人选"、"国家杰出青年科学基金"等国家级项目,加大中青年教研人员培养力度。建设好博士后科研工作站,积聚人才。制定积极鼓励青年教研人员出国进修、学习和交流、挂职锻炼等政策措施,为中青年教研人员成长搭建平台,创设条件。

第五，全面研究人才工作配套措施。“没有梧桐树，难引金凤凰。”必须大胆突破，为培养、引进高层次人才提供干事创业的软、硬件支持。要研究引进高层次人才配套政策，研究制定包括办公、住房、一次性安家费、科研启动费、薪酬激励机制及家属工作安排和子女基础教育服务等一系列强有力的配套措施。要积极开辟新途径解决教职工住房困难等实际问题。要通过加大人才投入，创新用人体制与机制，以满足学院事业发展对高层次人才的需求。

第六，重视研究创新团队建设问题。创新团队建设是汇聚和造就人才的重要手段。要推进教学、科研、咨询组织创新，鼓励创新团队成长。探索“大师+团队”的人才组织模式，探索有利于高层次人才成长和创新能力提升的工作机制。制定有关制度和办法，鼓励科研创新团队、教学创新团队、学科创新团队建设，让一批学术新人脱颖而出。加强人才队伍的思想建设、能力建设、作风建设。

第七，研究鼓励多出精品力作问题。人才效用和贡献大小，是衡量人才强院战略成效的重要原则。要研究激励措施，形成政策导向，鼓励紧紧围绕中心、服务大局，多出受学员欢迎的精品课，多出高质量、有价值的科研成果和具有前瞻性、应用性和对策性的咨询报告。设立重大贡献和突出业绩奖，奖励在教学培训、科学研究、决策咨询、管理工作、社会服务和学院发展等领域中做出重大贡献和取得突出成绩的个人或团队，以鼓励承担大项目，产出大成果，凝聚创新团队，激励各类人才竞相为学院发展多作贡献，作大贡献。

第八，重点研究深化干部人事制度改革问题。按照德才兼备、以德为先的方针，进一步研究加强部门领导班子建设。建立一支数量充足、结构合理的部门领导班子后备干部队伍。完善教研部门负责人岗位聘用制。加大干部公开、择优竞争上岗、交流轮岗力度，努力形成正确的用人导向，提高选人用人透明度和公信度。建立健全优胜劣汰机制，形成能上能下、能进能出、充满活力、公平公正的干部人事制度。

第九,进一步研究人员分类管理办法。进一步健全学院内部体制,明确职责分工,做到权责一致。改进分类管理办法,实行管人与管事相结合,对直属企事业单位实行下放人事权的改革。积极探索符合学院各类人员队伍特点的用人办法。

第十,努力研究完善激励约束机制问题。按照分类管理的要求,研究建立健全各类人才选拔使用、教育培养、考核评价制度。要以完善激励约束机制为重点,总结已试行的分类绩效考核办法,完善绩效评估指标体系,充分发挥绩效考核机制的激励约束作用,研究制定符合学院特点和岗位要求的不同人员绩效考核办法。

十一,积极研究促进人才成长的软环境问题。软环境,对于引得进、留得住、用得好人才,至关重要。要大力培育“立德立行,求实求新”的院风,努力形成与建设有特色高水平国际一流行政学院相适应的用人思想观念和科学机制,营造人人干事创业和能干成事业的良好氛围;营造追求真理、鼓励创新、宽容失败、尊重差异、包容多样的文化氛围,营造爱岗敬业、甘于奉献、团结和谐、生动活泼、奋发向上的氛围。加强学院文化建设,让各类优秀人才脱颖而出。

四、几点要求

制定出适应新形势、新任务、新要求的人才强院战略和工作规划,是今年学院工作的一项极其重要任务。这项工作事关全局,也十分紧迫。初步设想用 3 个月左右时间完成调研和起草任务。时间很紧、任务很重,为此,必须要做到以下几点:

一要高度重视,积极参与。参加课题调研和文件起草的同志要从学院事业大局出发,充分认识进一步实施人才强院战略的重要性,充分认识做好课题研究和文件起草的重要意义,确保思想到位、精力到位、工作到位,以认真负责的态度、求实求新的精神,投入到这项工作中去。

二要加强学习,把握精神。要认真学习国家中长期人才规划纲要,认真学习《行政学院工作条例》和《意见》,力求学深学透,掌握精神实质,为课题研究和文件起草做好思想武装工作。

三要解放思想,锐意创新。要大胆解放思想,敢于学习借鉴先进经验,敢于发表符合实际的创新思路,敢于提出人才工作的新举措。课题组在开展内部讨论时,鼓励提出不同意见,勇于直面矛盾,不回避难点、热点问题,在各种意见乃至争论中互相启发、互相促进、凝聚共识。

四要深入调研,集思广益。全面总结学院人才工作的成绩和经验,认真研究分析存在的问题,消化吸收去年学院调研形成的初步成果。积极学习借鉴其他干部院校、高等院校、科研院所和人才工作先进地区和单位的经验做法。通过院内外广泛深入的调研活动,理清人才强院的思路和对策。

五要抓紧工作,保证质量。要只争朝夕,从紧安排,排出工作时间进度表,制定工作任务、工作节点、工作责任分解表,希望参与课题研究和文件起草的同志,要统筹兼顾,合理安排,这段时间把主要精力用在这项工作上,保质保量完成好承担的任务。

我相信,在大家的齐心协力努力下,在全院上下的大力支持下,一定能制定出一个科学、管用的人才强院战略规划,为学院事业发展作出积极贡献!

努力加强决策咨询服务工作*

（2010 年 7 月）

2008 年下半年以来，人类社会经历了一场百年不遇的国际金融危机，我国经济受到严重冲击。面对错综复杂的国际国内形势，全国各族人民在党中央、国务院正确领导下，坚定信心，迎难而上，奋力拼搏，有力、有效地应对国际金融危机冲击，改革开放和现代化建设取得新的重大成就。在这一过程中，各类研究机构深入实际调查研究，积极提供决策咨询服务，为成功应对国际金融危机冲击作出了贡献。

国家行政学院是国务院直属单位，是培训高中级公务员、培养高层次管理人才和政策研究人才的重要机构，也是开展哲学社会科学研究和决策咨询的重要机构。一年多来，学院坚持围绕中心、服务大局的办院方向，认真履行教学培训、科学研究和决策咨询“三位一体”的职能和使命，在坚持做好教学培训和科学研究工作的同时，全面加强了决策咨询工作。我们把为党中央、国务院中心工作服务作为决策咨询工作的首要任务，引导、鼓励和支持院内外专家学者和广大学员发挥聪明才智，紧紧围绕经济社会发展中的战略性、全局性问题和热点、重点、难点问题，特别是应对国际金融危机、保持经济平稳较快发展，深化行政体制改革，推进政府管理创新，加强政府自身改革和建设，广泛开展调查研究，积极建言献策，取得

---

* 本文系作者为《国家行政学院决策咨询成果选》写的序言，国家行政学院出版社 2010 年 7 月版。

了一批有分量、有价值的重要成果，不少成果得到了党中央、国务院领导的重视，为中央决策提供了重要参考，对推动实际工作发挥了积极作用。为了更好地发挥这些决策咨询成果的作用，现将国家行政学院一年多形成的部分决策咨询研究报告选辑成册，公开出版，以期与广大读者交流。

借此机会，我想就做好决策咨询工作谈一些看法。

一、充分认识做好决策咨询工作的重要性

加强决策咨询工作，是顺应时代发展的需要。当今世界正处在大发展、大变革、大调整时期，世界多极化、经济全球化深入发展，科技革命和技术创新孕育着重大突破，国际经济竞争更趋激烈，对我国的影响日益加深。当代中国正发生广泛而深刻变革，改革发展正处在关键时期，中国特色社会主义事业蓬勃发展，新事物、新知识、新经验层出不穷，新情况、新矛盾、新问题不断出现。当前和今后一个时期，我国仍处于大有作为的重要战略机遇期，同时又面临不少风险和严峻挑战。形势和任务的变化，要求党和政府不断提高科学决策的能力和水平。加强决策咨询工作，提出有针对性、指导性、可操作性的对策建议，为领导决策服务，是决策咨询机构和科研人员义不容辞的责任。

加强决策咨询工作，是保证实现正确领导的需要。决策正确与否，对于党和国家事业发展具有决定性作用。决策正确，我们的事业就能顺利发展；决策不正确或者失误，我们的事业就会遇到困难甚至发生严重挫折。当今社会，信息化、市场化、国际化不断发展，经济社会事物更加复杂化，利益关系日趋多元化，各种思想相互交织交融交锋，作出正确决策的难度加大。制定政策需要处理好的问题和信息、需要考虑好的方面和因素、需要把握好的时机和力度，这些比以往任何时候都更加重要。要保证决策的科学性和政策的正确性，必须科学地分析影响决策的诸多因素和

条件,正确地判断决策和政策可能产生的效果和影响,这对领导决策,也对决策咨询工作提出了新的更高的要求。

加强决策咨询工作,是实行科学决策、民主决策、依法决策的需要。要做到科学决策,就必须采取科学的态度,运用现代科学知识、方法和手段,对需要决策的问题做出符合实际和客观规律的正确判断,提出具有科学理论基础和事实依据的决策。要做到民主决策,就必须充分听取各方面的意见,实事求是地分析各种不同观点和不同利益诉求,准确地反映民众意愿,集中民智,形成具有广泛群众基础的决策。要做到依法决策,就必须树立法制观念,严格执行法律程序和法律规定,使决策具有法律依据和法制保障。这些都需要加强决策咨询工作,加强对重大问题的前瞻性、战略性、对策性研究,广泛听取各方面的意见和建议,认真开展咨询论证。

党的十七届四中全会通过的《关于加强和改进新形势下党的建设若干重大问题的决定》中,把加强和改进决策工作、完善决策机制作为一项重要任务,强调指出:"提高科学决策、民主决策、依法决策水平,加强党委决策咨询工作,做好重大问题前瞻性、对策性研究,广泛听取党员、群众、基层干部意见和建议,发挥咨询研究机构、专家学者、社会听证在决策过程中的作用。"这为我们加强和改进决策咨询服务工作进一步指明了方向,也提供了强大动力。

二、加强决策咨询工作是国家行政学院的重要使命

早在 1996 年国家行政学院成立之初,国务院就明文规定,国家行政学院履行教学培训、科学研究、决策咨询"三位一体"的职能,将决策咨询服务作为重要职责。2009 年 12 月,国务院颁布的《行政学院工作条例》和《国务院关于加强和改进新形势下国家行政学院工作的若干意见》中,进一步强调了教学培训、科学研究、决策咨询"三位一体"的职能和办院

特色，进一步规定了决策咨询工作在学院发展格局中的重要作用和地位。国家行政学院加强决策咨询工作意义重大。

一年多来，我们从组织上、制度上、运作方式上采取了一系列措施，开创了决策咨询工作的新局面。学院内建立有利于决策咨询工作的体制机制。经中央编委批准，专门成立了决策咨询部，充实和选调人员，建立工作制度。研究制定《关于加强决策咨询工作的意见》，建立联络员信息沟通机制和决策咨询选题研究会议制度，积极探索教学、科研、咨询一体化的有效实现形式。我们创办《送阅件》，开通了学院向党中央、国务院建言献策的"直通车"。我们重视发挥教研人员和学员参与决策咨询服务工作两个方面的积极性。经常组织教研人员深入基层，深入实际，有针对性地开展调查研究。重视发挥学员来源广、层次高和有理论、有实践经验的优势，鼓励学员参与决策咨询活动。结合教学培训活动多次召开座谈会，直接听取学员对经济社会热点、难点问题的意见和建议，形成了一些有价值的政策咨询研究成果。

一年多的实践，成效显著。总的来说，学院决策咨询工作在党和国家大局中发挥的作用和影响越来越大。回顾一年多走过的路，我们对决策咨询服务工作也有了更加深刻的体会。

第一，必须把加强决策咨询工作作为建设有特色高水平行政学院的重要支撑。教学培训、科学研究、决策咨询是学院发展的显著特点。这三个方面密切联系、相互促进。教学培训是中心任务，各项工作都要围绕这个中心。基于学院的特殊职能定位和特定的培养对象，国家行政学院的教学培训不是简单的你讲我听，你教我学，而是在教与学之间形成广泛和深入的交流、沟通和互动，具有更多的研究性和政策性。国家行政学院贴近政府，贴近实际，能够及时直接反映客观需求，搞好决策咨询工作，既是丰富教学内容、提高教学质量的重要环节，有利于教学培训和科学研究任务的完成，也是为党和政府进行科学决策、正确决策服务，发挥思想库作用的内在要求。要通过多种形式，让广大教研人员和学员积极参与决策咨询研究,促进优秀决策咨询研究成果转化为教学培训的内容,转化为服务政府决策的依据。这是行政学院区别于其他培训机构的重要标志。

第二,必须把加强决策咨询研究工作作为充分发挥学院优势的重要选择。国家行政学院除了有“三位一体”的职能特色之外,学科优势和特色也非常明显。国务院明确规定:行政学院“要紧紧围绕国家事业发展的需要,不断加强学科建设。要突出重点学科,强化优势学科,拓展相关学科,坚持以公共管理为重点,着重建设公共行政学、行政法学、政府经济学、政策学、领导科学、社会管理学、应用管理学等学科体系”。学院为开展多学科交叉研究和咨询服务提供了重要学科支撑和人才支撑。学院对上有为党中央、国务院提供决策咨询服务的正式渠道,对下有全国行政学院系统的正常联系网络,能够及时了解和掌握经济社会发展的相关信息,以及党和政府政策制定与实施情况,为学院开展决策咨询工作提供了信息搜集、调查研究和意见反映的重要条件。学院的学员资源更是开展决策咨询工作的宝库,他们来源广,层次高,有理论水平和实践经验,对于贯彻党的路线、方针和政策有感受,有体会,有认识,能够反映经济社会发展中的深层次问题和矛盾,这些对于开展决策咨询工作都是非常有利的条件。学院实行开门办学,与国际和国内教学研究机构都有广泛联系,形成了高层次的院外兼职教师队伍,建立了一批多种形式、贴近实际的教学科研基地。只要把学院的优势发挥出来,把特色彰显起来,就一定能够做好决策咨询工作,提升学院的综合实力和竞争力。

第三,必须把加强决策咨询研究工作作为创建国际一流行政学院的重要举措。坚持高标准、严要求,更加突出特色,创建国际一流行政学院,是国家行政学院的奋斗目标,是全面提升学院综合实力和办院水平的过程。创建国际一流行政学院,既要在教学培训和科学研究方面提高水平,也要创造大量有重要价值和影响力的决策咨询成果。当今世界高水平的各类教育培训机构,都把决策咨询作为自身发展一项重要任务。要建设国际一流行政学院,必须不断加强决策咨询工作。这样,才能提高学院的发展水平和影响力。要着力建设有特色、高水平的决策咨询体系,力争使国家行政学院成为具有重大影响力的政府决策咨询机构,成为广纳善言、建言献策的重要平台,成为公共行政研究领域具有领先水平的咨询中心,切实发挥好思想库的作用。

三、提高决策咨询工作水平需要把握的重要方面

胡锦涛总书记在党的十七大报告中强调,要"推进决策科学化、民主化,完善决策信息和智力支持系统"。这为我们更好地开展决策咨询工作指明了方向。"百尺竿头,更进一步。"当前,提高决策咨询工作水平需要把握好以下几个重要方面。

一是坚持服务大局。这是决策咨询工作必须坚持的正确方向。要紧紧围绕党和政府的中心任务,把握决策需要研究和解决的问题,及时了解党和政府的工作部署,跟踪和发现政策实施过程中出现的新情况、新问题,把咨询研究与决策需要更加紧密地结合起来。决策咨询工作必须突出重点,着重研究经济社会发展的全局性、战略性和前瞻性问题和人民群众关心的热点、难点和重点问题,为政府决策提供咨询服务。决策咨询工作还要注重突出自身特点,发挥优势。对国家行政学院来说,要着力开展行政管理体制改革和政府管理创新的决策咨询研究,推进政府自身改革和建设,提高政府行政能力、公信力和服务水平。

二是准确把握选题。决策咨询是服务决策的活动,必须准确把握决策者的需要,选题是能否满足决策需要的关键环节。要在总体上把握好咨询服务方向的同时,还必须在选题的及时性、准确性上下工夫。选题不仅要吃透决策的需要,还必须吃透决策需要解决问题的关键所在,使所选的题目切中问题的实质和要害。通过准确选题,将决策的目的性和实际情况更好地结合起来。决策咨询选题与一般科研选题不同,决策咨询服

务总是有时间规定的，决策必须把握时机，过早或过迟都可能影响决策的正确性和效果，决策咨询如果不能把握好时机，则提出的政策建议或者不能够引起决策者的重视，或者因为时过境迁而失去效果。决策咨询工作需要科学理论作支撑，但通常不是一般原理的阐述，而是运用理论提出解决问题的思路和办法。决策咨询的选题要注意解决问题和制定政策的针对性，这样提出的研究成果才能有效服务于决策。

三是加强调查研究。调查研究是辩证唯物主义和历史唯物主义认识论的根本方法，也是做好决策咨询工作必须坚持的科学方法。没有调查研究，就没有发言权。做好决策咨询工作，必须积极开展深入的调查研究，掌握真实情况和第一手资料，对情况有全面、准确和深入把握，在科学分析的基础上形成决策建议。要充分发挥行政学院系统和教学科研基地的优势，加强与实际部门和地方的联系，拓宽调查研究的渠道和形式。

四是树立良好文风。积极倡导、大力弘扬优良文风，是党的十七届四中全会提出的一项重要任务。改进文风，要反对“假、大、空”，在三个方面下工夫、见成效。一要短。力求简短精练、直截了当，要言不烦，意尽言止，观点鲜明，重点突出。坚持内容决定形式，宜短则短，宜长则长。二要实。讲符合实际的话不讲脱离实际的话，讲管用的话不讲虚话，讲反映自己判断的话不讲照本宣科的话。三要新。在研究新情况、解决新问题上有新思路、新举措、新语言，力求思想深刻、富有新意。撰写好研究报告是做好决策咨询服务的重要环节，要把文风上“短、实、新”的要求具体落实到研究报告的撰写上来，努力使每一份报告做到主题鲜明，主线突出，结构合理。文字表达做到准确、鲜明、生动。决策咨询成果特别要注意用词规范、文风朴实、表达准确。

五是创新工作机制。决策咨询工作是一种能够广泛调动和集中信息和智慧的活动。做好决策咨询工作要建立研究项目管理机制，实行项目负责人制和目标管理，以项目为纽带，优化资源配置。要健全决策咨询工作激励机制和约束机制，完善绩效考核办法，把开展决策咨询工作的成效作为业绩考核和职称评定、岗位竞聘的重要依据，对作出显著成绩的人员给予奖励，鼓励多出优秀成果。要推进决策咨询组织机制创新，积极培育团队精神，搭建决策咨询研究平台，开展多种形式的学术交流与合作，活跃研究氛围。要完善决策咨询成果的反映、推介机制和渠道，努力形成品牌，促进咨询成果应用。

进学院门　做学院人　忠诚学院事业*

（2010 年 8 月 29 日）

新学期伊始，学院人事局举办新入院人员培训班，对 2009 年秋季以来正式调入学院工作的人员进行“知院、爱院、建院”的主题教育。参加这次培训班的人员来自多个方面。有的是面向全国公开招聘来的，有的是参加中组部、人力资源和社会保障部统一考试录用的，有的是从中央部委、地方政府、高校和科研院所、部队选调的，有的已有着多年的工作、领导经历，也有些是刚刚走上社会的应届毕业生。有的来院近一年了，我已认识，有些同志来院时间不长，多数人是初次见面。大家的到来，为学院干部和教职工队伍增添了新鲜血液，为学院发展增加了新生力量。这里，我代表院党委和全院教职工，对大家到国家行政学院工作，表示热烈的欢迎！

举办新入院人员培训班，进行“知院、爱院、建院”教育，目的在于使大家“进学院门、做学院人、忠诚学院事业”。这是我今天讲话的主题，这个主题是从大家的发言材料中得到的启发。这两天，大家听取了人事局、教务部、科研部、决策咨询部、办公厅、机关党委负责同志关于学院基本情况的介绍，参观了学院发展史，进一步了解了学院的昨天、今天和明天。刚才七位同志作了有准备的发言，三位同志作了即席发言，讲得都非常

* 本文系作者在 2009 年 9 月至 2010 年 8 月新调入国家行政学院人员培训班上的讲话。

好。大家畅谈了自己入院以来的感受，入院后有了归宿感、成就感、愉悦感；也谈了这两天在培训班的收获，通过培训增加了责任感、使命感、紧迫感。特别是大家对学院工作提出了一些很好的意见和建议，我认为这些意见和建议都值得认真研究和吸纳，有利于改进我们的工作。我听了之后，很受启发，十分高兴。从各位发言中，可以清楚地反映出一年来新入院的人员基本素质好，说明不少人已深深热爱学院事业。借此机会，我也同大家谈谈心，提几点希望，与大家共勉。

一、珍惜选择，定准坐标

人的一生都会经历多个不同单位，面临很多选择。相信大家到国家行政学院工作，都是经过一番认真思考、慎重比较之后作出的抉择。我认为，你们作出来国家行政学院工作的选择是正确的。这是因为：

第一，学院承担着重要使命。大家通过进院以后的工作和在这次培训班上介绍，都明确认识到国家行政学院的性质、定位、职能、任务和作用。国家行政学院是国务院直属正部级事业单位，是培训公务员特别是高中级公务员的新型学府，是培养高层次管理人才和政策研究人才的重要基地，是为中央提供决策咨询服务、开展科学研究特别是公共行政领域理论研究的重要机构，发挥着“三大作用”，即公务员教育培训主渠道作用、公共行政理论和政府管理创新研究的重要基地作用、政府决策咨询思想库作用，国务院批准的“三定”方案中明确规定了国家行政学院承担着十个方面的重要职责。这些规定清楚表明，国家行政学院与党校、干部学院、普通高校、各类科研和咨询研究机构，既有共同之处，又有所不同。我们学院有自己特殊的定位和职能，既是干部教育培训机构，又是科研咨询机构，还是国务院直属的工作机构，必须三者结合考虑才能准确把握。所承担的职责，既是党的干部教育培训事业的重要组成部分，又是政府工作的重要组成部分,还是哲学社会科学研究工作的重要组成部分。这些还说明,国家行政学院在党和国家事业发展大局中担负着重要使命,发挥着重要作用,概括说,就是育人咨政。大家在这样机构中干事创业,平台高、空间大。

第二,学院面临大发展的新形势。建院十六年来,国家行政学院事业取得了很大进步和发展。近两年来,在党中央、国务院的高度重视和马凯国务委员直接领导下,学院党委团结带领全院干部和教职工,紧紧围绕建设有特色高水平国际一流行政学院的奋斗目标,解放思想,开拓创新,锐意进取,学院各项事业全面进入了"快车道",教学培训、科学研究、决策咨询、行政党建、后勤保障等各项事业蓬勃发展,取得了显著成绩和重大突破。特别是2009年12月,国务院颁布了《行政学院工作条例》(以下简称《条例》)和《国务院关于加强和改进新形势下国家行政学院工作的若干意见》(以下简称《意见》)。《条例》和《意见》进一步明确了学院的功能定位、指导思想、发展布局和工作方针,明确了今后一个时候学院工作的总体要求、主要任务和政策措施。《条例》是我国第一部加强和规范行政学院工作的行政法规,在行政学院事业发展中具有里程碑意义,对于推进行政学院工作科学化、规范化、制度化将起到重要作用,将有力地推动我国行政学院事业长期稳定健康发展。地方行政学院同志曾形象地讲,《条例》和《意见》是行政学院发展的"方向盘"、"助推器",《条例》和《意见》的颁发让他们有了"主心骨",吃了"定心丸"。《条例》和《意见》的颁布,充分体现了党中央、国务院对学院工作的关心和支持。八个多月来,全院上下和全国各地行政学院积极学习贯彻《条例》和《意见》精神,整个势头很好。在这种形势下,大家来到国家行政学院工作,一定能够更好施展聪明才智,服务国家,发展自己。

第三,学院队伍建设亟待加强。人才队伍建设是立院之本,强院之基。近年来,学院大力实施人才强院战略,采取选送出国(境)培养、挂职锻炼、举办各类培训等措施,加大了人才培养的力度,队伍整体素质明显提高。学院坚持内外结合的方针，立足学院内部、放眼国内外，在充分重视培养、发挥学院已有人才作用的同时，拓宽选人视野，选调了一批高素质人才，充实和加强了重点岗位职工队伍。从总体上看，学院干部和教职工队伍建设还是能适应学院事业快速发展的需要的，但是有些岗位亟须充实人员，优秀人才、名人大家还不够，特别是人才结构不够合理，需要着力优化结构。所以，大家来到学院工作，也是我们学院事业发展的迫切需要，是学院坚持实施人才强院战略的重要举措。因此，新来院工作的人员也是学院队伍建设的选择。两方面的选择结合起来，既有利于大家的成长进步，也有利于加强学院队伍建设和事业发展。

总之，学院的岗位重要，责任重大，使命光荣，任务艰巨。大家在这样一个时候来学院工作的，应倍感骄傲和自豪。必须明白，学院提供给大家的不仅是一个就业的岗位，更是一个干事创业的平台，一个成就人生价值的舞台。希望大家认清职责，珍惜选择，把握机遇，高标准、严要求，定准人生坐标。既然进入行政学院门，就甘当行政学院人。什么样的人才是行政学院人，他（她）应当具备哪些标准呢？概括地说，就是综合素质高、德才兼备、志存高远的人，就是忠诚国家和人民、有高度责任感的人，就是爱岗敬业、甘于奉献、追求一流的人，就是与时俱进、开拓创新、求真务实的人，就是对学院有感情、工作有热情、干事创业有激情的人。这样的人，才能履行使命，才能受人敬仰，才能真正有发展前途，才能成就事业。

二、勤奋学习，善于学习

要加强学习。做行政学院的人，首先就要重视学习、勤奋学习、善于学习。一般地说，学习求知是人生进步的阶梯和走向光辉顶点之路。古人说过："少而好学，如日出之阳；壮而好学，是日中之光；老而好学，如秉烛之明。"这句名言的意思是：年轻时爱好学习，好比早晨的阳光；壮年时爱好学习，就如同中午的太阳；到了老年，还爱好学习，就好像点着蜡烛一样，仍然有光亮。这句名言告诉人们，要活到老、学到老，永远不忘学习，无论在什么年龄段，都可以学习好。只有这样，才能与时俱进，让自己的人生不断放出灿烂的光辉。学能固本，坚定理想信念；学能养德，陶冶心灵品德；学能增智，丰富拓展知识。增强学习能力是做好工作、履行职责的基本前提。增强本领没有捷径可走，关键在于勤奋学习。党的十七届四中全会提出，“把理论素养、学习能力作为选拔任用领导干部重要依据”，这是我们党首次将学习能力提升到这样一个新的高度。学习不仅关系个人的成长，而且关系事业的成败兴衰。面对不断发展变化的新形势、新任务，面对当今社会知识更新和信息化步伐加快的新局面、新情况，学习变得越来越重要。从我们学院的特殊功能来看，国家行政学院是教育人、培养人的重要基地，教育者首先要受教育，每个人更要加强学习。学习凝聚着心血和责任，体现着作风和意志，学习意识的强弱，学习能力的高低，是衡量一个人本领大小的重要尺度。要做到工作学习化、学习工作化和学习生活化、生活学习化。

要博学多识。首先要学好科学理论。认真学习中国特色社会主义理论体系，着力用马克思主义中国化最新成果武装头脑，改造客观世界和主观世界，不断提高运用科学理论分析和解决实际问题的能力。学院党委已提出建设学习型学院，而且在建设学习型政党、学习型社会中发挥重要作用。二要认真学好党和国家的方针政策和法律法规。学院的工作性质，决定了我们的工作必须掌握党和国家路线、方针、政策和法律法规等各方面的知识。无论是从事教学培训、科学研究，还是从事决策咨询，如果不懂得党的路线、方针、政策，不懂得国家法律法规，就无法从事工作，不可能产出优秀成果。三要学好业务知识。要通过学习不断提高专业水平，努力使自己在本专业领域站得高一些、想得深一些、看得远一些。要加强对哲学、历史、经济、科技、法律、文学等各领域的涉猎。正如英国哲学家培根所言：“历史使人明智，诗歌使人聪慧，数学使人精确，哲学使人深刻,伦理使人庄重,逻辑使人善辩。”要学习人类社会创造的一切文明成果。我们不仅需要全面加强学习,更重要的是有针对性地读书学习。要立足本职岗位,从实际出发,坚持干什么学什么,缺什么补什么。在学习中开阔眼界、增长见识,更新知识、提高工作本领。学院是干部培训机构,也要加大对学院干部和教职工的培训力度。人事局今年要做出规划,三年内将全院干部和教职工轮训一遍。

要善于学习。首先,学习贵在联系实际,联系工作和岗位实际。联系工作实际的学习是最有价值的学习、最有效率的学习,也就是当前学习型组织理论着力倡导的学习工作化和工作学习化。二是学习贵在持之以恒。法国作家罗曼·罗兰精辟论断:“成年人慢慢被时代淘汰的原因,不是年龄的增长,而是学习热忱的减退。”因此,我们要想不被时代淘汰,就必须有不屈不挠的恒心,把学习作为每天必需的工作,作为终生的追求,坚持进行一场学习的“强行军”。三是学习贵于思考。“学而不思则罔,思而不学则殆。”要善于思考,只有养成善于思考的良好习惯,坚持在学习中思考,在思考中学习,才能收到良好学习效果。四是学习贵在敢于实践。“纸上得来终觉浅,绝知此事要躬行。”只有学习与实践结合起来,才能检验、深化学习,掌握精神实质,把握深刻含义。五是学习贵在虚心求教。学习是必修课,是基本功,不仅要向书本学,向实践学,还要虚心向周围人学,向一切有知识有本领的人学习,做学习的有心人。

三、忠诚使命,爱岗敬业

事因忠而成,人因诚而立。忠诚,不仅是人最重要的品质,也是一种能力;忠诚,会让我们的工作变得更有意义;忠诚,能赋予我们更大的工作激情。国家间的竞争实质是人心的竞争,国家的强大在于无私忘我的人存在,在于国人的无限忠诚。创建有特色高水平的国际一流行政学院,需要一大批优秀人才。只有对党和国家事业无限忠诚、对学院事业无限忠诚的人才才是我们需要的人才。作为学院一员，要忠诚学院的事业，热爱本职工作，把自己追求事业理想的满腔热忱倾注到为学院事业发展之中。

一要忠于职守。职业岗位是个人干事创业的平台，也是成就自我的舞台。个人进步与学院事业紧密相连。每个人都要热爱自己的岗位，兢兢业业的工作，对本职工作要充满感情、热情和激情。爱岗敬业是对一个公职人员的基本职业道德要求，也是一种可贵的思想品质。一个人只有树立爱岗敬业精神，才能做到尽心、尽力、尽责、尽智，才能做到热心、用心、留心、专心，也才能全力以赴、全身心投入。每个人尽管岗位不同，职责各异，但工作本身没有轻重贵贱之分，每个岗位都是重要的。只要我们每个人都能立足本职，认真负责地做好自己的工作，学院的事业就必定会不断发展和进步。

二要勇于创新。我们所处的时代是快速发展变化的时代，学院发展必须与时俱进，开拓创新。要创新就必须解放思想，敢于开动脑筋想问题，运用创新思维思考问题、研究问题。每个同志都要注意提高创新能力。创新能力不仅是智力特征，更是一种人格特征，是一种精神状态，一种综合素质。要以改革创新的眼光审视我们的工作。大家刚从外单位过来，更容易发现学院工作的不足和薄弱环节，要敢于提出改进意见，推进学院工作改革创新。要实现建设有特色、高水平的国际一流行政学院目标，就必须不断创新办学理念，创新办院模式，创新体制机制，靠创新增强竞争力、影响力。希望大家解放思想，为学院的科学发展、创新发展献计献策。

三要追求卓越。人生最重要的是要有崇高的目标和达到崇高目标的决心。当然，我们要以实现祖国繁荣富强为己任。同时，每个人都应当有自己发展的大目标，志存高远，立志成为名人大家。要坚持把个人的理想、人生价值与国家的前途、学院发展的目标结合起来。国家行政学院是国家级的培训、科研、咨询机构，各方面的业绩和成果理应体现出全国最高水平。要树立质量意识、精品意识，各项工作都要坚持高标准、高质量，做任何工作都要追求质量，做就要做到最好。衡量一个人的成绩，既要看他完成工作的数量，但更要看他的工作质量。希望大家都要瞄准一流的目标、一流的业绩、一流的管理、一流的院风，坚持高标准、高质量、高水平。教研人员要致力于多出教学、科研、咨询精品成果，行政管理人员要致力于提供一流的管理质量和服务，每个人都要为创造一流业绩、营造一流院风作贡献。

四要甘于奉献。共产党人是历史唯物论者，不讳言名利，不否定个人抱负、个人追求、个人利益，提倡成名成家、多劳多得；同时，强调淡泊名利，不为私欲所扰，不为名利所累，不为物欲所惑，不一味追名逐利，要有视名利淡如水、看事业重如山的思想境界，做到恪尽职守，勤勤恳恳，埋头苦干，乐于奉献。奉献，是一种责任，是一种觉悟，是一种境界。马克思曾经这样说过："历史认为那些专为公众谋福利从而自己也高尚起来的人物是伟大的，使大多数人得到幸福的人，他自己也是最幸福的人。"这是至理名言。大家可能都会有这种亲身感受。目前我们学院各项事业正处于蒸蒸日上的发展时期，有许多事需要大家共同努力，甚至是奉献。其实，这种奉献只不过是多工作一些时间，牺牲自己的休闲或者其他时间，多付出一些心血和精力罢了。两年来，学院不少单位的同志为了学院发展，经常加班加点，"五加二"、"白加黑"，如果没有这些同志不辞辛苦、兢兢业业、无私奉献，学院的发展就不可能取得如此大的变化。目前社会上有两种不同的价值观：一种强调在为个人努力、为个人奋斗中，客观上也为社会工作；另一种坚持在为国家、为人民的事业奋斗过程中实现个人的价值。这是两种不同的价值取向。有什么样的价值取向，就会表现出不同的追求和作风。我们应当做出第二种选择，树立正确的价值观，要把人生价值与党和人民事业的发展紧密结合起来。一个人的才华和能力，只有奉献给国家和人民的光辉事业，才能真正实现人生价值。希望大家要把主要精力投入在学院工作上，正确对待名利、职位、荣誉，克己奉公、任劳任怨，勤勉工作。学院事业的不断发展必定为每个人的成功开拓道路，提供宽广的平台和良好机遇。

四、立德立行　求实求新

2009年12月25日发布的《国务院关于加强和改进新形势下国家行政学院工作的若干意见》明确要求，国家行政学院要形成“立德立行，求实求新”的院风。这是对国家行政学院办学理念、发展方向和院风的高度概括。包括新入院的每个行政学院人都应该认真领会，切实践行。“立德立行，求实求新”八个字内涵丰富、寓意深刻。这里着重强调以下四个方面：

第一，增强政治素质。政治素质是学院教师和干部最重要的素质。要增强理想信念的坚定性，始终不渝地坚守中国特色社会主义理想信念。要善于从政治上观察、分析、处理问题，自觉抵制错误政治观点和思潮。要增强政治鉴别的敏锐性，始终保持头脑清醒。政治上成熟了，才能“千磨万击还坚劲，任尔东西南北风”，始终做到立场坚定，旗帜鲜明。

第二，注重道德品行。我们党的干部标准是德才兼备、以德为先。这里的德，既包括政治品德标准，也包括职业道德、社会公德、家庭美德、个人品德标准。我经常讲，人品与文品相比，人品更重要；声誉与生命相比，声誉更重要。我们要注重道德修养，珍重自己的人格、珍爱自己的声誉、珍惜自己的形象。要以一流人品，干出一流业绩，成就一流事业。身为国家行政学院的工作人员，要不断提高道德认识、陶冶道德情操、锤炼道德意志、提升道德境界。要常怀律己之心，稳得住心神，把得住操守，耐得住寂寞，保得住清廉。与社会上的浮躁之风、喧嚣之风保持距离。

第三，自觉遵守纪律。“没有规矩，不成方圆。”纪律是学院正常运转、健康发展的重要保障，也是科学建院、民主建院、依法建院的根本要求。大家要增强组织观念、纪律观念，严格遵守政治纪律、组织纪律、外事纪律、保密纪律和学院各项规章制度，自觉按规矩办事，按程序办事。严守制度、严格自律、严明奖惩，是培育优良学风、教风和院风的重要内容，我们每个人都要有这种意识，自觉承担起这份责任。

第四，加强团结和谐。同事之间要相互团结、和谐相处。搞好团结和谐，是做好一切工作的前提和基础。团结和谐出凝聚力、出战斗力、出创造力，团结和谐出成果、出人才、出干部。无数事实证明，培养团队精神是多出优质成果的重要途径和有力保证。科学家在风洞实验中发现，成群的雁以 V 字形飞行，比一只雁单独飞行能多飞 20% 的距离。人类也一样，只有跟同伴合作，才能走得更快、更高、更远。同事间要彼此尊重，这是一种修养，也是一种境界。大家来自不同的行业和部门，成长于不同的环境，俗话说相聚是缘分，要格外珍惜。要心胸开阔、光明磊落，以平等之心对待同事，以谦逊的态度与人相处；要以善良之心对待同事，做到真诚、友善。同事间要彼此关心。人们常说："予人玫瑰，手有余香。"在帮助别人的时候，我们也同时收获了幸福。要有一种甘为人梯、成就他人的精神，积极为同事创造条件、提供支持。同事间要彼此宽容。宽容是一种美德，是优良品行的具体体现。在一个集体里面，大家由于工作阅历、认识水平和脾气秉性各异，加上看问题角度不同，难免会出现一些分歧和误会，难免会有一些矛盾，这很正常，需要彼此相互体谅，相互宽容。只有这样，内心才能和谐，氛围才能温馨。

同志们！光阴似箭，岁月无情。晋朝人陶渊明有诗云："盛年不重来，一日难再晨。及时相勉励，岁月不待人。"在座的大都是青年人，也有的已进入壮年。大家要珍惜时光，珍惜选择，把握时机，用好机遇，奋发有为，积极进取，切不可虚度年华。希望每个新入院人员都尽快熟知学院、真诚热爱学院、积极建设学院，在推进学院事业发展中不断成长进步，努力谱写精彩人生的新篇章。

一定办好博士后科研工作站*

（2010年10月29日）

今天，我们在这里聚集一堂，隆重举行国家行政学院博士后科研工作站挂牌仪式。这是学院发展进程中的一件大事。学院在申请和开办博士后科研工作站的过程中，得到了国家人力资源和社会保障部、全国博士后管理委员会、中国博士后科学基金会、中国人民大学等部门以及有关专家的支持和帮助。刚才，王晓初主任、林岗副校长又发表了热情洋溢的致辞。借此机会，我代表国家行政学院向长期以来关心、支持我院发展的各有关部门、有关领导和专家，表示衷心的感谢。

国家行政学院是国务院直属事业单位，是培训高中级公务员的新型学府，是培养高层次管理人才和政策研究人才的重要基地，是科学研究、决策咨询的重要机构。建院16年来，学院全面履行职能，在教学培训、科学研究、决策咨询等方面取得了令人鼓舞的显著成绩。2009年12月，国务院颁布了《行政学院工作条例》和《国务院关于加强和改进新形势下国家行政学院工作的若干意见》，对国家行政学院发展提出了更高标准和更高要求。国家行政学院已昂然站在新的历史起点上。建设硕士、博士学位点，开办博士后科研工作站，有着多方面的重要意义。这是学院全面履行职能的需要，也是建设有特色高水平的国际一流行政学院的需要。

* 本文系作者在国家行政学院博士后科研工作站挂牌仪式上的讲话。

人才是人世间最重要、最宝贵的资源，也是国家行政学院实现更大规模、更高水平发展的决定性因素。建设国际一流行政学院，首先要凝聚一批又一批高素质、高水平的一流的人才。培养人才尤其是一流人才，不仅需要我们立足本院，大力培养有发展潜力的专门人才，积极营造各类人才快速成长的良好环境，而且需要大力引进高素质优秀人才，尤其需要引进各类高端人才。设立博士后科研工作站，是学院培养、吸引高端人才的一个重要举措，这对于学院实施人才强院战略具有重要的意义。

为了更好地履行学院职能，出色完成党和国家交给的公务员教学培训、科学研究和决策咨询任务，我们需要通过在相关学科领域开展高层次、高水平的研究工作，以提高公务员教育培训质量，提升科研、咨询工作水平。学院作为我国公共行政领域研究的重要基地，在公共行政理论研究和政府管理创新方面具有独特优势和重要影响，通过开展博士后研究工作，将会产生源源不断的大批有分量、有价值的科研、咨询成果，更好地发挥学院的公共行政领域研究基地和思想库作用。

根据党和国家事业发展的需要，博士后科研工作站成立后，首批拟在中国行政管理体系研究、中国产业升级战略研究、政府应急管理能力建设研究、中国公务员培训规律研究和社会管理研究等领域招收博士后研究人员，这不仅符合学院学科建设的现状和办学方向，而且学院也具备开展这些项目研究的基本条件。

一是国家行政学院具有在相关领域进行博士后培养的学科体系。多年来，学院不断加强学科建设，突出重点学科，强化优势学科，拓展相关学科，逐步建立了以公共管理为重点，公共行政学、行政法学、政府经济学、政策学、领导科学、社会管理学、应急管理学等学科，形成了充分体现学院发展方向、特色比较鲜明、结构比较合理、适应性比较强的学科体系。

二是国家行政学院具有在相关领域进行博士后培养的教研力量。学院不仅拥有一批在国内颇有影响的知名专家学者，同时拥有一批年富力强的博士、博士后精英才俊，形成了一支能够担当重任的教研人员队伍。

学院现有141名具有高级职称的教学研究人员，其中，有正高级职称70人，副高级职称有71人，30多人享有国务院政府特殊津贴。学院有20多名教授分别在北京大学、中国人民大学、中央党校、中国社会科学院等高等院校和科研机构担任博士生导师。同时，学院还拥有200多名省部级领导干部和知名专家学者组成、具有深厚理论功底和丰富工作经验的兼职教师队伍。此外，学院还与国外许多行政院校、综合性大学、科研机构建立了广泛的交流和合作，聘请了30多位来自国（境）外的知名学者、高级官员担任学院的客座教授、名誉教授。

三是国家行政学院具有在相关领域进行博士后培养的研究基础。科学研究、决策咨询研究是博士后培养的主要方向。学院一直高度重视科研与咨询工作，并给予了重点投入，取得了很多有分量、有价值的研究成果，为学院开展博士后培养工作奠定了较为坚实的理论和实践基础。1996年到现在，学院共接受国家级科研课题70多项，各种委托重要课题100多项。特别是近三年来，学院直接承担党中央、国务院交给的一批重大课题研究任务，围绕改革开放和经济社会发展中的全局性、战略性以及重点、难点和热点问题开展卓有成效的深入研究，形成了一大批有分量、有价值的科研、咨询成果，受到中央领导和有关部门负责同志的肯定和好评，为服务理论创新和实际工作发挥了积极作用。

四是国家行政学院具有丰富的外部资源和广泛的学术交流渠道。学院在开展对外学术交流与合作等方面具有明显优势。学院是国际行政院校联合会副主席单位和亚太地区行政院校联合会主席单位，在国际行政院校中享有较高的声望和地位。目前学院已与75个国家（地区）的123所行政院校和有关机构建立了友好合作关系，已为104个国家和地区培训过公务员。每年派出多批省部级和地厅级学员赴国外培训，促进了我国公务员与国外公务员之间的交流和合作。同时，学院每年还派出一些教研人员出席国际国内重要学术会议，参加国内外重要学术机构的学术交流或做访问学者，在国内外学术界颇有影响力。

同时,国家行政学院还具备进行博士后培养的其他必要的基础设施和科研条件。

总之,我们完全有条件、有能力、有信心办好博士后科研工作站。

同志们,从今天起,国家行政学院的博士后工作就正式启动了。在此,我提出几点希望和要求。

第一,加强合作,充分发挥两院、校优势。根据全国博士后管理委员会的有关规定,博士后科研工作站设站单位需要和博士后流动站单位合作培养博士后。学院高度重视此项工作,经过认真研究,决定与中国人民大学合作开展博士后培养工作。中国人民大学是我们党创办的第一所新型大学,是我国人文社会科学教学和研究的重要基地。国家行政学院是我国国家级的教学培训、科研、咨询的重要机构。在合作开展博士后培养研究工作中,我们既要充分发挥中国人民大学雄厚的理论研究优势,又要充分发挥国家行政学院在公共行政领域教学培训、科研、咨询的独特作用,优势互补,使我们的博士后培养研究工作不仅能培养出高层次的管理人才和政策研究人才,还要能生产出高质量、高价值的科研、咨询成果。两院、校合作招收和培养博士后,可谓是强强联合。这种强强联合,必将把两院、校在相关领域的研究工作和培养人才工作提高到新水平。

第二,精心选题,服务国家中心任务。博士后工作的核心内容是项目研究,因此,必须做好博士后研究的选题工作。按照党和国家事业发展的需求和"十二五"时期战略部署,我们首批选取公共行政管理、产业升级、应急管理、公务员培训、社会管理等五个方向招收博士后研究人员。在此基础上,我们还要进一步围绕党和政府工作重点,针对我国经济社会发展的全局性、战略性、前瞻性问题,选择更多的重要课题进行深入研究,以吸引更多优秀博士后参与合作研究工作,提升科研能力和水平。

第三,规范管理,促进健康持续发展。博士后科研管理对我院来说是一项全新的工作,学院博士后工作要在高起点上高水平运行,必须从一开始就要注重夯实基础,加强制度建设,科学规范运行。在前期工作中,学院已经拟定《博士后科研工作站管理办法》，成立了博士后管理委员会等组织机构，我们要认真按照全国博士后管理委员会的有关规定做好工作，进一步制定有关具体规章制度，以确保博士后科研管理工作的科学化、规范化、制度化。

第四，严格要求，切实提高培养质量。博士后培养工作，是高层次人才培养的重要系统工程，一定要坚持高标准、高质量、高水平。首先，要把好科研选题和博士后合作导师的质量关。科研项目的选择一定要有前瞻性、战略性、创新性，合作导师要注重德才兼备，选配名人、名师，特别要吸纳一批既有高深的理论造诣，又有丰富实践经验的专家学者，参与博士后研究人员的指导工作。其次，要把好博士后研究人员的进出口关。在进站中，要本着“择优录取、宁缺毋滥”的原则，招收优秀博士后进站；在培养上，要按照有关管理办法和规定，严格进行考核审查和日常管理；在出站时，要严格要求，确保研究成果的质量。

第五，密切配合，做好各项服务工作。博士后的管理与服务工作，涉及学院的部门比较多，希望各有关部门都要识整体、顾大局，大力支持博士后的培养工作，互相配合，互相支持，共同做好管理和服务工作。学院博士后管理委员会办公室也要尽快进入工作状态，切实做好博士后科研工作站各项工作。

我们完全相信，国家行政学院博士后科研工作站的成立，一定会有力推动学院科研和人才培养事业又好又快地发展，行政学院的人在大有作为的时代必将会有更大作为。我们也衷心希望，国家行政学院与中国人民大学本着优势互补、共同发展的原则，加强合作交流，增进互利互惠，实现合作共赢。

讲党性　重品行　作表率*

（2010 年 10 月 29 日）

这期以“弘扬革命传统，加强党性锻炼”为主题的处长培训班，历经七天，就要结束了。刚才，人事局同志介绍了在延安干部学院培训的情况，十位处长作了发言，我听了之后，感到这次培训班收获很大。通过培训，大家受到了一次生动、深刻的党性教育、党史教育、党的作风教育和忠诚于党的事业的教育。

今年六月下旬，学院在西安召开西北地区省级行政学院院长会议期间，我专程到中国延安干部学院进行学习调研，参观了革命圣地延安，心灵受到震撼，思想深受启发。当时我就同随行的人事局同志提议，要组织学院教职工分期分批到延安学习培训。这是学院赴延安的第一期处长培训班，办得很成功，以后还要接着办。下面，我以“讲党性，重品行，作表率”为题，讲一点体会认识，与大家共勉。

一、充分认识加强学院干部教育培训工作的必要性和紧迫性

国家行政学院是党和国家事业的重要组成部分，肩负着育人资政的

* 本文系作者在国家行政学院处长培训班结业式上的讲话。

神圣使命。在世情、国情、党情深刻变化的形势下，加强对学院干部和教职工的教育培训，不断增强思想素质、提升精神境界、完善知识结构、提高工作能力，是学院建设和发展的基础性、决定性因素，必须下更大决心、采取更有力措施，抓紧抓好。

加强学院干部教育培训工作，是实现学院发展目标的必然要求。国务院领导明确提出，国家行政学院要坚持高标准、严要求，更加突出特色，创建国际一流的行政学院。这就是说，我们不是要办一般的行政学院，而是要创建有特色高水平的国际一流行政学院。如果没有一支高素质、高水平的干部职工的队伍，是很难达到这样的目标的。正如毛泽东同志指出："政治路线确定之后，干部就是决定的因素。"因此，必须大力加强学院干部职工的教育培训。

加强学院干部教育培训工作，是全面履行学院职能的迫切需要。国家行政学院在高中级公务员教育培训中发挥着主渠道和主阵地作用，发挥着公共行政领域和政府管理创新研究的重要基地作用、政府决策的思想库作用。这样的重要使命，要求学院整个干部职工队伍的各项素质一定是很高的。"打铁还须自身硬"，"教育者应该首先受教育"。培训是提高干部素质的有效途径。

加强学院干部教育培训工作，是用好学院发展机遇的重要举措。当前，学院正面临着一个良好的发展机遇。党中央、国务院高度重视国家行政学院发展，各部门、各方面大力支持学院工作。近两年来，中央和有关部门帮助学院解决了不少多年来想解决而没有条件解决的困难和问题。特别是颁布了《行政学院工作条例》和《国务院关于加强和改进新形势下国家行政学院工作的若干意见》，进一步明确了学院的定位、职能、目标任务和发展布局等，标志着行政学院事业的发展进一步迈入了科学化、规范化、制度化的轨道。2010 年 1 月，国务院学位委员会审议通过了新增国家行政学院为博士、硕士授予单位。前不久，中央编办批准学院成立应急管理培训中心，中组部等支持学院恢复举办青干班。这些为学院发展创造了更大的空间。可以说，行政学院的事业方兴未艾,我们要珍惜、抓住、用好这样的机遇,必须建设一支高素质、高质量、高水平的干部职工队伍,把近些年已经取得的成绩和良好的发展势头保持下去,也需要不断提高干部职工队伍水平。

学院党委一直高度重视学院干部职工的培训工作,特别是近年来,学院先后举办了班主任任职培训班、新入院人员培训班以及英语、信息化应用系统培训班等多个培训班次,同时还积极选派一些同志参加了院外的培训活动,受到了大家的普遍欢迎,也收到了良好的效果。

处长培训是学院干部队伍建设的重要环节。处长在我们党和国家的干部序列中是一个重要的领导层级。处长队伍是学院干部队伍的中坚力量,承担着承上启下,确保政令畅通的重要职责。总体来看,学院的处长素质是高的,绝大多数同志都是积极进取、奋发向上、甘于奉献的,充满了干事创业的激情和朝气。但与学院的使命、发展目标和面临的新形势相比,也还存在一些不相适应的地方。因此,切实加强党性教育,加强能力建设,可以更好地履职尽责,出色完成各项任务。

加强处长培训是促进干部成长进步的重要举措。领导干部的成长是一个比较长的过程,是思想政治水平不断提高、知识经验不断积累、组织管理能力不断增强的过程,是一个不断学习、培养、锻炼的过程。"长江后浪推前浪"。对不少处级干部来说,今后还要承担更重要的任务,发挥更大的作用,更需要努力提高素质和增强能力。从干部成长的角度来认识,这次处长培训班,不仅是着眼于现在,更是着眼于长远,我们还要再举办第二期、第三期培训班。这次培训班的成功举办,也为学院以后的干部培训积累了经验,探索了路子。

二、坚持讲党性,重品行,作表率

干部教育培训的内容是多方面的,可以学习理论、学习知识、学习业务、学习技能。这次培训班的主题是进行讲党性、重品行、作表率的教育，这个主题是符合中央对干部教育要求的。

讲党性，重品行，作表率，是我们党对干部队伍建设的一贯要求。我们党历来高度重视政治思想和道德建设问题，强调理想信念和道德品行的教育，注重忠于国家、忠于人民的教育，大力弘扬党的优良作风和中华民族传统美德教育。毛泽东同志曾要求全党同志都要做“一个高尚的人，一个纯粹的人，一个有道德的人，一个脱离了低级趣味的人”。邓小平同志对干部的德、才、智也有过明确要求：“第一是德，看他是否忠实于人民，忠实于党的事业。”江泽民同志提出了“以德治国”的思想，并专门为国家行政学院题词：“永做人民公仆。”在新的历史条件下，加强干部的思想政治教育，坚定理想信念，塑造高尚人格，发挥道德模范作用，抓住了我们党执政兴国的根本环节。

讲党性，重品行，作表率，是贯彻党的十七大战略任务和党中央关于干部教育培训最新指示精神的具体行动。党的十七大强调，全党同志特别是领导干部都要讲党性，重品行，作表率。胡锦涛总书记在党的十七大报告中明确要求：“加强党员、干部理想信念教育和思想道德建设，使广大党员、干部成为实践社会主义核心价值体系的模范，做共产主义远大理想和中国特色社会主义共同理想的坚定信仰者、科学发展观的忠实执行者、社会主义荣辱观的自觉实践者、社会和谐的积极促进者。”不久前，习近平同志在中国浦东干部学院座谈会上指出，干部教育培训工作要突出抓好马克思主义理论教育，特别是中国特色社会主义理论体系教育和党性教育，着力提高干部思想政治素质和道德品质。同时，还明确要求，在干部教育培训中，要抓好党的优良传统和中华民族传统的教育。我们党在将近 90 年的奋斗历程和执政实践中形成了理论联系实际、密切联系群众、批评和自我批评、求真务实、艰苦奋斗的优良传统，这其中就包括了井冈山精神、延安精神和上海浦东敢闯敢试精神等等。因此，要把加强思想政治教育、道德品行教育和弘扬党的优良传统作为必修课，广大干部要牢固树立正确的世界观、权力观、事业观，忠于党、忠于祖国、忠于人民、忠于中国特色社会主义事业，永做人民公仆。

讲党性，重品行，作表率，也是立院之本、强院之基。《条例》和《意见》特别提出了“形成一支政治强、业务精、纪律严、作风好的行政党务工作人员队伍”。对教师也提出，加强教师队伍建设，首先“要提高思想素质和道德修养。坚持用科学理论武装头脑，培养良好的思想道德修养和职业操守，做到治学严谨，为人师表”。加强学院干部职工自身建设，特别是思想政治素养和道德品行修养，对于学院坚持正确的政治方向、促进各项事业健康发展，至关重要。

讲党性，重品行，作表率，言简意赅，内涵深刻。对于学院干部来说，讲党性，就是要把党的利益和人民的利益放在高于一切的地位，就是要有坚定的政治立场，服务大局的意识，改革创新的精神；就是要在思想上行动上自觉同党中央保持高度一致，要有坚定的中国特色社会主义理想信念，始终保持政治上的清醒和坚定，能够经受住各种风浪和诱惑的考验。对于各种思潮，我们要有政治观察力、政治判断力、政治敏感性，在大是大非面前做到立场坚定，旗帜鲜明。

重品行，就是要有高尚的思想境界、道德品质，坚持用共产党人的道德观和社会主义的荣辱观要求自己，培养良好的生活作风和健康的生活情趣，模范遵守社会公德、职业道德、家庭美德和个人品德，做事情讲原则、讲规矩，做到知与行的统一、理论与实践的统一、人格与修养的统一；就是要勤勉敬业，淡泊名利，甘于奉献。

作表率，就是在各个方面为群众作表率，做到以德修身、以德服众。在事业上，要尽职尽责、勤勉敬业，吃苦在前、享受在后，争先创优、追求卓越。在生活上，要求别人做到的自己先做到，要求别人管好的自己先管好，要求别人不干的自己先不干，时时处处以身作则、率先垂范。

讲党性，重品行，作表率，这是对共产党人、对领导干部的要求，也是干部思想素质的集中体现。做到这些，我们的政治思想水平就会不断提高，道德操守就会坚持良好规范。

三、讲党性，重品行，作表率，贵在践行

讲党性，重品行，作表率，需要着重提高“五个力”。

一是要提高学习力。“问渠哪得清如许，为有源头活水来。”科学理论就是源头活水。要坚定理想信念，增强党性修养，很重要的途径在于学习科学理论。延安时期我们党实现了“脱胎换骨”，一个重要原因在于重视学习、善于学习。党的十七届四中全会指出，“把理论素养、学习能力作为选拔任用领导干部的重要依据”。这是我们党首次将学习能力提升到这样一个新的高度。我们学院的干部首先要在学习方面走在前面，要把学习作为一种政治责任、一种精神追求、一种思想境界。要学好科学理论。马克思主义理论素养是领导干部的看家本领，是做好工作的根本法宝，缺乏马克思主义理论素养的领导干部不可能是合格的、成熟的领导干部。特别要深入学习中国特色社会主义理论体系，着力用马克思主义中国化最新成果武装头脑，不断提高运用科学理论分析和解决实际问题的能力。要学习马克思主义的经典著作，从源头上完整准确掌握马克思主义科学原理，也有利于深化对中国特色社会主义理论的理解和运用。要学习党的历史。读史可以明志，见贤思齐，资政育人，到革命圣地延安去培训，本身就是对党的历史的学习。今年，党中央召开了建党以来第一次党史工作会议，就是为了使大家牢记党的历史。我们要把自己的思想认识统一到中央的精神上来，用科学的观点来对待和认识党的历史。要持之以恒地学习，把学习作为终生的追求。通过学习增强党性修养、提高理论素质、提升政治水平，陶冶情操，宽广胸怀。

二是要提高感召力。感召力是领导干部可贵的品质。权力只能显赫一时，人格魅力可以穿越时空，人格力量胜于说教力量。只有加强道德修

养,人格品行才有感召力。延安时期,正是靠共产党人的感染力和号召力,才推动中国革命走向胜利。在当前世情、国情、党情发生深刻变化的新形势下,我们更要坚守共产党人的精神家园。要靠党性感召人,坚定理想信念,筑牢精神支柱,树立正确的世界观、权力观、事业观。要做到正确对待事业,正确对待组织,正确对待环境,正确对待他人,正确对待自己,不为权力所诱,不为地位所惑,不为名利所累,一身正气,清正廉明。

三是要提高执行力。执行力反映一个人的能力大小,反映一个人的精神状态,反映一个人的作风情况。执行力的强弱取决于能力水平高下,更取决于有没有勇于负责的精神,有无强烈的责任心和使命感。勇于负责,就要去除私心,为党的事业无私无畏,义无反顾,忘我奋斗。勇于负责,就要敢担当,要在难题面前,敢闯敢试、敢为人先;在矛盾面前,敢抓敢管、敢于负责;在风险面前,敢作敢为、敢担责任。勇于负责,就要有作为,要把干事创业作为我们的光荣使命,努力创造无愧于组织、无愧于人生的业绩。

四是要提高创新力。延安时期,无论军事工作、政治工作、经济工作、社会工作、群众工作,还是党的建设和干部教育工作,都在摸索中前进、在创新中发展。毛泽东同志称之为“陕甘宁边区已经成为我们一切工作的试验区”。无论过去还是现在,无论是对一个民族、国家、政党,还是对一个单位、一个人,创新都是进步之魂。创新力是领导干部的必备素质。我们必须时刻以改革创新的眼光审视和改进自己的工作,在建设现代化、开放式、创新型、有特色、高水平的国际一流行政学院目标过程中,勇于创新办学理念、创新办院模式、创新体制机制,靠改革创新为学院发展注入不竭的动力和活力。

五是要提高凝聚力。同心同德,无往不胜,这是延安时期中国共产党发展壮大走向胜利的基本经验。团结、协作、配合,也是我们战胜一切困难的法宝。团结出成绩,团结出力量,团结出人才。榜样的力量是无穷的,要身先士卒,领着大家干,做给大家看,以此真正赢得大家的认可和尊重。要尊重人、理解人、关心人、帮助人,既坚持原则,又实行人性化管理,充分调动各方面的积极性和创造性,形成整体合力。还要培养团队精神,树立良好的整体形象,注重营造昂扬向上、心情舒畅、团结奋进的战斗集体。

提高以上五种能力,关键在于要有激情。干事创业首先要有感情、热情,更要有激情。只有有了感情、热情、激情,才能够做好学院事业。激情是人的主观能动性的一种表现形式,是一种可贵的思想境界和工作品质。领导干部工作激情如何,直接影响自身才智的发挥和潜能的释放,影响工作质量、效率和成败,影响周围环境和风气。昂扬的激情,源自于崇高的理想追求,源自于对事业的高度负责,源自于对人民的深厚感情,源自于对党组织培养和人民养育的感恩之心,源自于对人生负责的态度。从延安党性教育归来,我们要牢记毛泽东同志的谆谆教诲,人是要有一点精神的,要保持革命战争年代那么一股劲,那么一股革命热情,那么一种拼命精神。继承革命传统,弘扬延安精神,以火一样的激情投入到工作中,以遵循规律、讲求科学、注重效率的激情,投身学院每个工作岗位。一周的党性教育培训是短暂的,提升党性修养的任务是终身的。如何保持党性教育带来的激情,需要每位同志认真思考。

大家处在处长岗位上,责任重要、使命光荣。你们正处在精力旺盛、年富力强的时期,正是干事创业的黄金阶段。人生短暂,岁月如金。希望大家要切实珍惜生命中每一个瞬间的宝贵时光,珍惜在学院工作的时间,珍惜各自的岗位,珍惜每个机会,把工作中的每一个机会,当作一份锻炼,当作一个进步的基石。我们要一以贯之地讲党性、重品行、作表率,把全部心思和精力用在干事创业上,在推动学院事业的发展中,谱写人生的灿烂篇章。

立德立行　求实求新*

（2010 年 11 月 3 日）

院风是学院建设的灵魂，是办院理念、宗旨和特色的集中体现，是学院精神风貌、形象声誉和管理水平的突出反映。良好的院风，是学院生命力、凝聚力、竞争力和感召力的重要因素。院风建设是一项基础性、战略性的建设。加强国家行政学院的院风建设，是营造教职工和学员成长进步环境的迫切需要，是实现有特色、高水平的国际一流行政学院目标的必然要求。同时，国家行政学院作为教育培训高中级公务员、高层次管理人才和政策研究人才的新型学府，作为社会科学研究和决策咨询服务的重要基地，加强院风建设不仅关系到学院的健康发展，而且对政风和社会风气都有着重要影响。

2009 年 12 月，《国务院关于加强和改进新形势下国家行政学院工作的若干意见》明确指出，国家行政学院要形成“立德立行，求实求新”的院风。这是国务院在新形势下对国家行政学院新的要求和期望。“立德立行，求实求新”八个字内涵丰富，寓意深刻，韵味隽永，为国家行政学院院风建设指明了方向。

“立德”，就是树立品德、追崇高尚。我国先贤哲人历来重视修身立德。《左传》说：“大上有立德，其次有立功，其次有立言，虽久不废，此之

---

* 本文系作者撰写国家行政学院校风建设的文章，原载 2010 年 11 月 3 日《光明日报》。

谓不朽。”立德居其首,是为人处世的至高境界。孔子说:“道之以政,齐之以刑,民免而无耻;道之以德,齐之以礼,有耻且格。”老子也说:“修之于身,其德乃真;修之于家,其德乃余;修之于乡,其德乃长;修之于邦,其德乃丰;修之于天下,其德乃普。”德为人之本,如水之源,决定着一个人发展的方向,影响和左右着人的行为。修身立德不仅是立命之本,更是从政之基。《论语》云,“政者,正也。子率以正,孰敢不正”,“德之不修,学之不讲,闻义不能徙,不善不能改”。只有以德修身,道德高尚,才能以身作则,产生真正的凝聚力、影响力。《礼记·大学》开篇就讲,“大学之道,在明明德,在亲民,在止于至善。”说的是,教育的目的在于彰显人人本有、自身所具的德性,再推己及人,使人人都能去垢纳新,从而趋于善的终极。我们党也历来高度重视思想道德建设问题,强调政治品质和道德品行的教育,注重忠于国家、忠于人民的教育,大力弘扬党的优良作风和中华民族传统美德教育。毛泽东同志曾要求全党同志都要做“一个高尚的人,一个纯粹的人,一个有道德的人,一个脱离了低级趣味的人”。邓小平同志对干部的德、才、智也有过明确要求:“第一是德,看他是否忠实于人民,忠实于党的事业。”江泽民同志提出了“以德治国”的思想,并专门为国家行政学院题词:“永做人民公仆”。胡锦涛同志在党的十七大报告中要求:“加强党员、干部理想信念教育和思想道德建设,使广大党员、干部成为实践社会主义核心价值体系的模范,做共产主义远大理想和中国特色社会主义共同理想的坚定信仰者、科学发展观的忠实执行者、社会主义荣辱观的自觉实践者、社会和谐的积极促进者。”在新的历史条件下,加强党员干部的道德修养,坚定理想信念,更是我们党执政兴国的根本。

“立德”就是坚持以做人教育为根本,建设德才兼备、以德为先的干部和教职工队伍,培养德才兼备、以德为先的公务员;就是把加强教职工和学员的思想政治修养、道德品行修养教育摆在首位,教育者和受教育者都要有正确的政治立场、高尚的思想境界,树立正确的世界观、权力观、事业观,自觉讲政治、讲大局、讲责任,忠于国家、忠于人民、忠于中国特色社会主义事业，永做人民公仆；就是坚持用马克思主义科学理论武装教职工和学员头脑，把学院建设成学习型学院，办成学习、研究、宣传、落实中国特色社会主义理论体系的坚强基地。

“立行”，就是知行合一，躬身力行。《荀子》说：“口能言之，身能行之，国宝也。口不能言，身能行之，国器也。口能言之，身不能行，国用也。口言善，身行恶，国妖也。治国者敬其宝，爱其器，任其用，除其妖。”《左传》云：“非知之实难，将在行之。”《左传》亦云：“知易行难”，“行胜于言”。“立行”，就是要“言有物，行有格”，不说假话、空话、套话，不谈过高之理，不言架空之事，不陷入物欲泥潭，不失良知和操守，做事情讲原则和规矩，做到知与行的统一、理论与实践的统一、言与行的统一、人格与修养的统一，“从心所欲，不逾矩”；就是要尽职尽责，勤勉敬业，淡泊名利，甘于奉献，常勤精进，坚韧不拔；就是要说到做到，信守承诺，表里如一，知难前行，善始敬终，注重执行力、落实力、公信力；就是要弘扬理论联系实际的优良学风，尊重实践，勇于实践，注重调查研究，正确运用马克思主义研究新情况、解决新问题，始终围绕党和国家中心任务开展各项工作，全面履行学院职能，进一步实现学院教学培训、科学研究、咨询服务“三位一体”相互融合、相互促进、协调发展，坚持推进学院建设科学化、规范化、制度化。

“求实”，就是求是、求真。《汉书》说：“修学好古，实事求是。”颜师古对“实事求是”注：“务得事实，每求真是也”。毛泽东同志在《改造我们的学习》一文中，对“实事求是”作了阐释：“‘实事’就是客观存在着的一切事物，‘是’就是客观事物的内部联系，即规律性，‘求’就是我们去研究。”“求实”，就是实事求是，崇尚科学，遵循规律，既积极而为，又循序渐进；就是追求真理，敢于讲真话、讲实话，坚持不唯上、不唯书、只唯实的科学品格；就是坚持出实招、办实事、重实绩，来不得一点虚假和粉饰的工作作风；就是广开言路，善纳群言，伸张正义，公道办事，形成民主法治、公平正义、诚信友爱、充满活力、安定有序的和谐学院环境。学院作为培养中高级公务员和进行科研咨询的重要阵地,就教职工而言,要脚踏实地、按规律办事,教学科研咨询正确反映客观事实,讲求实效;就学员而言,就是培养领导干部求真务实、真抓实干的精神和品格。

"求新",就是革故鼎新、开拓创新。《论语》云:"为命,裨谌草创之。"《孟子》亦云:"君子创业垂统,为可继也。"这其中,都深蕴着中华民族先贤勇于求新、重视创新的宝贵思想。温家宝总理多次引用《诗经》中的"周虽旧邦,其命维新"和《诗品》中的"如将不尽,与古为新"两句话,强调改革决定中华民族的前途和命运,必须不断解放思想、勇于创新、开拓未来。无论一个民族、一个国家,还是一个单位、一个人,没有解放思想、与时俱进、求新求变的勇气,发展就无从谈起。"求新",其精髓就是要解放思想,破除迷信,以改革的勇气,打破一切阻碍科学发展的桎梏,摈弃一切墨守成规的观念,走前人未走之路,做前人未做之事;就是弘扬求新的精神,鼓励改革创新,激励大胆探索、实践和创造,开动脑筋研究问题、创新思维解决问题,努力形成求新的发展理念、运行机制;就是强化改革开放的能力建设,推动学院工作理念创新、制度创新、管理创新、方法创新和业务创新;就是大力营造改革创新的浓厚氛围和良好的研究空气,使每个人的特长充分发挥出来,使每个人创新欲望、创新潜力、创新激情和创新才华充分迸发起来;就是一切从变化了的实际出发,与时俱进,提倡学习和运用新的科学思想、新的科学知识、新的科学技能;就是牢固树立追求卓越的精神状态,始终保持一往无前的昂扬锐气,确立一流的工作标准,围绕建设一流队伍、实施一流管理、营造一流环境,强化精品意识、质量意识,多出堪称精品、高质量的教学、科研、咨询成果。

"立德立行,求实求新",是辩证统一的关系,融为一体。"立德"与"立行"是修身的最重要的两个方面,德寓行中,行实践德,德行兼备、内外兼修方可做到言行一致、修身立德。干部教育之首要职责就是"做人"的教育,全面加强思想政治教育、加强社会公德、职业道德、家庭美德和个人品德教育,始终保持道德品行的纯洁性。"求实"与"求新"是治学的严谨态度和科学精神，二者缺一不可，既要实事求是，求真务实，以严谨的态度对待科学探索、以执着的精神追求真理，防止学用脱节、理论与实践脱节、研究问题与现实情况脱节，又要勇于创新，追求卓越，在开拓中求突破，在创新中谋发展。国家行政学院既要强调"求实"之追求真理、探索规律的科学态度，也要强调"求新"之勇于探索、敢为人先的创新精神，在教学培训、科学研究、决策咨询等各项工作中力求"实"和"新"的统一，才能办出特色，办出高水平。"德"、"行"、"实"、"新"，构成了严密的逻辑递进关系，一方面明确了注重品德修养、知行合一的价值观；另一方面要求脚踏实地、推陈出新的科学态度。归结起来，就是坚持以人为本、以立德为先、以立行为基、以求实为根、以求新为进。

近两年来，我们把"立德立行，求实求新"贯彻于国家行政学院各项工作、各个环节、各个方面。

我们大力推进中国特色社会主义理论体系进头脑、进课堂、进教材工作。高度重视党风廉政建设，制定了学院《廉政风险防范管理实施办法》，促进了廉政工作长效机制建设。全面加强学院思想文化建设，进行思想政治和道德品行教育，开展"我最喜爱的格言"征集活动，组织建院以来首次评选表彰学院先进集体和先进个人活动，开展评选表彰优秀党员、优秀党务工作者和先进基层党组织的"创先争优"活动，评选表彰优秀青年，树立先进典型，弘扬新风正气，大力活跃和丰富学院文化，全院教职员工大局意识、责任意识、服务意识明显增强，讲奉献、讲团结、讲正气蔚然成风，比学赶帮、追求卓越、争创一流的氛围越来越浓厚。同时，加强学员管理，制定《关于加强学员反腐倡廉教育的意见》，建立班委会制度、学籍制度、学员档案管理制度、学习制度和考勤制度，建立了专职班主任队伍和制度，严格院纪，从严治学，取得明显成效。

我们坚持正确办院方向，自觉围绕中心、主动服务大局。围绕应对国际金融危机冲击、加快转变经济发展方式、保持经济平稳较快发展，切实全面履行学院的职能。坚持以教学培训为中心任务，举办了促进金融发展和风险防范、深化医药卫生体制改革、加强农村社会保障建设、社会管理创新等专题研讨班。密切跟踪经济社会发展中的重大问题以及热点、难点问题,开展科研、咨询服务活动。围绕国家外交大局,推进对外开放办学,着力提高教学、科研、咨询工作的主动性、针对性、有效性。

我们实行科学建院、民主建院、依法建院方针。加强制度的"废、改、立"工作,积极探索符合学院特点的分类管理和绩效考核制度,完善激励约束机制,使各项工作任务落实到岗位、落实到人。我们以建设国际一流行政学院为主题,开展了思想解放大讨论活动。紧扣"行政"这一学院最大特色做文章,加强公共行政理论和政府管理创新研究。成立中国行政体制改革研究会,以"科学发展与行政改革"为主题,举办了首届中国行政改革论坛,创办了《行政管理改革》杂志,加大了对行政管理体制改革的研究。不折不扣地落实国务院有关规定,申办学位教育工作取得了重大突破,国务院学位委员会批准学院为硕士、博士研究生学位授予权单位,为全面提升学院的办学能力打下了坚实基础;恢复举办青年干部培训班,对优化学院发展格局将产生重要和深远的影响。注重理论与实践相结合,更加贴近实际,建立了一批教学科研基地,开放式办院取得重要创新成果。

我们坚持解放思想,勇于推进改革创新。适应干部培训改革新形势,扎实推进自主选学工作,得到普遍好评。全面推进教学改革和管理创新,建立和实施了教学观摩、专家听课、学员评课制度;科研咨询工作正在实现从小科研咨询到大科研咨询转变、从封闭搞科研咨询到开放搞科研咨询转变、从被动搞科研咨询到主动服务转变。我们坚持用事业凝聚人才,用机制激励人才,用实践造就人才,用制度保障人才。努力营造崇尚真理、鼓励创新、宽容失败、尊重差异、包容多样、生动活泼、团结和谐、奋发向上的学院文化氛围。

院风建设既是一项紧迫的重要任务,也是一项长期的系统工程。我们要立足当前、着眼长远,只争朝夕、常抓不懈,统筹兼顾、标本兼治,突出重点、全面推进，把“立德立行，求实求新”的院风培育好、树立好、建设好。始终不渝地坚持做下去，国家行政学院就一定会更加彰显高举旗帜、政治坚定、围绕中心、服务大局的形象，彰显德才兼备、以德为先、以人为本、人民公仆教育培训基地的形象，彰显崇尚真理、勇于改革、锐意创新、求真务实的形象，彰显追求卓越、名家云集、成果斐然、人才辈出的形象，彰显现代化、开放式、创新型、高水平国际一流行政学院的形象。

充分发挥行政学院重要职能作用 服务马克思主义学习型政党建设*

（2011 年 4 月 12 日）

党的十七届四中全会向全党提出了建设马克思主义学习型政党的战略任务，同时要求，要充分发挥党校、行政学院在建设马克思主义学习型政党中的重要作用，这是赋予行政学院的重要职责和使命。在纪念中国共产党成立 90 周年之际，认真回顾我们党在学习中诞生、发展的光辉历程，深刻认识建设马克思主义学习型政党的重大意义和主要任务，更加自觉地发挥行政学院的职能作用，为建设马克思主义学习型政党服务，具有重要意义。

一、建设马克思主义学习型政党是新时期党的建设的重大决策

90 年来，我们党总是根据形势和任务的变化向全党提出学习的任务，特别是在每一个重大历史转折时期，都把加强学习作为战胜艰难曲折、夺取新胜利的重要法宝，极大地推动了党的事业的蓬勃发展。面对世

* 本文系作者为纪念中国共产党成立 90 周年撰写的论文，收入《辉煌 90 年》理论研究文集，学习出版社 2011 年 9 月版。

情、国情、党情的新发展、新变化，党中央作出了建设马克思主义学习型政党的战略决策，体现了我们党对时代发展脉搏和新形势下党的建设要求的高度自觉和清醒认识，反映了马克思主义政党永不满足、永不停滞的鲜明特征。

（一）建设马克思主义学习型政党，是在新的历史条件下继承和弘扬党的优良传统、发扬党的政治优势的必然要求

我们党历来重视学习、善于学习，党领导中国革命、建设和改革的历史就是一部创造性学习的历史。建党伊始，我们党就把理论学习摆在首位，甚至从某种意义上讲，就是靠学习起家的。延安时期，毛泽东同志就提出"要把全党变成一个大学校"，"来一个全党的学习竞赛"。夺取全国政权，党在执政之后，毛泽东同志多次指出，全党必须用极大的努力学会我们原来不懂的东西。进入改革开放新时期，邓小平同志要求全党同志一定要善于学习、善于重新学习。江泽民同志指出："历史给我们揭示了一条千真万确的真理：我们党要领导全国人民实现中华民族的伟大复兴，必须始终坚持学习，并把学到的科学理论和先进知识用于中国实际，不断推动经济持续发展和社会全面进步。"党的十六大以后，胡锦涛同志指出："我们党要团结带领全国各族人民抓住机遇、迎接挑战，与时俱进、开拓创新，实现全面建设小康社会的宏伟目标，不断开创中国特色社会主义事业新局面，必须坚持把学习作为全党一项十分重要的任务，不断加强，不断推进，努力使全党的马克思主义理论水平和科学文化水平不断有新的提高。"并把中央政治局集体学习作为一项制度长期坚持下来，使以学兴党、以学资政成为我们党治国理政的鲜明特色。回顾90年的光辉历程，我们党之所以始终具有旺盛的生命力，党领导的事业之所以能够不断取得新成就，从根本上说，就是因为有了马克思主义科学理论的指导，就是因为我们党善于用人类一切先进的文化知识不断充实提高自己。

（二）建设马克思主义学习型政党，是保证党始终走在时代前列，引领中国发展进步的决定性因素

作为世界上具有广泛影响的马克思主义政党，我们党正带领世界上最大规模人口的国家行进在现代化建设的道路上。“十二五”时期，国内外形势都在继续发生深刻变化，我国经济社会发展呈现新的阶段性特征。总的看来，我国发展仍处于可以大有作为的重要战略机遇期，既面临难得的历史机遇，也面对诸多可以预见和难以预见的风险挑战。要实现“十二五”时期发展的目标任务，必须坚持以科学发展为主题，以加快转变经济发展方式为主线，不断提高推动科学发展、促进转型升级、迈向富民强国、实现社会和谐的能力和水平。广大党员干部特别是领导干部只有更加好学、勤学、善学、深学、学以致用，才能防止和解决思想僵化、能力退化、工作弱化等问题，在思路上有新拓展、意境上有新提升、实践上有新创造，使“十二五”规划实施更加有力有效，真正把宏伟蓝图转化为美好现实。

（三）建设马克思主义学习型政党，是保持和发展党的先进性、巩固党的执政地位的紧迫任务

在新的历史时期，我们党所处的历史方位和执政环境发生深刻变化，提高领导水平和执政水平、提高拒腐防变和抵御风险能力是长期的历史性课题。我们党经历了革命、建设和改革 90 年的辉煌历程，党的先进性得到坚持和发展，党的执政地位得到加强和巩固，党在实践中锻炼得更加成熟、更加坚强。但是，党的先进性和党的执政地位都不是一劳永逸、一成不变的，过去先进不等于现在先进，现在先进不等于永远先进；过去拥有不等于现在拥有，现在拥有不等于永远拥有。面对世情、国情、党情的深刻变化，面对改革开放和社会主义现代化建设任务的艰巨性、复杂性、繁重性，我们党只有更加重视学习、善于学习，永不自满、永不停滞，不断

提高执政水平和领导水平，才能确保党在世界形势深刻变化的历史进程中始终走在时代前列，在应对国内外各种风险和考验的历史进程中始终成为全国人民的主心骨，在发展中国特色社会主义的历史进程中始终成为坚强的领导核心。

二、全面把握建设马克思主义学习型政党的主要任务

中央提出，建设马克思主义学习型政党，要紧紧围绕党和国家工作大局，按照科学理论武装、具有世界眼光、善于把握规律、富有创新精神的要求，以提高全党思想政治水平为基本目标，深入学习马克思主义理论，学习国家法律法规和党的路线方针政策，学习党的历史，学习现代化建设所需要的各方面知识，不断在武装头脑、指导实践、推动工作等方面取得新成效，把各级党组织建设成为学习型党组织，把各级领导班子建设成学习型领导班子。具体来看，要着力完成以下四个方面的工作任务。

（一）建设马克思主义学习型政党，就是要推进马克思主义中国化、时代化、大众化

中国共产党始终把马克思主义作为立党立国的根本指导思想。马克思主义中国化，就是把马克思主义基本原理同中国具体实际相结合，深入研究和解决中国革命、建设、改革不同历史时期的实际问题，总结中国的独特经验，形成具有中国风格、中国气派的马克思主义。马克思主义时代化，就是把马克思主义同时代特征结合起来，使之紧跟时代发展步伐、不断吸收新的时代内容、科学回答时代课题。马克思主义大众化，就是把马克思主义理论用简单质朴的语言讲清楚、用群众喜闻乐见的方式说明白，使之更好地为广大党员和人民大众所理解、所接受。当前，我国正在新的历史起点上向前迈进。我们必须紧密结合我国国情和时代特征大力推进

理论创新，坚持在实践中检验真理、发展真理，坚持运用马克思主义立场、观点、方法准确把握当今世界发展大势，准确把握我国社会主义初级阶段基本国情，准确把握改革发展实际，及时总结党领导人民创造的新鲜经验，不断作出新的理论概括，用发展着的马克思主义指导新的实践。

（二）建设马克思主义学习型政党，就是要用中国特色社会主义理论体系武装党员干部

中国特色社会主义理论体系是马克思主义中国化最新成果，科学发展观是我国经济社会发展的重要指导方针。用党的理论创新成果武装全党，要在提高能力、深化认识上下工夫。在学习过程中，要牢固树立辩证唯物主义和历史唯物主义世界观和方法论，系统掌握中国特色社会主义理论体系，把学习领会科学发展观摆在突出位置，进一步提高全党的思想理论素养，不断增强战略思维能力和辩证思维能力，进一步焕发广大党员干部的创造激情、激发创造活力，不断增强各级党组织的创新能力，进一步提高各级党组织和每个党员自我完善、自我锤炼的能力，强化党员干部对中国特色社会主义的坚定信念，始终保持党的先进性和纯洁性。

（三）建设马克思主义学习型政党，就是要深入开展社会主义核心价值体系学习教育

社会主义核心价值体系是社会主义意识形态的本质体现，是我们党在经济全球化和社会多样化形势下团结人民开拓前进的精神旗帜。其基本内容，包括马克思主义指导思想、中国特色社会主义共同理想、以爱国主义为核心的民族精神和以改革创新为核心的时代精神、社会主义荣辱观。教育引导广大党员干部模范学习践行社会主义核心价值体系，要在认知、认同上下工夫，使社会主义核心价值体系转化为党员的精神信仰和基本价值取向；要在贯穿、融入上下工夫，切实把社会主义核心价值体系体现到党员、干部教育管理的全过程；要在践行、示范上下工夫。通过党

员、干部率先垂范推动社会主义核心价值体系建设。

（四）建设马克思主义学习型政党，就是要积极推进学习型党组织建设

学习型党组织建设是马克思主义学习型政党建设的基础工程。建设学习型党组织，就是要按照以学习为组织建设的重要特点，以学习为组织活动的重要内容，以学习为提高组织战斗力的重要途径，广泛开展创建学习型党组织活动，大力营造和形成重视学习、崇尚学习、坚持学习的浓厚氛围，牢固确立党组织全员学习、党员终身学习的理念，建立健全管用有效的学习制度，使党员、干部的学习能力不断提升、知识素养不断提高、先锋模范作用充分发挥，使党组织的创造力、凝聚力、战斗力不断增强。广大党员领导干部要不断学习，坚定理想信念、提高政治素质、锤炼道德操守、提升思想境界，不断顺应发展趋势，跟上时代步伐。

三、努力发挥行政学院在建设马克思主义学习型政党中的重要作用

在创造性学习的历史进程中，我们党一贯高度重视干部教育培训工作。在革命、建设和改革的各个历史阶段，党始终把干部教育培训作为一项战略性、基础性工作来抓。从建党之初到井冈山时期，党中央就先后创办了湖南自修大学、安源党校、农民运动讲习所和红军军官教导队等学校，教育和培养了大批干部。延安时期，中央专门成立了干部教育部，创办了中央党校、抗日军政大学、陕北公学和行政学院等学校，干部教育在中央的高度重视下广泛开展起来，在延安整风运动中发挥了重要作用。新中国成立以后，我们党从夺取政权到执掌政权，全党按照毛泽东同志的要求，掀起了新的学习培训热潮。改革开放以后，邓小平同志号召全党再

一次重新学习。随着党和国家工作重点的战略转移,一场学习文化知识、提高专业能力的热潮在全党迅速展开。从党的十四大到十五大,以江泽民同志为核心的第三代中央领导集体,号召全党"学习、学习、再学习",全党兴起了干部理论学习的新高潮。党的十六大以来,以胡锦涛同志为总书记的党中央,从党和国家事业发展的高度出发,提出了大规模培训干部,大幅度提高干部素质的战略任务,我们党的干部教育培训事业进入了一个大发展时期。党的十七届四中全会提出建设马克思主义学习型政党的战略任务,并强调要充分发挥党校、行政学院、干部学院和国民教育体系在建设马克思主义学习型政党中的重要作用,干部教育培训事业呈现出蓬勃发展的大好局面。

行政学院在建设马克思主义学习型政党中承担着重要职责和光荣使命。2009 年 12 月,国务院颁发的《行政学院工作条例》规定:"行政学院是培训公务员、培养公共管理人员和政策研究人员、开展社会科学研究和决策咨询的机构。行政学院应当发挥公务员教育培训的主渠道作用、公共行政理论和政府管理创新研究的重要基地作用、政府决策咨询的思想库作用。"国家行政学院和各级行政学院必须从党和国家事业发展的全局出发,自觉围绕建设马克思主义学习型政党的根本要求和主要任务开展教育培训、科学研究和决策咨询工作。

一要充分发挥行政学院在公务员教育培训中的主渠道作用,为提高学员的科学理论水平、思想政治素质和学习能力服务。要坚持用马克思主义、毛泽东思想和中国特色社会主义理论体系教育学员,使科学理论体系"进教材、进课堂、进头脑",把学院建设成为各级领导干部增强党性修养、提高思想境界、甘做人民公仆的大熔炉,成为学习新知识、增长新本领的大学校,成为推进马克思主义学习型政党建设伟大工程的大舞台。要把中国特色社会主义理论体系作为理论教育的重点,充分体现到干部教育培训内容、教学布局、教材建设上,指导和帮助学员全面系统、完整准确地理解中国特色社会主义理论体系,深刻领会贯穿其中的马克思主义立场、观点、方法，不断增强坚持中国特色社会主义旗帜、道路、理论体系的自觉性和坚定性。在抓好马克思主义理论教育的同时，要把继承和弘扬党的优良传统作为一门必修课，教育学员牢固树立正确的世界观权力观事业观，忠于党、忠于祖国、忠于人民、忠于中国特色社会主义事业，永做人民公仆，始终保持艰苦奋斗、甘于奉献的精神和锐意创新、开拓进取的激情，尽职尽责干好工作，经受住各种风浪和诱惑的考验。在教学布局和课程设置上，要加大道德品行教育的分量和力度，坚持用共产党人的道德观和社会主义荣辱观教育干部，引导他们养成良好的思想境界、生活作风和健康向上的生活情趣，模范遵守社会公德、职业道德、家庭美德和个人品德，始终保持道德品行的先进性和纯洁性。同时，要通过积极推进教学改革，创新培训理念、培训内容、培训方式和培训运行机制，大力推进情景式、案例式、互动式和研讨式教学模式。在提高学员学习能力的同时，努力提高他们组织学习、领导学习和指导学习的能力，引导他们成为所在单位学习型党组织建设的精心组织者、积极促进者和自觉实践者，从而推动全国的学习型党组织建设。

二要充分发挥行政学院科学研究的重要基地作用，为理论创新和实践创新服务。建设马克思主义学习型政党是一个崭新而重大的历史课题，有许多问题需要进行深入的研究。行政学院作为重要的社会科学的研究机构，在推进马克思主义学习型政党建设实践中，要充分发挥学院专家学者较多的优势，力争在一些难点、热点、重点问题上有所突破，对建设实践中遇到的问题进行深入而令人信服的阐释，对社会发展中遇到的实际问题作出新的理论概括和科学回答，为推动马克思主义学习型政党建设服务。近些年来，国家行政学院围绕提高党的建设科学化水平、提高干部教育培训的科学性、针对性和实效性，进行了深入研究，取得了一批具有较高理论价值的研究成果，积累了不少经验，要坚持下去。

三要充分发挥行政学院决策咨询的思想库作用，为建设马克思主义学习型政党提供高质量的决策咨询服务。建设马克思主义学习型政党既是一项重大而紧迫的战略任务，也是一项长期性的工作，需要不断总结和提高。我们要及时跟踪国际国内形势变化，充分利用行政学院贴近党委政府工作、参与性和实践性强、专家学者多、理论素养高的特点，积极发挥政治学、行政管理学、行政法学、领导科学等学科优势，对马克思主义学习型政党建设中带有普遍性、指导性的成果，及时形成有价值的决策咨询报告，为党和政府科学决策提供有针对性的咨询服务。

四要充分发挥行政学院的宣传阵地作用，为建设马克思主义学习型政党做好舆论宣传服务。大力推进马克思主义学习型政党建设，需要做好深入的宣传工作。行政学院作为宣传马克思主义理论和中国特色社会主义理论体系的重要阵地，决定了在推动马克思主义学习型政党建设的宣传方面，具有义不容辞的责任。我们要充分发挥行政学院鲜明行政特色，突出政治理论和教学培训优势，加强对建设马克思主义学习型政党历史必然性、客观必要性、现实重要性和时间紧迫性的宣传，加强对建设马克思主义学习型政党和推进学习型党组织的基本要求、基本原则、基本做法进行宣传推广，进一步加深全体党员和各级党组织对建设马克思主义学习型政党重大意义的认识，从而提高各级领导干部和各级党组织加快建设马克思主义学习型政党的坚定性和自觉性。

总之，行政学院在推进马克思主义学习型政党的建设中，责任重大，使命光荣，应当积极探索，勇于创新，使教学培训、科学研究、决策咨询工作更加贴近建设马克思主义学习型政党的需要，不断总结和探索促进学习、保障学习的制度和机制，为深入持久地推进马克思主义学习型政党建设提供智力支持。

值得纪念的三年八个月*

（2012 年 1 月 11 日）

遵照党中央决定，我于 2008 年 5 月来到国家行政学院工作，共有三年八个多月时间。这是我在党中央、国务院重要部门工作 30 年之后，人生旅途上又一段岁月如歌、值得纪念的历程。我牢记使命，忠于职守，全身心投入行政学院工作，把过去长期在党中央、国务院重要部门工作所积累的各种资源和人脉关系全部用于我国行政学院事业上。在工作期间，高举中国特色社会主义伟大旗帜，坚持正确办院方向，全面履行学院职能，勇于开拓创新，锐意攻坚克难，团结带领学院领导班子和全体教职工共同努力，全面开创了国家行政学院发展的新局面，向建设有特色高水平的国际一流行政学院奋斗目标迈出了重大步伐。

在国家行政学院工作的这段经历，我感到十分充实、非常愉快。特别是看到国家行政学院事业蒸蒸日上、蓬勃发展，社会地位和影响力明显上升，各类人才荟萃，在党和国家事业发展中的作用得到充分发挥，广大干部和教职工不断成长进步，更是感到十分欣慰、非常高兴。2010 年 12 月 14 日，时任中共中央政治局常委、中央书记处书记、国家副主席、中央军委副主席习近平同志莅临国家行政学院视察工作，对学院的工作予以充分肯定。习近平同志在讲话中指出：党的十七大以来，国家行政学院“围

* 本文系作者从国家行政学院领导岗位退下来时写的工作小结（节录）。

绕建设有特色高水平的国际一流行政学院，坚持解放思想、与时俱进，勇于改革创新、开拓进取，各项工作取得显著成绩，开创了学院发展的新局面。”他还指出：“党的十七大以来，国家行政学院工作抓得实、抓得系统、有章法、有创新、有亮点，在整个干部教育培训中发挥了不可替代的重要作用。”中央领导的高度评价，是对学院全体干部和教职工的巨大鼓舞。回顾在国家行政学院工作的三年八个月，确实是披肝沥胆，殚精竭虑，我扪心自问，无怨无悔。

一、进一步明确学院发展目标和功能定位

到国家行政学院工作后，我十分重视找准和把握学院发展目标和功能定位。2008 年 8 月，温家宝总理同我谈话时明确指出：国家行政学院工作很重要，要坚持高标准严要求，更加突出特色，创建国际一流行政学院。国务委员兼国务院秘书长、国家行政学院院长马凯同志也提出，要建设有特色高水平的行政学院。根据国务院领导要求，我把建设有特色高水平国际一流行政学院作为国家行政学院新的发展目标。三年多来，我们始终围绕建设有特色高水平国际一流行政学院的战略目标，从多方面积极开展工作。我到学院进行一段时间调查研究工作后，针对当时反映出来的问题，明确提出实行科学建院、民主建院、依法建院的工作方针，深受广大干部和教职工的拥护。在学院历届领导班子积极探索和作出不同概括的基础上，进一步明确学院的功能定位和发展战略。先后提出并践行把国家行政学院办成“两个基地”，即培训高中级公务员、培养公共管理人员和政策研究人员的重要基地，党和国家科学研究和决策咨询的重要基地；充分发挥“三个作用”，即提高公务员综合素质和行政能力的熔炉作用、公共行政理论和政府管理创新研究的中心作用、政府决策咨询的思想库和智囊团作用；构建“四大体系”，即富有鲜明特色和高水平的教

学培训体系、科学研究体系、决策咨询体系、开放办学体系；大力实施“五大战略”，即特色立院战略、科学建院战略、质量兴院战略、人才强院战略、从严治院战略。由于进一步明确了学院的发展目标和功能定位，学院的作用得到更好发挥，凝聚力、创新力和影响力显著提升。

二、主持起草两个纲领性文件和学院五年发展规划

为了从根本上解决国家行政学院发展中的问题和实现全国行政学院事业可持续发展，2008 年 11 月，我向国务院领导明确提出，建议加快制定《行政学院工作条例》，并制定《国务院关于加强和改进新形势下国家行政学院工作的若干意见》。经请示批准后，我担任这两个文件起草组组长，组织学院内外有关人员，经过近一年的紧张工作，向国务院报送了这两个文件送审稿。随后，国务院办公厅和国务院法制办在广泛征求意见的基础上作了修改。2009 年 12 月 14 日，国务院常务会议审议通过了《行政学院工作条例》；12 月 22 日，温家宝总理签发第 568 号国务院令，正式公布《条例》。这是我国第一部加强和规范行政学院工作的行政法规，在全国行政学院发展史上具有重要的里程碑意义。同时，2009 年 12 月 25 日以“国发[2009]43 号”印发了《国务院关于加强和改进新形势下国家行政学院工作的若干意见》。《意见》明确了今后一个时期加强和改进国家行政学院工作的总体要求、发展布局、主要任务和政策措施，这是把国家行政学院建成有特色高水平国际一流行政学院的重要指导性文件。这两个纲领性文件的制定，使国家行政学院和全国行政学院发展有了法制保障和基本依据。2010 年、2011 年，根据中央决策部署要求，在学院党委领导下，我又主持编制了国家行政学院“十二五”时期五年总体规划，并与学院有关负责人一起，组织制订了七个专项规划，包括《国家行政学院 2011—2015 年发展规划》和国家行政学院 2011—2015 年教学培

训规划、学位与研究生教育发展规划、科研咨询专项规划、人才强院规划、对外开放办学发展规划、信息化发展规划、出版社发展规划。这些,为国家行政学院中长期发展提供了重要指引。

三、着力完善教学、科研、咨询"三位一体"发展格局

根据党中央、国务院对国家行政学院工作的总体要求,我注重充分发挥优势,彰显学院特色,特别是用很大气力完善以教学培训为中心、科学研究为基础、决策咨询为支撑的三位一体发展格局,并使三者密切结合、协调发展、良性互动,收到显著成效。这个"三位一体"的发展格局成为国家行政学院的重要特色,受到党中央、国务院领导和社会各界的充分肯定。

加强教学培训工作。一是注重提高教学的针对性和实效性。根据党中央、国务院的重大决策和工作部署,特别是围绕应对国际金融危机冲击,提高政府行政能力、加强社会管理和公共服务等重大任务,学院举办了一系列针对性强的省部级领导干部专题研讨班和厅局级公务员、中央企业和金融机构负责人专题培训班。包括经中央组织部批准,恢复举办省部级干部英语强化班,新开办常务副省长(副主席、副市长)专题研讨班、政策研究室主任研讨班、外交干部培训班等。大力推进教学改革创新。二是在2010年初提出并经中共中央组织部、人力资源和社会保障部同意,恢复了学制为一年的青年干部培训班,既为国家培养优秀年轻干部,又完善学院班次设置布局,打造教学培训品牌。第一期招收37人,第二期招收39人,社会反响良好。三是用极大精力争取各方面理解和支持,成功申请批准国家行政学院为硕士、博士研究生学位教育授予权单位。国家行政学院成立以后,历届领导班子都为争取国家行政学院具有硕士、博士研究生学位教育的授予权单位作了不懈努力。我到学院后把

这项工作作为学院发展全局的重大任务，从多方面加大了工作力度，加快了申办进程。2010年1月28日，经国务院学位委员会会议审议批准，学院获得了硕士、博士研究生学位授予权；2011年初又成功申请公共管理一级学科博士和硕士授权点；2010年9月博士后科研工作站成功挂牌。这些是国家行政学院发展进程中的重大历史性突破。在获得学位授予权之后，学院选任了第一批20名博士生导师，2011年开始第一次独立招收硕士、博士研究生工作，包括招收公共管理硕士研究生210名；招收博士生20名，博士后10名，并经学院党委讨论决定将研究生部更名为研究生院。四是推动学院教材建设工作。公共管理硕士教材、重点学科教材、港澳和涉外培训教材编写工作都取得新进展。五是开展优秀教学奖评奖活动。2010年，主持制定了《优秀教学奖评选奖励暂行办法》，2011年初首次开展建院以来的优秀教学奖评奖工作，这大大激发了教师热心教学培训工作并在提高教学质量上下工夫的积极性。

强化科学研究工作。一是紧紧围绕党和国家中心任务积极开展重大课题研究，鼓励多出精品力作。三年多来，学院共承担完成了党中央、国务院和中央有关部门交办的10多项重大课题研究任务。二是积极争取支持，经国家新闻出版总署批准，相继成功创办《行政管理改革》、《行政改革内参》杂志社，为学院发展和开展科研工作搭建了新平台。三是创办《内部研究交流》、《学员论坛》、《报告选》、《院内通讯》四个内部刊物，为教研人员、兼职教师和学员交流研究成果提供平台。四是组织举办“中欧社会管理论坛”和两届“中国行政改革论坛”，支持举办应急管理论坛和电子政务论坛。这些都在国内外引起较大反响。五是主持编写发布《行政改革（蓝皮书）》，填补了国内蓝皮书系列的一个空白。六是主持制定《国家行政学院优秀科研成果评奖暂行条例》，并组织两次评奖工作，进一步调动了教研人员投入科学研究工作的积极性。

创新决策咨询工作。一是提出并经中央编委批准成立决策咨询机构。2008年11月成立了决策咨询部（对外称决策咨询研究中心），专门增加15个参照公务员管理编制。二是创办内部刊物《国家行政学院送阅件》,直接报送党中央、国务院领导和各有关方面负责人,开通了学院给中央提供决策咨询服务的“直通车”。三年多来,共上报各种白头件和《送阅件》440多篇,其中有240多篇得到党中央、国务院领导的重视并批示,受到有关领导和各方面好评。三是积极承担中央部委以及地方政府和企业委托的重大课题,紧紧围绕经济社会发展中的全局性、战略性和难点热点问题,组织开展决策咨询研究服务。我直接主持了一些重大课题,包括:2009年主持《应对国际金融危机冲击、提高行政能力、公信力和服务水平》重大课题研究,2010年主持《广东省行政体制改革研究》重大委托课题研究,2011年主持《加强和创新社会管理》重大课题研究,都取得一批有价值、有分量的研究成果,许多成果得到中央领导重视并批示。四是重视发挥各类学员在决策咨询服务中的作用。经常主持座谈会,听取有关学员的意见和建议,鼓励和支持各类学员撰写咨询研究报告。许多学员通过教学培训撰写了不少有价值、有分量的咨询研究成果。决策咨询工作的加强,使学院发挥了党和政府的思想库作用,明显提升了学院的社会地位和影响力。

四、加快推进开放办学和开门办院

在对外开放办学方面。一是加大国家行政学院国(境)外交流合作力度。三年多来,同35个国家的行政院校和有关机构新签订40多个合作协议,培训国外公务员由70多个国家扩大到117个国家,新增加40多个国家。特别是开辟了为发达国家培训公务员的渠道,加拿大、法国等国家公务员和公共管理硕士研究生陆续到学院研修、培训。我于2009年8月率领代表团访问委内瑞拉,与委方签署三年培训协议并已顺利付诸实施。二是拓展港澳地区公务员研修、培训工作,提升班次水平。2009年4

月，我率学院代表团访问澳门，会见时任澳门特别行政区政府行政长官何厚铧先生，提出进一步扩大培训人员的意见，得到积极回应。从2008年起，学院陆续增设了香港工商专业人士国情研习班、港区妇联代表国情研习班等新班次；2010年5月，我率学院代表团访问香港期间，会见香港特别行政区政府行政长官曾荫权先生，代表学院与香港特别行政区政府签署了香港公务员培训的合作协议，并于2010年9月成功举办了香港特区政府各部门常任秘书长研修班，2011年又成功举办了三期署长研修班，都收到良好效果。三是开拓与台湾地区有关单位学术合作与交流。我于2010年6月率领中国行政体制改革研究会代表团访问台湾，访问了文化大学、政治大学、国政基金会等，并与世新大学签署了合作备忘录，还分别会见了有关方面负责人，努力为推进两岸关系和平发展服务。四是加强同国际行政院校联合会和国际行政科学学会合作。我于2009年初担任并于2010年初推选连任国际行政院校联合会副主席和亚太地区行政院校联合会主席；2011年6月率团出席在意大利举行的国际行政院校联合会执委会议和国际行政院校联合会成立50周年庆典并发表演讲，并推动中国行政体制改革研究会分别成为国际行政院校联合会和国际行政科学学会这两个国际组织的正式会员。五是邀请欧盟主席巴罗佐、前主席普罗迪，以及诺贝尔经济学奖获得者蒙代尔等一批外国政要、国际著名人士，先后到学院访问或讲学，提高了学院的开放度和国际知名度。

在开门办院方面。一是根据《行政学院工作条例》规定，积极拓展与地方、企业交流合作，加强对地方行政学院的指导，先后在河北、山东、陕西、海南、江苏、浙江、重庆、天津、深圳和大庆等多个省、市建立一批教学科研基地。二是提出与省（自治区、直辖市）、中央部门和中央企业开展战略合作，已与重庆市、甘肃省、青海省、山东省、贵州省、国家图书馆、国家开发投资公司分别签署了《战略合作框架协议》，并已逐步实施。这些为学院拓宽办学资源、提高教学培训和科研咨询工作水平，创造了更加有利的条件。

五、改革学院内部机构设置和管理体制

为适应全面履行学院职能和新形势发展的需要,经过深入调查研究,针对学院存在的机构不健全、国家赋予的有关职能没有完全落实到位,一些部门之间存在职能交叉、多头管理、权责脱节等问题,果断地采取有力措施加以解决。在多方征求意见和反复论证的基础上,积极争取中央有关部门批准学院先后成立了学院纪律检查委员会(副部级机构)、决策咨询部、院刊室;将原综合教研部改为社会和文化教研部;成立应急管理培训中心(应急管理培训部),并申请批准增加 35 个编制;撤销合作部,加强培训中心建设;组建行政财务部;在办公厅设立地方行政学院工作处,具体联系地方各级行政学院工作;设立督查室,加强学院内部工作落实督促检查;成立新闻中心,加强学院新闻宣传工作。经民政部批准,成立由国家行政学院业务主管的中国行政体制改革研究会,接收中国西部人才开发基金会。这三年多来,从管理体制和机构设置上进一步完善了学院富有鲜明特色和可持续发展的工作格局,使学院各项职能得到更好的发挥,也提高了工作质量和效率。

六、全面加强学院人才和队伍建设

一是大力实施人才强院战略。为加大育才、引才、聚才力度,根据工作需要和德才条件,通过公开招聘等不拘一格方式,相继培养、提拔、引进一批司局级负责人、学科带头人和业务骨干。每年都对新进学院人员进行以“知院·爱院·建院”为主题的教育,使他们“进学院门、做学院人、忠诚学院事业”。二是加强学院各级领导班子建设。充实、调整司、处级

领导班子，优化班子年龄、知识结构，一大批年轻优秀干部走上领导岗位。制定培养锻炼、选拔使用、科学管理、评价激励等措施，促进各类人才健康成长。三是加强人才队伍的分类建设和管理，明确部门工作岗位职责。我提出并经国务院领导和有关部门批准，学院增加非领导职数用于专职班主任队伍建设，其中司局级职数 17 个；经过两次严格的竞争上岗程序，选拔了 32 名司、处级班主任，他们在加强教学培训的组织管理、提高教育培训工作质量方面发挥了重要作用。同时，健全各类岗位责任和聘期、任期考核办法，完善岗位设置管理制度。四是积极稳妥推进干部人事制度改革。制定与各类人员相适应的选拔使用和激励约束机制，逐步加大竞争性选拔干部力度。2009 年 9 月 10 日第 25 个教师节，评选表彰了学院成立以来首批先进集体和个人。通过在全国公开招聘，选用信息技术部、出版社等单位负责人。五是重视加强学院党风、学风、院风建设。认真开展深入学习贯彻科学发展观活动和争先创优活动，提出并推动以“立德立行、求实求新”为核心的院风，大力支持发展繁荣学院文化，从而增强了学院的凝聚力、创新力、战斗力，全院形成了开拓创新、爱岗敬业、甘于奉献、求真务实、团结奋进的良好局面。

七、努力扩大学院基础设施建设

根据国家行政学院全面履行职能和中长期发展需要，立足当前，着眼长远，积极争取增加学院基础设施建设。一是根据国务院批准和在以前所作建设准备工作的基础上，2008 年 9 月启动港澳培训中心项目建设，总面积为 4.3 万平方米，2011 年 3 月交付使用。二是申请并经国家发改委批准建设国家应急管理人员培训教学楼和学员公寓，总面积为 2.3 万平方米，施工进展比较顺利，即将交付使用。三是经过积极争取，在国务院领导、北京市领导和国家发改委支持下，收购皇苑大酒店用作学院教学培训设施,总面积为 3. 88 万平方米,为学院增加了难得的办学资源。近三年,学院办学基础设施面积由原有的 10. 83 万平方米增加到 21. 33 万平方米,扩大一倍。这为学院全面发展和持续发展创造了重要的条件。

八、积极解决涉及教职工切身利益的问题

随着学院规模不断扩大,一些与教职工切身利益相关的问题日益突出。2010 年初,我明确提出要把保障和改善民生作为学院发展的重大战略,积极想办法解决教职工最关心、最直接、最现实的利益问题,努力改善教职工工作、生活条件。学院成立了民生工作领导小组,由我任组长,何家成副院长任副组长,学院有关部门负责人参加,负责研究解决相关问题。特别是把住房作为首要问题。提出采取“挖、租、要、建”等多种办法,努力解决教职工住房困难问题,2011 年第四季度已从国管局争取到 32 套住房;挖潜、租赁一批住房,2011 年收回原租赁房屋作为周转房,用于解决青年教职工住房困难;在抓紧做好部分教职工周转房调整工作的同时,多方开辟新房源。同时,2011 年开拓与中关村三小、中国人民大学附属中学合作,当年解决了教职工子女上中小学难的问题。还采取具体措施,加强对合同制员工工作、生活、精神等各方面的关怀和帮助。但由于多种原因,有些想办还没来得及办,相信以后的学院领导会办得更好。

九、大力推动全国各级行政学院事业发展

一是推动《行政学院工作条例》贯彻落实。近两年来,我与学院有关领导先后九次到有关省(自治区、直辖市)分地区召开座谈会,深入调查研究,督促推动《条例》落实,同有关地方党政领导面对面交流情况,提出

帮助地方行政学院发展的建议，收到好的效果。二是加强国家行政学院与地方行政学院的联系和交流合作。除了学院办公厅成立地方行政学院工作处，负责联系对接地方行政学院工作之外，还通过教学活动、科研和咨询研究合作、挂职锻炼、学术交流等形式，推动行政学院之间开展多种形式的纵向和横向联系。三是提出并实施举办地（市）级和县（市）级行政学院（校）院（校）长培训班，开展业务知识培训，加强信息交流。2010年9月和2011年1月，先后举办两期共有320多个地（市）级行政学院院长参加的培训班；2011年12月举办了一期有400多个县级行政学校校长参加的培训班。这些都是国家行政学院成立以来的首次活动，在全国行政学院系统产生了良好效应，密切了全国各级行政学院、校的联系。四是加强与中央党校、国防大学、中央社会主义学院以及浦东干部学院、井冈山干部学院、延安干部学院等单位的工作交流，相互学习借鉴，共同做好党的干部教育培训工作。

以上这些成绩，是党中央、国务院亲切关怀和马凯院长直接领导的结果，是学院领导成员和各级领导班子共同努力的结果，也是全院干部和教职工团结奋斗、顽强拼搏的结果。我只是做了一些应该做的工作。

三、在中国行政体制改革研究会期间

2011 年 7 月，魏礼群在中国行政体制改革研究会第一届理事会第二次会议上

齐心协力　奋发有为
为推进行政体制改革作出积极贡献*

（2010 年 4 月 17 日）

中国行政体制改革研究会第一次会员代表大会，表决通过了《中国行政体制改革研究会章程》，选举产生了研究会第一届理事会。在第一届理事会会议上，选举产生了研究会的常务理事和领导成员，圆满完成了各项议程。会议开得很好、很成功。在研究会筹备期间，中央有关部门和地方的负责同志、社会有关方面以及全体会员，给予了大力支持、配合和帮助。在此，我代表研究会表示诚挚的感谢！

党中央、国务院对中国行政体制改革研究会的创办和发展高度重视。研究会成立经国务院领导同意，并经民政部批准。在明天举行的研究会成立大会上，国务委员兼国务院秘书长、国家行政学院院长马凯将代表国务院作重要讲话。我们一定不辜负中央领导的期望，坚持高起点、高标准，努力把研究会办成具有鲜明特色的创新型、开放性、高水平学术团体和研究咨询机构。

大会选举我为研究会第一届会长，我对全体理事的信任表示衷心感谢！我一定严格按照研究会章程办事，尽职尽责，尽心尽力，不负大家的信任和重托，努力为广大会员服务，认真地做好各项工作。

---

* 本文系作者担任中国行政体制改革研究会会长在中国行政体制改革研究会第一届理事会第一次会议上的讲话。

下面，我就做好研究会的工作，讲几点意见。

一、研究会的使命和作用

中国行政体制改革研究会，是研究行政体制改革理论和实践的全国性社团组织，承担着研究和推进我国行政体制改革的历史责任和重要使命。行政体制改革是政治体制改革的重要内容，是上层建筑适应经济基础客观规律的必然要求，贯穿于我国改革开放和社会主义现代化建设的全过程。党中央、国务院历来高度重视行政体制改革。改革开放以来，几次全国党的代表大会，都把行政体制改革作为政治体制改革的重要任务，从而有力地推动了改革开放和现代化建设的历史进程，取得了明显成效。党的十七大对加快行政管理体制改革、建设服务型政府作出了新的重要部署。党的十七届二中全会进一步明确了行政管理体制改革的指导思想、基本原则，提出了"到2020年建立起比较完善的中国特色社会主义行政管理体制"的总体目标、主要任务和重要举措。近几年来，按照党和国家的统一部署，行政体制改革不断取得新进展。本届政府的国务院机构改革任务已基本完成，地方政府机构改革正在深入推进，政府职能转变和自身建设迈出重要步伐。特别是在应对国际金融危机冲击中，注重推进行政理念、行政决策、行政方式、行政制度等方面的改革创新，着力提高政府公信力、执行力和服务水平，为经济社会持续稳定较快发展提供了重要保障。当前，我国处于改革发展和全面建设小康社会的关键时期，国际政治经济形势复杂多变，国内经济社会生活中矛盾和问题不少。面对新形势新任务，深化行政体制改革、加强政府自身建设和创新，尤为重要而紧迫。在这种情况下，中国行政体制改革研究会的成立，可以说是顺势而为、应时而生。

成立中国行政体制改革研究会，有着多方面的意义：一是有利于加强我国行政体制改革理论和实践问题研究。成立研究会,可以发挥全国性、社团性、学术性组织的桥梁和纽带作用,为深入研究行政体制改革问题提供一个新平台。二是有利于形成更加广泛的行政体制改革研究队伍。行政体制改革涉及中央和地方各方面,涉及行政理论研究和实践各领域,理论性、专业性、实践性都很强。成立研究会,可以汇聚各有关方面力量,更好地开展研究咨询工作。三是有利于加强合作与交流。研究会的会员中,既有行政科学理论研究的人员,也有行政实际工作者和企业家,还有开展教学培训的专家学者,各方面人员各有所长,从事行政理论研究、教学培训、咨询服务等专业机构和个人,从事实际工作的干部和企业家,可以相互切磋,取长补短,开展合作,举办相关活动,共同提高理论研究和实际工作的水平。

总之,中国行政体制改革研究会的成立,是深入贯彻科学发展观、落实党的十七大和十七届二中全会精神的需要,是更好研究推动我国行政体制改革、研究提高政府建设科学化水平的需要,是进一步密切广大行政理论工作者和实际工作者联系、加强合作交流的需要。我们肩负着光荣的责任和使命,一定要从服务中国特色社会主义事业发展的全局、服务党和国家中心任务的大局,来认识研究会成立的重要意义,增强责任感和使命感,凝聚智慧,群策群力,打造品牌,扩大影响,切实把研究会办好,使之真正发挥我国公共行政领域理论研究的基地作用以及研究深化行政体制改革方面的思想库作用。

二、研究会的定位和宗旨

中国行政体制改革研究会章程对研究会的性质和定位作了明确规定:第一,研究会是全国性、非营利性学术团体。第二,研究会既从事中国特色行政理论研究,又从事行政体制改革对策研究,是行政科学理论研究和决策咨询服务相统一的研究咨询机构。第三,研究会既进行行政理论学术研究、行政体制改革研究,又进行行政领域教学培训研究,为提高公务员培训质量和水平服务。这三方面相辅相成、相互促进。

研究会章程对本会的宗旨也作了明确规定。这就是:高举中国特色社会主义伟大旗帜,以邓小平理论和"三个代表"重要思想为指导,深入贯彻落实科学发展观,围绕党和国家中心任务,服务政府工作大局,研究行政体制改革和政府管理创新方面重大理论和实践问题,为建立完善的中国特色社会主义行政管理体制、提高政府建设的科学化水平、建设服务型现代化政府提供理论支撑与决策咨询服务。我们在实际工作中,一定要认真体现这个宗旨,紧紧围绕党和政府工作需要,深入开展行政管理和行政体制改革理论研究,又要重视行政管理和行政体制改革对策研究,深入开展公共行政教学培训研究,不断推出有价值、有分量的研究咨询成果,努力发挥研究会在全面建设小康社会和实现社会主义现代化中的重要作用。

三、研究会的业务和任务

研究会章程规定了研究会的业务范围。概括起来,主要有四个方面:一是服务理论创新。重点开展行政体制和政府管理创新方面的理论研究和探索。二是决策咨询服务。努力为建立完善的中国特色社会主义行政体制提供方案设计和决策咨询建议。三是总结实践经验。跟踪我国行政体制改革的进展,研究、总结和宣传改革进程和取得的经验。四是参与人才培训和培养。研究和促进公共行政教学培训工作,为提升公务员培训和其他人才培养水平服务。

我们要按照研究会章程规定的业务范围,着重开展以下活动。

一是开展重点课题研究。要把课题研究作为研究会工作的重中之重，紧紧围绕党和国家的中心任务，及时选择改革发展中的重要课题开展深入研究。既要认真研究行政体制改革、政府自身建设和创新的全局性、战略性和前瞻性的重大问题，也要深入研究行政体制改革、政府自身建设中的热点、难点和重点问题，努力为行政体制改革理论创新和实践创新提供智力支持与服务。

二是深入实际调查研究。组织相关力量，深入基层了解中央有关行政改革的决策和工作部署落实情况以及实践中出现的新情况、新问题，深入了解各地方各部门在行政体制改革、政府自身建设方面的新进展，总结经验，提出建议。

三是组织多种形式的学术活动。通过举办论坛、报告会、研讨会、讲座等形式，搭建学术平台；编辑出版刊物、会员通讯、专题文集等，反映国内外有关行政科学理论研究与实践创新的成果，交流研究信息和经验，促进研究资源和成果共享。

四是加强对外学术交流。坚持以我为主、开放办会，建立与国（境）外学术团体、研究机构和行政学院、高等院校的交流渠道，了解学术动态和实践创新动态。通过组织学术活动和人员互访等形式，既研究借鉴其他国家公共行政理论的新进展与政府创新的新举措，也积极宣传我国行政体制改革和政府建设的进展情况，为提升国家的软实力和国际影响力服务。

今年是研究会工作的开局之年，一定要起好步、开好头。要重点抓好以下几项工作：一是精心办好中国行政改革论坛。明天将举行研究会成立大会暨首届中国行政改革论坛。这次论坛的主题是"科学发展与行政改革"，由中国行政体制改革研究会与中国机构编制管理研究会、中国行政管理学会共同发起。我们要把中国行政改革论坛作为一个鲜明体现研究会标志的重要品牌，坚持长期做下去，注重实际效果，努力提高水平。二是组织开展重点课题研究。要按照党中央、国务院的工作部署，围绕深化行政体制改革和政府建设确定一批研究课题。包括：组织力量从创新公共行政管理角度总结应对国际金融危机的成功经验;总结"十一五"行政体制改革的进展情况;开展"十二五"规划中深化行政体制改革问题的研究;完成好有关地方委托的深化行政管理体制合作研究课题。当前需要研究的课题比较多,要统筹安排,协调好有关力量。三是积极开展国际交流与合作。发挥研究会与国(境)外联系方便、渠道畅通的优势,努力为会员开展对外合作研究和交往服务。四是组织有关力量,研究制定本届理事会任期内的工作规划和重点任务,以增强工作的计划性、预见性、实效性。五是着力夯实研究会的基础性工作。包括建立组织机构、做好制度建设和资料收集整理等,建立研究会信息沟通渠道;申请创办研究会会刊,着手筹办研究会内部通讯;建立研究会网站,加强宣传和外部联系,为会员从事研究工作和相互往来提供平台与服务。

四、研究会的办会原则

中国行政体制改革研究会研究的领域和涉及的问题,社会关注度高,政策性和敏感性强,我们在工作中要把握好以下几条原则。

第一,坚持正确的政治方向和学术方向。这是研究会的宗旨所决定的。研究会的工作和活动,要讲政治,包括政治方向、政治立场、政治纪律、政治鉴别力。要牢牢把握政治方向和学术方向,始终坚持中国特色社会主义基本理论、基本路线、基本纲领,主动为党和国家事业发展大局服务。要坚持解放思想、实事求是、与时俱进,崇尚真理,锐意创新。这样,研究会才能富有生命力和创新力。

第二,坚持理论与实际相结合。理论联系实际是我们党的优良作风。要提倡深入扎实地研究理论,紧密联系实际特别是行政体制改革的实际,在理论与实际的结合中勇于创新。树立科学严谨、求实创新的治学态度。行政体制改革各方面的情况发展变化很快,基层的实践丰富多彩,我们要经常深入基层、深入实际、深入群众，掌握第一手情况和材料，及时了解新情况，发现新事物，总结新经验。研究会将根据需要，适当组织一些集体调研活动，也希望大家结合自身工作，主动开展多种形式的调查研究。

第三，坚持民主办会和集思广益。研究会是一个社团组织，要紧紧依靠全体会员的力量，充分发挥会员的聪明才智和积极性。要贯彻“百花齐放、百家争鸣”的方针，努力营造宽松的学术氛围。只要有利于发展中国特色社会主义事业，有利于完善中国特色社会主义行政体制，就要鼓励大胆探索，勇于创新。要发扬团结协作精神，探索和形成相互支持、优势互补、共同攻关的合作机制，努力营造科学、民主、团结、和谐的良好氛围，不断增强研究会的凝聚力，把研究会办成会员之家，不断增强自身发展活力。

五、研究会自身建设

研究会事业要顺利发展，形成有特色、高水平的研究咨询机构，必须加强自身建设，注重提升整体素质。

一要加强学习。行政体制改革的政治性、政策性、理论性很强。必须把加强学习、打牢理论功底作为一项长期性、基础性的重要任务。只有加强学习，掌握科学理论，正确理解与把握党和国家关于行政体制改革的方针、政策，才能坚持正确的方向，提出的咨询建议才能合乎党和政府的决策需求，才能提高战略思维、创新思维、辩证思维能力，在理论创新和实践创新中有所作为。要深入学习和掌握中国特色社会主义理论体系，学习和掌握中央有关改革开放的决策部署和文件精神，用以武装思想，指导工作。我们要努力把研究会建设成为学习型社团组织。

二要主动服务。国家行政学院是中国行政体制改革研究会的业务主管单位，研究会要自觉接受学院的指导。会员是研究会存在的根基，为广大会员服务是研究会工作的重要职责。研究会必须紧紧依靠行政学院，依靠广大会员，主动争取学院和会员的支持。要在为学院服务、为会员服务中，充分发挥研究会的功能和作用。

三要建设队伍。这是研究会发展的根本大计。要广揽人才，逐步扩大会员队伍，把那些有志于行政体制改革研究、有较高理论水平、较丰富实践经验和富有创新精神的理论工作者和实际工作者吸收到研究会来，努力使研究会成为研究行政体制改革和政府管理创新的人才高地。推荐介绍新会员，这是老会员的职责，希望大家共同做好这方面的工作。要坚持单位会员和个人会员并举，积极发展单位会员，注意把从事行政体制改革研究和实际工作的相关单位请进研究会来。要注重加强青年才俊的发现和培养，使研究会始终充满生机活力。

四要健全制度。实行符合社团组织特点的管理方式和灵活宽松的工作机制。科学规范各项活动制度，包括建立资产管理、使用和课题立项、组织实施、经费管理以及研究成果的检查评估、使用和奖励等规章制度。要根据章程，建立健全研究会和理事会等各项工作制度，用科学、有效的制度保障研究会健康发展。

中国深化行政体制改革的任务繁重而艰巨，我们研究会的使命重要而光荣。让我们携起手来，在党中央、国务院领导下，齐心协力，锐意进取，奋发有为，为建立完善的中国特色社会主义行政体制、实现全面建设小康社会和国家现代化的宏伟目标作出积极贡献。

履职创新　办好中国行政体制改革研究会*

（2010 年 11 月 21 日）

今天，我们研究会第一次会长办公会议开得很好。围绕履职创新的会议议题，大家敞开思想，各抒己见，进行了深入的讨论。下面，我根据会议讨论情况，讲几点意见。

一、关于研究会成立以来工作的基本估计

半年多来研究会特别是秘书处做了大量工作，开局良好，初步展示了我们研究会富有朝气、充满活力，工作扎实、富有成效，发挥了应有的作用。概括起来，主要做了两个方面的事情：一是抓研究会履行职能，也就是抓业务；二是抓队伍，也就是抓自身建设。两手抓，一手抓业务，一手抓建设。开始酝酿成立研究会时，遇到一些困难，成立研究会只有半年，就做了这么多工作，很不容易。万事开头难。社会上给予了高度评价。从大型研讨会的组织、协调，到重要课题的组织、参与，以及有关活动的筹备和谋划，秘书处的工作人员付出了很大辛劳，在人少事多的情况下工作很有成效。刚才，各位会长都给予了充分的肯定。

---

* 本文系作者在中国行政体制改革研究会第一次会长办公会议上的讲话。

前几个月成绩的取得，是与国家行政学院作为业务主管单位给予指导、支持分不开的。中央和国务院有关部门也给予了多方面帮助，包括中编办、民政部、人力资源和社会保障部、国家发改委等单位都热情支持；中国建设银行、国家开发投资公司不仅是副会长单位，而且从资金方面给予支持。因此，研究会取得的工作成绩，是各方面支持和帮助的结果。我们表示诚挚的感谢！

二、关于明年的主要任务

我们要根据研究会《章程》的规定，全面开展工作，认真履职创新。概括起来，还是两手抓，一手抓开创工作局面，一手抓夯实发展基础。开创工作局面，就是要把研究会应该发挥的作用继续发挥好，在已取得成绩的基础上开拓进取。夯实基础，就是全面加强研究会自身建设，包括制度建设、队伍建设、机构建设等。要着力抓好以下几项主要工作。

（一）办好年会和论坛

根据研究会《章程》规定，研究会一年要召开一次年会暨行政改革论坛。秘书处要按照大家的讨论意见拟定一个好的主题。选题的内容宽一些，层次宏观一些。要紧紧围绕“十二五”期间经济社会发展的主题、主线，选定现实针对性强的题目。刚才大家议的几个题目，都是可以考虑的，包括“科学发展与服务型政府建设”、“转变经济发展方式与深化行政体制改革”等。今年4月，研究会成立时举办的论坛题目是“科学发展与行政改革”；明年论坛的主题可为“转变发展方式与行政体制改革”。

至于是否筹划一个“服务型政府建设的国际比较”研讨会，可以再深入研究一下。服务型政府建设是当今世界的潮流，各个国家国情不同，对服务型政府建设各有自己的理念、内涵、形式。理论是实践的先导，实践是理论的基础。现代化的政府要有现代化的理念，像美国、加拿大、欧盟等国家，他们的一些行政理念和做法可以作为我们研究问题的参考，但绝不能照搬。我们的政府是人民的政府，是中国共产党领导的政府，是中国特色社会主义国家的政府，要根据我们的国情研究服务型政府建设的理念、思路和目标模式。

（二）抓好重大课题研究

我们研究会的职能作用能否充分发挥，能否富有生机活力，能否具有影响力，很重要的是看能否抓好重大课题研究。研究会成立以来之所以有成效，就是因为我们集中力量抓了广东省近两年行政体制改革这个重大课题。几位中央领导对研究成果都作出了重要批示，给予充分肯定。这不仅是对我们研究成果的肯定，更是对我们研究方向的肯定。这个方向就是要围绕中心、服务大局，要组织专家、学者深入基层、深入实际，认真调查研究。所以，我们要精心选题，采取招标方法，也可以采取委托办法，搞好一些重大课题研究。

我思考了几个题目供大家参考：比如，“网络时代与行政改革”。当今时代信息化迅速发展，怎样改革行政体制才能适应时代的发展？怎样利用网络为政府现代化建设服务？很值得深入研究。又如，“提高政府建设科学化水平”。政府自身建设该怎样才能提高科学化水平？这个题目与服务型政府建设紧密相关。再如，可以对一些正在深入进行的行政体制改革试点作跟踪调研，包括省直管县、省管县财政改革，建设“法治政府”、“阳光政府”等。中编办抓了一批试点，我们可以对这些试点进行深入调研，从理论上加以概括，提出一些建议，以推动改革。再比如，“城乡一体化与行政体制改革”，现在强调实行城乡统筹，但行政体制如果还是市场割据，很难实现城乡一体化。这些现实中的问题，都有深入研究的必要。我们要采取各种形式，充分动员会员的力量，坚持理论联系实际，争取多出一些精品研究成果。

（三）办好研究会刊物

大家都赞同创办一个研究会刊物。我认为办一个刊物很有必要。像中国经济体制改革研究会的《改革内参》，既有权威论坛，又有热点讨论，还有国内外理论和实践创新性、前沿性学术观点的介绍。要把研究会内刊办成一个权威性、高层次的刊物。刊物的名称可叫作《行政改革内参》。摊子不要铺得太大，人要少而精，要选调那些政治强、素质高且有能力的人来办。争取在明年上半年试刊，并办理相关出刊手续。我们研究会做事，首先要讲求质量，注重提高水平，要珍重名誉，营造我们研究会的品牌。

为了加强同研究会会员、理事的信息交流，可以办一个内部通讯，使大家能够及时了解研究会的工作情况，进行信息沟通、交流等。

（四）编写行政改革蓝皮书

会议赞成编写、出版行政改革蓝皮书。我认为，蓝皮书要体现权威性、综合性和可持续性。可持续性，就是不能搞一本就搞不下去了，要长期坚持下去。为此，我专门研究了一下有关类别的蓝皮书，目前各种蓝皮书名目繁多。中国行政体制改革研究会出版的行政改革蓝皮书要有鲜明特色和权威性，要做到高标准、高水平。

编写行政改革蓝皮书工作可继续准备，经过一年的努力，争取明年年底前出版一本。第一本的内容可以全面回顾一下改革开放以来的行政体制改革的主要进展，这一本容量相对较大。我倾向先出一本年度报告。先把年度报告这个品牌打出去，再出版蓝皮书。这两项工作可以并行不悖，并通过年度报告的编撰为蓝皮书的编写出版发行打好基础。

（五）成立研究会分会的问题

为了拓宽同国内外有关科研机构和学会、协会的联系，可以考虑成立研究会分会。这涉及到研究会的组织体系以及与国内外有关方面加强联系。能否成立分会,大家可以再商议。刚才秘书处在汇报中提到了设立应急管理分会和电子政务分会两个专业分会,杨士秋副会长又提出设立公务员专业分会等。成立分会的问题,可以深入论证一下。据我所知,美国公共行政学会在美国国内已建立1000多个分会。

(六)研究会自身建设

大家发言中都赞成加强对研究会人、财、物方面的管理,这一点非常重要。研究会的内设机构都要按《章程》办事。刚才,大家也审议通过了几个副秘书长人选的提议。对提交会议审议的几个具体的规章制度,各位可以把规章制度草案带回去,仔细审阅后将修改意见反馈给秘书处。这是研究会的基础性工作,我们要使研究会的各项工作都有章可循。

对于研究会工作运行机制,我赞同大家提出的每半年召开一次会长办公会议的意见,对于重要的事情,秘书处要随时向会长报告。同时,秘书处也要研究、借鉴其他学术团体的做法,尽快完善各项会议制度,使研究会的各项工作纳入科学化、规范化、制度化轨道。

三、关于研究会工作中需要注意的问题

我想强调一下研究会工作需要注意的几个原则性问题。

(一)把握大局。我们一定要把研究行政体制改革工作放在国家改革开放和现代化建设的大局去谋划,思想要解放,不能因循守旧、墨守成规,但也要注意积极稳妥,审时度势,谨慎行事。有些敏感性的观点、看法,可以在内部讨论,不要公开发表。

(二)坚定方向。行政体制改革是为发展中国特色社会主义事业服务的,我们一定要坚持讲政治,最重要的是坚定中国特色社会主义方向。

在研究问题过程中,要把握三个不动摇,即坚持共产党的领导不动摇,坚持社会主义基本制度不动摇,坚持中国特色社会主义政治发展道路不动摇。我们研究会工作在政治上要特别清醒、坚定。

(三)服务中心。坚持围绕党和国家的中心任务,做一些我们力所能及的工作,包括课题研究、召开论坛、学术活动等,都要围绕党和国家的中心任务来进行。

(四)办出特色。在研究会成立之初,国务院领导就要求我们要办出特色。我们是学术团体组织,并非党政机关部门。要按照学术团体组织的性质、特点,规范运作模式,开展多种形式的活动。无论是举办论坛进行学术交流,还是开展其他各种活动,都要突出特色,注重质量,打造品牌,力求出精品。

突出特色　开拓进取　服务行政体制改革*

（2011 年 7 月 9 日）

一、一年多来的主要工作

中国行政体制改革研究会成立以来，根据《章程》的规定，积极开展工作，各方面都取得了明显成绩。主要做了以下几个方面的工作。

（一）认真抓好第一次会议成果宣传工作

2010 年 4 月研究会成立后，秘书处就抓紧落实第一次会议确定的各项任务，认真抓好第一次会议成果宣传工作。组织撰写了有关研究会成立大会暨首届中国行政改革论坛的情况和成果报告，上报国务院领导。编辑了中国行政体制改革研究会会刊，并在国家行政学院主办的《行政管理改革》杂志上推出了一期专刊；撰写了首届中国行政改革论坛综述，先后在《人民日报》、《学习时报》、《中国行政管理》和国家行政学院《送阅件》等报刊上发表。将首届中国行政改革论坛论文集汇编成《科学发展与行政体制改革》一书，分别送研究会全体理事会员。这些工作产生了广泛的社会影响。

---

* 本文系作者在中国行政体制改革研究会第一届理事会第二次会议上所作的工作报告（节录）。

（二）组织开展重大课题研究

开展课题研究是研究会立会之本。按照《章程》规定和要求，我们围绕党和国家的中心工作，积极探索中国行政体制改革方面的重大理论与实践问题。我们在筹备首届中国行政改革论坛过程中，集中力量参与广东省政府委托国家行政学院的重大研究课题《广东省行政体制改革研究》项目。该课题由我担任组长、何家成副会长担任副组长。课题从2010年4月开始调研，到10月底完成阶段性任务，共形成一个总报告和10个专题研究报告。10个专题报告通过国家行政学院《送阅件》和白头件的形式，直接报送至党中央、国务院、全国人大、全国政协领导同志和中央有关部门负责人，其中，有四份《送阅件》得到国务院领导重要批示。中共中央政治局委员、广东省委书记汪洋在课题中间成果和总体报告上分别作出重要批示，又专门给我打了一次电话，对课题研究成果予以充分肯定和高度评价。

研究中国特色社会主义行政管理体系和深化行政改革，是关系行政体制改革全局的重大课题。我受全国哲学社会科学规划领导小组委托，承担了国家社科基金重大项目《中国现代行政管理体系研究》，该课题共设立七个子课题，计划三年时间完成，已推出了一批前期研究成果。配合国家制定“十二五”规划纲要，我们还承担了国家发改委委托的《“十二五”行政体制改革研究》课题，2010年8月完成任务，受到好评。配合“十二五”规划纲要的制定工作，研究会开展了前瞻性研究。2010年10月，我会为《新华月报》组织了“建言十二五”一组6篇文章，在社会上产生了积极的反响。

对正在进行行政体制改革实践的跟踪研究，是研究会开展课题研究的重要任务。我们组织专家学者深入实际调查研究，积极承担有关地方、企业委托的研究课题。研究会主持或参与实施了国家关于应急管理、社会管理课题研究以及《县域公共权力运行架构与公共财政改革研究——

浙江省富阳市之实践》等专项研究，取得了一批研究成果。在这些成果的基础上，形成了三个《送阅件》，受到中央领导同志的重视。

通过委托招标等方式，动员、吸引相关学术机构参与课题研究，是研究会工作的重要特点。一年多来，根据改革发展形势的需要和可能，我们先后确立并组织实施了一批有意义、有价值的课题项目，包括：《网络时代对行政管理的影响和行政改革》、《十二五期间推进大部制改革研究》、《统筹城乡发展与行政体制改革研究》、《省直管县改革》、《政府绩效评估和问责制制度实施情况调查》、《阳光政府建设调查》、《降低行政成本研究》、《推进西部开发与实施人才战略研究》共八大课题，分别委托有关高等院校、地方政府研究机构、行政学院和社团组织等单位承担研究。这种方式不仅有效地带动了学术界的科研力量，也发挥实际工作部门的研究人员作用，提升了社会各方面对行政改革工作的积极性，扩大了我会的社会影响。

（三）逐步拓展对外交流合作

坚持以我为主、开放办会，是研究会《章程》规定的工作方针。一年多来，我们与国（境）外一些知名学术团体、研究机构和行政学院、高等院校建立了交流合作渠道。经国务院批准，2010 年 6 月初，我带领中国行政体制改革研究会代表团访问台湾地区有关学术机构，主要任务是开辟与台湾学界有关教育和咨询研究机构的联系，建立相对稳定的交流渠道与合作平台。我们访问了台湾三所大学、三所研究机构、一个学会和一所培训机构，重点宣传介绍了中国行政体制改革研究会的职能、作用，并与台湾世新大学就加强交流合作签署了协议，分别与台湾国政基金会、亚太和平基金会和两岸统合学会等智库进行了沟通交流，他们也都表示愿意加强双方合作，并提出了一些交流合作的具体内容和方式。8 月 17 日，台湾华夏行政学会、台湾中华训协代表团来访，我代表研究会会见了代表团一行，双方就合作内容和运行模式进行了深入的探讨。

积极推动中德公共管理合作项目，不断拓展国际合作新形式和新途径。在2010年筹备研究会成立时，我们就与德国技术公司签订了“中德纵向行政层级改革研究”合作项目，组团对德国的行政层级改革进行考察，并接待德方专家来华考察。在此基础上，2010年10月18日，我会在北京成功举办了中德县域公共治理比较国际会议，共有60多人出席会议。随后，双方签署了研究课题合作纪要。2011年4月11日，德国施拜尔行政科学大学费施校长、费尔伯尔教授率团来研究会访问，就中德行政层级改革合作项目在国家行政学院举行了协商会议，双方商定将于2011年9月在德国施拜尔行政科学大学举办“中德行政层级改革学术研讨会”。此次研讨会的主题是：德国地方区域职能改革和中国省直管县改革。中德纵向行政层级改革合作课题，后续还将启动一些合作项目，计划到2012年结束。这个项目的合作研究，有利于研究借鉴外国行政层级的做法和经验教训，为深化我国行政层级改革提供智力支持。

2010年11月8日，我们研究会参与承办了“金融危机下的政府管理”国际会议。这次会议由国家行政学院和国际行政院校联合会主办，中国行政体制改革研究会、国际行政科学学会、美国行政管理学会、中东欧行政院校联合会等单位承办。其中，我会负责第一天的研讨内容，主题是“各国政府应对国际金融危机”。我会有3位会领导出席了会议，5位专家在大会上做了主题演讲，收到了良好效果。与会人员对这次国际研讨会的成功举办都给以高度评价，认为这是国际行政院校和国际行政研究机构的空前盛会，对加强国际行政理论界的交流合作起到了重要的推动作用。2010年11月10日，美国公共行政学会纽曼主席率团来访，双方就加强交流合作进行了友好会谈，并签署了合作协议。2011年4月19日，国际行政院校联合会前主席罗森·鲍姆和国际行政院校联合会副主席（北美区）、美国公共行政学会前主席纽曼一行来我会访问。双方就深化研究会与国际行政院校联合会、美国公共行政学会、美国佛罗里达国际大学等机构的合作，共同召开国际研讨会，互派会员培训等事宜进行了深入的探讨,达成了一致意见。2011 年 6 月 12—23 日,我率代表团访问了意大利、欧盟总部和美国。6 月 13 日,在国际行政院校联合会执委会会议上,一致通过中国行政体制改革研究会的入会申请。7 月 8 日,国际行政科学学会执委会审议并通过了中国行政体制改革研究会入会申请。在访美期间,我们访问了世界著名智库美国布鲁金斯学会,双方就加强合作交流达成了共识。

通过开展对外交流合作,我们一方面了解了国(境)外公共行政理论的新进展与政府创新的新举措,另一方面也积极宣传了我国行政体制改革和政府建设的进展情况,扩大了研究会的国际影响力。

(四)着力打造特色品牌

中国行政体制改革研究会要办出水平、发挥应有的作用,就必须产生出一批有价值、有影响的研究成果,特别是打造有特色的品牌成果。经过论证,我们把《行政改革蓝皮书》作为创建研究会名牌的重点工程之一。2010 年 10 月,研究会召开了蓝皮书编委会会议,对秘书处提出的实施方案、编写大纲、体系框架等进行讨论。为了慎重起见,经会长办公会研究,从 2011 年开始,先推出《中国行政体制改革年度研究报告》,目前此项工作正在抓紧进行。

定期举办中国行政改革论坛,是研究会在筹备成立期间,决定要打造的一个高起点、高水平的学术平台。通过该平台,汇聚会内外专家学者及各方力量,开展行政领域的理论研究交流。首届中国行政改革论坛成功举办之后,引起社会各界的关注。今年初以来,我们就组织力量着手筹备第二届论坛。办好论坛,创出水平,主题至关重要。我们根据本会宗旨,着眼于围绕中心、服务大局,结合行政改革领域理论和实践最新进展,提出了一些选题,经研究,确定第二届论坛的主题是:“十二五:转变经济发展方式与行政体制改革”。这个主题之所以得到大家一致同意,就在于它集中体现了我会围绕中心、服务大局的宗旨。我们要认真总结经验,不断提高论坛水平,使之成为我会履行职能、展示形象的重要窗口和平台。

(五)申请创建《行政改革内参》杂志社

根据《章程》规定,研究会需要创办一个会刊进行学术和信息交流,同时也为理事和会员相互交流思想、讨论问题提供一个平台。通过反复论证,决定创办《行政改革内参》。经过坚持不懈的努力,2011 年 5 月 18 日,国家新闻出版总署正式批复同意创办《行政改革内参》杂志,颁发全国统一刊号 CN10—1019/D,批准我会出资设立杂志社。这是研究会建设中又一项重要进展。《行政改革内参》杂志由国家行政学院主管、中国行政体制改革研究会主办。

国务委员兼国务院秘书长、国家行政学院院长马凯同志,在百忙之中为《行政改革内参》撰写"发刊词",充分体现了对中国行政体制改革研究会工作的关怀和支持,"发刊词"中的重要论述和要求为办好刊物指明了方向。"发刊词"开宗明义指出:"这是中国行政体制改革研究会推进行政管理体制改革研究,更好地为党中央、国务院服务的新平台。"马凯同志对办刊工作明确提出三点要求:始终坚持政治方向、办刊宗旨;始终坚持解放思想、实事求是;始终坚持突出特色、办出水平。这三个方面是办好刊物的根本保证。"发刊词"振奋精神,鼓舞士气,编辑部同志加班加点于 7 月 1 日推出创刊号,为建党 90 周年献礼。刊物内容既有权威论坛,又有热点讨论,还有一些国际行政管理领域创新性、前沿性的介绍,及时反映了当前国内外关于行政体制改革方面的理论动态和实践创新成果。杂志社的创立不仅为研究会搭建了学术交流的重要平台,也为研究会持续、长期发展提供了实体支撑。

为加强研究会系统联系,促进会员之间信息沟通和学术交流,根据第一次会长办公会议精神,秘书处还创办了内部刊物《中国行政体制改革研究会通讯》,面向全体理事会员发行,已出版三期。同时,我们还开通了中国行政体制改革研究会网站,注册了中国行政改革论坛域名。

（六）设立“中国行政体制改革研究会行政改革研究基金”

为了吸引、汇聚社会力量参与中国行政体制改革研究工作，中国行政体制改革研究会第一次会长办公会研究同意设立中国行政体制改革研究会专项基金。秘书处根据国家有关规定，拟定了设立“中国行政体制改革研究会行政改革研究基金”的方案，起草了“中国行政体制改革研究会专项基金管理办法”，以通信方式征求本会常务理事意见后，形成常务理事会决议，上报民政部。不久前，民政部已批准建立“中国行政体制改革研究会行政改革研究基金”和“中国行政体制改革研究会行政改革研究基金管理委员会”。“行政改革研究基金”是中国行政体制改革研究会的内设专项基金，主要用于资助开展中国行政体制改革和相关改革问题研究；资助围绕行政体制改革所开展的各种形式国内外交流活动；奖励对中国行政体制改革和政府管理创新作出突出贡献的机构和人员；符合有关规定的研究基金管理成本支出。半年来，“行政改革研究基金”得到了社会各界的认可，中国建设银行、中国银行、中国工商银行、中国农业银行、中国石油天然气集团公司、新华信托股份有限公司、中兴通讯股份有限公司、中经国际新技术有限公司、北京飞立信科技股份有限公司等企业，积极支持，为研究会今后更好地开展工作打下了坚实的基础。

（七）重视研究会内部建设

研究会成立之初，我们就抓紧办理中国行政体制改革研究会的各项登记事项。2010 年 6 月 21 日，我们接到民政部《关于中国行政体制改革研究会成立登记的批复》（民函【2010】136 号），准予中国行政体制改革研究会成立登记。我们先后办理了《社会团体法人登记证书》、《中华人民共和国组织机构代码证》、《税务登记证》、《开户批复书》等，及时完成了社团登记事项。

着手建立研究会各项规章制度。根据《章程》，我们制定了包括研究会办公会议制度、文秘工作制度、人事管理制度、财务管理制度、会费管理办法、课题管理制度、学术会议管理制度等,力求使研究会的各项工作和活动做到有章可循,有序运行。

加强队伍建设。2010 年 11 月,我们召开了中国行政体制改革研究会第一次会长办公会,根据秘书长提名,经过严格考察,秘书处聘请了 6 位年富力强的同志担任副秘书长。在国家行政学院党委和人事局支持下,秘书处先后调入几位年轻同志,聘用了几名品学兼优的高校毕业生充实到相关岗位,他们中有博士、硕士和归国留学生。至此,秘书处初步建立了年龄层次、知识结构比较合理的工作队伍,为研究会长远发展打下人才基础。

我们在看到成绩的同时,也要看到存在的问题和不足。主要是:研究会《章程》规定的一些业务工作尚未实施;联系专家学者还不够广泛;发挥研究会理事、专家学者的作用还不够充分;内部管理制度还不健全。我们要努力改进工作,欢迎各位理事对工作进行监督,多提出建议,齐心协力地把研究会办得更好!

二、下一年度的重点任务

2011 年是实施“十二五”规划的开局之年,研究会工作的总体思路是:高举中国特色社会主义伟大旗帜,深入贯彻落实科学发展观,围绕中心,服务大局,坚持两手抓,一手抓业务、一手抓建设,一手抓当前、一手抓长远,开拓创新,乘势而上,巩固和发展研究会的良好开局。要着力抓好以下八个方面的工作。

(一)围绕中心工作,开展课题研究

开展行政领域科学研究是研究会的基本职能,也是研究会全部工作

的重中之重。今年要紧紧围绕党和国家的中心任务，围绕深化行政体制改革和政府自身建设，着力完成已经确定的课题，适时提出新的研究课题，力争推出若干有一定影响力的研究成果。

第一，继续开展转变经济发展方式与行政体制改革重大课题研究。加快转变经济发展方式是贯彻落实科学发展观的必然要求。加快转变经济发展方式必须深化行政体制改革。明天举行的第二届中国行政改革论坛，就是以“转变经济发展方式与行政体制改革”为主题。研究会要紧紧围绕推进科学发展、加快转变经济发展方式，围绕经济社会发展全局性、战略性问题和难点问题，集中力量组织好课题研究。包括研究影响经济发展方式转变的行政理念、行政机构、行政制度、行政方式等，为加快转变经济发展方式提供智力支持。

第二，认真开展中国特色行政理论研究。继续完成全国哲学社会科学规划领导小组委托的《中国现代行政管理体系研究》项目。这是一项重大的理论研究，是一个系统的研究工程。建立中国特色社会主义行政理论，不仅要总结我国以往长期的行政体制演变历史，特别是新中国成立60多年来的正反两方面经验和改革开放30多年的丰富实践，还要着眼长远，深入研究今后20年甚至更长期行政体制建设的目标任务，为完善中国特色社会主义行政体制提供思想理论支持。

第三，继续为推进政府自身改革做好决策咨询服务。进一步做好深化广东行政体制改革课题研究。2010年，甘肃省政府、重庆市政府分别与国家行政学院签署战略合作协议，为研究会开展政府机构改革课题提供了有利条件。我们要深入基层，跟踪调研正在深入进行的行政改革试点，总结地方行政体制改革和政府自身建设的好思路、好做法。在行政体制改革研究中，要大力抓好重点问题研究，推进难点问题和热点问题研究，我们要探讨“提高政府建设的科学化水平”、“网络时代与行政改革”等基础性、前沿性课题。同时，深入开展省直管县、省管县财政、政务公开、政府绩效评估、公务员能力建设、法治政府建设、服务型政府建设等问题的研究。

第四,深入开展创新社会管理研究。加强和创新社会管理是党中央根据新形势、新情况作出的战略决策,是当前和今后一个时期的重大任务。这为行政管理体制改革提出了新要求、新目标,为研究会提出了新课题、新任务。2011 年初,根据国务院领导的指示,由国家行政学院牵头,民政部等国务院有关部门和北京市、河北省等负责同志成立课题组,对"加强和创新社会管理"这个重大课题进行研究。研究会参与这一课题研究并承担重要任务。课题组已编辑《社会管理体制创新实践选编》,正待出版。我们要以此为契机,加大创新社会管理与行政体制改革研究工作的力度。

第五,围绕改革发展实践拓展研究领域。要围绕我国改革发展中遇到的新问题,不断开拓课题研究领域。根据"十二五"规划重点内容,开展区域规划、主体功能区建设与政府绩效评估课题研究;深化教育制度、医疗卫生制度、住房制度改革研究,加快服务型政府建设;探索事业单位改革与行政体制改革关系研究。

在组织好以上重点方面研究的同时,还要开展对当前国外行政改革理论和实践的比较研究。

(二)树立品牌意识,办好中国行政改革论坛

举办学术活动是研究会开展工作的重要载体。办好中国行政改革论坛,对扩大研究会的社会影响至关重要。中国行政改革论坛是中国行政领域理论和实际工作者一年一度的学术盛会。要树立品牌意识,精心组织好以"中国行政改革论坛"为品牌的学术论坛和研讨会。"第二届中国行政改革论坛"经过紧张的筹备,明天就要召开了。截至目前,大会秘书处已经收到学术论文 120 多篇,我们还邀请了国内知名专家学者和有关部委领导、地方党委政府负责人作主旨演讲。我们相信,本届论坛将在全国产生积极影响。我们要把中国行政改革论坛作为鲜明体现研究会特色

和水平的一个重要品牌。要通过各种途径，广泛利用社会各种资源，积极组织和开展各种形式的学术活动；要注重实际效果，努力提高水平，通过举办报告会、研讨会、讲座等形式，搭建学术平台，不断扩大研究会的影响力。

（三）强化精品意识，筹办中国行政改革网

经过艰苦的努力和精心的筹划，《行政改革内参》终于面世了。这是一个良好的开端。我们要突出精品意识，精心选题，精心策划，精心编辑，使之成为反映各方面公共行政改革的决策建议、咨询报告和相关信息的平台，成为深入研究行政体制改革理论与实践问题的平台，成为广大会员交流思想和研究成果的平台。要以成功创办杂志社为契机，构建研究会覆盖全国的信息网络。要加快建设研究会网站，加紧网页栏目设计，充实提高内容质量，强化技术支持能力，使之成为了解我会、展示我会形象的窗口。要发挥主管单位资源优势和研究会网络优势，联通全国各级政府4500家行政服务中心，加强与各地区和各部门政府门户网站互联互通，积极筹备成立中国电子政务网站联盟，建立社会效益和经济效益俱佳的新媒体信息系统。

（四）打造标志产品，编好中国行政体制改革年度报告

编辑出版《行政改革蓝皮书》，是研究会成立后作出的重要决策。通过编辑出版“蓝皮书”，可以把中国行政体制改革研究会的职能更好地发挥出来。要组织国内行政体制改革领域的专家学者，对每年我国行政体制改革领域的现状和发展态势进行深入研究、认真分析和科学预测。蓝皮书编辑出版工作，政治上要把握方向、服务大局，内容上要全面客观、实事求是，组织上要形成队伍、保障进度，力求把这部书做成研究会的标志性产品，编出高质量、高水平、在国内有重要影响的蓝皮书。

（五）坚持开放办会，扩大国际合作

2011 年要在开放办会方面迈出更大步伐，大胆“引进来”，积极“走出去”。一要坚持以我为主，开放办会，充分发挥业务主管单位和研究会学术团体的双重优势，要将两个优势结合好、发挥好，以更加宽广的胸怀、更加开放的眼光来观察国际行政改革动态。二要提高对外开放的层次和水平。积极拓展对外合作的领域和渠道，创新合作模式。在继续推进“中德公共管理合作”等项目的基础上，总结经验，扩大开放。三要加强与国（境）外公共行政领域研究机构的交流合作。要深化研究会与国际行政科学学会、国际行政院校联合会、美国公共行政学会等研究机构的合作，拓宽合作领域。筹划举办“服务型政府建设国际比较研讨会”，既研究借鉴其他国家公共行政理论的新进展与政府创新的新举措，也积极宣传我国行政体制和政府建设的进展情况，为提升国家的软实力和国际影响力服务。

（六）凝聚会员力量，拓宽发展空间

理事会员是研究会宝贵的财富，其中有享誉国内外的专家学者，有中央有关部委、地方政府的领导，也有许多行业的知名企业家。充分发挥理事会员的资源优势，凝聚全会的力量，是我会更好地履行职能、健康发展的根本保证。

充分发挥理事会员资源优势，进一步加强与地方、企业和有关部门的联系，为研究会发展拓宽更大的空间。建议各省市区行政学院根据各地实际，成立行政体制改革研究中心，起到分会的作用，为我会的发展提供支持。通过建立地方性研究会或研究中心吸引更多人才，协调各方力量，推动行政理论研究，更好地为深化行政体制改革、推进政府建设与管理创新服务。

充分发挥理事会员资源优势，开展行政体制改革方面的培训工作。

教学培训是我会重要的职能任务。我会理事中有许多教研培训专家，拥有广泛的社会资源。我们要大力开展培训工作，丰富公务员培训内容和提升人才培养水平，为各级政府部门提高行政管理水平开展培训和咨询服务。

充分发挥理事会员资源优势，必须加强与单位和个人会员的联系，强化为理事会员的服务意识，倾听大家的意见建议，群策群力，把研究会工作提升到新的水平。

（七）健全和严格执行制度，管好用好“行政改革研究基金”

管好用好“行政改革研究基金”对于研究会持续、稳定发展具有重要意义。目前，“行政改革研究基金”处于初创阶段，还需要进一步取得社会各界的支持，做好基金的募集工作。同时，要健全“行政改革研究基金管理委员会”，加强对基金的管理、监督，保证“行政改革研究基金”的使用和所资助的项目符合国家有关政策和研究会的宗旨。严格执行“行政改革研究基金”的使用管理和审批程序，切实发挥“行政改革研究基金”在研究、交流等方面的作用。规范“行政改革研究基金”的财务管理，遵守国家相关法律法规。要按照国家有关规定，安全运作，确保基金保值增值。

（八）进一步加强自身建设，注重提升整体素质

研究会要建成有特色、高水平、全国一流学术团体，必须加强自身建设。一要加强理论学习。行政体制改革的政治性、政策性、理论性都很强，必须把加强理论学习、打牢理论功底作为一项长期性、基础性的重要任务。要深入学习和掌握中国特色社会主义理论体系，学习和掌握中央有关改革开放的决策部署和文件精神，用以武装思想，推动工作，把研究会建设成学习型社团组织。二要加强队伍建设。提高研究会各项工作水平，关键靠人才、靠队伍。要广开门路，延揽人才，加大引才、育才、聚才力

度，积极创造条件，把那些有志于行政体制改革研究、有较高理论水平和丰富实践经验、富有创新精神的理论工作者和实际工作者吸收到研究会来，注重实践锻炼，搭建成长阶梯，努力使研究会成为研究行政体制改革和政府管理创新的人才高地。三要加强制度建设。科学规范各项活动制度，加大建立健全研究会和理事会等各项制度，探索并逐步形成符合社团组织特点的管理方式和工作机制，完善岗位设置管理制度，用科学有效的制度保障研究会的健康发展。

进一步开创行政体制改革研究工作新局面*

（2011 年 12 月 27 日）

一、一年来研究会工作的基本估计

2011 年，我们研究会坚持办会宗旨，围绕中心，服务大局，按照研究会的特点，扎实工作，锐意进取，一手抓业务工作，一手抓自身建设，研究会工作迈入了规范化、制度化发展的轨道。一年来，我们做了大量卓有成效的工作，主要是以下几个方面。

第一，筹办几个大型会议、论坛。7 月 10 日，召开第一届理事会第二次会议，顾问、研究会领导成员、理事们都参加了。同时，举办了"第二届中国行政改革论坛"，会议和论坛分别举办，开得很成功，各方面的反响都很好。国务委员兼国务院秘书长、国家行政学院院长马凯同志出席论坛并作重要讲话，二三十位部级领导和著名专家学者参加了会议，30 多家媒体对论坛进行了全方位宣传报道。2011 年 10 月 25 日《人民日报》理论版头条发表了长达 5000 多字、题为《以行政体制改革推进经济增长方式转变》的综述，各大网站转载，扩大了研究会的社会影响。同时，我们还与中国政策科学研究会、北京大学联合举办了"第十届国家安

* 本文系作者在中国行政体制改革研究会 2011 年度会长办公会议上的讲话（节录）。

全论坛”,这个论坛办得也很成功。

第二,组织开展重大课题研究。研究会围绕中心,服务大局,紧密结合我国经济社会发展和行政体制改革中的热点问题,积极组织开展重点课题研究。完成了全国哲学社会科学规划领导小组委托的“中国现代行政管理体系研究”。我们与国家行政学院有关专家学者共同承担了《广东省行政体制改革研究》课题,也取得了重要的成果。研究会还围绕“统筹城乡发展与行政体制改革”、“阳光政府建设调查”等 8 个热点问题进行研究,各课题已取得积极进展。同时,围绕经济社会发展中的难点问题,组织力量承担重大委托课题研究。包括承担了国家有关部委、重点企业和有关地方政府委托的一些研究项目,为有关方面提供了重要的决策咨询报告。

第三,着力打造品牌。编写出版《行政改革蓝皮书》是研究会今年的重点工作之一,研究会专门成立了课题组,精心组织撰写,精心编辑出版。12 月 12 日,蓝皮书出版发行。这部蓝皮书对我国行政体制改革领域的现状和发展态势进行了实事求是的分析,内容全面丰富,案例客观详实,社会影响很好,占领了行政体制改革领域的一块学术阵地,填补了国内蓝皮书系列的一个空白。

第四,加强对外合作。加大与国(境)外学术团体、研究机构的交流,合作内容不断丰富,合作领域不断拓宽。一是推进了与国际行政科学学会和国际行政院校联合会的合作,我们研究会已经成为这两个国际行政学术机构的会员单位,为研究会参与国际活动搭建了很重要的平台。二是我带领研究会代表团参加了在意大利召开的国际行政院校联合会 50 周年庆祝大会和派团参加在瑞士召开的国际行政科学学会。三是与美国智库——布鲁金斯学会加强了合作。邀请美国公共行政学会候任主席来国家行政学院访问演讲,我们与美国的公共行政研究机构建立起了联系。四是拓展了与联合国经济和社会事务部的合作,双方进行刊物和信息交流,共同开展国际公共行政体制比较研究等合作。

第五,创办《行政改革内参》杂志。经国家新闻出版署批准,研究会刊物《行政改革内参》7月份正式创刊,马凯国务委员亲自撰写了"发刊词"。《行政改革内参》杂志社的成立,是研究会推动学术研究和信息交流平台建设中的一项重要成果。杂志自创办以来,坚持突出特色,各项工作都取得明显进展。《行政改革内参》和《中国行政体制改革研究会通讯》作为我们搭建的平台,发挥了对外联系的作用。

第六,研究会自身建设得到加强。2011年,研究会不断加强内部建设,秘书处队伍结构趋于合理,内部规章制度不断完善。为了适应工作需要,特别是为了办好刊物,公开招聘了一些工作人员。内部信息渠道不断加强,开通了中国行政体制改革研究会网站。研究会还设立了"行政改革研究基金",用于对行政体制改革研究的资助、奖励,也为研究会的持续发展提供了必要条件。

总之,以上这些工作对研究会开好局,起好步,稳步发展,不断提高水平,有重要意义。刚才,大家充分肯定了今年的工作,今年取得这么多的成绩,主要归功于四个方面:一是我们研究会各位顾问、各位副会长和有关理事单位的积极参与、支持。二是业务主管单位国家行政学院领导的关心、支持,给予了有力帮助。三是中央和国务院有关部门的多方面支持。四是研究会秘书处全体同志的辛勤努力,他们很年轻,很有朝气。在此,我代表研究会向给予积极支持的各位领导、各个单位表示衷心的感谢!

二、认真做好2012年的工作

安排2012年的工作,必须充分考虑和深入分析我们面临的形势和任务。当前,国际形势更加复杂、严峻,国内改革发展任务更加繁重、艰巨。2012年将召开党的十八大,这是全党全国各族人民政治生活中的一件大事。研究会工作总的指导思想是:高举中国特色社会主义伟大旗帜,深入贯彻落实科学发展观,认真贯彻中央关于明年工作的总体部署,在大局下行动,坚持"稳中求进"总基调,紧紧围绕中心,自觉服务大局,坚持一手抓业务、一手抓建设,一手抓当前、一手抓长远,再接再厉,乘势而上,把研究会各项工作推上一个新水平。

第一,精心筹办好论坛活动。举办论坛活动对扩大研究会影响、树立研究会形象十分重要,我们要利用好这个平台。首先,筹办好第三届"中国行政改革论坛"。要研究确定"第三届中国行政改革论坛"的主题,会议主题要考虑全局性、前瞻性、针对性。要认真拟定会议方案,及早着手准备,确保会议办出水平,办出特色。同时,要开好中国行政体制改革研究会第一届理事会第三次会议。其次,要积极参与筹办"亚太地区行政院校和公共行政研究机构"国际研讨会。这次会议是由国家行政学院与国际行政院校联合会共同承办,中国行政体制改革研究会参与协办,要不断积累举办国际会议的经验。

第二,精心组织好课题研究。紧紧围绕我国经济社会发展中的热点、难点问题,从宏观上和战略上研究一些题目。比如"深化行政体制改革的顶层设计"研究,这个题目非常重要。再比如,全面总结本届政府五年行政体制改革的进展。又比如,"今后五年深化行政体制改革的任务和对策研究",也是一个好选题。还要深入研究建设法治政府和服务型政府,以及互联网社会的行政创新、国际公共行政比较等问题,结合我国实行政务公开、绩效管理、问责制等存在的问题进行深入研究。可以考虑编辑出版《政务公开案例选编》等。课题研究要认真组织实施,做好课题项目管理。

第三,探索中国行政体制改革研究会行政改革研究基金的奖励和评奖方式。基金既要资助课题研究,又要奖励高质量的研究成果,可以考虑对改革开放以来行政体制改革领域的重要文章进行评奖活动,可以先对过去五年来在行政体制改革研究方面有重要理论建树的文章进行评奖,由行政改革研究基金出资或募集资金进行奖励。

第四,继续扩大对外合作。要坚持以我为主、开放办会。一要加强与国(境)外公共行政领域机构的交流合作,抓好与联合国经济和社会发展事业部关于国际行政体制比较研究的合作。二要进一步加强与有关部门、地方、企业的联系,强化服务意识,用项目带动合作,吸引理事会成员参与到研究会的活动中来。

第五,办好《行政改革内参》。《行政改革内参》要加强选题策划,勇于创新,增加信息量,增强可读性,特别是要有思想火花和新观点。当然,要把握好尺度。还要加强与各地区、各部门政府门户网站的合作,不断拓宽研究会信息与成果交流平台。

第六,精心编写《行政改革蓝皮书》。《行政改革蓝皮书》,是中国行政体制改革研究会的标志性产品。要继续筹划编写出版 2012 年行政改革蓝皮书。组织国内行政体制领域的专家学者进行相关研究,编写出版工作要严谨科学,力求编写出高质量、有影响的蓝皮书。另外,还要组织有关力量编辑出版《中国公共服务年鉴》,对中国公共服务问题进行跟踪研究。

第七,加强行政体制改革研究会系统建设。要充分发挥国家行政学院作为研究会业务主管单位的资源优势和研究会自身优势。加强与地方的联系,成立地方行政体制改革研究会或研究中心。还要加大与相关机构或科研单位的合作,筹备成立若干有特色的研究中心,推动学术交流。

第八,加强研究会自身建设。要加强交流平台建设,办好研究会网站,及时、准确宣传研究会成果。要进一步加强队伍建设、制度建设,为研究会更好发展打下基础。

积极为行政体制改革贡献力量*

（2012 年 6 月 16 日）

一、一年来的主要工作

过去的一年，中国行政体制改革研究会紧紧围绕党和国家中心任务，服务工作大局，各项工作取得新进展。

（一）成功召开第二届中国行政改革论坛

第一届理事会第二次会议后，我们于 2011 年 7 月 10 日举办了第二届中国行政改革论坛，主题是："十二五：转变经济发展方式与行政体制改革"。国务委员兼国务院秘书长、国家行政学院院长马凯同志亲自出席论坛并作重要讲话，二三十位省部级领导和专家学者参加论坛并作演讲发言，会议开得很成功，各方面的反响都很好。新华社、中央电视台、《光明日报》、中央人民广播电台等 30 多家媒体对论坛进行了全方位宣传报道。会后，我们认真抓好论坛成果的总结宣传工作，向国务院报送了这次论坛的成果，受到了国务院领导同志的重视。编辑出版了《中国行政体制改革研究会第一届理事会第二次会议会刊》和《第二届中国行政

* 本文系作者在中国行政体制改革研究会第一届理事会第三次会议上的工作报告（节录）。

改革论坛专刊》，汇集领导致辞、主旨演讲、嘉宾演讲和论坛观点综述，以及从论坛征文中精选优秀论文出版了《转变发展方式与行政体制改革》一书，并在学院主管主办的《行政管理改革》和研究会主办的《行政改革内参》上推出两期论坛专刊。以上这些都已分别送我会会员、理事、顾问和有关部门领导。2011 年 10 月 25 日《人民日报》理论版头条发表了题为《以行政体制改革推进经济增长方式转变》的长篇文章，全面反映了第二届中国行政改革论坛学术成果，被各大网站转载，进一步扩大了研究会的社会关注度和影响力。

（二）组织开展改革发展中重大课题研究

一年来，研究会组织有关人员紧密结合我国经济社会发展和行政体制改革的热点、难点问题，积极开展重大课题研究，取得一些重要成果。

积极参与社会管理创新研究。遵照国务委员兼国务院秘书长、国家行政学院院长马凯同志的指示，由国家行政学院领导牵头，我会部分人员与有关部门、地方政府参加，共同成立了“加强和创新社会管理研究”重大课题组。据不完全统计，课题组出版了 5 部著作，公开发表了 80 多篇学术论文，撰写了 30 多篇政策咨询研究报告。其中，《加强和创新社会管理讲座》、《社会管理创新案例选编》（上、中、下）等著作产生了广泛的社会影响，不少成果为党和国家决策提供了参考，为深化社会管理研究发挥了积极作用。2011 年 12 月 9 日，举行了“加强和创新社会管理研究”重大课题成果交流会，总结了前阶段工作，研究部署了下一步任务。目前，这个重大课题研究正在深入进行。

深入推进全国哲学社会科学规划领导小组委托的重大课题“中国现代行政管理体系研究”。该课题立项以后，主要由研究会专家学者承担任务。课题组先后完成了中国现代行政管理体系总体研究和 7 个子课题的研究，形成 1 个总体研究报告和 23 个分报告。研究成果对中国现代行政管理体系的特征、主题、内涵、结构、体系等方面进行了较为深入的分析和论证。2011 年 11 月 10 日,举行《中国现代行政管理体系研究》课题鉴定会,评审专家组充分肯定了课题研究成果,经报全国哲学社会科学规划办公室审查批准,《中国现代行政管理体系研究》课题顺利通过验收。《中国现代行政管理体系研究》一书,也于今年 4 月由国家行政学院出版社公开出版发行。

委托有关单位和人员研究一批重要课题。包括:“网络时代的政府行政管理改革”、“十二五期间深入推进大部制改革研究”、“城乡统筹下的行政体制改革”、“国家推进省直管县改革研究”、“控制行政成本研究”、“推进西部大开发与实施人才战略研究”、“我国阳光政府建设调查报告”、“政府绩效管理实施情况调查报告”。这些课题研究进展顺利,作为研究成果汇总的《行政体制改革新探索》一书即将出版。

承担了有关地方、部门、企业委托的咨询研究课题。包括中国商用飞机公司委托的“国际民机相关产业和行业协会及其对民机产业政策影响研究”、淄博市委托的“淄博市统筹城乡发展若干重大问题研究”、国家旅游局委托的“我国旅游业实现战略目标的体制改革创新研究”等重大研究项目;同时,与唐山轨道客车有限责任公司签署合作协议,围绕社会转型背景下的行政管理改革与经济社会发展重大问题进行科研咨询研究。目前,国家旅游局委托的课题已顺利完成,形成总报告及若干咨询报告。中国商用飞机公司和淄博市委托的课题相继结项,形成多篇《送阅件》,有些研究成果得到了多位国务院领导同志的重视并作出批示。

(三)积极开展对外交流与合作

一年来,研究会进一步加大了与国(境)外学术团体、研究机构以及国际机构的交流,合作内容不断丰富,领域进一步拓宽。

推进与国际行政科学学会和国际行政院校联合会的合作。2011 年 6 月 13 日,国际行政院校联合会执委会一致通过中国行政体制改革研究会的入会申请;7 月 8 日,国际行政科学学会执委会审议并通过了中国行政体制改革研究会入会申请。至此，中国行政体制改革研究会正式成为国际行政科学学会和国际行政院校联合会的会员单位，已经开展刊物交换、信息交流等合作。我会把第二届中国行政改革论坛观点综述和有关材料送国际行政科学学会发布，扩大了研究会的国际影响。

加强与美国智库布鲁金斯学会合作。积极落实2011年6月我会代表团访问美国布鲁金斯学会的成果，进一步探索项目合作、学术交流以及课题研究等方面合作。去年11月10日，布鲁金斯学会有关负责人来访，双方就进一步合作进行了深入交流，达成合作共识。

深化中德公共政策对话项目合作。2011年9月4日至17日，中国行政体制改革研究会代表团组成的“纵向行政体制改革考察团”，在德方的安排下，赴德国、意大利和奥地利三个国家，进行考察和学术研讨活动，取得了多项成果。按照中德公共政策对话项目计划，我会于今年3月21日至22日在杭州举办了“城乡一体化背景下的县域公共财政改革”专题研讨会，并在浙江富阳市召开了“城乡一体化背景下的县域公共财政改革——浙江富阳经验交流座谈会”。这次活动注重理论探索和实践经验的双重交流，吸引中德双方地方行政机构与财政改革领域的不少专家和实际工作者参与。双方分别就德国地方财政设计多样性与共同面临问题之间的平衡、德国社区和区域财政保障情况、德国地方税改革以及中国县级财政改革方向、省直管县体制下的财政转型思考与实践、城乡一体化背景下的财政改革等专题发表演讲、深入交流。今年3月23日上午，我在国家行政学院会见了参加中德公共政策对话项目“城乡一体化背景下的县域公共财政”专题研讨会的德方代表团一行，双方就开展下一步的合作交换了意见。

开展与联合国经济和社会事务部合作。根据联合国有关规定，我会抓紧申请联合国经济和社会理事会咨商地位，目前各项材料已经准备齐全，正在按程序申报；进一步加强刊物和信息交流工作。我会申请加入联合国公共行政网，目前已将备案材料提交给外交部，正准备网上申报材料;加强互访及学术交流。2012 年 4 月我会组团前往美国,以观察员身份参加了联合国经济和社会理事会公共事务管理专家委员会第十一届会议,并访问了美国公共行政学会。这次考察使我们开阔了眼界,扩大了研究会的对外合作和交流。

拓展与美国公共行政学会合作。今年 5 月 9 日,刚刚当选美国公共行政学会主席的刘国材教授再次访问我会,双方就信息交流与合作等方面内容进行了深入交流,取得多项共识。

拓展与台湾研究机构和学术机构交流合作。2010 年 6 月,由我带领研究会代表团赴台湾地区访问,与有关学术团体和高等院校达成一批合作协议或意向。在此基础上,2012 年 3 月 25 日至 4 月 1 日,中国行政体制改革研究会副会长周文彰同志又率团访问台湾,与台湾文化、教育、学术机构等多方面人士广泛接触,推进了合作交流,宣传推介了中国行政体制改革研究会,也达成了一些项目合作意向。

深化与新加坡公共服务学院合作。今年 5 月 15 日,新加坡公共服务学院治理与领导学研究中心派人来我会访问,共同探讨双方开展信息交流、项目合作等内容,并邀请我会专家赴新加坡出席明年研讨交流会。

(四)打造“蓝皮书”系列品牌

《行政改革蓝皮书》是研究会开展行政体制改革研究的重要平台和载体,研究会为此成立课题组,经过精心策划,精心编写,第一本行政改革蓝皮书——《中国行政体制改革报告(2011)》于去年 12 月 12 日顺利出版发行。该书对我国行政体制改革领域的现状和发展趋势进行了实事求是的分析,内容比较丰富,案例客观实在,产生了积极的社会影响。2012 年的《行政改革蓝皮书》编写工作已经启动;同时,我会积极开展中国社会管理改革创新问题研究,组织有关人员编写《社会体制蓝皮书》,推动关于社会管理创新等重要学术著作和课题成果的出版发行,交流经验,促进工作。

（五）申办成立分支机构，拓展业务范围

今年4月10日，国家民政部正式批准我会提交的关于成立中国行政体制改革研究会分支机构行政文化委员会的申请（民政部民社登〔2012〕第6075号批复）。这是我会成立的第一个专业分会，标志着我会业务有了新拓展，是一件值得庆贺的事。

（六）编辑出版《行政改革内参》杂志

2011年7月1日，经国家新闻出版总署批准，我会主办的《行政改革内参》杂志正式创刊。国务委员兼国务院秘书长马凯同志在"发刊词"中指出："这是中国行政体制改革研究会推进行政体制改革研究，更好地为党中央、国务院服务的新平台。"创刊以来，杂志社认真贯彻国务院领导的指示精神，按照办刊宗旨，着力打造行政体制改革研究和决策咨询的新平台。

一是突出特色，精心编辑。推出了一批比较有分量的文章，产生了积极的社会影响。出版了12期内参，共发表200余篇文章，其中不少文章出自行政体制改革研究领域的专家之手。许多地方和基层的作者紧扣改革前沿和关键环节的热点难点问题，提出决策建议，受到国务院领导和有关部门关注重视。

二是重视开拓市场，大力宣传发行。杂志社2011年年底完成注册组建工作后，即不失时机地开展2012年征订宣传工作。在业务主管单位国家行政学院的大力支持下，学院办公厅向各省、自治区、直辖市行政学院、各副省级城市行政学院，新疆生产建设兵团行政学院，发出《关于请协助做好2012年度〈行政改革内参〉宣传发行工作》的函。杂志社全体动员，奔赴各地开展征订宣传工作。杂志订阅量迅速增加，基本覆盖了全国县级以上行政学院（校）并进入政府主要部门和研究机构。

三是加强队伍建设，提高专业素质。杂志社在创立之初就十分重视人才引进,并先后两次公开招聘。目前杂志社初步形成有较高水平和富有活力的编辑队伍。为提高专业素质,编辑部主动与学院培训部、教研部建立采编协作机制,跟班参与学习和组稿,既提高了业务能力,又吸引学员积极投稿。杂志社注重发挥主管、主办单位的双重优势,逐步彰显出《行政改革内参》的权威性和影响力。

(七)进一步加强横向交流与合作

我会自成立以来,一直重视与兄弟学会、研究会之间的横向联系,学习借鉴管理经验,探索合作方式与合作机制,促进共同发展。2011 年 11 月 26 日,我会与中国政策科学研究会、北京大学联合成功举办第十届中国国家安全论坛,论坛主题为"社会管理创新与国家安全",京内外 200 多位专家学者参加,我在开幕式上发表了题为"加快构建中国特色应急管理体系"的主旨演讲。我会还组织国家行政学院部分专家在论坛上发表演讲,得到社会广泛关注和积极评价。2011 年 7 月 27 日,由中国行政管理学会主办的"全国行政管理学会联络会议"在吉林长春举行。受中国行政管理学会邀请,我会派专人出席会议,并在会上介绍了我会成立以来的有关情况;2011 年下半年和 2012 年上半年,分别应中国行政管理学会和中国机构编制管理研究会的邀请,我会专门派人先后出席了中国行政管理学会 2011 年会暨"加强行政管理研究,推动政府体制改革"研讨会、中国机构编制管理研究会第四次联席会议暨"如何进一步深化大部制改革"理论研讨会,学习借鉴兄弟学会的办会经验,进一步加强兄弟单位之间的交流与沟通。2012 年 3 月,中国行政体制改革研究会、中国机构编制管理研究会和中国行政管理学会三家单位的领导进行商谈,一致认为应该整合资源,加强合作,优势互补,建立"合作机制"。随后,三家单位就联合攻关课题、共同举办论坛、互相参加年会等事项进行多次协商,达成多项合作协议。明天召开的第三届中国行政改革论坛就是三家单位联合主办。我们希望通过这种合作形式,进一步汇聚更多的智力资源,更好地为党和国家事业发展服务。

(八)推进信息交流工作

一是完成研究会门户网站的升级改版。改版后的研究会门户网站于今年3月5日正式上线。研究会一些重大活动能够及时发布在网络上,力求用丰富的传播符号记录研究会的工作动态,用详实的内容传达研究会的工作成果,用方便的形式搭建研究会信息交流的平台。

二是办好《中国行政体制改革研究会通讯》。发挥交流平台作用,更好地为会员和理事服务,把研究会最新工作动态和工作成果汇编起来,向会员传递研究会活动。自2011年3月10日创办以来,已编辑发行了9期。

三是编辑发行《网络文摘》。《网络文摘》于2012年2月创办,主要汇集当前行政改革领域改革思路、意见、建议,围绕经济社会和行政改革领域的热点问题,收集最新的消息和言论,为理事、会员研究工作提供信息服务。

(九)加强自身建设,保障研究会日常工作运转

一年来,研究会秘书处紧紧围绕各项重点工作,在人手少、时间紧、任务重的情况下,进一步加强内部建设,努力提高工作水平,确保了研究会日常工作的完成。

一是制定年度工作要点和任务分解表。根据第一届理事会第二次会议以及第二次会长办公会精神,制定下发了研究会年度工作要点和任务分解表,增强了研究会各项工作的规范性、计划性和指导性,明确分工、明确责任、各司其职、加强考核。

二是定期组织召开秘书处例会。秘书处坚持每周召开例会,交流信息、通报情况、研究问题,已经成为秘书处一种工作常态机制,取得了较好的效果。

三是成立研究会秘书处党支部和工会小组。经学院机关党委和工会批准,先后成立研究会秘书处党支部和秘书处工会小组,积极参与学院组织的各项活动,进一步融入学院建设中。

四是加强内部规章制度建设。目前,秘书处综合管理制度、会议制度、人事制度、财务制度等内部规章制度不断健全,各部门职能不断完善,队伍结构日趋合理,尤其是面向社会公开招聘一些年富力强的人员,为研究会的下一步发展注入新的动力。

五是完成了研究会财务情况等相关年审工作。按照民政部社团管理部门的要求,对研究会 2011 年工作情况和活动开展情况进行了汇总,认真整理年检相关报送材料,顺利通过了年审。

各位理事,过去的一年,是研究会继往开来、开创局面的一年,是锐意进取、务实创新的一年,也是吸引力、凝聚力和影响力不断提高的一年。这些成绩的取得,是全体会员理事共同努力、认真履责的结果,是秘书处全体同志辛勤工作、共同奋斗的成果,是各级领导热心帮助的结果,更是国家行政学院领导关心和支持的结果。在这里,我代表中国行政体制改革研究会第一届理事会,向各位常务理事、理事,向所有关心和支持研究会建设的领导和各界人士,表示衷心的感谢!

通过一年多的努力,研究会的工作有了明显进步,但我们也清醒地看到,我会处于打基础的起步阶段,发展中仍存在一些问题和不足。一是对研究会长远发展研究不够。中国行政体制改革研究会承担着研究和推进我国行政体制改革的历史责任和重要使命,但研究会还没有研究制定中长期工作规划。应准确把握我们研究会的性质、职能和定位,把为党和国家大局服务体现到规划中,用中长期发展规划来保证我们更好地履行职能。二是研究会持续和发展的关键在于研究成果的质量,但目前我们有重大影响力的成果还比较少。三是研究会的系统功能发挥得不够。研究会是一个全国性的学术社团组织,拥有一大批富有智慧才华的会员理事,但是平常联系不多,系统内活动较少,目前还没有形成一个横向联系、纵向贯通的系统，理事会员的优势还没有充分发挥出来，合作交流的方式和途径还需要进一步拓宽等。我们要研究如何更好地发挥研究会的系统优势，吸引更多人才，协调各方力量，共同推动研究会发展，使各项工作更有生机活力和富有成效。

二、下一年度的工作重点

2012 年是我国发展进程中具有重要意义的一年。党的十八大即将召开，在新的历史起点上推进中国特色社会主义伟大事业。当前，国际形势更加复杂、多变，国内改革发展任务更加繁重、艰巨。我们要遵照即将召开的党的十八大精神，坚定不移地贯彻中央决策部署，把握稳中求进的总基调，紧紧围绕中心，服务大局，认真做好研究会工作。总的指导思想是：高举中国特色社会主义伟大旗帜，以邓小平理论和"三个代表"重要思想为指导，深入贯彻落实科学发展观，坚持正确的政治方向，全面履行宗旨职责，坚持一手抓业务、一手抓建设，一手抓当前、一手抓长远，再接再厉，乘势而上，积极为发展中国特色社会主义行政理论、深化行政体制改革、转变经济发展方式、促进科学发展作出新贡献，进一步开创研究会各项工作新局面。要着力抓好以下几方面工作：

（一）紧紧围绕中心工作，开展重大课题研究

开展重大课题研究是研究会的主要任务。一方面，要继续做好已经提出的研究课题项目，抓进度，抓质量，确保如期完成各项目标任务；另一方面，今年下半年党的十八大召开后，我们要认真学习和贯彻党的十八大精神，进一步确定一批重点研究课题。主要做好以下几个方面的工作：

一是深入开展新形势下行政体制改革研究。认真总结行政体制改革的进展、经验和存在的问题，围绕建设人民满意的服务型政府，进一步推

进政企分开，正确处理政府和市场的关系，转变政府职能和履行职能方式，优化行政组织结构、推进大部制改革，健全行政职责体系等开展研究，力争推出一批有价值、高质量的科研成果。

二是深入开展政务公开、建设阳光政府研究。编辑出版《我国政务公开案例选编》。

三是深入开展政府绩效评估研究。系统总结我国政府绩效管理试点的进展情况，形成调研报告，出版《我国政府绩效管理案例选编》。

四是深入开展政务服务中心建设研究。以“中国政务服务中心建设与发展研究”为切入点，总结分析各地进展情况，提出对策措施，最终形成一批研究报告和成果。

五是深入开展公共服务问题研究。编辑出版《中国公共服务年鉴》，力求以权威统计数据和典型案例为标志，突出综合性、权威性和学术性，全面反映我国公共服务的发展进程。

六是深入开展社会管理创新研究。包括中国特色社会管理理论创新和实践创新研究，建立中国特色社会管理体系研究，推进社会体制改革研究。通过总结社会管理创新试点地区、城市和基层单位的经验等，形成一批研究成果，重点推出首部《社会体制蓝皮书》。

七是深入开展转变经济发展方式与推进行政体制改革研究。围绕经济社会发展中的重点、难点问题，着重研究深化行政体制改革推进经济发展方式转变。

八是深入开展区域经济一体化与行政体制改革研究。调研区域经济一体化中的实践创新，提出深化行政体制改革对策建议。

九是深入开展政府职能理论与我国政府职能转变的途径研究。

十是深入开展社会组织在社会管理创新中的作用研究。通过对创新社会组织制度、社会组织模式以及社会活动方式的研究，为创新社会组织政策制定和社会组织管理提供参考。

此外，还要根据改革发展进程中面临的新任务，及时提出一些研究课题。

（二）精心办好第三届中国行政改革论坛

树立品牌意识，全力办好第三届中国行政改革论坛。经过商定，第三届中国行政改革论坛由中国行政体制改革研究会、中国机构编制管理研究会、中国行政管理学会共同主办。今年论坛主题是："中国行政体制改革的回顾与前瞻"，重点回顾、总结党的十六大以来中国行政体制改革的进展、成效和存在的问题，深入研讨实现2020年行政体制改革目标的思路、任务和举措。这项活动已做了大量的准备工作，明天论坛就要召开，要加强协调和沟通，做好各项会务工作，确保本届论坛办出特色、办出水平、办出影响。我们要通过本届论坛的举办，进一步积累新经验，探索新模式，力争把中国行政改革论坛这项活动打造成为研究会的重要品牌。

（三）扩大对外交流与合作

当前，研究会对外交流与合作已经呈现出较好的发展势头。我们要抓住契机，加大对外合作与交流的力度，进一步提升研究会的国际知名度和影响力。

一要积极参加国际行政院校联合会年会和国际行政科学学会年会各项活动。国际行政院校联合会将于2012年7月16至21日在泰国曼谷召开年会，主题是："二十一世纪地方政府治理和发展所面临的挑战"。大会要求每个参会人员先提交中、英文论文摘要，由研究会统一报送国际行政院校联合会秘书处进行筛选，目前我会共有6位会员论文入选并获邀参会；国际行政科学学会将于2012年6月18日至22日在墨西哥梅里达召开2012年年会，主题是："社会经济发展的首要问题及公共行政"。本着与该会其他会员单位进行交流学习、展现我会形象的目的，我会积极组织理事、会员以及社会各界参与大会论文征集活动。目前，共有3位同志论文入选并获邀参会。

二要办好今年10月中旬在广州召开的"国际行政院校联合会亚太区域会议"。举办这个会议，是我作为国际行政院校联合会副主席在去年执委会会议上倡议并得到国际行政院校联合会同意的。会议由国家行政学院和国际行政院校联合会主办，国际行政科学学会、中东欧行政院校联合会、亚洲公共行政网络和美国公共行政学会协办，具体由中国行政体制改革研究会和广东省行政学院承办。我会作为这次会议的主要组织方和承办方，要尽职尽责、全力以赴组织专家学者参会，确保会议取得圆满成功。

三要加强同联合国经济和社会发展事务部、美国公共行政学会、新加坡公共服务学院等公共行政学术机构的交流合作。今年9月我会将组团赴澳大利亚、新西兰、新加坡进行学术交流和专题考察。

四要继续做好与德国国际合作机构关于中德公共政策对话项目的后期合作，深化合作关系，巩固合作成果，拓展新的合作领域与合作途径。今年6月下旬，按照中德公共政策对话项目时间安排，我会将组织在行政层级改革研究的专家、官员赴德国及欧洲其他一些国家进行学术交流和专项考察。同时，德方将派遣联邦德国公共行政学院有关专家到国家行政学院来访问交流。今年10月，中德双方将汇总合作成果，联合召开项目结项会，要力求使这项合作取得更多、更好的成果。

（四）认真编好《行政改革蓝皮书》

我会组织编写的2011年《行政改革蓝皮书》面世之后，取得良好的社会反响，有效地提高了中国行政体制改革研究会的知名度和影响力。2012年蓝皮书的编写工作要再接再厉，坚持高起点、高标准，组织国内行政体制改革领域的有关科研机构、行政院校专家学者和实践工作者，对我国近五年行政体制改革所取得的进展进行深入研究、归纳总结，对未来五年的发展趋势进行科学预测，确保编写质量，着力打造研究会的标志性品牌，为我国行政领域理论创新和实践创新服务。

（五）进一步办好《行政改革内参》

《行政改革内参》创办不到一年时间里，取得了明显成绩，产生了较大影响。进一步办好《行政改革内参》，就要始终坚持正确的政治方向、办刊宗旨，坚持解放思想、实事求是、改革创新、求真务实，坚持突出特色、注重质量、办出水平。

一是要在提高质量上下工夫。坚持高标准，严要求，紧紧围绕推进行政理论和实践创新、深化行政体制改革、建设现代化服务型政府、提高行政科学化水平、转变发展方式，精选内容，精心编辑，积极为各方面提供决策信息、咨询建议。

二是在突出特色上下工夫。着力形成鲜明的办刊风格。要学习借鉴新华社、人民日报社等主办知名内刊的经验，在此基础上形成行政改革领域特有的办刊风格。

三是要完善办刊机制，带好队伍。《行政改革内参》处在初创时期，要在激烈竞争的市场上生存发展，必须建立市场化的经营机制和专业化的高水平队伍。杂志社要逐步建立广泛性的采编网络，通过多种形式及时反映有关地方行政改革创新经验，在此基础上逐步建立调研采访队伍，进一步扩大稿源和发行渠道，不断提升《行政改革内参》的办刊水平和办刊效益。

（六）努力提高研究会网站建设管理水平

网络作为现代社会的新兴媒体和传播手段，其影响作用越来越大。研究会今年要着力提升门户网站的建设水平，坚持正确导向，开拓创新，严格管理。既要解放思想，创新网站设计理念，又要正确把握信息内容，确保信息内容的客观性、真实性和科学性。精心设计网页栏目，充实提高内容质量，强化技术支持能力，搭建一个展示研究会形象、加强交流合作的窗口和平台。同时，完善研究会英文网站的建设，加大研究会的对外宣传力度，建立社会效益和经济效益俱佳的新媒体信息系统，进一步提升研究会的影响力和知名度。

（七）开展多种形式行政体制改革学术研究活动

生命在于运动。研究会的生命在于组织推动行政体制改革研究的各类活动。研究会理事、会员是研究会宝贵的资源和财富，我们应进一步创造条件和机会，有目标、有计划地组织推动一些学术研讨活动，发挥各方面专家、学者和领导参与此项研究的积极性、主动性和创造性。活动力求地域化、小型化、专题化，做到小活动、低成本、大宣传。

一是主办、承办或协办一些小型专题研讨会。今年要根据改革发展中的热点问题，通过筹划、举办诸如“科技创新与行政体制改革”、“行政体制改革和城镇化建设”、“实施行政区域规划、推动行政体制改革”等专题研讨会，掌握前沿的学术动态和实践创新成果，为我国的行政体制改革和政府管理创新服务。

二是举办各种不同形式、不同规模的报告会。定期安排我会一些知名理事、常务理事举办一些小型报告会，交流行政改革研究成果，传播新思路、新方法，营造学术氛围，活跃研究气氛。

三是开展优秀论文评选和有奖征文，推动行政改革问题的研究。去年，我会组织一批专家学者对第二届中国行政改革论坛参会论文进行了认真筛选，评选出 30 篇优秀论文，颁发优秀论文证书，并按相关主题编辑成书出版发行。今年，我们将继续组织专家对第三届中国行政改革论坛的 100 多篇参会论文进行认真研究和筛选，评出 30 篇优秀论文，给作者颁发优秀论文证书，并予以编辑出版发行。

（八）充分发挥行政改革研究基金的作用

在各有关方面的大力支持下，经民政部批准，我会在去年设立了行政改革研究基金，建立了行政改革研究基金管理委员会。经过一年来的努力，行政改革研究基金的各方面工作已经基本步入正轨。研究会开展的重大课题研究和国内外合作交流，以及优秀论文的评选等，绝大部分将是行政改革研究基金资助的项目。行政改革研究基金管理委员会要按照有关规定，严格履行管理和监督职能，切实管好、用好资金，确保每一项支出都执行规范的审批制度，并加强项目执行过程中的检查和项目成果的验收、使用，发挥好行政改革研究基金的应有作用，促进我国行政体制改革和政府管理创新，将社会捐赠的资金回报社会。

（九）继续抓好研究会秘书处内部建设

要在已有的规章制度基础上，学习、借鉴其他类似机构的经验做法，健全各项工作制度，使研究会的各项工作有据可依、有章可循。

一是进一步强化制度建设。严格按照章程规定，完善各项规章制度，打好各项工作基础，用制度保障研究会各项工作健康开展。

二是继续加强队伍建设。优化人才队伍结构，提高研究会的工作水平，使秘书处成为学习型、服务型、创新型的组织，推动研究会各项工作步入科学化、规范化、制度化的轨道。

三是搞好秘书处文化建设。研究会秘书处要多举办一些有益的活动，营造一种积极进取、健康向上的文化氛围，增强队伍的凝聚力、创新力和吸引力。

努力把中国行政体制改革研究会办成一流的智库*

（2013 年 1 月 20 日）

这次研究会会长办公会议开得很好，秘书处要认真吸收会议讨论的意见，并在工作中落到实处。我主要就把研究会办成一流的智库问题，再强调以下几点。

一、进一步明确研究会的定位和功能。研究会怎么办？最近我做了一些思考。办好研究会，可以为党和国家的工作建言献策。我们进一步明确研究会的性质、功能和定位，就是要把研究会办成国家的智库。党的十八大提出，要“发挥思想库作用”，这是我们党第一次明确提出的要求。在去年年底召开的中央经济工作会议上，习近平总书记更加明确地提出：要健全决策咨询体制，按照服务决策、适度超前的原则，建设高质量智库。我们研究会作为全国性的学术性社团组织，应当瞄准建设一流智库的目标，充分发挥应有的作用，为党和国家的工作提供决策咨询服务。

二、研究会工作要突出重点，统筹安排。我们一定要办好每年一次的“中国行政改革论坛”，这是研究会的标志性品牌，紧紧围绕党和国家的中心工作，关注行政体制改革方面的重点热点难点问题，使论坛主题更加突出。另外，我们还要结合改革发展形势的需要，选择一些好的题目，举

---

* 本文系作者在中国行政体制改革研究会 2012 年度会长办公会议上的讲话。

办若干小型的研讨会。工作安排上,要突出重点,统筹兼顾。

三、抓好重点课题研究和决策咨询。目前提出的今年研究重点课题,总的来说是符合中央精神的,但选题相对松散,要再集中一些。课题的形式可灵活多样,不拘泥于一年的时间,有些重大课题可能需要做两年或更长时间,要根据情况灵活把握。课题的选题要进一步细化,例如“降低行政成本”这个选题,就可细化为加快公车制度改革研究等。总之,课题的选题既要有宏观层面的政策建议,又要有具体操作层面的举措方法。

四、加大研究成果转化力度。研究会要善于把高质量的研究成果转化为中央决策或部门决策。例如,我们可以和有关部门合作,共同研究解决金融监管中的问题;又如,深入研究解决食品行业多头监管问题,推动完善食品药品监管体制。我们要积极推进研究成果的转化,真正使研究成果为国家、为人民、为社会服务。至于蓝皮书的问题,我们要深入研究,可以继续做下去,打造成为研究会的品牌。

五、改进研究会活动方式。这几年我们采取多种形式开展内部交流、外部交流,都做得很好,还可以改进一下。有三个方面需要改进:一是要发挥研究会系统的作用。我们是学术团体,怎么发挥常务理事、理事的作用,要好好研究一下。二是怎么更好发挥副会长、顾问的作用,现在一年开一次会有点少,可否考虑改成半年一次。会议的内容应该与实际工作相结合,也可以搞一些小型的专题研讨,让大家充分发表意见。题目定好以后,副会长、顾问带头研究,以充分发挥他们的指导作用,把握研究方向,提高研究质量。

六、加强宣传推介工作。要勇于发声,在国内外要有研究会的声音。对于一些重点课题研究的成果,可以开小型发布会进行宣传和推介。研究会作为“智库”,不仅要服务于中央决策,而且也要引导和影响社会舆论。

最后,希望大家共同努力,把中国行政体制改革研究会办成一个能够为中央服务、为社会服务的一流智库。

凝心聚力建设一流智库*

（2013 年 3 月 7 日）

我很高兴出席今天中国行政体制改革研究会秘书处全体人员会议。刚才，会议宣布了研究会秘书处评选出来的先进人员名单，我为获奖者颁发了证书；与会同志都作了发言。我先对今天的会议作个评价，总起来说，今天会议开得很好，具体为四个“好”：一是时机好。“一年之计在于春”。这是秘书处在蛇年春节之后召开的第一次全体会议，大家在一起畅谈研究会的建设发展，时机非常好。在前不久召开的研究会会长办公会议上，我对去年工作作了总结，对今年工作作了部署，并提出要把中国行政体制改革研究会建设成为一流智库的目标。秘书处对会长办公会精神学习贯彻得很好，今天又把大家集中起来谈认识、提建议，这对研究会全年工作乃至未来发展都是大有益处的。二是主题好。大家紧紧围绕如何把研究会办成一流智库这样的重大主题，开动脑筋，畅所欲言，相互启发，凝聚共识，这抓到了我们研究会的根本，抓到了方向，抓到了全局。三是形式好。这次会议上既表彰先进又颁发证书，树立学习榜样，营造鼓舞士气、爱岗敬业的良好氛围。大家就如何把研究会建成一流智库建言献策，发言争先恐后、观点精彩纷呈，气氛热烈，会议形式别开生面、生动活泼。四是效果好。大家的发言，有思想、有观点、有具体建议，发表了很多

* 本文系作者在中国行政体制改革研究会秘书处全体人员会议上的讲话。

真知灼见,对我很有启发。大家对把研究会建设成为一流智库,充满信心、充满动力、充满希望。

下面,我主要就如何把中国行政体制改革研究会办成一流智库,讲一些想法和看法。

一、研究会成立近三年来为建设一流智库奠定了良好基础

近三年来,中国行政体制改革研究会在业务主管单位国家行政学院以及社会各界的关心支持下,秘书处全体人员共同努力,做了大量富有成效的工作,为建设一流智库打下了良好的基础,具体表现在以下四个方面:

(一)近三年来研究会形成了一批重要研究成果和品牌

首先,开展了一系列重大课题研究。研究会成立以来,始终坚持办会宗旨,紧紧围绕中心、服务大局,开展许多重大课题研究,取得了一批有影响力的研究成果,多篇研究报告得到了党和国家领导人的重要批示。其次,初步打造了一些品牌。包括一年一度举办的研究会年会和中国行政改革论坛,每次论坛都汇集众多知名专家学者以及政界领导,围绕行政体制改革的热点难点问题进行专题研讨,每年的论坛综述都在《人民日报》上作大篇幅报道,社会影响很好。蓝皮书系列品牌影响力也在逐步扩大。《行政改革蓝皮书》已经连续两年出版,《社会体制蓝皮书》已经形成成果,近期也将出版发行。再次,搭建了不少业务平台。研究会开拓了多方面业务发展领域,特别是成功创办研究会刊物《行政改革内参》。杂志社的同志们经过一年多的努力,成效明显,杂志发行数量不断增加。《行政改革内参》为研究会学术交流和课题研究提供了很好的平台,它既是展

示研究会形象的窗口，又是研究会业务发展的阵地，更是今后创办一流智库的重要依托。任何一个智库都必须有自己的刊物，我们一定要认真办好《行政改革内参》。

（二）同国内外各方面加强联系，为研究会发展开辟广阔渠道和空间

研究会在国内聚集了一大批有志于行政改革研究的专家、学者以及政府机关人员，他们或者是研究会的会员、理事、常务理事，或者是研究会的领导和顾问，其中有许多是知名专家学者和省部级领导干部。研究会跟中央、省、市、县四级行政学院（校）都有广泛的联系，全国行政学院系统大多是我们的会员单位，有的直接有业务联系，有的是通过刊物进行交流联系。在国际上，研究会 2011 年已经正式成为国际行政科学学会的会员。国际行政科学学会是联合国下属的世界顶尖学术机构，金判锡会长与我们建立了良好的合作关系，每年都邀请我们去参加会议。我们研究会也是国际行政院校联合会的会员单位。同时，研究会与联合国、世界银行以及德国、美国、新加坡等国家的公共行政学术机构都有多方面的联系和合作。2012 年 10 月，我们研究会在广州市承办了国际行政院校联合会亚太区域会议，来自 10 个国家的 110 多名代表围绕“服务型政府建设与绩效评估制度研究”这个主题，展开了广泛交流和深入研讨。会议开得很成功，赢得了与会专家和嘉宾的一致赞许，产生了广泛的社会影响。这为我们加强一流智库建设奠定了良好的国际交流基础。

（三）通过近三年来的实践，积累了一些办好研究会的经验

研究会自成立以来，始终秉承办会宗旨，高举中国特色社会主义伟大旗帜，紧紧围绕党和国家中心任务，研究行政体制改革和政府管理创新理论和实践问题，为建立完善的中国特色社会主义行政体制、提高政府建设科学化水平、建设服务型现代化政府提供理论支撑与决策咨询服务。三

年来,研究会的业务范围不断拓展。研究会的发展运作需要必要的资金支持,在一些企业的关心、支持下,目前我们已经建立了行政改革研究基金,专门用于行政体制改革领域的重要课题研究,有的已经取得阶段性成果。这些资金来之不易,我们一定要用完善的制度去管好用好,充分发挥它的应有价值和作用。

(四)初步形成了一支充满活力、素质较高的人才队伍

我今天听了大家的发言,看到这支队伍的综合表现,感到非常高兴,应该说研究会秘书处现有的人才队伍基本素质都很好,年龄上是老中青三结合。一些老同志有知识、有经验、有敬业精神,思想政治素质和业务素质都很好。年轻同志来研究会工作的时间有长有短,有本科、硕士、博士毕业生,年龄结构、知识结构和工作经历都很适合研究会的发展。研究会这三年所取得的成绩,与大家的学识、能力和敬业精神密不可分。从刚才的发言可以看出,大家都是一心一意为国家、为人民作贡献。借此机会,我对大家为研究会发展作出的贡献和付出的辛劳表示衷心感谢!

二、把研究会建成一流智库面临的机遇和挑战

大家刚才的发言中都涉及了这个问题,总的说,研究会要建成一流智库既有机遇,也有挑战。目前主要有四大机遇:

第一,国内外形势变化提出了新任务。人类的发展从没有过当今这样的时代,科学技术突飞猛进,给经济社会生活带来一些前所未有的新情况和新矛盾。比如,我们进入网络社会、网络时代,这在人类历史上是空前的。又如,美国、欧盟、日本等发达国家和一些新兴经济体都面临不少困难。我们国内正处于全面建成小康社会的决定性阶段,这既是一个可

以继续大有作为的战略机遇期,也是社会矛盾的凸显期。国际国内的新形势,都为我们建设一流智库提出了很多新的任务、新的课题。也就是说,把研究会建设成一流智库是客观形势发展的需要。

第二,党中央空前重视智库建设。三十多年来,我从国家计委到中央财经领导小组办公室,再到国务院研究室,最后到国家行政学院,虽然岗位几经变动,但一直主要做政策研究和决策咨询工作,用现在的话说,就是从事智库的工作。过去没有把政策研究机构作为思想库、智囊团。去年 11 月,党的十八大明确提出要发挥思想库作用。习近平总书记在中央经济工作会议上的讲话中更加明确地提出,要建设高质量智库。这说明党中央高度重视智库建设。这是各类智库发展的极好时机。

第三,研究会能够充分依托全国行政学院系统发展壮大。其他的社团组织很难有如此有利的条件。全国行政学院系统包括中央、省、地、县四级,既有理论工作者,又有实际工作者,研究会能充分利用这块重要阵地和资源加快发展。同时,研究会的会员、理事、常务理事等都是我们的丰富资源。

第四,我们国家面临全面深化改革的重大任务,行政体制改革是重中之重。党的十八届二中全会专门通过国务院机构改革和职能转变方案,这是深化行政体制改革的重要步骤,中央还明确提出要制定全面深化改革的规划和路线图。中国行政体制改革研究会工作要与党和国家的中心任务紧密结合在一起。我们要有问题意识、任务意识和使命意识。问题就是时代的旗帜,有问题就有研究的需求,就有研究的动力。特别是十三亿多人民为之奋斗的中国特色社会主义是蓬勃发展的伟大事业,完善中国特色社会主义经济、政治、文化、社会和生态文明体制,是其中的重要组成部分,这是人类历史上空前宏伟的事业。在这种情况下,我们要把研究会办成一流智库是时代的要求、人民的要求。

把研究会建成一流智库,我们也面临着不少挑战,至少有以下几个方面：

面临的第一个挑战是，智库资源争夺战。要把研究会办成名副其实的一流智库，特别是办成世界一流智库是很不容易的。现在，各类智库都在积极行动，许多知名智库都在奋发作为。各类智库都在研究问题，都在争夺资源，都想跻身到一流智库的行列。所以，智库发展的竞争将是很激烈的。

面临的第二个挑战是，我们研究会建立不久，仍处于打基础的创业阶段。最重要的是缺乏人才。虽然秘书处现在已经有二十位同志了，但办好智库最重要的因素是要吸收一些顶尖级的、在社会上有很大影响力的行政改革专家、学者和实际工作者，研究会还需要广纳贤才。

面临的第三个挑战是，我们办会模式还在探索之中。每个智库都有它的一套管理模式、组织体制、运行机制。现在世界上有各种各样模式的智库。美国的兰德公司是一种模式，它主要搞赚钱的咨询业务。布鲁金斯学会也是一种模式，它有固定的捐款来源，专门研究战略问题。中国社会科学院是一种模式，它有庞大的专家队伍，下面有很多个研究所、研究中心，每个独立分支机构基本上靠自己去研究问题。中国工程院又是另外一种模式，上面是总部，下面多个研究院分布全国各地。中国社会科学院工业经济所是实行“百千万”人才队伍战略，它的核心层仅有 100 人左右，中间专家层有 1000 人左右，通过这 1000 人又在全国各地联系一万人，这就是工经所的体制。我们研究会到底要办成什么样的智库，还需要深入研究借鉴国内外智库的成功做法。

总之，现在党中央高度重视智库的发展工作，各智库都在努力使自己成为一流智库。在这种情况下，办好智库就不那么容易了，不付出一番艰辛努力，没有一套科学的、行之有效的模式就很难成为一流智库。我们面临的形势是挑战和机遇并存，要增强忧患意识和危机意识，增强紧迫感、使命感。

三、建设一流智库需要把握好的几个方面

一要明确发展目标。这就是我们要把研究会建设成为一流的智库，不是一般的学术机构、学术团体，而是高质量的智库。智库是生产和传播知识、思想、智力的机构。国外又称之为第五部门，这个部门是国家软实力的一个很重要的体现。我们的方向和目标是为党中央、国务院作决策咨询服务，也为各级政府、企业提供咨询服务。还有一个方面，就是要为全国行政学院事业发展服务。这是别的研究会做不到的。也就是说，为中央和各级政府决策服务，为社会和企业提供智力支持，这是中国行政体制改革研究会的发展方向和目标。

二要围绕中心开展工作。我们研究会的章程规定得很明确，研究会要紧紧围绕党和国家中心任务、紧紧围绕行政体制改革的理论探索和实践创新这个中心课题去开展工作。这些是中心任务、中心课题。举办论坛、课题研究、树立品牌、办好刊物、开展交流活动等，都要紧紧围绕行政体制改革这条主线和中心任务。

三要多出优秀成果。智库就是要出高质量、有价值的研究成果。这是把研究会办成一流智库的最重要标志。要多为中央和地方提供咨询建议。我们每年都要从行政改革基金中拿出一笔资金重点资助课题研究，特别是组织对公共行政理论和实践中的重点热点难点问题进行有针对性研究。要充分发挥研究会会员、理事、常务理事的作用。当然，我们还可以吸引社会力量和企业界共同研究问题。这是建设高质量智库的主要任务。研究会要围绕全面建成小康社会和全面深化改革开放实践中的问题，有选择地开展重大课题研究，及时推出有价值、有分量、有影响力的研究成果，并要及时报送和转化研究成果。

四要精心打造品牌。首先，是全力打造中国行政改革论坛品牌。研

究会每年举办一次行政改革论坛,这已经成为研究会的一个形象标识。要坚持把论坛办好,而且每年要有一批有影响力的成果。今年将举办第四届论坛。其次,要把研究会的几个刊物办好。《行政改革内参》要实行质量兴刊战略,努力提高刊物质量并要扩大发行量。研究会的《通讯》是联系会员、理事的重要纽带,一定要坚持办好。继续出版蓝皮书系列丛书,包括《行政改革蓝皮书》、《社会体制蓝皮书》。这些都要注重质量,突出特色。第三,积极打造其他有特色的品牌。包括开展公共行政理论和行政体制改革研究优秀科研成果评选,开展建设创新型、服务型、法治型、效能型政府优秀案例评选等活动。

五要拓宽合作平台。研究会自成立以来,已经与美国、德国、新加坡、澳大利亚、新西兰等国家有关机构开展合作,还与一些国际机构和组织建立了业务联系。要巩固深化这些合作联系,积极开展与公共行政理论研究和实践创新相关的学术交流活动。国际行政院校联合会、国际行政科学学会都希望同我们进行合作交流。我们研究会作为这两个国际学术机构的会员单位,也应该主动与之加强交流与合作。同时,还要继续开拓新的国际合作交流平台。

六要创新活动方式。研究会在发展过程中要注意总结经验。要善于积累资料,建设案例库、专家库。我们可以把政府创新案例库、行政改革研究专家库早日建立起来,并充分利用这两个资源库的作用。这是办好研究会的重要方面。

七要建立调研基地。应该集中力量联系若干个地区、若干个城市,不要今天跑这个单位、明天跑那个单位,那样工作联系容易断线,要选择一些能够相对稳定的地方作为调研基地,包括若干地方行政学院和市、县地方政府。这样有利于开展调研工作的连续性,提高调研水平和调研效果。

八要充分发挥研究会系统作用。我们研究会现在有 500 多名会员,这些都是研究会宝贵的资源。他们中有享誉中外的行政领域专家、学者,有中央部委和地方政府的领导人员,也有知名企业家,要充分发挥他们的优势，为研究会建设高质量智库汇聚力量。我们要加强与他们的联系，包括召开专题讨论会，每次专题讨论会都要请相关方面的人员参加。要让理事、会员参与相关活动，这样才能增强他们对参加研究会活动的吸引力，才能发挥他们的智慧。要改变一年开一次研究会会长办公会的做法，根据实际情况，增加会长和有关常务理事专门研究重大课题的座谈会，以及时指导研究会的学术研究和决策咨询工作。

九要加强信息工作。信息工作是研究会的一项基础工作，是研究会更好履行职能，建设高质量智库的重要方面。要密切跟踪国内外公共行政科学发展动态，跟踪国内外行政体制改革与政府管理创新的理论和实践动态，及时反映国内外行政体制改革的热点难点重点问题。要充分发挥研究会网站的作用，加强宣传工作。要及时做好各类信息的收集、分析、整理工作，并印送研究会领导成员和有关单位。

四、进一步加强研究会秘书处自身建设

我们应该把研究会的活动当作一项事业来办，带着感情和激情投入到研究会这个大家庭里来。要把研究会建设成为一流智库，必须全面提高秘书处人员队伍的自身素质，包括政治素质、思想素质、业务素质。

一要坚持认真学习。要学习党的基本理论，学习党的方针政策，这样才能明确方向，提高本领。每个人都应该有读书学习计划，要坚持不懈学习，博览群书。我向你们推荐一部书，即《群书治要译注》。这部十卷本的译注，我作为特邀顾问之一，是中央党校刘余莉教授组织多名专家用了一年多时间才编辑注释出版问世的，这是一部中华传统文化的精粹集成、治国理政的经验汇编，是中华先贤留下来的宝贵财富，很值得一读。

二要增强服务意识。研究会本身就是为行政体制改革服务的。秘书处每个部门、每个工作人员都要增强服务意识，积极开动脑筋，主动开展

工作。做好每项工作都必须用心、专心、精心和耐心，这样才能提高工作质量和工作水平。服务意识反映着敬业精神和工作态度。

三要凝心聚力共事。大家要心往一处想、劲往一处使，同心协力、团结一致。要大力营造一个团结、和谐、紧张、严肃、活泼的工作氛围。这样才能增加凝聚力，提高战斗力。

四要健全管理制度。要从多方面包括从精神方面、物质方面激励大家积极进取。各项制度包括工薪制度、福利制度和奖金制度都要做到科学化、规范化。你们在这方面已经做了很大努力，通过评选先进工作者等活动把激励制度建立起来了，要坚持把各项制度完善好、执行好。

让我们共同努力，为加快把中国行政体制改革研究会建成一流智库而不懈奋斗！

积极开拓创新
为把研究会建成一流智库而奋斗*

（2013 年 7 月 13 日）

各位理事、同志们：

现在，我代表中国行政体制改革研究会第一届理事会向大会作工作报告，请予审议。

一、一年来的主要工作

从 2012 年 6 月 16 日第一届理事会第三次会议以来，研究会紧紧围绕党和国家中心任务，服务工作大局，全面践行宗旨，致力于建设一流智库，开拓创新，锐意进取，各项工作取得新进展。

（一）成功举办第三届中国行政改革论坛和筹备第四届论坛

研究会自成立以来，坚持把定期举办中国行政改革论坛作为重要活动平台和重要品牌。2012 年 6 月 17 日，由我会牵头，会同中国行政管理学会和中国机构编制管理研究会，联合举办了第三届中国行政改革论坛，

* 本文系作者在中国行政体制改革研究会第一届理事会第四次会议上的工作报告。

主题是“中国行政体制改革的回顾与前瞻”。来自全国180多位公共行政领域的理论和实际工作者,围绕论坛主题展开了广泛深入的交流研讨。新华社、《人民日报》、中央电视台、《光明日报》、中央人民广播电台和重要网站等30多家媒体及时对论坛进行了全方位宣传报道。论坛在全国行政理论界和实际部门产生了良好反响。论坛闭幕后,我会编辑出版了《第三届中国行政改革论坛专刊》;整理编辑第三届中国行政改革论坛优秀论文和论坛演讲稿,出版了《中国行政体制改革的回顾与前瞻》一书;2012年9月10日,《人民日报》刊发了全面反映本次论坛成果的长篇综述文章《深入推进行政体制改革——我国行政体制改革近10年的回顾与前瞻》。该文被许多知名网站转载,进一步宣传了论坛的丰硕成果,扩大了研究会的社会知名度和影响力。

为做好第四届中国行政改革论坛的筹备工作,我们从今年元月起就组织力量进行研究策划,多次研讨论坛主题、发布论坛的论文征文通知、邀请演讲嘉宾和协办单位,并做了大量会务准备工作。目前,第四届中国行政改革论坛的各项筹备工作已经就绪。

(二)积极承担和组织开展系列重大课题研究

研究会组织会内外人员围绕我国经济社会发展和行政体制改革的重点、热点、难点问题,积极开展重大课题研究,取得了一些重要成果。

一是承担国务院领导交办的社会管理创新课题研究。受国务院领导委托,我会部分人员与有关部门、地方专家学者共同成立了“加强和创新社会管理研究”重大课题组。在第一阶段取得重要成果的基础上,及时提出后续研究专题,第二阶段的研究成果也陆续发布。两年多来,课题组推出一批重要研究成果,公开发表了多篇学术论文,撰写多篇政策咨询研究报告,获得社会各界好评,有的受到国务院领导的重视并作出批示,有力地推动了工作。

二是委托开展一批重要课题研究。2012年,中国行政体制改革研究会行政改革研究基金共立项资助课题10个，包括："新形势下深入推进行政体制改革研究"、"推行政务公开建设阳光政府研究"、"开展政府绩效评估研究"、"政务服务中心建设研究"、"中国社会体制改革研究"、"转变经济发展方式与推进行政体制改革研究"、"区域经济一体化与行政体制改革研究"、"政府职能理论与我国政府职能深化转变的路径"。这些课题由相关领域具有较丰富研究经验的专家牵头承担研究任务。2013年5月，我会秘书处组织召开了课题结项评审会议，邀请10位知名专家逐一对立项课题进行认真评审。专家组评审后认为，绝大多数课题研究富有创新性，注重实效性，理论联系实际，对推进我国的行政体制改革和政府职能转变具有较高的参考价值。

三是承担有关方面委托的咨询研究课题并顺利结项。2012年，研究会和有关单位联合承担了一批地方、部门和企业委托的咨询课题，包括中国商用飞机公司委托的"国际民机相关产业和行业协会及其对民机产业政策影响研究"、淄博市委托的"淄博市统筹城乡发展若干重大问题研究"、国家旅游局委托的"我国旅游业实现战略目标的体制改革创新研究"等重要研究项目。这些课题已顺利结项，形成了一批咨询报告。有些课题组克服挑战性强、时间紧、难度大等困难，按时完成了研究任务，相关研究成果获得评审专家和委托方高度认同，有些研究成果还得到多位国务院领导同志的重视并作出批示。今年5月，我会向国务院领导呈报了由部分专家撰写的《关于公路可持续发展顶层设计的建议》，这个决策咨询报告得到了国务院多位领导的重视和批示；交通部多位领导也分别作出批示，认为研究报告"对我国公路交通的科学发展、体制机制改革均提出了重要的带有基础性、方向性的意见，应作为今后研究公路交通发展问题的重要依据"。此外，2012年8月，我会秘书处组织学院有关专家对山东新泰市制定的《行政服务标准化工作报告》提出修改意见，受到了当地领导的好评。

四是认真研究提出并推动2013—2014年度行政改革研究基金课题。

为了确定2013—2014年度行政改革研究基金课题的选题，研究会秘书处广泛听取有关专家学者意见，在此基础上，2013年1月20日，研究会召开会长办公会，顾问、副会长们对秘书处汇总整理出的选题作了审议，最终确定了16个重大研究课题和3个重大专项，包括："深圳市综合体制改革创新研究——坪山综合改革案例分析"、"加快公务用车制度改革研究"、"中国特色的官邸制研究"、"服务型政府建设案例研究"、"全面深化干部人事制度改革研究"、"中国智库研究"等。2013年4月13日，研究会召开2013—2014年度行政改革研究基金课题启动会议，会议明确了每个课题的研究重点和预期成果。据了解，各项课题都在按进度推进。其中，"服务型政府建设案例研究"课题组进行的徐州市百姓办事"零障碍"工程的调研报告呈报中央领导，并在新华社重要刊物上刊载，起到重要推介作用；其他课题如"加快公务用车制度改革研究"、"中国特色的官邸制研究"课题，也撰写出调研报告，形成一批重要成果。

五是基金课题管理工作不断完善。为进一步改进课题经费管理，做好服务工作，2012年3月秘书处组织开展了短期专题培训，邀请国家行政学院行财部工作人员就课题经费管理、财务报销等工作，对研究会相关工作人员进行了专题培训，提高了课题管理规范化、制度化水平。2013年4月，秘书处召开座谈会，邀请曾经参与或承担过行政改革研究基金课题的部分人员，对秘书处课题管理工作提出建议。在此基础上，进一步修改了《行政改革研究基金课题经费管理办法》。

（三）围绕中心任务多次举办专家研讨会

去年以来，研究会更加注重贴近党和政府工作实际，主动服务中心任务。2013年3月30日，党的十八届二中全会和十二届全国人大一次会议之后，我会及时举办了专家座谈会。会议紧紧围绕学习领会党的十八届二中全会和十二届全国人大一次会议通过的《国务院机构改革和职能转变方案》，重点讨论了这次国务院机构改革和职能转变的历史背景、主要内容、重要举措和贯彻落实《方案》需要重视解决的问题。会后，迅速将专家们发表的建议整理成决策咨询报告呈报国务院领导，得到了国务院多位领导的高度重视并作出重要批示，提供了决策咨询服务。4月22日，《人民日报》刊发这次座谈会主要内容，起到了正确引导舆论的作用。

我受国家行政学院领导委托，4月15日、4月17日、4月22日，主持中国行政体制改革研究会和国家行政学院有关部门举办了“打造中国经济升级版”专家座谈会、“改革是中国最大的红利”专家座谈会、“保障和改善民生”专家座谈会。每次座谈会均有来自有关中央部门、科研机构、高等院校的十余位专家学者出席。与会者紧扣会议主题，各抒己见，建言献策。会后主办方分别撰写出决策咨询报告，通过国家行政学院《送阅件》呈报给国务院领导及有关部委领导。通过举办这些专题研讨会，一方面为专家学者搭建了交流观点的平台，另一方面也为高层决策提供了参考。

为了有效发挥研究会引导社会舆论的功能，我们组织、鼓励和支持研究会有关专家学者撰写文章、接受采访，阐释党和政府关于行政体制改革的决策部署和方针政策。总的看来，效果是好的。

（四）全方位拓展对外交流合作

一年来，研究会加大了与国（境）外学术团体、研究机构以及国际组织的交流，合作内容不断丰富，合作领域不断拓宽，合作形式不断创新。

一是深化与国际行政科学学会和国际行政院校联合会的合作。研究会自2011年正式成为国际行政科学学会和国际行政院校联合会的会员单位之后，与这两个国际学术组织开展了刊物交换、信息交流、举办会议等合作。我会把第二届、第三届中国行政改革论坛观点综述和有关成果送国际行政科学学会发布，及时推介我国行政改革方面的理论成果和实践创新成就，扩大了研究会的国际影响。我会积极参与这两个国际组织的学术活动，组织委派部分理事、会员分别参加了国际行政科学学会于

2012 年 6 月在墨西哥梅里达召开的年会和国际行政院校联合会于 2012 年 7 月在泰国曼谷召开的年会，以及参加这两个国际组织 2013 年 6 月在巴林国召开的联合年会，参会专家学者发表的论文和演讲受到了国际同行的好评。

2012 年 10 月，我会与广东行政学院共同承办了由国际行政院校联合会、中国国家行政学院主办的“国际行政院校联合会亚太区域会议”。会议围绕“服务型政府建设与绩效评估制度研究”这个主题，展开了广泛交流和深入研讨。中外与会人员一致认为，本次会议开得非常成功，对我会为这次国际会议所做的精心组织和大量艰苦细致的工作给予了高度评价。会后，研究会编辑出版了本次会议的会刊，《服务型政府建设与绩效评估制度研究——2012 国际行政院校联合会亚太区域会议论文集》已于 2013 年 6 月公开出版。

2013 年 5 月 31 日至 6 月 9 日，经国务院领导批准，我带领中国行政体制改革研究会代表团赴巴林国首都麦纳麦参加国际行政科学学会、国际行政院校联合会联合召开的 2013 年年会，加强了中国行政体制改革研究会与这些国际组织和学术机构的联系。巴林会后，代表团一行又分别访问以色列和德国。在以色列期间，代表团访问了以色列公务员委员会，与国家行政改革部门负责人等交流了两国行政体制改革做法；访问了在国际上享有盛名的希伯来大学，与该校校长及公共政策和政府学院学者进行了座谈，就今后开展双边学术交流与合作进行了商谈。在德国访问期间，代表团访问了德国国际合作机构的总部。在访问德国施拜尔公共行政大学期间，双方签署了为期五年的新一轮合作协议，明确了合作的主要领域和形式。这些活动和会谈为中国行政体制改革研究会今后进一步深化国际合作、扩大国际影响打下了基础。

二是扩大中德公共政策对话项目合作成果。我会成立以后，就与德国国际合作机构签署了“中德纵向行政层级改革比较研究”课题（后改为“中德公共政策对话项目”），先后在中国和德国举办四次学术会议。

2012年10月,由我会与德国联邦经济与合作发展部主办,德国国际合作机构协办的"中德公共政策对话项目结项会"在北京召开。中德双方高度认同中德公共政策对话项目所取得的积极成果,商定将三年来的研究成果汇集出版中英文版的书籍,并在中国和德国同时出版。

三是加强与新加坡、澳大利亚等学术研究机构的联系与交流。深化与新加坡公共服务学院、新加坡国立大学等学术机构的交流合作。2012年5月和9月,新加坡公共服务学院治理与领导学研究中心两次派人来我会访问,共同探讨双方开展的信息交流、项目合作等内容。2012年11月,我会王满传副秘书长访问新加坡期间,双方就2013年签署合作协议以及联合举办论坛进行了讨论。2012年9月,应澳中工商研修院的邀请,中国行政体制改革研究会常务理事许耀桐同志率领代表团一行5人,赴澳大利亚、新西兰、新加坡等国,与有关机构就课题研究、专项培训等方面开展交流合作进行了深入研讨。其中,澳大利亚堪培拉大学澳新管理研究院已与我会签署了交流与合作备忘录。

(五)着力打造蓝皮书系列品牌

《行政改革蓝皮书》、《社会体制蓝皮书》是研究会开展公共行政理论与实践研究的重要平台和载体,是履行和体现我会公益职能、展示我会研究水平、扩大我会社会影响力的重要品牌。继《行政改革蓝皮书——中国行政体制改革报告》2011卷之后,又成功出版2012卷;同时,支持出版了《社会体制蓝皮书》2013卷。这两类蓝皮书一经问世,就引起社会各界的关注,受到好评。另外,我会资助国家行政学院有关专家学者编写的《公共服务年鉴》,也已公开发行。支持编写系列蓝皮书,既可以广泛推介研究会的研究成果,又可以逐步形成相对稳定的研究队伍。

(六)支持行政文化委员会开展工作

行政文化委员会是中国行政体制改革研究会的分支机构,也是国内首个以行政文化命名的学术机构。一年来，研究会积极支持行政文化委员会开展工作。

一是成功举办首届行政文化论坛。2012 年 11 月 25 日，由研究会秘书处组织的"中国行政体制改革研究会行政文化委员会成立大会暨首届行政文化论坛"在国家行政学院成功召开。会议选举产生了第一届理事会和领导机构，国家行政学院副院长、中国行政体制改革研究会副会长周文彰担任行政文化委员会会长。同时，举办了"首届行政文化论坛书画笔会"，引起与会者的广泛共鸣，产生了积极影响。

二是支持举办《美丽春天——书画展暨名家笔会》。2013 年 5 月 4 日，行政文化委员会与中国人民大学徐悲鸿艺术研究院联合举办《美丽春天——书画展暨名家笔会》。徐悲鸿夫人、徐悲鸿艺术馆馆长廖静文先生特邀出席。此项活动得到了社会各界的好评。

三是支持开展"建设中国特色社会主义行政文化"课题研究。受研究会委托，行政文化委员会承担"建设中国特色社会主义行政文化"的重大课题。课题组梳理国内行政文化研究现状，探索行政文化研究前沿理论，汇聚了国内行政文化研究领域的权威学者撰写研究报告；不定期出版《行政文化研究》集刊，推动行政文化研究，为行政文化研究者搭建交流平台。同时，组织编写《行政文化概论》等文化丛书，展示行政文化研究成果。

（七）努力办好《行政改革内参》刊物

《行政改革内参》创刊以来，杂志社认真贯彻国务院领导的指示精神，认真遵照办刊宗旨，着力把《行政改革内参》打造成行政体制改革研究和决策咨询的重要平台。

一是突出特色，提高质量。杂志社紧紧围绕行政体制改革这条主线做文章，坚持以特色立刊，以质量兴刊。迄今为止，《行政改革内参》累计发行了 25 期，共发表 943 篇文章，其中约稿文章 643 篇，不少文章出自行政体制改革研究领域的专家之手。为提高刊物的整体质量，针对改革发展的重点难点热点，约请相关领域的知名专家学者供稿，推出了一批有分量的文章，产生了积极的社会影响。

二是开拓市场，扩大发行。在我会业务主管单位国家行政学院的大力支持下，研究会秘书处同志全体动员，帮助推荐《行政改革内参》，杂志社同志奔赴各地开展征订宣传工作。杂志订阅量迅速增加，基本覆盖了全国县级以上行政学院（校）并进入政府主要部门和研究机构。《行政改革内参》创刊以来，已经累计发行16122份，其中，2012年至2013年度杂志订阅数量为6013份，赠阅数量为2438份。目前，《行政改革内参》已成为不少领导干部的必读刊物。这个发行量在同类刊物中也是比较多的。

（八）加强与高校和学术团体的联系与合作

我会自成立以来，一直重视与高校、学会、研究会等学术机构之间的联系，学习借鉴管理经验，探索合作方式与合作机制，促进共同发展。2012年8月，我会与中国机构编制管理研究会和中国行政管理学会三家单位在北京联合举办了以"构建政务服务体系，提升行政服务能力"为主题的第四届全国政务（行政）服务中心创新论坛。2012年12月，我会和上海财经大学公共经济与管理学院、中国公共财政研究院共同主办了"2012城市事务与地方财政学术研讨会"，来自海内外的专家学者就中国城镇化的现状与挑战、财政与融资、建设与管理、住房与社会等一系列热点问题进行了深入研讨，取得了一批成果。

通过加强与相关学术机构和单位的交流合作，不仅可以相互学习借鉴，而且可实现资源共享。

（九）开拓业务领域，改进宣传和信息工作

开展有关培训业务，是中国行政体制改革研究会章程赋予的职能。2013年4月22日，我会和北京师范大学中国社会管理研究院共同承办的中国关心下一代工作委员会省一级领导干部"学习贯彻党的十八大精

神，提升社会管理创新能力”专题培训班成功举行。来自多个省、自治区、直辖市和有关部委的关工委领导干部参加了此次培训班。培训班注重理论与实践相结合，采用课堂教学、结构化研讨、实地考察相结合的方式，探索关工委在社会管理创新中的独特作用，为青少年的健康成长作出新贡献。此项培训工作得到了与会代表和主办方的一致好评，也积累了举办或联合举办培训班的经验。

同时，我们重视加强研究会宣传与信息交流工作。一是进一步提升研究会门户网站建设水平。2012 年 3 月，继升级改版后的新门户网站上线以来，我们坚持正确的宣传导向，严格管理，严格把关，不断创新，确保信息内容的客观性、及时性和丰富性。秘书处及时摘编国内外行政体制改革方面的信息，发布研究会工作动态，积极搭建交流合作的窗口和平台，努力提升研究会的影响力和知名度。二是创办《中国行政体制改革研究会通讯》。为加强与研究会理事和会员的联系，促进信息交流，累计编辑发行了《中国行政体制改革研究会通讯》17 期，向研究会会员传送研究会最新工作动态和主要工作成果。同时，为给我会领导成员提供信息服务，已累计编辑刊印了 27 期《网络文摘》，围绕行政体制改革领域的热点问题、地方动态、专家观点及国际经验比较等方面，收集、摘编和刊登一些重要消息和观点。这些信息资源服务受到了有关领导的好评。

（十）不断加强秘书处自身建设

研究会秘书处紧紧围绕各项重点工作，在人手少、时间紧、任务重的情况下，一手抓队伍建设管理，一手抓内部制度完善，通过办文、办会以及参与科研活动等途径锻炼队伍、提高水平，进一步加强人事管理考核等内部管理制度，推动研究会秘书处各项工作健康稳定发展。

一是认真贯彻落实党的十八大和十八届二中全会精神。十八大召开后，秘书处及时组织学习大会重要文献，我为秘书处全体成员作了十八大精神辅导报告。2013 年 3 月 18 日，研究会秘书处组织集体学习，认真学习习近平总书记在十八届二中全会上的重要讲话精神,对照研究会宗旨定位和工作职责,深入讨论工作方向和重点。这些对提高秘书处人员思想素质和业务能力起了重要作用。

二是积极开展建设一流智库大讨论。为认真贯彻落实今年初研究会会长办公会提出的把研究会建设成为高质量智库的要求,2013 年 3 月 7 日,秘书处召开全体人员会议,就如何建设一流智库进行座谈交流。秘书处全体人员每人都结合自己的本职工作,围绕如何把研究会建成一流智库积极建言献策,会议气氛热烈,收到了很好的效果。

三是加强内部规章制度建设。着力完善综合管理制度、会议制度、人事制度等内部规章制度,进一步推进了研究会工作的科学化、规范化、制度化。

四是认真执行财务纪律。按照民政部社团管理部门要求以及国家行政学院纪检和财务等部门的要求,认真贯彻执行财务纪律,严格财务报销制度,并对研究会 2012 年以来财务工作情况进行了自查自纠,聘请专业审计机构对我会财务进行定期审计。同时,认真整理年检相关材料报送国家民政部审批,并顺利通过了年审。

各位理事,过去的一年,是研究会继往开来、开拓奋进的一年,是锐意进取、务实创新的一年,也是吸引力、凝聚力和影响力不断提高的一年。以上成绩确实来之不易,是全体会员、理事共同努力、认真履责的结果,是秘书处全体同志辛勤付出、顽强拼搏的结果,是各级领导、各界人士热心帮助、积极参与的结果,更是国家行政学院领导关心和支持的结果。在这里,我代表中国行政体制改革研究会第一届理事会,向各位会员、理事、常务理事,向所有关心和支持研究会建设的各位领导和各界人士,表示衷心的感谢!

同时,我们也清醒地看到,我会仍处于创业和打基础的阶段,发展过程中还存在一些问题和薄弱环节,主要表现在以下几方面:一是研究会成立不久,工作基础比较薄弱,办会模式还在探索;二是在当前激烈的智库资源争夺战中,我们缺乏应有的人才等重要资源,具有重大影响力的研究成果还不多;三是研究会系统的优势没有充分发挥作用,由于平常联系不多,系统内部活动较少,还没有形成强大的合力;四是对研究会长远发展研究不够,工作还缺乏前瞻性和战略性等。我们应高度重视这些问题,努力改进工作,认真解决存在的问题,不断提升办会水平。

这里,我要向全体理事通报,作为研究会的业务主管单位,国家行政学院领导非常重视我们研究会的成长发展。今年三月下旬,新一届国务院成立后,国家行政学院新一任主要领导人——中共中央书记处书记、国务委员兼国务院秘书长、国家行政学院院长杨晶同志十分关心、支持我们研究会工作,亲自过问研究会发展,在报送材料上作出批示。学院党委书记陈宝生同志到学院工作不久,就到我们研究会秘书处调研、看望工作人员。他说:这个研究会才成立两年多,做了一些社会团体 10 年、20 年、30 年没有取得的成绩,感到很高兴。他还进一步明确了学院与研究会之间的关系,即:国家行政学院是研究会的重要依托,研究会是学院的重要平台,两者有分有合、高度契合、同体发展、一体两翼。他还对研究会发展作了重要指示,要求继续打造研究会“一会、一刊、一书、一网、一基金”五大平台。他认为把行政学院办成智库,也要把研究会办成智库,形成有较高质量、较大影响力的科研咨询成果,为中央决策服务。这是对我们研究会工作的充分肯定、鼓励和支持。学院常务副院长何家成同志是我们研究会副会长,一直参与领导研究会工作,经常给研究会交任务、提要求、解决问题。其他学院领导也都很重视、关心研究会发展。这些都说明,我们研究会有国务院和国家行政学院领导的支持,完全可以解决好我们研究会发展中的各种困难和问题,也一定能够把中国行政体制改革研究会不断做大做强!对此,我们抱有坚定的信心和力量!

二、下一年度的工作重点

党中央、国务院高度重视智库建设。党的十八大明确提出,要坚持科学决策、民主决策、依法决策，健全决策机制和程序，发挥思想库作用。习近平总书记对加强智库建设、发挥智库作用多次作出重要指示。他在去年底中央经济工作会议上要求，要按照服务决策、适度超前的原则，建设高质量智库；前不久，他又作出重要批示，要求高度重视、积极探索中国特色新型智库的组织形式和管理方式，并要求采取有效措施，引导各类智库加强自身建设，积极建言献策。这为中国智库建设，也为把中国行政体制改革研究会建成一流智库指明了方向和任务。中共中央书记处书记、国务委员兼国务院秘书长、国家行政学院院长杨晶同志要求，国家行政学院要办成智库，并提出：抓特色、抓品牌、抓质量；要通过特色建设确立比较优势，通过质量建设提升绝对优势，通过品牌建设保护和扩大优势。我们研究会也要认真贯彻落实。根据党中央、国务院的工作部署和加强智库建设的要求，下一年度我会工作总的指导思想是：高举中国特色社会主义伟大旗帜，全面贯彻党的十八大精神，以马克思列宁主义、毛泽东思想、邓小平理论、"三个代表"重要思想、科学发展观为指导，紧紧围绕党和国家中心任务，围绕建设一流智库的总目标，全面推进研究会发展壮大，着力组织重大课题研究、多出优质咨询成果，着力打造学术品牌、注重提升竞争力，着力开展内外交流、扩大社会影响，着力加强自身建设、提高整体素质，积极开拓创新，勇于锐意进取，为把中国行政体制改革研究会建设成为一流智库而奋斗。为此，我们将努力抓好以下重点工作：

（一）进一步明确研究会发展方向和目标

概括地说，我们研究会的发展方向和目标，就是要坚持高起点、高水平，致力于建成一流智库，而不仅仅是一般的学术机构。智库是由许多专家学者组成的生产和传播知识、思想、智力的机构。它是现代决策体制的产物，是国家软实力的重要组成部分。智库对现代社会生活特别是对领导决策、舆论引导等方面的影响作用越来越大。面对国内外发展形势和客观需求，我们研究会要增强紧迫感、使命感，全面履行宗旨职责。办成高质量的一流智库，这是服务国家发展大局的需要，也是研究会成长壮大的必然要求。要把研究会办成一流智库，就必须积极为党中央、国务院科学决策建言献策，积极为各级政府、企事业单位提供咨询服务，还要积极为正确引导社会舆论服务，从多方面充分发挥研究会的智力支持作用。要办成一流智库，在明确发展方向的同时，还必须搭建一流的研究工作平台，创造一流的科研咨询成果，形成一流的人才队伍。我们要朝着这样的方向和目标不懈奋斗。

（二）围绕中心工作开展重大课题研究和专题研讨

加强重大课题研究，是把研究会建设成一流智库的首要任务。对已确定的2013—2014年度重大基金课题，继续认真做好督促评估和验收工作，确保每个课题都按要求结项。特别是对一些时效性、针对性较强，质量较高的阶段性课题成果，要通过多种途径和措施及时转化成决策咨询报告。要积极与中央部门、地方政府和企业，特别是研究会的调研基地开展合作，组织研究会的专家学者，共同开展专题研究，做好决策咨询服务。要抓紧做好2014—2015年基金课题的选题工作，既要集中力量研究涉及改革和发展中的前瞻性、战略性、全局性的重大问题，也要对一些热点、难点问题进行有针对性的研究。包括：全面深化体制改革中的若干重要任务，特别是中国特色社会主义行政体制改革总体目标、主要任务、重要措施的研究；新一届政府机构改革、转变政府职能的跟踪研究；建设创新型政府研究；优化行政区划研究；城乡一体化体制改革研究；继续深入开展中国特色智库建设研究。要认真总结已有经验，通过招标和委托办法落实课题研究任务。

同时，要充分发挥研究会系统专家学者资源的优势，就党和政府的一些重点工作和决策部署，及时召开有关专家学者参加的专题研讨会，形成有价值的研讨成果，及时建言献策，提供高质量的决策咨询服务。

（三）认真办好第四届中国行政改革论坛和筹备第五届论坛

中国行政改革论坛是中国行政领域理论和实际工作者一年一度的盛会，也是建设一流智库的大平台。今年论坛的主题为“加快政府职能转变，深化行政体制改革”。主要是紧紧围绕贯彻落实十八届二中全会和十二届全国人大一次会议通过的《国务院机构改革和职能转变方案》，深入研讨政府机构改革和职能转变过程中的问题、对策措施，提出建议。我们邀请了党政领导干部、国内知名专家学者以及有关企事业单位负责人发表演讲。此外，为进一步扩大此次论坛的影响力和关注度，我们还通过网络面向社会发布本次论坛的论文征集通知。截至目前，大会秘书处已经收到会议论文 117 篇。明天，第四届中国行政改革论坛就要召开了，研究会秘书处要认真做好相关工作，仔细检查每一个环节，确保论坛取得圆满成功。论坛之后，要认真做好会刊编印和论文汇编出版工作。按照“一年一会”的要求，还要做好明年第五届中国行政改革论坛的筹备工作，包括选好论坛的主题、内容，搞好形式设计等。

（四）继续扩大对外交流与合作

今年要在开放办会方面迈出更大步伐，大胆“引进来”，积极“走出去”。通过扩大对外交流合作，加快一流智库建设进程，进一步提升研究会在国内外的影响力。一是进一步深化同国际行政院校联合会和国际行政科学学会的合作。明年将继续组织研究会人员参加国际行政院校联合会 2014 年年会和国际行政科学学会 2014 年年会；积极与国际行政科学学会联合开展政府管理创新方面的研究。二是进一步开展与新加坡公共服务学院合作。今年 9 月下旬，研究会将派代表团赴新加坡，与新加坡公共服务学院签署双边合作协议，同时将与新加坡公共服务学院共同举办以“中国社会管理”为主题的论坛。三是巩固深化与德国国际合作机构和德国施拜尔公共行政大学的合作，包括：与德国国际合作机构开展“新兴国家公共行政改革和政府管理创新比较研究”；根据与施拜尔公共行政大学签署的合作协议，实施互派访问学者、合作研究课题等具体项目。四是在今年第三季度与法国国家行政学院联合组织专家，开展以“中法行政管理体制比较”为主题的研讨交流。五是继续加强同联合国经济和社会发展事务部、美国公共行政学会等国际组织和国外学术机构的交流合作；与以色列希伯来大学签署双方合作协议。六是积极加强同国（境）外相关智库的联系，探索相互交流合作的领域和形式。

（五）精心打造蓝皮书系列品牌和办好刊物

按照建设一流智库的要求，继续组织编写出版《行政改革蓝皮书——中国行政体制改革报告（2013）》。要注重质量、突出特色。2013年的《行政改革蓝皮书》重点反映各有关部门、地方贯彻落实《国务院机构改革和职能转变方案》的进展情况。目前，这部蓝皮书课题组已经启动有关调研工作，开展面向社会群众、政府机关以及企事业单位等不同层面的问卷调查工作。同时，继续支持有关方面编写出版《社会体制蓝皮书》（2014），全面反映一年来社会体制改革进展，深入分析面临的问题和对策，为建设中国特色社会主义社会体制提供智力支持。各类蓝皮书都要在提高质量、打造品牌、扩大影响力上下工夫。

要进一步办好《行政改革内参》杂志。坚持正确的政治方向和办刊宗旨，着力提高刊物水平和质量。一是坚持高标准、严要求。紧紧围绕国家发展大局和行政体制改革中的重点、热点、难点问题，精选题目、精选内容、精选文章。二是在突出特色上下工夫。进一步形成鲜明的办刊风格。要学习借鉴知名内参的经验，办成行政改革领域特有的高品位权威内刊。特别是要根据新形势新情况，提出新观点新对策，做到内容新、语言新、编排新，在创新上做文章。三是进一步完善办刊机制。《行政改革内参》要在激烈竞争的市场上生存发展，必须建立市场化的经营机制和专业化的高水平队伍。要逐步建立广泛覆盖的采编网络，通过多种方式及时了解并反映各方面行政改革的新探索、新经验，逐步建立调研采访队伍，进一步扩大稿源和发行渠道，不断提升《行政改革内参》的办刊水平和办刊效益。

（六）逐步建设中国行政体制改革创新研究信息库

这是建设一流智库的重要任务和重要平台。今年，要组织有关人员进行"信息库"的具体设计和筹备工作。包括：逐步全面、系统收集中外有关行政体制改革的重要文献、资料；逐步全面、系统整理当今世界公共行政理论和实践创新情况；逐步全面、系统建立反映中国行政体制改革新进展的理论观点和实践案例；逐步建立研究会相对稳定的联系基地和机制，总结推介行政体制改革的创新举措和成功经验，提高调研工作的连续性、针对性、实效性。我们设想通过几年的努力，逐步建成中国行政体制改革创新研究信息库，使之发挥重要作用。

（七）积极支持分支机构健康发展

一是充分发挥行政改革研究基金管委会的作用，管好用好行政改革研究基金。行政改革研究基金，是经国家有关部门批准设立的，基金管委会近两年来做了大量很有成效的工作。要认真总结经验，进一步健全基金资助课题的科学管理制度，完善《中国行政体制改革研究会行政改革研究基金资助课题管理办法》。逐步建立从研究选题确定、招标、委托、申请、签署协议到检查、结项等全过程的管理制度，确保行政改革研究基金的安全运行和使用效益。

二是支持行政文化委员会开展工作。行政文化委员会是研究会的分支机构，要按照章程规定，独立开展相关业务活动，不断提高行政文化委员会的知名度和影响力，推动行政文化学术交流和科研合作。继续做好发展会员、举办行政文化论坛、书画笔会以及行政文化相关课题研究等工作，研究会要对行政文化委员会发展提供必要的支持和帮助。

三是按照研究会章程规定，支持有条件的地方和单位创办研究会分支机构，以充分发挥中国行政体制改革研究会的辐射和带动作用。

（八）坚持抓好研究会自身建设

要按照建设一流智库的目标，进一步全面加强研究会自身建设，促进研究会健康发展。一是着力提升研究会门户网站的建设水平。坚持正确导向，丰富内容，创新形式，严格管理。既要解放思想，创新网站设计理念，又要正确把握信息内容，确保信息的及时性、真实性和科学性。要精心设计网页栏目，充实提高内容质量，强化技术支持能力，把研究会网站建成展示研究会形象、加强对外交流合作的窗口和平台。二是完善研究会英文网站的建设，加大研究会的对外宣传力度，进一步提升研究会的国际影响力和知名度。三是密切跟踪国内外行政科学发展动态，跟踪国内外行政体制改革与政府管理创新的理论和实践动态，及时把握国内外行政体制改革的热点难点重点，认真做好各类信息的收集、整理工作，及时编印《通讯》和《网络文摘》，提高信息服务水平。四是在研究国内外相关智库经验的基础上，创新研究会组织机构、领导体制和管理方式。五是进一步完善秘书处各项管理制度，用科学有效的制度保障研究会工作的有序运行。六是注重加强队伍建设，优化人才队伍结构，吸引更多优秀人才，努力打造一支政治硬、业务精、能力强的人才队伍。七是在国家行政学院党委领导下，积极参加在全党进行的以“为民、务实、清廉”为主要内容的群众路线教育实践活动。完善秘书处党支部和工会建设，多举办一些培训、考察等集体活动，积极营造一种团结和谐、开拓进取、奋发有为的文化氛围，增强队伍的凝聚力和创新力。

各位理事，同志们：

当前，我们国家已站在新的历史起点上，全国各个方面都在为推进中国特色社会主义伟大事业、实现中华民族伟大复兴的中国梦而奋发努力。新形势新任务为中国行政体制改革研究会发展提供了新机遇，我们要凝心聚力，再接再厉，开拓创新，乘势而上，为把中国行政体制改革研究会建设成为高质量的一流智库不懈奋斗，为推进国家现代化建设和实现中华民族伟大复兴的中国梦作出应有贡献！

从实际情况出发　建设中国特色新型智库*

（2013 年 12 月 28 日）

这次中国行政体制改革研究会会长办公会议开得很好。刚才，李蕴清副秘书长作了研究会一年来的主要工作总结和明年工作计划的汇报，与会同志作了发言。在今年 1 月 20 日的会长办公会议上，确立了把中国行政体制改革研究会建设成为一流智库的目标，经过一年的扎实工作，取得了重要进展和明显成效。大家在发言中都给予了充分肯定和积极评价。

下面，我主要围绕建设中国特色新型智库、进一步创新研究会建设问题，讲几点意见。

一、从研究会实际出发，积极推进中国特色新型智库建设

中国行政体制改革研究会在成立之初，就定位在主要研究行政领域理论和实践创新问题，为推动国家改革发展提供决策咨询服务，努力把研究会办成党和国家的思想库。党的十八大明确提出要发挥思想库作用。

* 本文系作者在中国行政体制改革研究会 2013 年度会长办公会上的总结讲话。

党的十八届三中全会进一步强调:“加强中国特色新型智库建设,建立健全决策咨询制度。”十八大以来,习近平总书记多次提出要加强智库建设,充分发挥智库的作用。他在去年年底的中央经济工作会议上提出:要按照适度超前、服务决策要求,建设高质量智库。今年4月,他对建设中国特色新型智库作出重要批示:一是把智库发展提高到国家战略高度,作为国家软实力的重要组成部分;二是指出我国智库发展相对滞后,应发挥更大作用;三是提出中国特色新型智库的建设目标;四是要求探索中国特色新型智库的组织形式、管理方式;五是要求加强智库自身建设,为中央的科学决策提供高质量的智力支持。这些重要指示和批示,为加快中国特色新型智库建设、充分发挥智库作用指明了方向,提出了更高的要求。2013年7月,中共中央书记处书记、国务委员兼国务院秘书长、国家行政学院院长杨晶同志对我们研究会的工作报告也作出重要批示:希望研究会朝着建成一流智库之目标,发挥好自身优势,为党中央、国务院科学决策建言献策,提供更多高质量、有价值的建议和咨询报告。这些都说明,党中央、国务院高度重视智库建设,中国智库建设必将进入新的发展阶段。我们提出把研究会建设成为中国特色新型智库,完全符合中央的要求,顺应了国家发展潮流,经过努力也是可以实现的。

什么是中国特色新型智库?目前有不同见解,可以展开讨论。我认为,应从“智库”、“中国特色”、“新型”三个方面来理解其基本特征和内涵。“智库”,是制造和提供智力产品或思想产品的机构,智库作用和水平是国家软实力的重要组成部分,软实力是通过创造、传播思想、智力来吸引、说服和影响别人的能力。一个国家的智库,植根于本国国情、社会制度、思想文化、价值观等。“中国特色智库”最根本的,要体现中国国情、中国精神、中国制度、中国道路,服务于中国特色社会主义的完善和发展,以人民福祉为本,国家利益至上。“新型”,就是智库的思想观念、组织形式、运行机制、管理方式、制度规范有别于外国智库,也有别于中国传统智库和现有体制内智库,应该是创新型、开放式、现代化的办会理念和治理模式。我们研究会要建设成为中国特色新型智库,必须认清机构性质、功能定位、办会宗旨、主要任务、运行方式,突出自己的特色。研究会的定位主要是研究中国行政体制改革的理论和实践问题,为党和政府提供决策咨询服务,同时服务社会、服务企业。我们要在深刻认识研究会特点的基础上,充分发挥自身优势,着力彰显功能特色,创新体制模式,致力于创新发展,尽早建成中国特色一流新型智库。这是我们研究会发展的战略目标,我们要为实现这个目标而不懈奋斗。

二、把研究会建成中国特色新型智库的有利条件和面临挑战

把中国行政体制改革研究会建成新型的智库,我们既有有利条件,也面临不少困难。我们的有利条件:一是我国正处于社会大变革、经济大转型的关键时期,对各类智库提出了巨大的需求。二是中央对智库建设高度重视,党和政府对智库研究成果的要求日益增加。三是我们有条件贴近党委政府决策需求,有业务主管单位国家行政学院的大力支持。四是研究会拥有国内公共行政领域众多的专家会员,特别是全国行政学院系统的专家学者,这是非常宝贵的人才资源。五是研究会经过三年来的实践,打下了比较坚实的基础,创建了一些品牌,开拓了国内外交流合作领域,积累了办会经验。我们要全面认识和充分利用这些有利条件。

同时,我们研究会发展也面临不少挑战和困难。一是现在各级党政机构、社团组织、科研单位、高等院校和不少企业都在办智库,都在积极行动,奋发作为,各类智库都在争夺资源,竞争是很激烈的。二是我们研究会人才不足,缺少在社会上有重大影响力的精英、名家、学者。三是我们研究会成立时间不长,办会模式还在探索之中。四是各类决策主体对研究成果的质量要求越来越高,选择性越来越强。总的看,机遇与挑战并

存,我们要增强机遇意识和危机意识,增强紧迫感、使命感,着力提升我们研究会治理能力和研究水平,在竞争激烈的情势下求得一席之地和持续健康发展。

三、加强中国特色新型智库建设需要抓好的重要环节

(一)确立核心价值理念

要建设中国特色一流新型智库,必须确立我们研究会的核心价值理念,最根本的,是服务国家、服务人民、服务社会。这方面还要深入思考,基本原则是八个字:“求真、唯实、创新、兼容”。“求真”,就是在科学理论和方法指导下,真切地了解客观情况,深刻认识事物本质,准确把握事物发展规律,独立思考,崇尚真理,不迷信权威,不人云亦云。“唯实”,就是尊重事实,实事求是,坚持理论联系实际,进行准确、客观、理性分析,不唯上,不唯书,只唯实。“创新”,就是解放思想,敢于用新思想、新方法、新视角研究新情况、新问题,与时俱进,增强创造力、独创性,敢于提出新观点、新见解、新对策,不因循守旧,不墨守成规。“兼容”,就是善于研究、吸取各种学术思想、学术观点精华,支持百花齐放、百家争鸣,尊重差异、包容多样,兼收并蓄、海纳百川。近期工作重点要在“打基础、树品牌、上水平”方面下大工夫。

(二)产生重要标志成果

智库的基本功能,在于提供思想产品、服务决策、引领舆论和集贤聚才。为此,一要注重多出思想成果,围绕国内外行政改革理论创新和经济社会发展中的重点、难点问题,提出有价值和有影响力的新理念、新思想、新观点。二要注重多出决策咨询成果,针对我国公共行政和政府管理创

新的需求，创新实践研究，善于总结成功经验，敢于揭示矛盾、问题，及时推出科学的、有创见的、有效管用的决策咨询建议。三要注重多出人才成果。广为汇聚、延揽公共行政研究人才，培育行政体制改革研究的名人大家。品牌是信誉的凝结，一个品牌一旦在社会上确立起来，就可以成为质量的象征、形象的标志。要使研究会成为一流新型智库，必须注重树立品牌，在多方面产生一流的标志性重要成果。

（三）注重加强能力建设

一要加强提升学习的能力，研究会会员、理事和秘书处人员都要勤于学习，熟悉和掌握中国特色社会主义基本理论，熟悉和掌握党的方针政策和工作部署，这样才能坚定前进方向，有效服务决策。二要加强政策研究的能力，深入实际作调查研究，了解社会真实情况，努力为党和政府决策提供高质量的咨询建议，同时也为地方政府、企业提供咨询服务。三要加强服务社会的能力。要善于同媒体打交道、增多话语权，增强引导社会舆论的能力。四要加强汇聚专家的能力，尽可能把有利于研究会发展的专家吸收进来，为他们创造展示才华的平台。五要加强对外合作交流的能力，扩大国内外交流与合作。尤其要加强与国外交流，要善于用国内外相融的概念、范畴，创新对外宣介方式，讲好中国的故事特别是行政体制改革创新的故事。

（四）坚持推进改革创新

这是研究会发展的不竭动力。一要创新组织形式，要借鉴国内外知名智库发展的经验，以多种形式广泛运用社会资源，积极探索适合社团组织性质和自身特点的组织形式、管理方式、发展路径。二要创新运行模式。着眼服务中央、面向社会、贴近市场，通过整合资源、优化结构、拓宽业务、创新发展，有效适应国家需要，满足社会需求，形成研究会集约、高效、可持续发展的运行机制。三要创新业务活动。改进课题管理，把握好立项、检查、验收、转化的各个关口。创新论坛举办内容和形式,多组织小型专题研讨,与学术界、实际部门广泛开展合作交流。四要创新研究成果推介、宣传。通过加强与各类媒体合作,着力加大研究成果的传播和转化力度,拓宽成果转化渠道和载体,建立多渠道、多层次、多载体、多形式的推介、传播、转化机制,推介品牌,转化成果应用,提高研究咨询成果社会化、市场化水平,提升团队和专家的社会知名度和影响力。五要创新工作制度。探索实行项目管理制,建立专业委员会、学术委员会,充分发挥专业委员会、学术委员会的作用。加强行政体制改革信息库建设和调研基地建设。重视引入竞争机制加强队伍建设。这些都是把我们研究会建成中国特色一流新型智库的基础性工作。

我们要以更大的智慧和勇气,坚持有特色、高标准、高水平,努力走出一条符合中国行政体制改革研究会特点的中国特色新型智库发展道路,为推进我们国家治理体系和治理能力现代化,发展和完善中国特色社会主义,实现中华民族伟大复兴的中国梦,作出应有的贡献。

附　录

中国行政体制改革研究会代表团赴巴林国出席国际行政科学学会、国际行政院校联合会 2013 年联合年会并访问以色列、德国的报告*

（2013 年 7 月 15 日）

经国务院有关领导批准，2013 年 5 月 31 日至 6 月 9 日，中国行政体制改革研究会会长魏礼群率 6 人代表团赴巴林国首都麦纳麦参加国际行政科学学会、国际行政院校联合会 2013 年联合年会，并访问以色列和德国有关部门和智库机构，拓展双边合作交流。在外交部和我驻巴林、以色列大使馆及德国法兰克福领事馆大力支持下，在国家行政学院帮助下，代表团圆满完成出访任务，达到了预期目的，发挥了服务公共外交的作用。现将有关情况报告如下。

---

* 本文系作者率领中国行政体制改革研究会代表团出国访问后写给国务院领导的报告。

一、主要工作和成果

(一)在巴林参加国际行政科学学会和国际行政院校联合会2013年年会

国际行政科学学会成立于1930年,是国际公共行政领域的权威学术组织,对于全球公共行政理论研究和政府管理实践具有重要影响。国际行政院校联合会是国际行政科学学会的分支机构。这两个国际学术组织每年分别召开一次年会,每三年召开一次联合年会。今年是两个组织的联合年会,大会的主题为“公共行政的未来:职业化和领导力”。在会议期间,除开展学术研讨之外,两个组织的领导人和管理机构分别进行了改选换届。

中国行政体制改革研究会分别是国际行政科学学会的会员单位和国际行政院校联合会的会员单位。魏礼群作为国际行政院校联合会副主席,受邀率团参加了这次联合年会。期间,魏礼群同志及代表团其他成员积极主动开展工作,利用各种机会阐述我们的意见,取得良好效果。

1. 主动掌握国际话语权,有力推动国际行政院校联合会领导机构和领导人改选换届工作顺利进行。对国际行政院校联合会领导机构——执行委员会和主席进行改选换届,是本次年会的一项重要议程。近两年,国际上有不少单位会员和专家对国际行政院校联合会执行委员会的规模和构成等提出了意见,主张通过改革加以完善。因此,国际行政院校联合会执行委员会在今年二月召开的会议上作出决定,成立了一个专家组研究和提出改革方案。为推进这项改革并做好本次执委会和主席的改选换届工作,会前成立了一个由上届主席、副主席等8人组成的“提名和选举委员会”,魏礼群被选为该委员会的委员。

在6月1日上午召开的提名和选举委员会会议上，各位委员以专家组提出的改革方案为基础，就执行委员会的规模、组成人员结构、地区间名额分配原则、担任委员的资格条件等进行了深入而激烈的讨论。由于各方利益和观点不同，加上委托的主持人（联合会拉美地区副主席）的经验不足，会议陷于近三个小时的激烈争论。如果不能形成多数人赞同的明确意见，新一届执委将无法产生、主席选举将无法进行，不仅后面的会议难以进行下去，而且国际行政院校联合会这个组织今后的运作都会成为问题。在这种情况下，魏礼群根据会议各种意见，提出了选举新一届执委会委员的三条原则。第一，对于执委会规模，不作大幅度压缩，但应减少到联合会章程规定的人数，即委员总数以25名为宜；第二，执委会委员在地区间的分配和担任委员的资格，应考虑发挥作用大小和参与程度；第三，执委会委员在地区间的分配比例既要依据各地区现有会员数量，也要考虑各地区会员的发展潜力。同时，积极为亚洲地区和我国争取权益。为在本次年会上通过选举产生新一届执行委员会，联合会秘书处在会前酝酿提名候选人，形成了竞争执委会委员的候选人名单。其中，亚洲地区的候选人有三位，包括已是上届联合会副主席的魏礼群、我国台湾政治大学的詹中原、马来西亚沙巴扩展培训中心的维克多·威廉。在讨论执委会委员席位在各地区间的分配时，一些人认为，既然亚洲只有3位候选人，则只需要给亚洲3个席位，有的人甚至主张在执委会总规模压缩的情况下，只给亚洲2个席位。魏礼群在会上据理陈词，强调指出，亚洲国家会员目前虽然不多但未来发展潜力大，特别是近几年来亚洲国家对联合会工作的贡献多，因此，执委会委员席位的分配不能因为只有3位候选人就只分配3个席位，而应分配4个，多出的1个席位可以暂时空缺，留待以后增选。同时，只要符合规则，一个国家也可以有2个以上的人担任执行委员。这三条原则和为亚洲争取执委会委员席位的意见提出后，得到其他与会人员的广泛赞同和支持，从而保证了6月2日全体大会对新一届执委会委员的投票选举按计划顺利举行，也维护了亚洲地区的权益，在亚洲只有 3 名候选人的情况下，为亚洲争取到 4 个执委会委员席位。在 6 月 2 日的全体会员大会无记名投票选举中，魏礼群高票当选新一届执委会委员。

在讨论竞选新任国际行政院校联合会主席的人选资格过程中，有的候选人利用联合会章程的不完善，希望通过不规范的方式成为候选人，引起很大争议。在两种意见相持不下的情况下，魏礼群发言强调，联合会主席选举应坚持权威性、规范性、严肃性，影响了一些持模棱两可态度的参会者，最终通过投票表决将不符合规范的候选人排除在外，保证了联合会主席选举的顺利进行和最终产生。会后，包括新任国际行政院校联合会主席在内的一些与会者表示，在这样关键的时刻，只有像中国这样的大国代表和像魏礼群这样有影响的参会人员发声，坚持原则，秉持公正，才能促进联合会健康发展。

2. 积极加强对外联络，拓展与有关国家学术机构和国际组织的关系。代表团在参加巴林会议期间，利用会议前后和会间空隙，先后与多个国际组织和其他国家学术机构的负责人进行会谈和接触，包括：新当选的国际行政科学学会主席布卡教授，前任国际行政科学学会主席、现任亚洲公共行政协会主席的金判锡教授，新当选的国际行政院校联合会主席德弗里斯教授，前任国际行政院校联合会主席特尔米妮女士，国际行政院校联合会原主席、美国公共行政学会候任主席罗森鲍姆教授，国际行政院校联合会副主席、美国公共行政学会原主席纽曼教授，法国国家行政学院院长卢瓦泽女士，负责承办此次年会的巴林国家行政学院的本山姆院长等。通过会谈和接触，表明我们的态度和意见，加强了中国行政体制改革研究会与这些国际组织和学术机构的联系，争取了这些组织和机构对国家行政学院、中国行政体制改革研究会的支持，探讨了开展双边和多边学术合作的内容和形式，并提出了一些具体的合作构想，如与国际行政科学学会及其有关成员就公共行政创新问题开展联合研究、与法国国家行政学院联合组织专家就中法公共行政体制进行比较研讨。这些为今后进一步拓展深化国际合作、扩大国际影响打下了基础。

3.善于利用国际各种平台，充分展示我国良好形象。会议期间，代表团成员利用不同场合，向其他国家的有关参会人员介绍了中国经济社会发展和行政体制改革情况。6月2日，巴林国家电视台对魏礼群进行了专题采访。魏礼群充分肯定了巴林和中国双方加强经贸往来、文化交流和各方面合作的重要意义及取得的成果，宣传了我国改革开放和现代化建设取得的巨大成就，介绍了我国行政体制改革进展和下一步改革重点，受到广泛关注。

此外，在巴林参会期间，应我国驻巴林大使李琛同志的要求，代表团成员王满传教授还利用休息时间，给使馆同志作了一次讲座，介绍了《国务院机构改革和职能转变方案》制订的背景、内容、特点和作用。使馆同志认为，这对于他们了解党和国家的有关政策、做好外交工作很有帮助。

（二）访问以色列政府有关部门和学术机构

以色列以创新驱动发展著称。代表团主要了解其行政创新和智库的情况。

1.访问以色列公务员委员会，交流两国行政体制改革做法。在我国驻以色列大使高燕平同志陪同下，代表团访问了以色列公务员委员会。该委员会隶属总理府，其主要职能包括确定政府部门的机构、职责和编制，制定公共部门人事政策，公务员管理，推动和实施公共部门改革等。以色列总理办公室主任、主管公共部门改革事务的负责人特祖·罗恩先生等与代表团进行了座谈交流。在座谈中，中方代表团向以方人员介绍了我国政府架构、行政体制、近年来行政体制改革的做法及取得的成效和经验、中国行政体制改革研究会的有关情况。以方人员介绍了以色列的行政体制、公共部门人员现状、面临的挑战，特别是自2011年8月发生“以色列之夏”游行示威活动以来，以色列适应社会要求推进公共部门改革的原因、目的和主要措施。双方表示，今后可以在行政体制改革、政府管理创新等方面深入交流探讨。

2. 访问希伯来大学，会见希伯来大学校长，就开展学术交流和合作进行探讨。希伯来大学是以色列的第一所大学，始创于 1918 年。经过近百年的努力，现已发展成为一所有四个校区、集教学和研究于一体的综合性大学。希伯来大学学术水平和国际声望较高，在 2011 年的世界大学综合性排名中列第 57 位。校长本-萨松先生会见了代表团，并与代表团进行了长时间的会谈。本-萨松校长今年 5 月刚随内塔尼亚胡总理访问中国，非常希望加强与中国行政体制改革研究会的合作交流。随着中国经济社会快速发展、国际影响力日益增强以及中以两国联系和交往更加密切，越来越多的以色列公共行政学者和实际工作者希望了解和研究中国的行政体制和改革情况。而作为一个人口只有 800 多万、建国才 60 多年、地处环境复杂的小国，以色列在较短的时间内取得快速发展，跻身于发达国家行列，在公共管理方面也有不少做法值得我国学者研究。魏礼群和本-萨松校长就推进两个机构之间的合作交流进行了探讨。双方表示，将通过互派访问学者进行学术交流、交换学术成果和出版物、联合开展课题研究等形式加强合作。为此，双方将在协商的基础上，尽快起草和签署合作协议。

3. 访问希伯来大学公共政策和政府学院，就公共治理和政府监管问题与有关学者交流。作为希伯来大学的一个重要组成部分，公共政策和政府学院的职能包括开展研究生教育、从事科学研究和为政府部门提供决策咨询。该学院学者的研究领域较广，包括公共治理、政府改革、管理创新以及社会政策、环境政策等多方面公共政策。通过接受委托或自主开展研究，一些学者为以色列政府部门提供决策咨询服务。在座谈中，双方重点就当前国际学术界对公共治理、政府监管的理论研究前沿以及如何改善公共治理、提高政府监管的有效性进行了探讨。双方达成共识，今后将在中国行政体制改革研究会和希伯来大学之间签署的合作协议框架内，明确开展多种形式的合作。

（三）访问德国有关部门和学术机构

在两天的时间里，代表团行程数百公里，对有关部门和学术机构进行了访问。

1. 访问德国国际合作机构，就深化双方合作达成共识。德国国际合作机构是受德国政府委托承担德国援外国际合作项目的机构。在过去二十多年里，该机构在中国开展了大量合作项目。该机构在北京设有代表处，负责德国在中国开展的合作项目。近两年，该机构与中国行政体制改革研究会开展了"中德公共政策对话"等项目，取得了一批成果。为总结已有合作项目，继续深化合作，代表团访问了该机构位于德国埃施波恩的总部。该机构全球伙伴关系——新兴国家部门主任司嘉丽女士、公共财政和行政体制改革部主任诺恩坦先生、亚太拉美和东亚地区部高级项目经理伊姆霍夫先生等 7 人与代表团进行了会谈。在会谈中，双方一致认为，在李克强总理刚刚成功访问德国、中德两国关系更加密切的大背景下，继续加强合作十分必要。双方人员重点就下一步开展合作的领域进行了深入讨论，并形成几点共识，包括就新兴国家公共行政改革和政府管理创新、城市环境治理等问题开展合作研究。

2. 访问德国施拜尔公共行政大学，就新一轮合作签署协议。德国施拜尔公共行政大学是欧洲乃至世界知名的专门开展公共行政研究和教育的高校，为德国各级政府特别是地方政府培养了大量人才，德国前总统赫尔措格就毕业于该校。过去几年，该大学与中国行政体制改革研究会也已开展了良好的合作。对于代表团的此次来访，该校高度重视。校长维兰德教授、副校长费施教授、菲尔波尔教授等五人与代表团进行了会谈。在对前期合作进行总结、对前期合作成果的出版等事项进行讨论之后，双方就新一轮合作协议的文本内容交换了意见，经反复协商最终达成一致，并签署了合作协议，明确了今后五年双方合作的主要领域。

3. 访问施拜尔市政府，与市长就城市管理问题交流观点。施拜尔市与我国浙江省的德清市是姐妹城市，近几年开展了形式多样的交流合作。市长艾格先生会见了代表团，介绍了施拜尔市的历史文化、经济社会发展、城市管理等情况。双方就中德两国的城镇化道路、城市管理体制、城市运作方式等进行了讨论和比较。艾格市长表示，施拜尔市将积极为研究会今后的相关研究提供信息和支持，也希望通过研究会了解更多关于中国城市发展和管理的实践经验。这次会晤受到当地媒体高度关注，6月8日的《施拜尔早邮报》在头版对会晤作了报道。

二、几点建议

根据我国外交工作大局和进一步做好公共外交服务的需要，提出以下三点建议：

（一）高度重视利用国际学术机构平台增强国家影响力。权威性的国际学术组织召开的大型国际会议，既是进行学术交流、开展理论探讨、分享实践经验的平台，也是展示国家形象、扩大国家影响力的重要平台，甚至是争夺国际话语权、发挥负责任大国作用的重要机会。充分利用好这样的平台和机会，可以有效增强国家的软实力。国家应更加重视利用这样的学术平台，不仅要鼓励、支持学者更多地参加国际会议进行学术交流，而且应选派有经验有能力的专家进入国际学术组织的管理机构，通过参与规则的制订、议程的安排、议题的设定，主动争取和掌握国际话语权，有效引导和影响国际学术舆论，从而服务国家的外交大局。

（二）积极支持学术社团开展国际交流合作。学术社团组织联系面广、机制比较灵活，而且具有民间或半民间身份，在开展国际交流合作方面有其独特的优势。在很多国际学术场合，由学术社团出面和发声，会达到政府部门和官方学术机构难以取得的效果；有些领域的国际合作，由学术社团参与比政府部门和官方学术机构参与更加方便，会发挥公共外交的特殊重要作用。今后，我国公共财政用于出国的经费应受到严格的控制，但应积极支持那些政治上可靠、财政上自立、国际上有重要影响的学术社团“走出去”，更多地开展国际交流合作，成为公共外交的一支重要力量。为此，学术社团组织负责人和专家学者出访的指标、次数控制应适当放宽、灵活掌控。

（三）大力加强与中东地区国家在公共行政领域的学术交流。在国际地缘政治和国际交往关系中，中东地区具有重要的战略意义。近些年来，我国与中东地区国家的联系和交往日益密切。但是，这种联系和交往主要是经济贸易和外交方面，学术交流相对较少，特别是社会科学领域的交流合作很少。在这次出访中，我们发现，中东国家的学者和官员对于我国制度、体制抱有神秘、好奇的心态，有的了解不多，有的存在误解，他们普遍希望更多地了解我国体制架构和管理制度的情况。鉴于公共行政与各国的政治、政策和管理有直接而紧密的联系，对各国行政管理者具有重要影响，我国应大力加强与中东地区国家在公共行政领域的学术交流，通过多种形式的双向互动逐步增进了解、不断深化合作。

四、在中国国际经济交流中心期间

2013 年 1 月，魏礼群在中国国际经济交流中心举办的第四届中国经济年会上作总结发言

在第一届全球智库峰会欢迎晚宴上的祝酒辞*

（2009 年 7 月 3 日）

尊敬的各位来宾，女士们、先生们、朋友们：

大家晚上好！首先，我受曾培炎理事长委托，代表中国国际经济交流中心向出席全球智库峰会晚宴的各位来宾表示热烈的欢迎！

由中国国际经济交流中心举办的全球智库峰会于昨天下午开幕以来，已经引起了各国政要、专家、学者以及经济界、企业界和新闻界的广泛关注与浓厚兴趣。两天来，与会者围绕“全球金融危机和世界经济展望”这一议题，各抒己见，畅所欲言，发表了许多富有真知灼见的思想观点。这不仅加深了大家对当前国际金融危机和世界经济形势的认识和思考，也为政府和企业的决策提供了有益启示。

当今世界，在应对国际金融危机和经济衰退的同时，还面临着许多严峻的全球性挑战，如气候变化、公共卫生安全、粮食安全、能源资源安全，以及恐怖主义、大规模杀伤性武器扩散、有组织跨国犯罪等。这些是人类可持续发展的严峻挑战。各国作为具有公共政策影响力的智库，应当利用自身的特殊作用，建立起灵活高效的合作机制，为政府之间交流搭建桥梁，推动国际社会增进政治互信、扩大对话交流、加强务实合作，妥善解决日益增多的全球性问题。同时，为广大企业提供合作平台，以促进各国经

* 本文系作者担任中国国际经济交流中心执行副理事长在中国国际经济交流中心举办的第一届全球智库峰会欢迎晚宴上的祝酒辞。

济社会共同发展。这次全球智库峰会为来自世界各国的智库提供了交流思想、寻求合作的良好机会。我们应当以此为起点，在各国智库之间建立稳定的合作关系，共享人类智慧，共谋全球发展。

今天，这次全球智库峰会已经取得一些可喜成果。我相信，明天也会让我们获益良多。借此机会，请允许我代表会议主办方，对各位作出的努力和积极参与表示诚挚的感谢！

现在，我提议：

为世界经济早日复苏，

为全球智库峰会圆满成功，

为我们友谊长存，

为各位嘉宾和家人的身体健康，

干杯！

在2011年中国经济年会午餐会上的致辞

（2011年1月14日）

尊敬的各位来宾，女士们，先生们，朋友们：

大家中午好！

很高兴在新年伊始同诸位相聚在中国经济年会。中国国际经济交流中心每年举办一次中国经济年会，这是我们中国经济界的盛会。今年是第二届，参加这次中国经济年会的，不仅有国内著名的专家学者、政府部门人员、企业家，还有财经界、新闻界和社会各界人士，可谓群贤毕至，高朋满座。我热烈祝贺本次年会顺利召开，也衷心祝愿年会取得丰硕成果。

在今天上午的讨论中，中国国际经济交流中心曾培炎理事长发表了重要讲话，几位专家学者和政府部门负责人作了精彩发言，对世界经济情况和中国经济形势作了分析和展望，听了以后，很有启发。借此机会，我也想简要讲讲对中国经济发展趋势的看法，同大家一起交流。

我们刚刚送走的2010年，是我国圆满完成"十一五"时期经济社会发展任务的一年。"十一五"时期，是我国发展史上极不平凡的五年，面对国内外环境的复杂变化和重大风险挑战，特别是百年不遇的国际金融危机的巨大冲击，全国人民团结一致，顽强拼搏，奋力推进改革开放和现代化建设，经济社会发展取得新的重大成就。五年中，我国经济年均增长11%，国内生产总值从2006年的18万亿元增加到2010年的40万亿元，经济总量从"十五"期末占世界第四位上升到第二位；人均国内生产总值从 1700 美元增加到 4000 美元；国家财政收入从 3 万亿元增加到 8 万亿元；出口额和外汇储备跃居世界第一位。综合国力大幅提升，人民生活明显改善，国际地位和影响力显著提高。五年的成绩来之不易，积累的经验弥足珍贵。

中国“十一五”时期经济工作的经验相当丰富，以下几个方面尤为重要，即“五个注重”：一是注重发挥好政府和市场“两只手”的作用。既充分发挥我国社会政治制度决策高效、组织有力、集中力量办大事的优势，又充分发挥市场对优化资源配置、增进经济活力与效率、调动各方面积极性的长处。二是注重处理好当前和长远两方面的关系。既重视克服短期困难、解决突出矛盾，保持年度经济持续发展，又重视加强重点领域和薄弱环节，为长远发展奠定基础。三是注重协调好经济发展和社会发展两大目标。既努力促进经济平稳较快发展，增强经济实力，又积极改善民生，加快社会建设。四是注重统筹好国内和国际两个大局。既坚持实行互利共赢的对外开放战略，又着力扩大内需拉动经济增长。五是注重发挥中央和地方两个积极性。既坚决维护国家全局利益和中央权威，又坚持充分发挥各地方各方面比较优势和创造活力。以上做法和经验，不仅使整个经济取得引人注目的重大成绩，而且进一步丰富了中国发展模式的科学内涵。

党的十六大站在时代制高点上作出一个重大的历史性判断，就是对我国来说，21 世纪头 20 年是一个必须紧紧抓住并且可以大有作为的重要战略机遇期。第一个 10 年我国党和人民充分利用良好的历史机遇，取得举世瞩目的重大成就。近些年来，世情、国情发生不少新变化，现在已进入第二个 10 年的起点。不久前召开的党的十七届五中全会在全面分析各种因素的基础上，作出了“当前和今后一个时期，我国发展仍处于可以大有作为的重要战略机遇期”的判断。这也是个完全正确的重大判断。从国际看，和平、发展、合作仍是时代潮流。世界多极化和经济全球化趋势不会逆转，我们仍有可能争取一个相对较长的和平发展时期。国际金融危机后,世界经济格局正在进行一场深刻调整,科技创新孕育新突破,世界很可能逐步进入一个技术创新集聚爆发和新兴产业加速成长的时期。国际环境总体上有利于我国经济发展。从国内看,发展的有利条件、内在优势依然存在。工业化、信息化、城镇化、市场化、国际化深入发展,市场潜力巨大,资金供给充裕,劳动力素质改善,体制活力增强,政府宏观调控能力明显提高,社会大局保持稳定。只要抓住和用好战略机遇期,我们完全可能使国民经济再上新台阶。

在看到经济发展广阔前景的同时,我们也应看到,我国支撑过去 30 多年经济高速增长的一些条件正在发生新的变化。包括:人口结构和劳动力供需形势已经和正在发生变化,高储蓄率和由此带来的高投资率难以持续,全要素生产率提升难度加大,资源、环境对经济增长约束不断强化,社会矛盾处于凸显期。这些情况说明,今后我国经济难以保持过去 30 多年的高速增长,将进入一个较长时期的中速增长阶段。同时,世界经济发展的经验表明,人均国民生产总值处于 4000 美元到 10000 美元阶段,是一个国家经济发展的关键时期,面临不少严峻挑战。搞得好,可以顺利突破人均 10000 美元成为高收入国家;搞得不好,也可能在中等收入水平徘徊,落入"中等收入陷阱"。我国已处于中低收入向中高收入迈进的发展阶段,同样面临进入中等收入阶段后的各种挑战。目前经济发展中存在着不协调、不平衡、不稳定的矛盾和问题。我们要实现经济在更大规模、更长时期的平稳较快发展,根本出路在于更加坚定、更加自觉地贯彻落实科学发展观,大力推进科学发展,加快经济发展方式转变,切实解决好收入分配等社会问题,维护社会公平正义,建设和谐社会,真正走出一条中国特色的经济社会发展之路。这样,我们就一定会成功跨越"中等收入陷阱",顺利实现社会主义现代化的宏伟目标。

我们生活在一个全球化的时代,中国的发展离不开全球,应继续深入研判全球化趋势,把握全球化机遇。我们很高兴地看到,由中国国际经济交流中心主办的《全球化》杂志应时、顺势正式出版,曾培炎理事长亲自为杂志题写了刊名和“发刊词”，一批著名的专家、学者为杂志撰写了专栏文章。在此，我们热烈祝贺《全球化》杂志的诞生，也预祝《全球化》杂志越办越好。

最后，再次祝贺第二届中国经济年会的召开！春节将至，在这里提前给诸位拜个早年，祝大家工作顺利，身体健康，吉祥如意，阖家幸福！

认真做好重大课题研究*

（2012 年 11 月 15 日）

中国国际经济交流中心高度重视重大课题研究工作。今天下午，国经中心理事长曾培炎同志和中心有关领导同志都出席了会议。这次会议的主要任务，是启动落实国经中心 2012—2013 年度基金重大课题研究工作。会议上已印发这次基金课题实施方案，包括课题指导人、课题组长，研究重点、任务、时限、经费等。刚才，国经中心总经济师兼战略研究部部长陈文玲同志和中心办公室财务处处长程虹同志向大家介绍了这次基金课题形成过程、课题管理和中心课题经费管理办法，与会同志发表了很好的意见和建议。这次会议为做好今明两年国经中心基金课题研究工作开了一个好头。

下面，我讲几点意见。

一、充分认识做好重大课题研究的重要意义

（一）做好重大课题研究，是国经中心提供决策咨询服务的职责所系

党中央、国务院高度重视民主决策、科学决策、依法决策，高度重视

* 本文系作者在中国国际经济交流中心 2012—2013 年度基金课题研究启动会议上的讲话。

完善决策机制。党的十七届四中全会的《决定》指出:“加强党委决策咨询工作,做好重大问题前瞻性、对策性研究,广泛听取党员、群众、基层干部意见和建议,发挥咨询研究机构、专家学者、社会听证在决策过程中的作用。”党的十七届六中全会明确提出:“建设一批具有专业优势的思想库。”中国国际经济交流中心是顺应时代潮流和中国特色社会主义发展要求,经国家批准成立的研究、交流和咨询服务机构,是在中央领导关心下成立起来的,国务院前副总理曾培炎同志亲自创建并担任理事长。中心成立以来,得到了党和国家领导人的高度重视。中央部门、地方政府和企业也都予以大力支持。中心全体人员艰苦创业,锐意进取,开拓局面,为党和国家以及中央部门、地方政府和企业提供了大量有价值的研究成果。经过一段时间的工作实践,中心功能定位更加清晰,队伍建设、制度建设不断加强,研究布局体系不断完善和充实。今年初,根据中心的功能定位和国内外形势发展,曾培炎理事长决定在中心成立战略研究部,主要服务于国家的重大战略需求,着力组织开展全局性、战略性、前瞻性重大课题,力求形成有较高价值、较大影响力、较强应用性的研究成果,更好地为党中央、国务院决策提供咨询服务,同时也为中央部门、地方政府和企业提供咨询服务,进一步发挥国经中心作为国家高端智库的应有作用。近几年,我们每年也都提出一批重大课题,组织中心内部和外部有关人员研究,也是在履行为中央服务的重要使命。

(二)加强重大课题研究,是国经中心建设一流智库的重要任务

智库是生产知识和思想产品的机构,是公共决策的参与者、战略谋划的提供者,体现着国家的软实力。多年来,许多国家的智库直接影响着国家的政治、经济、社会、军事、外交、科技等方面的重大决策,被誉为继立法、行政、司法和媒体之后的“第五权力中心”。改革开放以来,中国社会主义现代化建设取得了举世瞩目的巨大成就,但也积累了不少

问题。当前,中国发展面临着前所未有的机遇和挑战,抓住和用好机遇,直面和应对挑战,都需要作出正确的决策。这不仅对领导人的素质和能力提出了更高要求,而且迫切需要发挥各类智库的作用。要使国经中心成为有重要影响的一流智库,必须坚持高标准、高质量,更加突出研究特色、提升研究水平,这是创建一流智库的必然要求。国经中心的基金课题,为大家研究重大战略性问题提供了一个新平台和重要渠道。我们希望与社会各界共同努力,充分利用好这一平台和渠道,牢固树立"围绕中心、服务大局"的理念和意识,更好地实现国经中心打造一流智库的发展目标。

(三)加强重大课题研究,是充分发挥国经中心独特优势的重要举措

国经中心作为国家高端智库,其最大的优势,就是贴近党中央、国务院的实际工作,拥有一批实践经验比较丰富、研究能力比较强的研究队伍。这里汇聚了不少从事各领域研究的高端人才,特别是集中了一些具有国家战略研究和政策研究经验的老同志,并广泛联系各领域高端研究人才,具有围绕国家重大战略研究问题的知识和能力,可以不断开辟研究问题的新路径和新方式。同时,作为国家高端智库,我们中心有为党中央、国务院提供决策咨询服务的正式渠道,可以通过内部刊物《要情》直接向中央领导报送咨询服务研究成果;还有广为发送的《研究报告》、《智库言论》、《信息反映》等内部刊物和对外公开发行的《全球化》杂志。同时,也有与中央部门、地方和企业广泛的合作关系,能够及时了解和掌握各类信息和资源。加强国经中心基金课题研究工作,有利于发挥国经中心的各种优势,彰显国经中心的研究特色,提升国经中心的综合实力和水平。

二、开展好基金课题研究的几点要求

（一）注重把握相关课题研究的目的和重点

经过反复研究，我们中心确定2012—2013年度重大课题共28项，涉及许多方面的问题，各课题组一定要抓住相关研究领域的重大问题开展研究，明确重点。我们对每个课题的研究重点都提出了要求。刚才，有的同志提出了一些修改建议，可以在我们提出要求的基础上作适当调整、扩充，但总体上要符合立项目的、重点和要求。要充分体现即将召开的党的十八大精神，坚持正确导向，主动围绕中心，自觉服务大局，把为党中央、国务院提供决策咨询服务作为首要任务，集中力量研究涉及有关方面的前瞻性、战略性、全局性的重大问题，也要对当前一些热点、重点、难点问题进行专题研究。要坚持理论联系实际，注重贴近决策需求，善于发现实践中出现的新情况新问题，并提出解决问题的可行思路和办法。要根据具体研究课题的任务，形成课题团队的优势和特色，突出研究重点，聚焦有限目标，做到有所为、有所不为。

（二）注重提高课题研究的质量和水平

要把提高课题研究成果的质量放在第一位，树立质量第一的理念和精品意识，每个重大课题都力求多提供有较高价值、有较大影响和能够转化为实践应用的研究成果。曾培炎理事长为国经中心提出的“创新、求实、睿智、兼容”八字训言，既是对中心建设的基本要求，也是提高课题研究水平的重要准则。要提高课题研究质量和水平，就要认真领会和落实这些要求和准则。

一是坚持以科学理论为指导，解放思想，实事求是，与时俱进，求真务实。所有重大研究课题,都要以中国特色社会主义理论体系为指导,着眼于发展中国特色社会主义事业,全面贯彻党的十八大精神。要准确把握研究对象的性质、特征、规律,深刻揭示事物发展的本质及相互关系,运用辩证思维和战略思维对相关问题进行全面、深入的分析,严密论证,提出科学的思路、办法,这是国经中心研究课题的重要特色要求。

二是增强创新意识,面对新实践新发展,善于总结新经验,敢于提出新观点、新思路和新举措。发现问题和研究问题,最终是为了解决问题。无论是为党中央、国务院决策提供服务,还是为地方政府、企业提供咨询,都是为了解决新问题,推动新发展。在研究工作中,要敏于发现实践中涌现的新事物、新经验,注意运用新思维,提出新思路、新观点、新举措,这样才能产生高质量、高水平的研究成果。当前,国际形势正发生广泛而深刻的变化,我国改革开放和现代化建设处在关键历史时期,党、政府和企业都需要我们提出有针对性、可操作的政策建议。我们要以睿智的头脑、宽广的视野,在创新上下工夫,敢于提出别人没有发表过的观点和意见。坚持百花齐放、百家争鸣的方针,善于学习借鉴吸收,博采众长,包容多样,着力提高研究成果的创新性。

三是运用科学方法,深入调查研究,掌握真实情况。广泛调查研究,这是研究问题的重要方法,也是提高研究成果质量的重要保证。提倡做对比性、实证性研究,特别是研究群众关心的问题,一定要深入实际、深入基层、深入群众,全面了解问题的现状、原因,倾听群众的呼声,掌握第一手材料。只有调查了解真实情况,在此基础上作出中肯的分析,才能提出有说服力和创新性的研究成果。

四是强化课题管理和评审工作。严格管理是提高课题研究成果质量的保证。对中心提出的关于课题管理和评审工作方面的要求,希望大家都要认真做到。只有高标准、严要求,才能有好的课题研究成果。我们中心正研究改进各类课题管理工作,不断提升课题管理工作的科学化水平。为提高基金课题研究质量,规范基金课题管理,我们正在总结经验,修改基金课题管理和评审办法。

(三)注重课题成果的多样性和阶段性

曾培炎理事长近日在今年中心基金课题验收工作的汇报材料上作出批示:对研究深度不够的课题要补课;对研究的成果如何更好发挥作用提出意见。鉴于国经中心组织重大课题研究的目的和特点,研究课题的成果应该是多样性的,不强求全面性、系统性,可以是决策咨询建议,也可以是多种形式的研究报告,突出提供决策咨询服务的成果。国经中心的战略性课题研究主要是应用性研究、对策性研究,研究成果更强调应用性、对策性和时效性。课题成果的价值,不仅要体现在高水平的研究质量上,还要体现在研究成果的时效性上。一项有价值的研究成果,如果不能及时地为决策者提供参考,其价值就会大打折扣。因此,我们既要求提供课题研究的总成果,又要求及时提供阶段性研究成果。每个课题可以就课题研究领域的一些重点、热点和难点问题,分期分批、多种形式、及时地提交有关研究成果,原则上每个课题在研究过程中和完成研究任务后要报送一些决策咨询研究报告,这些研究成果可以通过我们中心内部刊物报送,也可由各单位直接报送。比如,《我国由经济大国迈向经济强国战略研究》课题,就可以对"我国战略机遇期的判断"、"经济强国的主要标志"、"国外建设经济强国的经验教训"、"建成经济强国的目标、发展战略"等问题开展研究,陆续提交一些研究成果。课题成果不能只形成一个束之高阁的厚本子,要有若干阶段性、时效性强的咨询报告。课题研究中的专项、子项成果,如果获得中央领导作出重要批示或转化为中央、部门、地方决策依据的,或在社会上产生重要影响的,可以直接验收结项,不再经过专家评审。

(四)树立良好文风,潜心研究,精心写作

文字表达水平,反映着研究成果质量的高低。一个好的研究成果,必须有好的文风。每项课题成果努力做到言之成理、内容充实、观点新颖、简明扼要,减少空话、套话、老话,陈言务去。突出研究成果的正确导向,提高应用性、创新性、可行性。一定要认真撰写,精心提炼,精心取舍,在出精品成果上下工夫。

(五)认真实行课题责任制

在落实这次基金课题研究工作的过程中,有关同志提出课题指导人和课题组长的关系问题。为了确保研究成果质量,更好地体现和发挥国经中心作为国家高端智库的作用,提高研究质量和水平,国经中心每年都由中心基金立项资助一批研究课题,实行公开招标和委托相结合的方式确定课题组长。今年中心基金课题选择了在相关领域具有实践经验和研究能力的专家担任课题组组长。同时,每个重大课题都指定了课题指导人,为每项课题的研究提供指导和咨询。课题指导人一般都是国经中心负责人(顾问、理事长、副理事长、常务理事,也有专家学者)。课题指导应对课题研究定向、基本思路、研究方法以及团队组织和经费使用把关,做到责、权、利相结合。课题组长和研究团队要尊重课题指导人,课题指导人要放手让课题组组长负责组织实施。对课题指导人发放的经费额度,原则上可以与课题组长相同。希望课题指导人真正发挥作用,课题组长切实负起责任,共同把课题完成好。如何更好发挥课题指导人和课题组长的应有作用,可以在实践中总结经验,不断加以完善。

(六)抓紧组织实施

在前阶段进行招投标和委托课题的过程中,各课题组都提供了申报材料,从材料看,多数课题团队下了很大工夫,作了很好的准备。刚才,将每项课题研究的重点任务和要求发给了大家。一些课题组跨单位、跨地区、跨学科,时间紧、任务重,需要大家抓紧组织落实。今天参加会议的课题组长或代表要抓紧向课题指导人汇报,按今天会议的要求去做。会后,各课题组负责人要进一步完善课题研究方案，抓好课题研究落实工作，包括每个重大课题的子课题、研究进度计划、课题组成员等。各分课题组之间、各成员之间要加强合作交流，一些重要信息、资料和研究成果要及时交流，做到信息共享、成果共享，争取按照要求拿出一批高质量的研究成果。

我们国经中心将为各课题开展研究工作做好配合和服务工作。中心基金课题管理工作由中心战略研究部负责，经费使用等财务事宜由中心办公室负责，大家可分别与他们联系。

最后，再次感谢各位参与国经中心的课题研究，感谢京外课题组负责人不辞辛苦前来参加今天的会议。让我们共同努力，圆满地完成各项课题研究任务。

创新基金课题研究管理和成果转化应用*

（2013 年 1 月 26 日）

我受曾培炎理事长委托，代表中国国际经济交流中心，就中心2011—2012 年度基金课题完成情况和 2012—2013 年度基金课题研究安排情况，作一汇报和说明，请予审议。

一、关于 2011—2012 年基金课题完成情况

2011—2012 年，国经中心共立项 12 个基金课题，包括“全球经济治理与国际货币体系改革研究”、“西亚北非问题研究”、“2011—2012 年宏观调控政策研究”、“避免‘中等收入陷阱’问题研究”等。这 12 个课题由国经中心各部门负责人和具有高级职称的研究人员承担，由中心理事长、部分执行副理事长和副理事长担任课题指导人。

课题立项后，各课题都组成了由相关领域具有较强研究能力的专家学者参加的课题组。在有关课题指导人的认真指导下，各课题组多次召开开题报告会、专家研讨会，广泛听取意见。按照中心对基金课题的管理要求，顺利完成了开题、中期评审和课题结题工作。有的研究成果在中心

* 本文系作者在中国国际经济交流中心第一届基金董事会第四次会议上的工作汇报。

内部刊物《要情》、《研究报告》、《智库言论》等印发，有的以论文或专著的形式公开发表或出版，还有的在中心举办的《经济每月谈》等重大学术活动上通过媒体向社会发布，产生了较好的社会影响。

2012 年 10 月，国经中心专门举行了为期三天的基金课题评审会。课题评审专家对课题研究成果给予充分肯定，发表了重要意见。专家们认为：一是选题具有重要意义。所选课题都是我国经济、政治和社会领域面临的重大问题，这些研究有助于解决我国改革发展中遇到的问题和挑战。二是课题组研究工作态度认真。为使课题研究更加“接地气”，有些课题组深入部门、地方、企业进行实地调研。三是课题运用的资料翔实，论证有力。例如，“促进房地产市场健康发展研究”和“避免‘中等收入陷阱’问题研究”，从大量资料和数据出发，揭示相关问题深层次原因，提交了有较高价值的研究成果。四是多数课题提出了具有针对性和可操作性的政策建议。有的建议颇具创新性、应用性。

曾培炎理事长高度重视评审专家的意见和评审结果，明确要求对研究深度不够的课题要补课，对研究的成果要更好发挥作用。为此，中心要求各课题组进行进一步研究修改，这方面的工作已基本完成，课题研究报告质量进一步提高。

关于 2011 — 2012 年度各项基金课题最终完成情况，我们印发了《2011—2012 年度中国国际经济研究交流基金项目报告提要汇编》，简要介绍了各课题研究的重要思路、重要观点和课题组人员组成等，已放在各位面前。

总体来看，2011—2012 年度各个基金课题都按照立项和任务书下达的要求，较好地完成课题研究任务，形成了一批有较高质量的研究成果，同时也锻炼了研究队伍，提高了服务党中央、国务院决策以及服务企业、社会的能力和水平。目前，我们正在组织评选 2011—2012 年度优秀研究成果，入选的优秀研究成果将纳入中心 2013 年度《智库丛书》，向社会公开出版，届时我们将发送各位董事、各理事单位和会员单位。

二、2012—2013 年度基金课题研究安排情况

按照中央领导的明确要求，总结国经中心成立以来的研究工作实践，2012—2013 年度基金课题从选题、立项到课题管理等方面都作了改进和创新。

（一）更加注重战略性问题研究，选题领域有所拓宽

为了更加全面履行职能，加强重大战略性问题研究，国经中心在 2012 年新成立了战略研究部，主要负责组织和承担重大战略性问题研究工作。我们进一步明确了中心基金课题选题，要紧紧围绕服务党中央、国务院决策，加强战略性、全局性、前瞻性、应用性和创新性研究，研究重点逐步从经济领域向社会、文化、生态、外交和政治等领域拓展。同时，继续加强对企业改革发展所需要的重大课题研究。这既体现了国经中心作为国家高端智库的使命和责任，也符合把我们中心建设成为国际一流智库的方向和目标，有利于更好发挥国经中心的独特优势和应有作用。

为了做好 2012—2013 年度基金课题立项和研究工作，从 2012 年 6 月起，我们就着手研究制定了课题选题指南，并提出选题初步意见。7 月中旬，受曾培炎理事长委托，我主持召开了课题选题和立项讨论会，组织国家发改委、国务院研究室、国务院发展研究中心、全国政协财经委和国经中心等单位的相关负责人和专家讨论研究立项选题。此后，拟定立项的课题分别征求了中心各位副理事长的意见。根据各方意见汇总修改，10 月中旬，形成了 28 个重大选题和初步分工方案，提交中心党政联席会议审定。

这些重大课题，主要是根据我国在当前发展阶段面临的新形势、新任务提出来的，都很重要，大部分具有前瞻性、战略性和综合性。选题范围

涉及经济、社会、文化、生态、外交、政治等领域。既有发展问题，又有改革问题；既有国内问题，又有国际问题；既有近期必须解决的问题，又有长远发展需要预为之谋的问题。例如，《明、后两年世界经济趋势及其对我国经济影响研究》、《美国亚太战略及其对我国影响和对策研究》、《欧债危机及我国的战略与策略研究》、《中国参与全球经济治理框架研究》等，就是要以国际眼光、把握世界大势来研究问题并提出对策。又如，《我国由经济大国迈向经济强国战略研究》、《到 2020 年我国基本完成工业化的主要标志及战略研究》、《推动我国能源生产与消费革命问题研究》、《我国走共同富裕道路问题研究》等，就是针对我国经济进入新的发展阶段要实现的历史任务和需要解决的重大问题所提出来的。再如，《我国所有制结构变化趋势和政策问题研究》、《深化国有企业改革问题研究》，是涉及我国基本经济制度和深化改革方向的重大问题。还如，《社会管理创新问题研究》、《互联网安全与应对策略问题研究》、《食品安全问题研究》等，都是中国现代化进程中社会发展面临的新问题，亟待研究解决。同时，这 28 个课题还包括了一些副理事长提出来研究的，例如，厉以宁执行副理事长建议的《土地确权和农村土地制度研究》、陈元副理事长建议的《我国大宗矿产品的来源和应对策略研究》等，这些问题研究对深化改革和对外开放都很有现实意义和深远意义。以上这些课题完全符合党的十八大精神，充分体现了国家的战略需求，有利于服务治国理政决策。

（二）更加注重课题管理规范化，着力提高研究成果质量

为进一步规范国经中心基金课题研究和管理工作，不断提高基金课题的研究水平，确保研究成果质量，我们在原有的《重大项目管理暂行办法》的基础上，修改制订了《国经中心基金课题管理办法》。进一步规范了课题的招标、委托、立项、评审、检查、结题等工作。通过对外招投标和委托工作程序，认真审查课题申报材料和组织专家评审，最终落实了 28 项课题的指导人和课题组长。

2012年11月5日，我们召开了2012—2013年度中心基金课题启动大会。会上，印发了28个基金重大课题的实施方案。曾培炎理事长亲自出席会议并作重要讲话，我对这些立项课题确定的过程、背景、意义作了说明，并对做好课题研究工作提出了具体要求。国经中心领导和有关工作人员，以及28个课题组指导人、组长都参加了会议。各方面普遍认为，国经中心领导对基金课题是高度重视和精心部署的，都表示一定要认真做好各课题研究工作，力求提交有较高价值、较高质量的研究成果。28个课题组年前已提交了开题报告，有的开展了实质性研究，中心已将各课题60%的前期经费落实到位。

（三）更加注重课题成果转化应用，提高基金使用效益

鉴于中心基金课题研究的宗旨和特点，我们强调对策性研究和应用性研究，并强调课题研究成果的多样性、阶段性和时效性，不强求全面性、系统性，主要是提供多种形式的研究报告，特别是为决策咨询服务的研究成果。课题成果的价值，不仅要体现在研究的质量上，还要体现在研究成果的时效性上。我们既要求提供课题研究的总成果，又要求及时提供阶段性研究成果，并及时转化为实践应用。每个课题可以就相关领域的一些热点和难点问题进行研究，分期分批、多种形式、及时地提交有关研究成果。这样，才能提高基金课题研究水平，充分发挥基金使用效益。

总之，我们将更加重视基金战略性课题研究，更加重视基金课题管理，更加重视拿出高质量的研究成果，更加重视研究成果的转化应用，以更好地服务于党中央、国务院，更好地服务于各理事单位和会员单位，充分发挥国经中心作为国家高端智库的重要作用。

让我们共同努力，为全面贯彻落实党的十八大精神，坚持和发展中国特色社会主义，推动国家和人民事业持续发展，作出积极贡献！

一次特色鲜明的智慧盛宴*

（2013 年 1 月 26 日）

各位嘉宾，女士们、先生们：

今天，经过六个半小时热烈的研讨和交流，第四届中国经济年会就要闭幕了。我受中国国际经济交流中心曾培炎理事长委托，代表年会主办方中国国际经济交流中心，向所有与会的嘉宾和朋友表示衷心的感谢！

这次年会上，我们回顾和总结了 2012 年我国经济社会发展情况，对 2013 年的形势进行了分析和展望。这是一次特色鲜明的智慧盛宴。围绕我国进入经济发展新阶段这个重大主题，26 位演讲和发言嘉宾畅所欲言，各抒己见，献计献策，精彩纷呈；与会人员兴致盎然，聚精会神，分享宏论，增长见识；新闻媒体朋友积极参与，即时报道，快速传递，引起社会广泛关注。这次会议时间虽短，但主旨鲜明，内容丰富，求真务实，开得很好、很成功。

总结今天的会议，我认为至少有三大特点和三大收获：

三大特点，可以概括为三个字，即："新"、"深"、"广"。

一是"新"。这次年会是在学习贯彻党的十八大精神的新背景、新形势下召开的，会议聚焦在经济发展新阶段的新机遇、新挑战、新发展，主题新、立意新、内容新。

---

* 本文系作者在中国国际经济交流中心举办的第四届中国经济年会上的总结发言。

二是“深”。嘉宾演讲和发言视野广阔，想得深、讲得深、寓意深，有的虽然讲的是局部的、微观的经济问题，但做出了深度剖析和深邃论断，提出了发人深思、颇有价值的观点和见解。

三是“广”。研讨内容广泛，不仅涉及国内经济形势，而且涉及世界经济大势；不仅涉及经济、金融领域问题，而且涉及国家安全、外交、社会建设领域问题；不仅涉及发展问题，而且涉及改革开放问题。就是说，讨论的问题具有宏观性、全局性、综合性和前瞻性。

三大收获是：

（一）进一步加深了对我国发展战略新机遇的认识

我国经济社会发展已经站在更高的起点，进入新的发展阶段。从根本上说，新的发展阶段的主要任务，就是全面建成小康社会，全面深化改革开放，由经济大国变为经济强国，实现“中国梦”。完成这样的任务，必须全面认识和准确把握我国发展战略机遇问题。从嘉宾演讲和发言来看，大家对此形成高度共识。这就是，当前和今后一个时期，我国仍处于难得的可以大有作为的重要战略机遇期；但与十年前相比，重要战略机遇期的内涵和条件已经或正在发生新变化。

从国际环境看，和平、发展的时代主题没有变，世界多极化、经济全球化的大势没有变。这有利于我们继续坚持集中力量发展自己，进一步实行对外开放战略。但是，经济低迷成为全球经济新常态，国际市场需求减弱，贸易投资保护主义明显抬头。我们面临的机遇，已不是原来的简单加入全球分工体系、扩大出口、加快投资的传统机遇，而是倒逼我们加快发展方式转变、扩大内需、提高创新能力、增强经济竞争力的新机遇。同时，国际金融危机也为我国企业低成本海外并购获得技术、研发能力、品牌和国际销售渠道带来新机遇。我们必须深刻理解和切实用好这样的战略机遇期，多措并举抢抓新机遇，包括创新开放模式，重点扩大服务业和资本技术密集产业对外开放，积极支持企业走出去，提高参与国际经济治理能力等。

(二)进一步加深了对我国经济面临新挑战的认识

演讲和发言者认为,我国新的经济发展阶段,面临的挑战是多方面的:有显性的,也有潜在的;有当前的,也有长期的;有国际的,也有国内的。当前的主要风险和挑战,是世界经济的不稳定和不确定性。笼罩世界经济的金融危机阴霾并未散去,发达国家经济仍陷于主权债务困境、财政困境、失业困境和经济低迷困境。特别是美国、欧洲、日本不顾对全球经济的影响,先后推出非常宽松的货币政策,潜在的通货膨胀和资产泡沫的压力再度全面加大,新兴经济体又一次面临被“剪羊毛”的风险,也势必会给我国经济带来难以预料的风险和挑战。

从历史上看,新兴大国崛起必然带来国际格局的调整,必然会遭到守成大国的遏制。这是我国在今后较长时期将面临的重大挑战。我们必须增强自信,以战略思维、创新思维、辩证思维,直面挑战,科学决策,妥善应对,采取积极而有效的措施,正确处理国际国内一系列热点、难点问题,正确处理可以预见和难以完全预见的两难的棘手问题。这样,才能在风云变幻的国际经济环境中维护国家利益,在激烈的国际竞争中赢得主动、赢得优势、赢得未来。

(三)进一步加深了对经济发展新要求的认识

会议讨论中不少人认为,我国经济已连续30多年的高速增长,成为世界第二大经济体,这是世界发展史上绝无仅有的奇迹。同时,发展中也存在不少问题,包括国民经济重大关系失衡,部分生产能力过剩,环境污染严重,收入分配差距持续拉大,发展不可持续等问题。

党的十八大提出,要推动经济持续健康发展,这与以往多年的提法有所不同,是一个新要求。强调实现经济持续健康发展,要求的是尊重经济规律,保持经济适度增长,在提高经济质量和效益的基础上实现科学发展、可持续发展。我国经济发展具有广阔空间，也有不少有利条件，今后一个时期我国经济增长率保持在7%—8%不仅是必要的，也是有可能的。但必须加快转变经济发展方式，把推动经济发展的立足点转到提高质量和效益上来，转到优化经济结构和加强生态文明建设上来。就是要在党的十八大提出的“四个着力”、“五个更多”上下工夫。要通过全面深化经济体制改革，包括投资体制改革、金融体制改革、财税体制改革、收入分配制度改革，大力实施创新驱动战略，积极推进经济结构战略性调整，使经济增长更多地依靠内需特别是消费需求拉动，更多依靠现代服务业和战略性新兴产业带动，更多依靠科技进步、劳动者素质提高、管理创新驱动，更多依靠节约资源和发展循环经济推动，更多依靠城乡区域协调发展互动。特别要大力推进城乡一体化，积极稳妥地推进城镇化，着力提高城镇化质量。加大“三农”支持力度，加快农业现代化建设，促进城乡共同繁荣发展。

中国国际经济交流中心作为国家的高端智库，坚持把为党中央、国务院决策服务作为所有工作的重中之重。既要做好近期发展中的热点、难点问题研究，又要做好长远发展的重大问题研究。在这方面，我们希望得到在座各位一如既往的参与和支持。

中国经济年会已举办了四届，每届都有新主旨、新内容、新亮点。中国经济年会已成为各方面专家学者和实际工作者交流观点、激荡思想的平台，成为集思广益、形成共识共鸣的高地。我们相信，有社会各界的关心和支持，有包括在座各位的共同努力，中国经济年会一定会越办越好。

农历龙年即将过去，蛇年就要到来，在这里，我代表主办方中国国际经济交流中心向各位拜个早年，祝大家新的一年里身体健康，万事如意，阖家幸福！

充分发挥学术委员会的作用*

（2013 年 3 月 1 日）

今天召开中国国际经济交流中心学术委员会成员调整后的第一次全体会议。曾培炎理事长高度重视国经中心的学术研究工作，他亲自主持国经中心党政联席会议，审议通过了国经中心学术委员会组成人员调整方案。刚才，郑新立同志宣读了调整后的学术委员会组成人员名单，我受培炎理事长委托代表国经中心给大家颁发了聘书。这次对国经中心学术委员会人员的调整，是根据国经中心加强学术工作的需要，经过充分酝酿后确定的。我们这个学术委员会肩负着指导和组织国经中心学术工作的重要使命，一定要把工作做好。

下面，我主要就如何做好中心学术委员会工作，讲几点看法，供大家讨论参考。

一、深刻认识新形势下做好国经中心学术委员会工作的重要性

总的说，加强学术委员会工作，是由国经中心的职能定位、发展目标

---

* 本文系作者担任中国国际经济交流中心执行副理事长、学术委员会主任在国经中心学术委员会成员调整后的第一次全体会议上的讲话。

和自身建设所决定的。

（一）做好学术委员会工作，是更好为党和国家决策服务的迫切需要

党中央、国务院高度重视民主决策、科学决策、依法决策，并重视完善决策机制。习近平总书记前不久在中央经济工作会议上明确提出，要按照“服务决策、适度超前的原则，建设高质量智库”。国经中心是在中央领导的亲切关怀下，经国家批准成立的研究、交流和咨询服务机构，其主要宗旨和重大使命就是为党和政府的决策服务。

国经中心成立以来，培炎理事长一直十分重视为中央科学决策提供咨询服务工作，相应成立了学术委员会，并做了大量工作。去年初，为了加强战略研究，决定在国经中心成立战略研究部，又调整和充实了中心学术委员会的力量，目的就是加强为中央决策服务职能，以国家重大战略问题需求为主攻方向，进一步开展全局性、战略性、长远性、前瞻性重大问题研究，力求取得有较高价值、较大影响力、应用性强的研究成果，更好地为党中央、国务院提供决策咨询服务；同时，为地方各级政府决策服务，为企业战略发展服务，充分发挥国经中心作为国家高端智库的应有作用。

（二）做好学术委员会工作，是国经中心创建国际一流智库的内在要求

党和国家领导人对国经中心建设高度重视，寄予了很大期望。国经中心的奋斗目标是要建成国际一流智库。是否具有高水平、高质量的研究水平，是衡量一流智库的基本标准。国经中心学术委员会的重要任务，就是要为国经中心的学术研究工作提供平台和环境，通过我们的努力，为早日实现把国经中心打造成为国际一流智库的发展目标作出贡献。

前几天，我看到一份关于当前世界智库发展状况的材料。2013 年 1 月 24 日，美国宾夕法尼亚大学智库项目组发布了《2012 年全球智库年度

报告》。报告称，该项目排名是世界顶级智库的最全面排名，其所依据的是对 1950 位学者、政策制定者、新闻工作者以及课题领域内的专家进行的一项年度全球统计及专家调查。在他们联系的世界 6603 家智库中，全球智库综合排名前五位的，分别是美国的布鲁金斯学会、英国的皇家国际问题研究所、美国的卡内基国际和平基金会、瑞典的斯德哥尔摩国际和平研究所、美国的战略与国际问题研究中心。我国有五家智库被列入前 100 名；其中，中国社会科学院为第 17 名，中国国际问题研究所为第 38 名，中国现代国际关系研究院为第 48 名，国际战略研究中心为第 63 名，国务院发展研究中心为第 100 名。当然，对这个智库项目的排名需要作深入分析，包括其评估排名的原则、标准、因素、参与调查分析人员构成等是否全面、科学，排名的权威性和可比性如何认定等。但这个项目排名毕竟从某种程度上反映着当前世界智库发展的状况。我们国经中心要建设国际一流智库，跻身世界顶级智库前列，很重要的，就是不断提升学术研究和服务决策的水平。

（三）做好学术委员会工作，是提高国经中心研究队伍素质的重要举措

国经中心作为国家高端智库，其最大的优势，就是有中央领导的直接关心和支持，在这里集中了一批具有国家战略研究和政策研究经验的老同志，他们了解党中央、国务院工作需求。同时，经过近几年的引进和培养，一批具有较高素质和能力的年轻研究人员也成长起来了，这些同志工作热情高，知识新，但对实际工作缺乏深入了解，整体研究能力有待提高。加强研究人员的培训和培养，很重要的方式，就是让他们通过参加重大问题的研究，提高他们战略性、全局性和科学性的分析能力，培养他们具有真才实干的工作能力。学术委员会工作的一项重要任务，是要锻炼和培养大批适用于一流智库工作的研究人员，提高中心人才队伍的整体素质、研究质量与水平。

二、明确国经中心学术委员会工作职责和任务

根据国经中心制定的《学术委员会章程》,中心学术委员会负责国经中心学术工作的业务指导、组织协调、课题论证、评审评奖、专业技术职称评聘、开展学术讨论和交流等工作。我们学术委员会整体实力较强,承担的责任也很大,任务繁重。主要职责和任务可以概括为以下五个方面:

第一,拟定重大研究课题,组织实施课题研究。组织和进行课题研究工作是我们中心的重点任务,是做好其他各项工作的重要基础。中心每年可拥有一笔资金用于重大课题研究,每年都要提出一批重大研究课题。学术委员会要研究提出中心基金课题、财政基金课题和重大科研项目等选题的建议和指南,组织好课题立项工作,提高国经中心学术研究的规划和组织协调能力。

第二,进行重大课题研究指导,加强基金课题管理。包括对已确定课题组织开题报告、业务指导、进度检查督促、阶段性成果评议和使用意见,组织验收研究课题总成果和引导成果转化。指导建立规范的课题研究数据库、课题管理档案和课题管理流程。审议课题管理、成果奖励等规章制度。

第三,组织研究成果评审或评奖。着眼于提高研究工作水平,负责对基金课题、财政基金课题和其他科研课题成果评审,负责国经中心研究成果评奖工作。

第四,负责中心专业技术职称评聘。对国经中心符合相应专业技术职称条件的人员进行评聘,并报上级学术机构。

第五,开展学术讨论交流活动。根据国内外形势发展和国经中心工作的需要,经常组织有关人员进行专题研究和深入讨论,及时提出决策咨询建议。同时,对外开展多种形式的学术交流活动。

三、学术委员会工作方式

关于学术委员会会议。中心学术委员会根据工作需要不定期举行全体会议或部分委员的专题会议,学术委员会通过全体会议或专题会议履行职责。全体会议至少每半年召开一次,就中心学术工作进行研究部署或评审活动;专题会议可根据工作需要不定期召开。会议应由委员本人出席,如因故不能参加会议,应事先向学术委员会主任请假,且不能委托他人代为参加投票。没有正当理由连续多次请假或不请假缺席多次的,视为自动放弃国经中心学术委员会委员资格。

关于重大学术事项的决定。决定学术职称评审和优秀成果评审等重大事项时,学术委员会会议须有 2/3 以上学术委员出席方有效,并进行无记名投票表决。学术委员会作出的重大决定,须以适当方式发布,并设有异议期。异议期内如有异议,经征得半数以上委员同意,方可召开全体会议复议。复议形成的决定为最终决定。

关于组织重大课题研究。学术委员会将根据国内外形势发展或国经中心领导临时交办的重大研究咨询任务,不定期组织专题研究。

关于学术讨论交流活动。积极改进学术活动方式,围绕不同主题开展多种学术活动,包括加强同国(境)外有关学术机构的合作交流。

关于学术委员会日常工作管理。学术委员会已经设立了学术委员会秘书处。秘书处负责人由学术委员会秘书担任。学术委员会提出的工作要求,由国经中心有关部门组织实施,秘书处负责处理学术委员会的日常工作。

关于委员会经费保障。学术委员会开展工作所需经费,由国经中心基金给予保障。

四、做好学术委员会工作的几点要求

第一,坚持科学原则,把握方向。学术委员会是国经中心最高学术审议机构。因此,要坚持正确方向,按科学规律办事,倡导学术自由,鼓励创新,尊重科学,崇尚真理,兼容睿智,维护国经中心的学术声誉和相应的学术规范。

第二,坚持勇于探索,开拓创新。努力营造活跃、宽松的学术氛围,学术委员会研究工作和讨论问题时,大家要解放思想、实事求是、与时俱进、求真务实,充分发扬民主,各抒己见,畅所欲言,集思广益。

第三,坚持尽心尽力,认真履责。我们学术委员会的成员,无论是国经中心内部人员,还是外部人员,都要尽心尽力,尽职尽责,积极主动参加和支持学术委员会的有关活动和工作。

我们要在曾培炎理事长领导下,齐心协力,扎实工作,充分发挥国经中心自身优势,彰显学术工作特色,努力开创国经中心学术研究工作的新局面,为把中国国际经济交流中心建设成为国际一流智库作出应有贡献。

在新进站博士后人员座谈会上的讲话

（2013 年 3 月 29 日）

今天是中国国际交流中心举办 2012 年新进站博士后人员座谈会。做好博士后培养工作是国经中心的一项重要职能。首先，我代表国经中心和曾培炎理事长向新进站的博士后人员表示欢迎，对各位能够到我们国经中心的博士后科研工作站做研究工作表示祝贺。

我先讲几个问题，供大家研究、参考。

第一，充分认识国经中心职能定位和工作特点。博士后研究工作是人生旅途中一个很重要的阶段。你们到了国经中心博士后科研工作站，应该感到很幸运。为什么这样讲呢？这是因为，国经中心的性质、定位、功能以及肩负的使命有一定的特殊性。国经中心是一个民间的高端智库，与党政机关研究机构不同，与高等院校也不同。国经中心理事长是国务院前副总理曾培炎同志，他创建并领导国经中心。我们中心的基本定位是为中央决策咨询服务，因此，被国内外有些人称之为“超级智库”。

中国国际经济交流中心是 2009 年 3 月成立的，今年已四周年了。在这四年里开展了一系列研究、咨询、交流活动。国经中心和一般智库不一样，主要为党中央、国务院提供决策咨询服务，当然，也为地方、企业提供咨询服务。四年来，开展了一系列重大活动，包括每两年召开一次全球智库峰会，每年举办一次中国经济年会；定期举行中美“二轨”对话，就是中国和美国前高官进行经济、政治多方面的研讨交流；举办每月经济谈，形成了一大批有重要影响的科研咨询成果。我们有几个内部刊物，还有公开刊物《全球化》杂志。我们内部刊物《要情》，可以直接报党中央、国务院领导同志，还有智库研究报告等，都能及时地反映我们的研究成果。我们还承担了不少地方、企业委托的咨询任务，产生了一批优秀成果。

智库是创造知识产品、思想产品的机构。国经中心的发展目标是建设国际一流智库，这个目标是宏大的。国经中心成立博士后工作站，就是要吸收和培养高素质、高水平的科研人员，这也是我们建设智库一个重要的任务。博士后是研究工作者，又是我们中心重要的组成部分，你到中心博士后工作站了，就要参与我们一些科研工作，承担一些重要任务。我们中心科研工作有三个突出特点：一是宏观性，我们是从国家全局来观察、思考问题，研究一些重大的战略性问题。二是综合性，我们不仅研究经济方面问题，还要研究社会问题、政治问题、外交问题，要有综合性的分析问题能力。三是政策性，能够为制定政策服务，而不是单纯学术性研究问题。你们在研究问题时，要把握好国经中心的性质、定位、职能、要求，要有宏观方面的思维和知识，要有综合性研究问题的思维和知识，要有政策性研究问题的思维和知识。我先把国经中心博士后科研工作站的这种特殊的性质定位讲一讲，对你们今后研究问题是有帮助的。

第二，深刻认识我们国家面临的形势和发展阶段。去年党的十八大和刚刚召开的全国“两会”，产生了新一届中央和国家领导人，确定了我国发展方向任务，就是坚定不移沿着中国特色社会主义道路前进，全面建成小康社会。习近平总书记提出来实现中国梦。中国梦的基本内涵就是实现国家富强、民族振兴、人民幸福。我们国家是站在这样一个的新起点上。从这半年来看，新一届党中央以新的工作思路、新的执政风格、新的进取精神，制定了一系列新的大政方针，作出了一系列新的决策部署，带领全党全国人民在新的起点上奋发前进。要实现新时期的目标任务，实现中国梦，最关键的就是要有足够的高素质人才，特别是要有创新型人才。身为博士后的科研人员，应该努力使自己成为新的历史时期所需要的优秀人才。

第三,科学认识博士后科研工作的选题和重要意义。你们每个人进站的选题,都考虑了实现中国梦这样一个大目标。站位高,起点高,目标追求也高。这很好!你们的选题符合国家发展战略,考虑了国家的未来,也是自己发展的未来,你们自己的命运和国家的命运紧密相连。我认为你们的研究课题都很好,当然有的课题还可以与有关导师一起商量,把主题选得更集中、更明确一些。我们在座有三位同志都准备做城镇化研究,大家都很关注城镇化,城镇化也的确是我们国家现代化发展的必然趋势,可以说是一个大趋势。中央特别强调要积极稳妥发展城镇化,为什么强调积极稳妥发展城镇化?城镇化的一般规律是什么?中国特色城镇化的规律是什么?这些基本问题都需要深入研究。中央提出,要走中国特色新型城镇化道路,什么叫新型城镇化?什么叫中国特色城镇化?它们的内涵是什么?都需要深入研究。城镇化要积极推进,但不能搞“大跃进”,现在一些地方搞“大跃进”,这样的倾向很让人担忧,如果引导得不好很可能要走弯路。所以,要进行一系列深入研究,包括如何认识城镇化和工业化的关系、城镇化和信息化的关系、城镇化和农业现代化的关系。有些人认为城镇化就是盖大楼、修大马路,多占用土地,追求大规模,这是不对的。要特别强调优化城镇的布局、形态、功能,大中小城市合理布局和协调发展,要科学发展城市群。城市化的根本问题,就是人的城市化,要让进城务工人员能够平等享受城市人的生活。这些说起来很容易,怎么处理好各种关系,都需要很好地研究。所以,我建议你们把自己研究课题的主题更集中一些、更明确一些。就是把握好聚焦点,研究的主题更突出、主线更清晰,你们可以与有关导师再商量一下。选好题目就等于做好课题的一半,选题非常重要。

第四,几点希望和要求。

第一,要明确我们科研的目的和方向。我们研究的课题要紧紧围绕党和国家发展的中心任务,就是为推进中国特色社会主义事业发展服务。我们不是搞一般的学术研究,研究课题要紧紧围绕丰富和发展中国特色社会主义理论，坚持和完善中国特色社会主义制度。要明确我们的政治方向，当前的政治领域、意识形态领域、经济领域，各个领域都有多种多样的思想，有多种多样的观点，我们要全面地、准确地贯彻落实党的“一个中心，两个基本点”的基本路线，不受任何错误思想倾向的影响。我们要把握正确的政治方向，关键就是要切实把握这一条。坚持改革开放，中国没有改革开放就没有今天，如果没有改革开放也不会有明天，但改革开放也有个方向问题。

第二，要着眼于提高自身的素质和能力。你们之中有的是处长，有的是企业家，素质都很高，但是要承担更重要的任务，要争取更大的进步，就必须不断提高思想政治素质、知识业务素质，特别要注意提升五个方面的素质和能力。一是提升学习能力。学习能力的大小，决定一个人今后工作业绩大小，也决定一个人的发展前途。学以立德、学以增智、学以陶情、学以致用。现在是信息化时代，社会瞬息万变，不学习就跟不上时代发展，不学习就会被淘汰。首先要学习科学理论，特别是中国特色社会主义理论，也要学习哲学，学习业务知识。二是提升思维能力。博士后人员要提高自己的科学思维能力，包括研究问题要有战略思维，要有辩证思维，要有理论思维。提高科学理论的思维能力，就要总体把握，系统思考，要全方位提升思维能力。三是提升政策研究能力。我们要培养政策研究型人才，就是善于研究经济社会发展政策，能够参与研究制定政策。政策学是一门学问。你们政策水平高低关乎今后成长进步。要提升理解贯彻中央政策的能力，还要有研究落实政策措施的能力，善于创造性地结合本单位实际执行政策。四是提升创新能力。博士后科研工作站人员特别要有创新能力，不能光是吃人家嚼过的馍，要解放思想，要敢于和善于创新，要在已有成果的基础上进行新发现、新创造、新发明。五是提升实践应用能力。就是善于把学到的东西有效应用到实际工作中去。

第三，要坚持理论联系实际的方针。我们研究问题、思考问题，要理论联系实际，具体来说就是要坚持问题导向。问题是社会的声音，首先要把研究领域的问题找准,从研究问题出发,而不是从原则出发。同时,要处理好基础研究和应用研究的关系,你们选择的这些题目里,有些涉及到基础研究、基本理论问题,有些涉及到应用研究、对策研究,但我们国经中心要更加注重应用研究。要处理好理论研究和实践创新的关系,这是我们国经中心博士后科研工作站应有的理论联系实际的作风。

第四,要追求高标准高质量高水平。我们希望通过在博士后科研工作期间,能够多出有分量、有价值、高质量的科研成果,提供对国家改革发展有重要作用的成果,不要只追求在刊物上发表多少篇文章,而要真正能够提供给决策者参考,对实际工作有用的成果。

最后,希望各位要珍惜在博士后科研工作站的工作机会,善于学习、勤奋学习、刻苦学习,树立良好的学风。要遵守科研工作站的纪律。注意处理好学习研究和工作的关系。你们绝大多数都是在职的,既要搞好科学研究又要把工作做好,做到两不误。希望你们能够通过两三年的学习研究,使自己思想境界有所提高、学识水平有所提高,科研能力也有所提高,服务理论创新、实践创新的能力都有所提高,不要虚度这两三年的光阴。我们国经中心博士后科研工作站也要尽力为大家提供好的学习研究环境和条件。我们科研工作站今后要逐步改善工作的环境条件,尽量为博士后人员学习、工作、生活提供比较好的条件。目前还是处于创业时期,你们有什么希望和要求可以及时提出来。让我们共同努力,把国经中心博士后工作科研站的工作做得更好。

努力办好《全球化》 提升智库影响力*

（2013 年 4 月 18 日）

今天，我们召开《全球化》杂志新组建编委会之后的第一次会议，主要任务是研究如何进一步办好《全球化》杂志，特别是如何提高刊物的质量和水平，扩大刊物影响力、知名度、发行量，请诸位出谋划策。首先，我代表曾培炎理事长，欢迎大家百忙之中前来参加会议，并向各位对《全球化》杂志创办以来给予的支持表示衷心的感谢！我作为编委会主任先讲一些情况和意见，供大家讨论参考。

一、《全球化》创刊以来的基本情况

中国国际经济交流中心成立之初，曾培炎理事长就高度重视刊物工作，提出出版一份智库期刊。2010 年初正式启动杂志筹备工作。2010 年 3 月在国经中心党政联席会上，培炎理事长将杂志定名为《全球化》，并将其定位为：为中国提升在国际经济事务中的话语权服务；为推动中国企业“走出去”服务；争取成为各级决策者的“参谋”与“助手”。办《全球化》杂志的重要性是不言而喻的，《全球化》杂志的定位也是十分清晰的。

---

* 本文系作者在中国国际经济交流中心主办的《全球化》杂志新组建的编委会会议上的讲话。

2011 年 1 月 15 日，在国经中心举办的中国经济年会上，《全球化》杂志正式创刊。在创刊号上，培炎理事长为《全球化》题写了刊名和办刊宗旨："同享人类智慧，共谋全球发展"，并撰写"发刊词"。创刊号在国内首发 20000 册；全国"两会"期间加印 5000 册，送到全国人大代表、政协委员的驻地。《全球化》南方站免费加印 20000 册《全球化》海外华人版，空运至 18 个国家和地区。应当说，这个启动开局很好！

创刊后，《全球化》以面向高中端的定位，围绕国经中心的研究、咨询和交流工作、中心举办的中国经济年会、全球智库峰会、博鳌亚洲论坛、G20 专家会、经济每月谈等国内外会议，刊登了多位国家领导人和专家、学者的文章，以及基辛格、斯宾塞、蒙代尔等国际著名学者和外国前政要的专访和文章。出版了博鳌亚洲论坛专辑、中国企业国际竞争力专辑，并初步建立了一个高层次的编者与作者队伍，编辑人员大多是长期从事新闻工作、有丰富经验的干部。培炎理事长从创刊号起，期期把关，对 2011 年的 7 期每期都有具体的指导意见，从而确保了《全球化》杂志的内容和定位，既有高层观点，又有各方需要的信息。《全球化》创刊后第一年，全年出版 7 期；2012 年全年出刊 10 期。创刊以来至 2013 年改版前共出版 17 期。每期《全球化》杂志送中央、国务院有关部门负责人征求意见，受到许多领导和专家的肯定，在国内外发挥了一定的影响力。

但是，《全球化》杂志目前面临着不少困难。突出的是：（一）收费的发行上不去；（二）财务负担沉重；（三）队伍结构不完善，一些编委会人员没有到位；（四）广告部、发行部没有设立；（五）刊物缺乏有特色的、理论性和政策性强的文章。此外，来自国外特别是海外华侨的反映是，《全球化》应该有英文版，否则难以实现国际交流尤其是国际智库之间的交流，难以提升中国在国际事务中的影响力。

以上可以看出，《全球化》是一个有出版授权、有明确办刊宗旨的刊物，三年来编委会和有关同志做了大量开创性的工作，但由于多方面的原因，这个本应该有较大影响力的刊物发展面临着不少困难。国经中心领导多次开会研究存在的问题,决定加强和改进《全球化》工作。

二、《全球化》改进工作的初步设想

曾培炎理事长十分关心《全球化》的发展,提出了明确的办刊思路和要求。他指出:"《全球化》应本着兼容并蓄、百花齐放的原则,着力打造全球经济思想库,构建一个智库交流的平台,成为广大读者观察国际问题的重要窗口和共享思想盛宴的便捷之门。"按照培炎理事长的指示,我们今年对《全球化》进行了新的改进工作。进一步明确了刊物定位、栏目设置、发展目标,重新组建了顾问委员会、编委会、编辑部等工作机构,重新组建了刊物运营、发行机构,使刊物发展逐步走向规范化。现在,全国刊物上万种,要使刊物在竞争中生存、发展,就要提高办刊水平。为此,我们初步考虑,要着力抓好以下几个方面。

(一)突出智库特色,明确刊物定位

中国国际经济交流中心是国家高端智库,其主要任务是为党中央、国务院服务,为地方党委政府和企业服务。因此,服务于国家重大战略需求,对全局性、战略性、前瞻性的问题提出真知灼见,是智库的核心竞争力。必须按照曾培炎理事长提出的"共享人类智慧,共谋全球发展"的核心理念,以及办好中心的"创新、求实、睿智、兼容"八字训言,根据国经中心作为国家高端智库的特点,充分发挥优势,彰显智库特色。坚持正确的办刊宗旨、办刊方向,坚持高中端定位、高层次起步,力争将《全球化》办成具有全球视野,服务宏观决策,推动企业发展,集聚各类人才,具有理论性、应用性、创新性和权威性的经济类期刊,成为党委政府部门、科研机构、企事业单位从事国际经济研究、交流和把握经济动向的重要平台。

在刊物内容上,《全球化》集学术性、理论性、政策性、应用性、知识性

于一体,针对国际国内经济和社会发展的重大问题推进研究、交流。适应经济全球化新形势,在注重国际经济问题的同时,逐步向国际政治、外交、社会、文化、安全等方面拓展,探讨全球化带来的机遇与挑战、改善全球经济治理、建立国际经济新秩序等重大问题。同时,及时、全面地反映中国经济社会发展的重大问题和政策,关注宏观经济运行、产业发展、区域发展、企业发展中的重点、难点问题,提高经济形势分析预测的科学性、及时性和权威性;积极推动对外开放,提高开放型经济水平,尤其为中国企业加快"走出去"提供政策和咨询服务,为跨国公司进入中国提供引领和支持。目前,刊物在国际经济分析的预见性、宏观经济预测的权威性、经济政策制定的阐释性,以及企业国际化经营的示范性等方面,都逐步体现出自身的特点与优势。应该说,我们有了一个好的开端。

在刊物服务对象上,主要面向党政决策部门,面向企业经营管理者,面向高等院校、科研机构的理论研究工作者等。

(二)提高刊物质量,改进栏目设置

我们要大力实施质量兴刊战略。"百年大计,质量为本","百年大计,质量第一"。质量是一个刊物生存发展的根本,也是保持刊物生命力、竞争力的关键。必须不断凝聚一批知名的领导干部、专家学者队伍,培养一支高素质的编辑队伍,围绕服务党中央、国务院的中心工作,刊发有重要价值、高质量的文稿,推出有重要影响的精品力作,这是提高《全球化》刊物质量,增强核心竞争力的关键所在。

为此,我们在刊物内容和栏目设置上,力求突出特色,主要设置了以下栏目。

——高层论坛。重点刊登国际国内高层领导、政要的重要言论,资深专家的重要论述,突出文章的权威性、导向性、战略性和影响力。

——理论学术前沿。侧重反映国内外理论学术界具有前瞻性、创新性的重大研究成果,反映国际国内理论研究的新动态、新突破、新进展。

——宏观经济运行。加强宏观经济形势的分析预测，包括加强计划、财政、金融、投资、消费、收入分配、社会保障、劳动就业、体制改革、对外开放等重大问题的研究、交流。

——世界经济走势。加强世界经济形势的分析预测，对国际产业转移、国际金融体系、国际货币政策、国际经济合作、国际经济关系等问题的开展研究、交流，为政府和企业正确把握世界经济形势提供参考借鉴。

——国际投资。加强对我国海外直接投资、企业跨国经营以及利用外资等问题的研究、交流，为中国企业"走出去"、外资"引进来"提供理论与政策引导。

——国际贸易。对我国货物贸易、服务贸易、国际服务外包等问题进行研究、交流。

——产业发展。加强国际国内产业发展和产业结构调整的研究、交流，反映国民经济各行业发展的现状、问题及政策措施，为国家制定各行业的发展政策提供依据。

——企业发展。加强国际国内企业发展的研究、交流，为探索企业国际化战略、国有企业改革、中小企业发展、非公企业成长，提高企业国际竞争力提供智力支持。

——区域经济。加强对我国区域经济协调发展的研究、交流，为制定区域发展战略，促进东、中、西部地区协调发展建言献策。

——调研报告。刊登中央部门、地方来自一线的调研报告，为经济决策者提供政策建议。

——案例介绍。重点刊发企业"走出去"的成功案例和教训。通过对典型案例的解剖，为企业海外投资，培育中国跨国公司提供经验和示范。

——名人观察。反映国际和国内名人对于中国和世界重大问题的看法。

——投资地理。重点介绍投资对象国经济、政治、文化、法律、人文、民俗等方面情况，为中国企业海外直接投资提供参考依据。

（三）明确编辑方针，坚持精益求精

我们的刊物要做到高标准、高质量、高水平、有特色，就要更加注重战略性、超前性、服务性，就必须把握正确的办刊方向，明确编辑方针。

一是坚持围绕中心，服务大局。围绕党和国家的中心任务和工作大局，更好地为中央决策服务，为社会各界和企业服务。

二是坚持百花齐放，百家争鸣。编辑工作做到解放思想，实事求是，与时俱进，求真务实；全面、准确贯彻党的路线方针政策；同时，尊重科学，尊重学术自由，允许不同的观点交锋，各抒已见。

三是坚持理论联系实际，倡导良好文风。选用稿件不仅重视理论研究，而且重视应用价值，注重研究成果对实际工作的指导作用，不讲大话、空话、套话。文章注重长短结合，既要有大容量的深入研究成果，也要有短小精悍介绍性的文章。

四是坚持精益求精，着力打造精品。我们对刊物编辑的流程、环节、稿件录用等方面都有明确的要求，建立与作者的沟通机制，避免差错；逐步建立专家审稿机制，确保文稿质量，保证学术纯洁和公正。

（四）确定发展目标，制定保障措施

我们设定的目标是，争取通过 3 年的努力，将《全球化》办成国内经济类核心期刊；通过 5 年的努力，办成一流的具有影响力的期刊，成为全球主要智库的重要交流刊物；通过 10 年左右的努力，办成具有国际影响力的著名期刊。

为此，我们采取以下改进措施：

1. 重新聘请顾问、资深专家和组建编委会。我们目前的顾问、资深专家队伍和编委会，可以说是阵容庞大，名家荟萃，集聚了国内外一些顶级

的专家学者，为提高刊物权威性，提供一流稿件奠定了重要基础。目前，许多顾问、资深专家、编委都为刊物提供了高质量的文章，我们希望大家提供越来越多的好文章。

2. 重新组建编辑部。目前的编辑人员都熟悉经济、理论和政策，从事编辑工作多年，思想和业务素质较强，编辑部的组稿、审稿工作也逐步走向规范化。当然，我们还要进一步加强编辑队伍建设，这是提高刊物水平的重要保证。要贯彻落实好我们的办刊宗旨，提高刊物质量，就要有一支政治素质、专业素质优良的编辑队伍。

3. 建立文稿评审制度。我们逐步实行文章匿名评审制度。目前，正在建立一个国际和国内的专家库，这个专家库涵盖领域宽、范围广、权威性强。

4. 建立联系合作机制。我们建立了与《新华文摘》、《人大复印资料》以及网站等转载媒体的合作机制；建立与国家发改委、国家新闻出版署等有关主管部门的联系渠道；建立与《中国社会科学》、《经济研究》、《管理世界》、《财贸经济》、《工业经济》、《宏观经济研究》、《国际贸易》等主要学术期刊的联系机制。这样，有利于扩大刊物影响。

5. 加大刊物推介力度。我们要通过各种宣传方式，提高刊物的知名度、影响力，扩大发行量。

6. 积极创造条件，创办《全球化》英文版，加大在境外发行力度，提高国际影响力。

7. 加强刊物的国（境）外交换与交流。

（五）组建运营机构，搞好刊物经营发行工作

《全球化》的发行工作，通过邮局订阅、自办发行两个渠道保证订户数量增长。除邮局订阅外，重点针对企业、政府部门、科研机构、高等院校、行业协会等有关机构开拓订户市场。

三、对编委会成员的希望

这次调整的编委会成员,大多是国内外知名的研究工作者。编辑部要建立定期沟通机制,认真听取大家的办刊观点和意见。同时,也希望各位编委充分发挥作用,尽职尽责、尽心尽力,高度重视和关心这个刊物,积极赐稿、审稿,协助做好有关工作,经常推荐好的文章,多提意见和建议。

我们相信,通过编委会的共同努力,一定能够把《全球化》这份重要刊物办好,办出特色,办出水平,办成国内外具有影响力的一流智库刊物,为创办中国特色新型智库、推进我国改革开放和现代化建设作出应有的贡献!

在第三届全球智库峰会欢迎晚宴上的致辞

（2013 年 6 月 28 日）

尊敬的各位来宾，女士们、先生们、朋友们：

大家晚上好！

现在，我们欢聚一堂，热烈祝贺举世关注的第三届全球智库峰会隆重举行。在此，我谨代表中国国际经济交流中心曾培炎理事长、代表中国国际经济交流中心全体同仁，向来自全球各类智库的朋友们表示热烈欢迎和衷心感谢！

今天上午，中国国务院总理李克强会见了参加本次峰会的中外代表，发表了重要讲话。在今天下午的开幕式上，中国国家副主席李源潮发表了重要演讲，曾培炎理事长作了致辞，基辛格先生等嘉宾作了主旨演讲。大家围绕这次峰会“新格局、新合作、新发展”的主题，各抒己见，观点鲜明，精彩纷呈，不乏真知灼见。参加峰会的各位来宾，专家学者，以及经济界、企业界和新闻界朋友产生了浓厚兴趣，受到了有益启示，生动地显示了全球各类智库的智力和风采。

明天是本届峰会主要交流讨论时间。上午将举行峰会的主论坛，包括“国际经济格局变化及其影响”和“国际经济格局变化与国际关系调整”这两方面内容，将有 45 位嘉宾发表演讲和参加讨论。下午将组织五个平行分论坛。各位可以直接参加讨论交流，希望迸发出更为珍贵的思想火花，为全球实现新格局、新合作、新发展作出贡献！我们相信，明天的论坛一定会取得更多的可喜成果，让论坛参与者获得更大的教益。

全球智库峰会已经成功举办了两届，每届都取得了丰硕成果。首届全球智库峰会于2009年7月举办，主题是“全球金融危机与世界经济展望”，全球智库界朋友们首次在北京相聚。第二届全球智库峰会于2011年6月举办，主题是“全球经济治理：共同责任”。本届峰会的主题是“新格局、新合作、新发展”。智库峰会不仅有利于深入讨论共同关注的全球性重大问题，而且有利于促进全球智库的发展与合作，这是全球各类智库交流形式的重要创新。继续办好全球智库峰会，很有意义。

各位嘉宾、各位智库界的朋友们，让我们共同努力，使本次全球智库峰会产生出更高水平、更好质量、更有价值、更加丰硕的智慧成果。

现在，我提议，请大家举起手中的酒杯，为第三届全球智库峰会的成功举办，为各国智库的友好交流，为在座嘉宾和朋友的健康，干杯！

五、在北京师范大学中国社会管理研究院期间

2012 年 5 月，魏礼群在北京师范大学中国社会管理研究院主办的中国社会管理论坛上发表主旨演讲

努力办好中国社会管理研究院
为加强和创新社会管理作贡献*

（2011 年 5 月 7 日）

各位领导、各位来宾、各位老师、各位同学：

大家上午好！在这百花争艳、充满希望的春天，北京师范大学中国社会管理研究院今天在这里举行成立大会暨首届中国社会管理论坛。首先，我本人并代表中国社会管理研究院，对各位前来参加会议和论坛，表示热烈欢迎和衷心感谢！刚才，几位来宾发表了热情洋溢的致辞，我们也表示诚挚的感谢！

借此机会，我想向诸位简要报告有关成立研究院的几个问题，主要讲为什么要成立中国社会管理研究院，我为什么应邀出任研究院院长，办什么样的研究院和怎样办好研究院。

中国社会管理研究院是顺应当今世界新变化和我国发展新阶段新要求成立的。从国际上看，世界正处在大发展大变革大调整时期，经济政治格局发生新变化，国际力量对比出现新态势，全球思想文化交流交锋呈现新特点，综合国力竞争和各种力量较量更趋激烈。最近，西亚、北非一些国家政局动荡甚至政权更迭，这些地区发展走势及其对世界影响难以预料，世界不稳定不确定因素增多，我国发展的外部环境更趋复杂。从国内

* 本文系作者被聘任为北京师范大学中国社会管理研究院院长后在中国社会管理研究院成立大会暨首届中国社会管理论坛上的讲话。

来看,经过30多年的改革开放和现代化建设,我国经济社会发生了历史性的巨大变化。工业化、信息化、城镇化、市场化、国际化进程不断加快,体制转轨和社会转型全面推进。当前和今后一个时期,是全面建设小康社会、推进社会主义现代化的关键时期。党中央明确指出,综合判断国际国内形势,我们国家发展仍处于重要战略机遇期,可以大有作为,同时又处于社会矛盾凸显期和多发期,面临诸多可以预见和难以预见的风险与挑战,需要解决一系列新矛盾新问题。近些年来,社会管理领域问题增多,这是我国经济社会发展水平和阶段性特征的集中反映,加强和创新社会管理势在必行。党中央、国务院总揽全局,审时度势,作出了一系列重要决策和部署。党的十七大明确提出了“完善社会管理”,“推进和谐社会建设”的重要决策。党的十七届五中全会进一步作出“加强和创新社会管理”的战略部署。特别是今年2月,中央又举办省部级主要领导干部社会管理及其创新专题研讨班,胡锦涛总书记等中央领导同志作了重要讲话,深刻阐述了加强和创新社会管理的重要性和紧迫性,并明确提出了重点任务和要求。温家宝总理在今年3月十一届全国人大四次会议的《政府工作报告》中,对加强和创新社会管理也作出了明确部署。前不久颁布的《国民经济和社会发展第十一个五年规划纲要》,提出了今后五年加强和创新社会管理的重大任务。党中央、国务院把社会管理放在现代化建设更加重要的战略位置,是我们党对人类社会发展规律、社会主义建设规律、共产党执政规律认识的新升华,是深入分析我国发展阶段性特征新要求作出的重大战略部署,也是人民群众对党和政府的新期待。顺应时代发展新变化和我国发展的新要求,一年前,中共北京师范大学党委就提出并经过一个时期的酝酿,于去年10月22日正式决定成立中国社会管理研究院。这是颇有政治敏锐性和历史眼光的重要决策。

国务院领导对北京师范大学成立中国社会管理研究院十分重视。中共中央政治局委员、国务委员刘延东同志和国务委员兼国务院秘书长马凯同志都作了重要批示。刘延东同志在批示中指出:北京师范大学成立中国社会管理研究院，是教育系统贯彻中央加强和创新社会管理决策部署的一个新举措，希望发挥北师大在教育管理研究上的优势，有效整合资源，坚持高标准、高质量、高水平，重视加强理论和实践的创新研究，积极开展政策咨询服务，为社会管理人才培养和学科建设提供智力支持，为完善中国特色社会管理体系、提高社会管理科学化水平、建设和谐社会贡献力量。马凯同志在批示中，对北京师范大学中国社会管理研究院正式成立表示祝贺，并提出殷切期望：希望研究院坚持正确的办院方向，坚持理论联系实际，坚持有特色高水平，大力培养高素质的社会管理人才，积极提供高质量的社会管理科研、咨询成果，为完善中国特色社会管理体系、提高社会管理科学化水平、建设和谐社会作出应有贡献。国务院领导的重要批示，是对成立中国社会管理研究院的关心、支持和鼓励，我们一定要认真学习领会和全面贯彻落实。

北京师范大学领导邀请我担任中国社会管理研究院院长，我欣然应允，主要基于以下几点。一是我深感社会建设和社会管理十分重要。加强和创新社会管理，既是我国新形势新任务的迫切需要，又是发展中国特色社会主义事业的内在要求，也是我们国家长治久安、人民幸福安康的关键所在。致力于社会管理研究工作意义重大。服务党和国家大局需要，是我毕生的追求。二是我长期在党中央、国务院综合部门主要从事宏观经济管理和政策研究工作，同时也一直关注并进行社会建设和社会管理方面的政策研究。30 多年来，我参与或主持了党中央、国务院的一系列重要文件起草，主持过许多重大课题研究工作，在这个过程中，我掌握了一些社会建设和社会管理的知识，也形成了自己对社会建设和社会管理问题的认识和见解。1978—1994 年，我在原国家计委工作的 16 年间，曾参与或主持过这些年间国民经济和社会发展五年规划和年度计划的编制及有关文件起草工作，每个五年规划和年度计划中都需要研究解决不少社会发展问题。上个世纪 90 年代，我还担任过中国社会学会中国社会保障研究会会长，参与了这个领域的组织和研究工作，形成了一批重要研究成果，对社会发展研究和实际工作起到了积极作用。1998—2008 年在中央财经领导小组办公室和国务院研究室工作期间，也直接参与或主持过社会建设和社会管理重要文稿的起草工作。应当说，我对社会建设和社会管理研究工作有了一定的基础。三是北京师范大学是我的母校，为母校贡献自己所能是学生义不容辞的职责。上个世纪 60 年代，我在北师大历史系学习五年，令我受益匪浅，终身难忘。我对北京师范大学充满感激之情，理应回报母校的培养。四是北京师大领导提出邀请我出任研究院院长之后，我征求了国务院有关领导和教育部领导的意见，他们都表示支持。因此，我愿意与北京师范大学领导和同仁们一道，为办好社会管理研究院贡献绵薄之力。

近几个月来，对于办什么样的社会管理研究院，怎样办好社会管理研究院，我进行了一些思考，并征求北京师大领导和有关方面的意见，形成了一些思路，有些已经写入研究院章程。下面，我就研究院的主要职责、工作原则以及办院理念和院风作一些说明。

（一）关于研究院主要职责

概括起来有四个方面，即育人、科研、资政、合作。一是育人，就是培养社会管理方面的高层次人才。加强和创新社会管理，关键在人才。早在 2006 年党的十六届六中全会通过的《中共中央关于构建社会主义和谐社会若干问题的决定》中就指出，要“建设宏大的社会工作人才队伍”。“造就一支结构合理、素质优良的社会工作人才队伍，是构建社会主义和谐社会的迫切需要。”要培养宏大的社会工作人才队伍，就必须建立和完善相关的人才培养机构。这些为我们办好中国社会管理研究院指明了方向。我们要把培养高层次高素质社会管理人才作为重要任务。二是科研，就是开展社会管理领域的思想理论研究，推动社会管理学科建设。社会需要产生伟大的实践，伟大的实践需要以科学理论为指导。研究院将开展社会管理领域科学理论研究，推动社会管理学科发展和相关知识库建设，积极适应社会管理需求，开展社会管理战略性、前瞻性和创新性研究，在重视基础研究的同时，重点进行应用性研究，努力提高学术水平和研究成果质量。要建设社会管理重大创新平台和创新团队，为推进理论创新和实践创新服务。三是资政，就是紧紧围绕党和政府提出的社会管理需求，深入进行调查研究，积极开展政策咨询服务。着力就加强和创新社会管理开展实证研究、对策研究，努力为党和国家科学决策、民主决策作出贡献。四是合作，就是加强国内外合作交流。坚持开放开门办院，加强与国外学术组织、国际组织，国内各级政府、高校、科研机构、企业及其他机构的合作交流。总之，要把研究院办成社会管理人才培养的重要基地、社会管理领域理论研究的重要中心、社会管理政策咨询服务的重要智库、社会管理研究方面对外合作交流的重要平台。

（二）关于研究院工作原则

要坚持以下几条：一是坚持高举旗帜，服务大局。这是研究院工作的根本方向。要始终高举中国特色社会主义伟大旗帜，紧紧围绕党和国家的中心任务，围绕服务完善中国特色社会管理体系，积极开展教学、科研、咨询工作，培养人才，研究问题，总结经验，探索规律，提升服务水平。二是坚持解放思想，与时俱进。提倡独立思考，自由探索，敢于冲破不合时宜的观念束缚，善于用新观念、新思想和新办法研究和解决新问题，大胆探索，勇于实践，不断创造。三是坚持发挥优势，突出特色。北京师范大学有一百多年深厚博大的文化积淀和优良光荣的革命传统，是国家首批重点建设的十所大学之一，特别是长于教育管理教学和研究。近年来大力实施国际化战略，与近百所境外大学和研究机构建立了合作关系，社会影响和国际声誉不断提升，在创办世界一流大学的征程上迈出了坚实步伐，取得显著成就。这些都是北京师范大学的巨大优势，中国社会管理研究院要充分依靠和发挥这些优势，同时要彰显特色，形成教学、科研、咨询三位一体的发展模式。四是坚持知行统一，注重调查研究。贴近实际，贴近群众，贴近基层，尊重创造，尊重实践，树立理论联系实际的学风，做到理论与实践的统一，知与行的统一。五是坚持包容多样，博采众长。以社会主义核心价值体系为引领，鼓励百花齐放、百家争鸣，努力创造宽松、平等、和谐的学术氛围，搭建学术自由交流的平台，允许不同学术思想的论争和并存。积极学习、研究和借鉴世界各国一切有益的社会管理理念、做法，广泛吸收人类文明进步的成果，特别是现代化社会管理经验。六是坚持注重质量，打造品牌。站在高起点，坚持高标准、高质量、高水平，着力形成集群优势，多培养优秀人才，多出有价值的科研成果，多提供高质量的政策咨询建议，充分发挥研究院的应有作用。

（三）关于研究院理念和院风

从根本上说，就是秉承北京师大"爱国进步、诚信质朴、求真创新、为人师表"的优良传统和"学为人师，行为世范"的校训精神；同时，根据中国社会管理研究院的定位和功能，我们提出八个字作为院训，即"厚德、唯实、创新、卓越"。厚德，就是树立大的德行和高尚的品格。我国先贤哲人十分重视修身立德。《左传》中说："太上有立德，其次有立功，其次有立言，虽久不废，此之谓不朽。"这是把立德作为最高境界和标准，品德高尚为先，建功立业次之，著书立说再次之。我们党历来十分重视思想道德建设。修身立德不仅是立命之本，也是从政之基。无论对于教师，还是对于学生，加强道德修养都至关重要。研究院的师生，既要学会怎样教学，学会怎样做学问，更要学会怎样做人，首先要学会做人。从根本上说，忠诚于国家和人民的事业是最大的德，要坚持以实现国家富强、民族振兴、人民幸福为己任。同时，要注重道德品行修养，做一个情操高尚的人。唯实，就是一切从实际出发。"不唯书、不唯上、只唯实"，实事求是，察实情、说实话、出实招、办实事。只有忠实于事实，才能忠实于真理。无论教学还是科研、咨询，都必须有精细严谨的科学精神和求真务实的工作态度，按照客观规律办事，不夸大，也不缩小，不跟风，也不人云亦云。崇尚科学，追求真理。只有这样，我们的教学、科研、咨询成果才能有真知灼见，于世有补，经得起实践和历史的检验。创新，就是革故鼎新，改革创新。《诗经》中的“周虽旧邦，其命维新”和《诗品》中的“如将不尽，与古为新”，都强调改革创新决定着中华民族的前途和命运。创新是一切发展与进步的不竭动力。要推进研究院工作理念创新、体制创新、机制创新、制度创新、管理创新、业务创新，大力营造改革创新的氛围，使每个人的创新愿望得以实现，创新才华得到展示，创新智慧竞相迸发。卓越，就是要志存高远，勇于超越。积极向上，不懈进取，止于至善，让追求卓越成为一种习惯，建设一流的队伍，创造一流的业绩，多出堪称精品、高质量的一流成果。我们之所以把这些作为院训，既有古香古色之雅韵，又有新世新意之美质。它体现了人之素质的整体之美，也反映了研究院未来发展的美好愿景。

各位领导、各位来宾、各位老师、各位同学，中国社会管理研究院的成立，承载着重要的使命和任务。作为研究院院长，我将践行研究院的宗旨，忠于职守，不辱使命。为此，一要把握正确方向。全面贯彻党的教育方针，遵循教育规律，服务国家发展战略，使研究院始终沿着正确的道路前进。二要搞好服务。虚心向北师大领导学习，向师生学习。积极开拓资源，为研究院发展创造良好外部条件。三要营造环境。充分发挥师生员工的积极性和创造性，不断增强研究院的吸引力、凝聚力、创新力和影响力。

同志们，办好中国社会管理研究院要靠北京师范大学党政的坚强领导，靠学校有关部门的支持和帮助，靠全体老师和同学的密切合作，也要靠社会各界的关心和支持。在大家的支持和帮助下，我们一定会努力把中国社会管理研究院办好，决不辜负国务院领导的殷切期望，也不辜负北京师大领导和师生的期盼，为完善中国特色社会管理体系、提高社会管理科学化水平、全面建设小康社会和实现国家现代化，作出积极的贡献。

今天，在中国社会管理研究院成立的同时，还举办首届中国社会管理论坛，以“中国特色社会管理体系建设和社会管理创新实践”为主题进行深入研讨，很有意义。预祝首届中国社会管理论坛取得圆满成功。

坚持有特色　瞄准高水平*

（2012 年 2 月 20 日）

在新学期开学之际，我谨向中国社会管理研究院全体教职工表示祝贺。借此机会，讲几点看法和想法。

（一）认清形势，增强紧迫感

中国社会管理研究院的成立得到了国务院领导、教育部和北京师范大学领导的大力支持。研究院的成立大会开得很成功，国家有关领导人、中央部门负责人和知名专家出席，《人民日报》也发表了成功举办第一届中国社会管理论坛的长篇综述，这是开局良好的重要标志。半年多来，研究院制订了"十二五"规划，实现了首批社会管理博士后进站，开展了博士和 MPA 的招生工作，承担了国家社会科学基金特别委托重点项目、教育部重大攻关项目等研究工作，与淄博市和德阳市签署了战略合作协议。这些虽然刚刚起步，但社会影响较大，成绩来之不易。这些成绩是北师大党政领导关心的结果，他们为我们解决了一些困难，创造了一些条件；也是北师大相关院系支持的结果，尤其是社发院，在招生和队伍建设等方面，给予了大力支持；当然，更是我们研究院全体教职工辛勤工作和努力

* 本文系作者在北京师范大学中国社会管理研究院第一次全体人员会议上的讲话。

奋斗的结果。这里我对大家表示衷心感谢。

办好社会管理研究院,我们必须认清面临的形势。2012 年是我国实施“十二五”时期发展规划承上启下之年,党的十八大即将召开,北师大将迎来成立 110 周年,我们一定要抓住这个机会,作出应有的贡献。党和国家高度重视社会管理,发布了一系列重要文件,我们国家正处在战略机遇期,同时也处在矛盾凸显期,国际形势错综复杂,社会上矛盾增多,推进改革开放和现代化建设事业既有许多有利条件,也面临不少困难。我们一定要有紧迫感,要有忧患意识。我们是全国高等院校中第一个成立的社会管理研究院,但现在不是唯一的了,一些高等院校纷纷成立了社会管理研究机构。我们一定要增强责任感和使命感。要按照既定的目标,把我们研究院打造成为培养社会管理高层次人才的教育基地,成为中国社会管理领域具有一流水准和重要影响力的智库,成为北京师范大学建设世界知名高水平大学、服务国家战略与社会发展的重要平台。我们研究院工作要坚持高起点,勇于开拓创新。要坚持两手抓:一手抓业务,一手抓自身建设;一手抓当前工作,一手抓长远发展,努力巩固起步发展的良好势头,进一步开创研究院工作的新局面。

(二)全面履行职能,突出工作重点

我们社管院《章程》中明确规定了研究院的定位、宗旨职能和办院原则。要按照《章程》规定,全面履行“育人、科研、资政、合作”四个方面职能。育人,就是要培养社会管理的人才。2012 年已经完成 MPA、博士生的招生工作和博士后进站,要注重人才培养质量;2013 年要继续按照高标准、高质量招生,使之具有持续性。要做好有关方面的人员培训工作,如与国家机关工委、淄博市和德阳市等地方政府开展合作培训等,既培养人才又扩大影响。科研和资政,今年一定要抓好几个大课题的研究工作。一是围绕中央加强社会管理城市试点,拿出高质量、有价值、有影响力的研究成果。二是去年获批的教育部重大攻关项目课题,要有计划地做好

研究落实。三是着力做好国家社会科学基金特别委托重点项目“中国社会管理创新与科学发展战略”,这是国家级项目,要组织院内外力量合作攻关。四是研究院已经签署的其他合作项目,包括与淄博、德阳、北京市社工委的项目等。这些无论是科研还是咨询项目,既可以向国家和地方提供决策咨询报告,又可以成为我们课题成果的重要组成部分。合作,包括国内外合作。国外,要落实与联合国有关组织签署的一些合作项目;国内,要落实与国家行政学院、中国行政体制改革研究会、中国西部人才开发基金会的合作项目。同国内的研究机构、社会团体都要广泛开展合作。这四个方面职能要协调发展,良性互动。

今年社管院的重点工作之一,是举办第二届中国社会管理论坛,可以与研究院咨询委员会会议同时召开,这样既出研究成果又节约高效,最好在5月份开,有些成果可以给中央建言献策。论坛要做好方案设计,论坛主题可以同研究的重大课题联系起来,同中央提出“十二五”期间的“科学发展”、“转变经济发展方式”的主题主线结合起来。从社会体制改革,社会管理制度体系建设、方式手段创新等方面深入研究,要从宏观战略上把握,围绕社会管理创新与科学发展主题展开,善于把握国家需求和社会需要,要有学术性、理论性、实践性、创新性,要使论坛树品牌、有成果、可持续。

(三)坚持有特色,瞄准高水平

社管院能否成长壮大,能否成为中国社会管理领域具有一流水准和重要影响力的智库,成为北京师范大学建设世界知名高水平大学,服务国家战略与社会发展的重要平台、重要基地和重要品牌,关键是要有自己鲜明的特色,要有高水平的成果。有特色,就是坚持特色立院,这是相对优势。可从三个方面来考虑研究院的特色:第一,服务国家改革发展大局,服务于国家加强和创新社会管理任务。第二,服务社会需求,理论联系实际,紧紧贴近地方、社会需要的实际。第三,发挥大学优势,同北师大已有的优势以及有关院系联合起来，包括利用相关的学科建设、人才培养等条件。第四，注重创新研究，在理论上、实践上有所突破，要认真总结实践经验。没有特色就没有生命力，就不可能独树一帜，就不可能有竞争力，就不可能做大做强。

既要有特色，还要有高水平，高水平就是坚持质量兴院，这是营造绝对优势。要坚持高标准和高质量，建设一流队伍，创造一流成果，这样才能增强研究院的吸引力、影响力和竞争力。要大力培养高素质的社会管理人才，吸收汇聚一批社会管理的名人、大家，要为中央和地方不断提供高质量的社会管理咨询成果，为完善有中国特色社会主义社会管理体系，提高社会管理科学化水平，建设和谐社会，作出应有的贡献。

（四）加强自身建设，注重提升素质

要把社管院做大做强，关键是要加强自身建设。尤其是以下三个方面。

首先，加强队伍建设，落实"人才强院"战略。研究院已制定了三个"同心圆"的人才队伍建设规划。第一个是研究院的基本核心队伍；第二个是兼职教授、咨询委员会专家队伍；第三个是各方愿意参加研究院工作的人才队伍。这里最重要的是研究院基本核心队伍的建设，可以学习借鉴北师大其他院系的好做法。学习借鉴他们是如何发现人才、吸引人才、培养人才、留住人才、用好人才的。最重要的，是要不拘一格选人才，包括管理方面的人才。要有管理者队伍、业务专家队伍，要有顶尖人才。吸引人才，要开拓视野、开阔胸襟、广开思路，充分利用研究院的新体制新机制。研究院的人才招聘已在海内外发布了，特别突出的高端人才可以大胆聘过来、用起来。研究院领导班子要完善，部门负责人也要尽快到位。

第二，加强制度建设，建立适合研究院特点的制度。制度建设具有全局性、根本性、稳定性、长期性。一个单位只有建立好的制度才能够巩固和持续发展下去，才能给各类人才发挥聪明才智创造良好的平台和条件。

要建立适合研究院特点的创新型制度。研究院本身就是创新的产物,因此,研究院的体制、制度不能完全照搬其他院系的模式,要有创新、有特色。怎么有利于研究院发展就采取什么样的制度。要根据研究院章程健全教学、科研、行政、财务制度。人事制度要根据研究院聚集高素质人才、创新性人才来制定;财务制度要有自己特点;会议制度、办公室的管理制度也要符合研究院的特点。从制度和政策上保障教职员工各尽其能,各得其所,在和谐有序而又充满活力的良好环境中最大限度地发挥个人的创造性和集体的智慧,营造有利于拴心留人的宽松、和谐、包容、积极向上、良性发展的环境氛围。当然,制度建设也要在实践中不断探索,根据需要逐步完善。

第三,加强作风建设。要遵循研究院的“厚德、唯实、创新、卓越”的院训,形成良好的院风,搞好研究院的文化建设。作风建设中要特别强调用心、用力、用智,实干、苦干、巧干。在干事创业上,一定要全身心投入,全力以赴,雷厉风行,脚踏实地。研究院现有的人员都有良好的素养,在研究院成立不久的时间里,人员很少,却干成那么多事。在作风建设中,应加强团结协作,建立良好的人际关系。团结出生产力、战斗力。团结出优秀成果、优秀人才。要心往一处想、劲往一处使。院领导成员之间、教职工之间都要互相信任、互相尊重、互相支持;院领导和同事之间相互信任、相互支持。同时,还要同学校有关院系、部门搞好关系,特别是与社发院、学校各部门建立良好和谐的关系。

(五)狠抓落实,注重实效

研究院面临的工作任务是繁重的,尤其是我们还处在创业的阶段、开创局面的阶段,要做的工作很多,千头万绪,一定要学会科学的工作方法,学会“弹钢琴”,统筹兼顾,突出重点,不能顾此失彼。在工作上要分工合作,既有分工又有合作。要把工作任务分解到部门、分解到岗位、分解到个人。事事要有计划,有进度,科学安排。同时,要有督促,有检查。要干一件事，成一件事，见效一件事。宁愿工作少一些，也要好一些。从实际出发，抓出实效。网站、刊物、信息交流等工作，也都要认真抓起来。

最后，希望大家充分认识社管院的职责和使命，抓住和用好机遇，充分发挥每位人员的聪明才智，使社管院工作一年上一个台阶，不辜负国务院领导对我们的期望，不辜负北京师范大学领导对我们的期望，不辜负社会各界对我们的期望！

在中国社会管理研究院全体人员会议上的讲话

（2012 年 7 月 16 日）

这次召开中国社会管理研究院全体人员会议，有这么几点考虑：第一，研究院近期进来了一些新同志，大家在一起沟通交流，有利于开展工作。第二，回顾总结本学期的工作，肯定成绩，找出不足，有利于把全院工作做得更好。第三，对下学期工作提前部署，加强工作的预见性，争取工作的主动性，有利于提高工作的成效性。我先讲几点意见。

（一）对研究院本学期工作的基本估计

本学期，全院教职员工以科学发展观为指导，秉承“厚德、唯实、创新、卓越”的院训，履行“育人、科研、资政、合作”四位一体的职能，圆满完成了各项任务。

在育人方面。三项招收工作顺利完成：(1)完成首届社会管理方向博士招生、考试和录取工作，招收的博士研究生将于 9 月入学。(2)完成公共管理硕士（MPA）专业学位教育招生、考试和录取工作，录取 17 名硕士，也将于 9 月入学。(3)完成博士后科研人员招收工作，博士后人员已经入站。同时，与中央关心下一代工作委员会、中国西部人才开发基金会、北京市工商行政管理局和北京师范大学组织部沟通洽谈，制定了高端培训的实施方案。

在科研方面。(1)5 月 27 日，由社管院、中共北京市委社会工作委员会和中共廊坊市委联合成功举办了“第二届中国社会管理论坛：深化社会体制改革与推进科学发展”，10 多位部长级领导以及 300 多位高等学校、科研机构、地方政府、社会组织和企业的代表参加会议，数十家媒体纷纷报道或转载论坛成果，产生了广泛的社会影响，我的主旨演讲国务院领导作了批示，综述和论文汇编正在准备出版。研究院全体人员为这次论坛的成功举办付出了辛勤的努力。（2）新获批国家社科基金重大项目 1 项，持续开展教育部重大攻关项目 1 项。2012 年 2 月 10 日，经全国哲学社会科学规划领导小组批准，特别委托我担任首席专家，由研究院承担“中国当代社会管理创新与国家科学发展战略重大课题”。2012 年 3 月 28 日开题研讨会成功举行，学校刘川生书记出席会议并讲话，课题组成员汇聚了来自中央部委、地方政府、高校、研究机构等十多个单位的专家学者和干部，他们既有深厚的理论素养，也有丰富的实践经验。去年获批的教育部哲学社会科学研究重大课题攻关项目“社会管理体制创新研究”，已召开多次研讨会议，正在深入研究。（3）继续参与国务院领导提出的，由国家行政学院牵头的“加强和创新社会管理研究”重大课题第二期项目。我继续作为总课题主要负责人，社管院赵秋雁副院长等承担社会管理学科建设研究分课题。（4）社管院接受委托课题 4 项。承担德阳市政府委托“社会管理创新经验总结”课题，承担淄博市政府委托“社会管理创新”课题，承担中共北京市委社会工作委员会委托“社会管理创新”课题，承担北京市社会福利事务管理中心委托“强化社会管理创新，促进中心和谐发展”课题，也都展开研究，有的已取得重要成果。（5）启动了教育部人文社会科学重点研究项目基地的筹建工作，被学校列为基地建设重点培育项目。（6）研究院编辑了 3 期《社会管理动态》和 50 期《社会管理信息快递》。这些工作既是科研工作的进展，也是资政工作的体现，标志着中国社会管理研究院向建设“中国社会管理领域具有一流水准和重要影响力的智库”迈出坚实的步伐。

在资政方面。（1）积极承担党和政府交办的决策咨询任务，包括：国家社科基金重大课题,教育部重大攻关项目以及与地方政府合作研究等。(2)有选择地与地方政府合作,既有利于充分发挥研究院的优势,也有利于推进地方政府社会管理创新发展,从而服务于国家加强和创新社会管理工作。研究院与山东省淄博市政府和四川省德阳市政府在战略合作协议基础上,分别签署了《德阳市社会管理创新经验总结项目咨询服务协议书》和《淄博市社会管理创新研究协议书》,本学期两个课题组也分别深入地方进行了系列调研。(3)7 月 5—10 日,我随同全国政协副主席李金华带领的全国政协常委视察团,赴黑龙江省就"加强和创新社会管理体制机制建设"问题进行视察,赵秋雁副院长也作为特邀专家参加视察活动,并主要执笔起草视察团视察报告。

在合作方面。研究院探索多渠道、多元化交流合作的模式与途径,拓展合作伙伴,加强与国内外相关机构的交流与合作,取得新的进展。包括与中共北京市委社会工作委员会和中共廊坊市委联合举办的"第二届中国社会管理论坛",研究院还与美国哈佛大学、国家科技部、国家工信部、北京市社会建设工作委员会、中国关心下一代工作委员会、中国社会福利协会、中国社会工作协会、中国行政体制改革研究会、中国西部人才开发基金会、北京市社会福利事务管理协会等进行了多次商讨和洽谈,达成了多项合作项目或合作意向。

在自身建设方面。一方面履行研究院职能,积极完成工作任务,一方面加强研究院自身建设,为实现可持续发展创造条件。(1)经研究院论证,学校批准,现已全面启动"985 工程"——"科学发展观与社会管理创新平台/基地"建设,为社会管理学科建设和发展奠定了基础,提供了平台。(2)实施"人才强院"战略,通过采用公开招聘办法,经学校批准,引进四位新教师。同时,通过公开竞聘,认真选拔,聘任两位部门负责人。充实了研究院的力量,人才队伍建设得到加强。(3)建章立制,根据社管院章程和"十二五"发展规划,加强有研究院特色的制度建设,制定并发布了几项规章制度,包括《院长办公会议事规则》、《党政联席会议事规则》、《行政管理试行规定》、《财务管理试行办法》、《薪酬管理试行规定》和《科研成果奖励试行规定》。建立起咨询委员会会议、全院大会、院长办公会、办公室例会等会议机制。(4)积极争取改善办公条件。学校在资源十分紧张的情况下为社管院新增加了教学科研用房。(5)践行研究院"厚德、唯实、创新、卓越"的院训,更新简介、优化网站,建设专家和合作伙伴数据库,从多方面营造有利于拴心留人的宽松、和谐、求实、奋进的环境氛围。7 月 11—13 日,研究院组织全院人员赴秦皇岛举办和谐团队集体活动,大家感到很开心,加深了相互了解,增强了凝聚力。

社管院在本学期确实取得了明显的成绩。这些成绩是北京师范大学领导关心、支持的结果,是社会各界关注、帮助的结果,更是我们研究院全体人员团结进取、顽强拼搏的结果。在人员少、任务重而又处于打基础的情况下,每个院领导和教职工都以高度的使命感、责任感,积极、主动参与和做好各项工作,自觉为建设一流的社会管理研究院作奉献,这种进取和奉献精神实属可贵。这里,我代表院领导向大家表示衷心感谢!同时,我们也深感责任重大,要总结经验,查找不足,再接再厉,自强不息,把各项工作做得更好。暑假期间和下学期,研究院要根据国家经济社会发展的新形势和新任务,根据 2012 年研究院工作计划,继续努力开拓进取,再创佳绩。

(二)下学期的主要工作

下学期主要做好以下几项工作,圆满完成今年既定的任务。

1. 育人方面。(1)着力做好 2012 级首届社会管理方向博士、MPA 硕士的入学和 2013 级招生宣传工作。尤其要狠抓培养质量,精心研究培养方案,准备授课教学方案,稳步开展社会管理精品教材建设,以"高质量、有特色、品牌化、可持续"为培养目标,突出创新社会管理特色。(2)切实做好北京市工商局、中国西部人才开发基金会和中组部司局级选学班等高端培训,注重培训实效,提升社会影响力。(3)探索与国际高校、科研机构和社会组织合作开展社会管理高端培训新模式，开发经典课程体系，重点之一是开发社区人才培养课程。（4）组织编写《社会管理学教程（大纲）》，这项工作重要而紧迫，需要组织社会各界有关力量共同做好。

2. 科研方面。（1）以获批的国家社科基金重大课题、教育部重大攻关项目等为依托，继续深入研究，努力产出多样化、高水平的科研成果。（2）继续推进教育部人文社会科学重点研究项目基地的筹建工作，并根据教育部和其他相关部门政策，做好国家级智库等申请和建设工作。（3）完成第二届中国社会管理论坛的论文汇编出版等后续工作。（4）在《社会管理动态》和《社会管理信息快递》基础上，争取筹办《中国社会治理》专业期刊，打造研究院的学术品牌，不断提升社会影响力。（5）组织力量完成相关研究报告和相关材料、重点学术论文发表。参与编写首次发表的《社会体制蓝皮书 2012》等。

3. 资政方面。（1）以国家社会科学基金会重点项目和教育部重大攻关项目为依托，继续落实研究院与淄博市政府、德阳市政府签署的合作协议，继续开展北京市社会建设工作委员会、北京市福利事务管理中心等委托的课题研究，为国家和地方提出有针对性的对策建议。（2）主持和参与中国社会工作协会开展的社会管理评价体系务实研究重大课题，承担相应调研任务。（3）积极探索开展社会管理领域政策咨询研究的新模式和新渠道。

4. 合作方面。（1）继续加强国内合作交流，大力拓展境外合作交流，尤其是要加强与美国哈佛大学、联合国有关机构的联系，探索具体的合作路径，为研究院育人、科研和资政发展开辟道路。（2）全面启动理念识别、行为识别和形象识别战略，制定整体公关传播策略，拟定信息发布规章制度，建立中英文简介、中英文网站、电视及平面媒体等多元化的传播渠道，增强对外的吸引力和对内的凝聚力，提高研究院的知名度和美誉度。

5. 组织召开研究院第三次咨询委员会。研究院咨询委员会是研究院的发展战略、队伍建设、研究成果的评估与咨询机构。咨询委员会由36位中央和部门领导以及相关领域知名专家、学者组成。咨询委员会已经召开两次会议，对研究院发展提供了重要指导和大力支持。下学期，将择机召开第三次咨询委员会，在会上，我们要全面汇报前阶段工作情况和提出研究院进一步发展的思路。

6. 自身建设。坚持一手抓业务，一手抓建设。（1）加强组织建设。根据北师大领导的要求和研究院的发展需要，筹建党支部和工会，健全党政会议制度，成立院学术委员会、财务委员会等。要从社管院实际情况出发，精心组织和制订方案，履行报批程序。（2）加强学科建设。依托"985工程"，积极开展"科学发展观与社会管理创新平台/基地"建设，组织力量研究、推动社会管理列入国家一级学科。（3）加强队伍建设。建设有特色高水平的中国社会管理研究院，人才是关键。研究院已引进行政管理人员和教师，大家要珍惜岗位，尽快适应新角色。还要更好地开展人才队伍建设工作，重点放在高端人才的引进上，放在现有师资的培养和成长上。（4）加强制度建设，形成良好院风。贯彻落实已经制定的规章制度，下学期要启动全员定岗定责，研究建立科学考核和有效激励约束机制。（5）加强资金保障建设。社管院的发展不仅取决于教职员工的努力，还有赖于社会各界的支持。充足、稳定的资金支持，是社管院可持续发展的重要保障。我们要努力建立多元的经费筹措渠道。

以上工作，有些在暑假期间持续开展，有些在暑假期间做好准备新学期开始后启动。

（三）几点要求

2012年，是我国"十二五"规划承上启下的关键一年，同时也将迎来中国共产党第十八次全国代表大会，又适逢北京师范大学庆祝建校110周年。研究院要恪守"厚德、唯实、创新、卓越"院训，以奠定百年基石的创业精神，团结一致，不懈努力，勇于担当；坚持"高标准、高质量、高水平”和“有特色”，做好“育人、科研、资政、合作”各项工作，进一步开创社会管理研究发展的新局面。

一是抓学习，强素质。学习是一个人成长进步的阶梯。不论是教学科研岗位，还是管理岗位，都要加强学习。首先，要学习科学理论，学习马克思列宁主义、毛泽东思想、中国特色社会主义理论体系。这样才能明确方向，坚定信念，增强本领，提高素质。其次，要学习业务知识。社会管理是一项系统工程，社会管理学是一个待开发创新的学科，需要尊重社会管理内在规律，进行与时俱进的理论创新和实践创新，需要紧密结合国内外发展的实际，积极研究解决重点、难点问题。要努力学习社会管理基础理论，学习社会管理业务知识，学习社会管理创新最新的成果。再次，要善于学习，主动学习，刻苦学习，坚持学习，理论联系实际，学以致用，学用结合，要努力建设学习型社管院，培育学习型人才。

二是抓质量，创品牌。研究院首批教师和管理人员的引进，首届社会管理方向博士后的入站，博士、MPA 硕士的入学，充实了队伍，加强了力量，这是研究院发展壮大的重要基础和前提。但是，能否建设一流的社会管理研究院，仍面临着一系列重大挑战。根本在于创新办院理念、提高办学质量、打造办院品牌。没有先进的办学理念，没有规范的办学行为，没有优良的办学质量，没有响亮的品牌，研究院就很难发展，更难以做大做强。我们要勇于探索办院新路子，实施特色立院、质量兴院工程，彰显特色，确保质量，打造品牌专业，提升核心竞争力，夯实社管院全面、科学、持续发展的基础。

三是抓作风，重落实。社管院制定了“十二五”发展规划、“985”学科建设方案，制定了人事、财务、科研、管理等规章制度，关键在于落实。要真抓实干、注重落实。抓落实，是我们院发展能力的重要体现，也是对每个人素质和能力的重要检验。要立足现实、着眼长远，要勇于担当、注重实效。社管院建设面临难得的机遇，机不可失，时不我待，需要全身心投入，形成求真务实、艰苦奋斗的良好精神。要健全工作岗位责任制和奖励、约束机制，提高工作效能和办事效率。

四是抓院风，树形象。院风是研究院建设的灵魂，是办院理念、宗旨和办院特色、水平的集中体现，是社管院精神风貌、形象声誉和管理水平的突出反映。良好的院风是研究院的生命力、凝聚力、感召力的重要因素。因此，要践行"厚德、唯实、创新、卓越"的院训，大力发展和繁荣研究院文化。至关重要的是，立德立行、求实求新，努力建设德才兼备、以德为先，知行合一、躬身力行，崇尚真理、尊重科学，解放思想、开拓创新的教职工队伍。这样的队伍，才能建成高标准、高水平、有特色的社会管理研究院。办好社管院要靠北师大党政的坚强领导，要靠学校有关部门的支持和帮助，要靠全体老师和学生的密切合作，每位教职工都要以主人翁的责任感，积极参与到社管院建设中来。大家要相互尊重、真诚相待、密切配合、齐心协力，形成团结和谐、奋发进取的工作环境。

诚望大家度过一个充实、丰富、平安的暑假！祝各位身体健康，工作顺利，假期愉快！

关于"加强社会管理学科建设"的建议*

（2012 年 10 月 20 日）

一、增设"社会管理"为国家一级学科的必要性

（一）这是顺应国家经济社会发展趋势的战略举措

社会管理是人类社会十分重要的管理活动，要形成和保持良好的社会秩序，就必须有一定形式的社会管理。而不同国家和不同发展阶段有着不同的社会管理。在现代社会中，科技进步日新月异，经济发展在带来空前巨大的财富积累的同时，也带来前所未有的环境污染、贫富分化等大量社会问题。人类的社会生活和经济生活、文化生活、政治生活一样，在呈现出从未有过的多元化的同时，也进入了一个纷繁多样、复杂多变的时代。社会管理地位日益重要。当今世界经历着快速、广泛、深刻、巨大的变革，国际形势风云变幻，各种矛盾错综复杂，不稳定不确定因素增加，对各国经济、政治、社会发展都产生直接或间接的影响。面对新形势新情况，世界各国都必须加强和创新社会管理。

当代中国正在进行一场人类历史上规模空前的社会大变革，社会主

---

* 本文系作者主持"加强社会管理学科建设"重大课题的研究报告（摘要）。课题组长为魏礼群；课题组成员为李强、王名、赵秋雁、尹栾玉。此研究报告报送国务院领导并作出批示。

义现代化建设各项事业突飞猛进，取得了举世瞩目的巨大成就，同时也面临许多前所未有的新情况新问题新挑战，社会管理的任务更为繁重和艰巨。随着中国工业化、信息化、城镇化、市场化、国际化进程的加快，一些发达国家在不同发展阶段渐次出现的诸多社会矛盾和社会问题在较短时期内同时显现出来；随着改革开放和社会主义市场经济的深入发展，在封闭半封闭环境和计划经济条件下形成的社会结构发生全方位的深刻变化，社会流动性、开放性、活跃性大为增强；随着社会经济快速发展、民主法治进程加快，人们的思想意识、价值取向、道德观念多样多变，各种思想文化交流交融交锋趋于激烈；随着互联网等新兴媒体迅猛发展，网络社会对现实社会的影响越来越大；随着中国人口总量继续增多，流动人口、老龄人口和特殊人群不断扩大，社会管理的难度增加；随着国际经济、政治格局的深刻调整，各种传统安全和非传统安全威胁相互交织，也对中国产生这样或那样的影响。所有这些表明，中国社会管理已经并将长期面临新的课题、新的挑战和新的要求，原有的社会管理理念思路、体制机制、法律政策、方法手段等许多方面难以适应国内外形势发展变化，必须切实加强和创新社会管理。能否加强和创新社会管理，提高社会管理科学化水平，事关国家长治久安，事关人民根本利益，事关中国特色社会主义事业兴衰成败。近些年来，中国政府顺应时代的变化，将加强和创新社会管理放在社会主义现代化建设更加重要的战略位置，这是具有历史和世界眼光的重大决策。

加强和创新社会管理最重要的，就是不断完善和发展中国特色社会管理体系，使社会管理与发展社会主义市场经济、民主政治、先进文化以及与建设和谐社会的要求相适应。由此，迫切需要系统地研究社会管理活动的基本规律和一般方法的科学——社会管理学。

（二）这是加快社会管理人才培养的迫切需要

新中国成立以来，为形成适应中国国情的社会管理制度进行了长期的探索和实践,取得了重大成就,积累了宝贵经验。特别是改革开放以来,根据国内外形势发展变化,我们党不断就加强和改进社会管理制定方针政策,作出工作部署,持续推动社会管理改革创新,积极解决社会管理领域出现的新情况新问题,保障了改革开放和社会主义现代建设事业顺利进行。加强和创新社会管理对推动和谐社会建设意义重大,而其中社会管理专业人才队伍建设是基础和关键。当前,社会管理专业人才供给严重匮乏,专业人才数量和质量难以与加强社会管理相适应,迫切需要开展社会管理领域学位教育,加强党政人才社会管理创新理论和知识技能培训,加快培养社会公共管理、信息网络管理、法律服务、社会救助和青少年教育等方面的专业人才。2010 年 6 月,中共中央发布的《国家中长期人才发展规划纲要(2010—2020 年)》,将社会工作专业人才提升为与党政人才、企业经营管理人才、专业技术人才、高技能人才和农村实用人才相并列的第六支主体人才地位,明确到 2015 年培养 200 万社会工作专业人才、到 2020 年培养 300 万社会工作专业人才的发展目标。2011 年 7 月,中共中央、国务院发布的《关于加强和创新社会管理的意见》,也强调要发展社会工作专业服务机构,加强社会工作专业人才队伍建设,开展社会关爱行动,关心帮助困难家庭和个人。2011 年 11 月,中央组织部、中央政法委、民政部等 18 个部门和组织联合发布了《关于加强社会工作专业人才队伍建设的意见》,这是我们党第一个关于社会工作专业人才的专门文件,是当前和今后一个时期全国社会工作专业人才队伍建设的行动纲领,在我国社会工作事业发展史上具有里程碑意义。2012 年 4 月,中央 19 个部委和群团组织联合发布了《社会工作专业人才队伍建设中长期规划(2011—2020 年)》,该规划指出,社会工作专业人才是具有一定社会工作专业知识和技能,在社会福利、社会救助、扶贫济困、慈善事业、社区建设、婚姻家庭、精神卫生、残障康复、教育辅导、就业援助、职工帮扶、犯罪预防、禁毒戒毒、矫治帮扶、人口计生、应急处置、群众文化等领域直接提供社会服务的专门人员。可见,中国特色社会主义赋予了"社会工作专业人才”独特的内涵和外延，已经远非国际传统意义的“社会工作（Social Work）”和“社会工作者（Social Worker）”，以及远非中国现有社会工作专业学位人才培养体系所能够涵盖。

20世纪80年代后期开始，社会工作教育在中国恢复重建，特别是进入21世纪以来，由于党中央、国务院的大力支持及解决社会问题的迫切需要，中国社会工作教育得到了迅猛发展。截至2011年底，全国258所高校开设了社会工作本科专业，60所高校和科研院所开展了社会工作硕士专业学位教育，每年毕业学生近2万人。同时，通过职业水平考试，产生了5万多名持证社会工作专业人才。目前，全国社会工作专业人才达20余万人，已成为我国社会建设的一支重要力量。但是，中国社会工作人才供给大于市场需求的尴尬境地日益严峻，仅有10%—30%的学生选择了相应的社会工作，其他相当部分则进了机关、企业等单位从事“不对口”的工作，不少社会工作专业的学生认为“就业前景极不乐观”。从宏观环境来看，这与我国的传统社会体制有一定关系。从社会工作人才培养模式来看，其培养目标存在重视城市社区服务，轻视农村服务需求；重视福利性服务，轻视专业性服务等问题。此外，还普遍存在着社工职业进入门槛较低，缺少严格的职业资格认定，低端岗位无序竞争严重，专业技术含量较高的职位又被政府公务员所替代等问题。由此，有中国特色的“社会工作专业人才”——社会管理人才成为构建社会主义和谐社会、加强和创新社会管理不可或缺的重要力量，迫切需要改革人才培养体系，将“社会管理人才”队伍建设纳入和谐社会建设的总体规划，开展社会管理国家一级学科建设，完善社会管理岗位设置和社会管理人才配置，不断提高社会管理岗位在相关行业内的设置比例。国家已经制定了海外社会管理专家需求计划。2012年2月，根据《国家中长期人才发展纲要（2010—2020）》，以及“十二五”规划战略目标的总体要求，国家外国专家局首次制定社会管理领域海外专家专项引进计划，目的是通过引进海外社会管理领域专家，在加强和创新社会管理上借鉴其他国家和地区的经验和做法，加快我国社会管理人才的培养，为推动中国特色社会主义社会管理之路奠定坚实的人才基础。

各省市也纷纷拟定社会管理人才需求规划。就我国目前的人才培养模式而言，仅有培养社会管理和社会服务类职业教育、社会工作本科教育和专业学位研究生教育，以及少数研究机构开展的社会管理方向的专业学位研究生和学术学位研究生教育，与整个社会对社会管理专业人才强烈需求相比，还相差甚远。因此，推动社会管理一级学科的建设和发展，设定专门的培养目标、招收对象、课程设置和培养方式，已成为满足社会需求，促进经济社会协调发展的当务之急。

（三）这是加强学科体系建设和发展的内在要求

一般而言，自有人类社会以来，就有一定的社会管理。但是在人类社会漫长的发展过程中，人们的社会生活往往"嵌入"在政治生活、经济生活乃至宗教及文化生活之中，社会管理长期以来被置于政治、经济、宗教等实践及相应的管理活动中，成为其中的附属部分。社会管理或者表现为建构在权力金字塔中的君臣、领属、官民等依附关系，或者表现为市场交易中赤裸裸的金钱关系，或者表现为披着宗教外衣的繁文缛礼，乃至成为以家庭为单位的私人领域的事情。近代以来，人类的社会生活日益纷繁复杂，一个相对独立的社会体系逐渐在国家体系和市场体系之外形成并发展起来，国家、市场、社会三大体系之间既相互独立又相互联系、相互制约的现代社会格局逐渐形成。科学随着人类的进步而发展，并逐渐分化成不同的学科。市场体系的发展和人类的各种经济活动催生了经济学和工商管理学等相关学科；国家体系的发展和人类的政治、行政活动催生了政治学、公共管理学等相关学科。随着社会体系从市场体系、国家体系中逐渐独立出来，随着人类社会生活的不断发展和各种社会问题的大量发生，社会学作为一门独立学科逐渐发展起来，并日益建构起其丰富、宏大和有着必然性的学科体系，成为认识和揭示人类社会活动客观规律的一门重要的基础学科。同时,也进一步提出了发展作为应用学科的社会管理的客观要求。

社会管理学科作为应用科学从基础理论研究中独立出来,符合学科发展的内在规律和发展趋势。纵观社会科学学科发展的脉络和体系,总是先有基础理论研究,后有应用科学研究。经济学学科的独立设置始于20世纪20年代的剑桥大学,作为其应用学科的工商管理则兴起于20世纪50年代;从政治学学科到公共管理学科的发展也遵循了这一规律。社会学是研究社会现象和发展规律的基础理论学科,它主要是通过人们的社会关系和社会行为来研究社会的结构、功能、发生和发展。从学科设置来看,其二级学科主要包括社会学、人口学、人类学和民俗学研究。其显著特征是基础理论研究,而社会管理虽然以社会学理论为研究基础,但其本质上属于应用科学研究,两者在研究对象和研究方法上存在重大差异。在社会学理论的基础上发展作为其应用学科的社会管理科学,既是时代进一步发展的迫切要求,也是完善社会科学理论体系和学科建设的必然选择。

根据社会管理学科作为应用科学的基本特征,应把其划分在管理学门类之下。按照现有的学科划分标准,管理学门类下辖工商管理、管理科学与工程、农林经济管理、图书情报档案管理和公共管理5个一级学科。工商管理是研究盈利性组织经营活动规律以及企业管理的理论、方法与技术的学科。管理科学与工程是一门以管理科学基础理论、管理技术、管理方法与工具等为主要研究对象的学科。农林经济管理和图书情报档案管理两大学科与社会管理学科的研究对象更是相去甚远。这五个一级学科中与社会管理学科最为相近的是公共管理学科。社会管理与公共管理的最大相似之处在于二者皆属于管理学门类下的一门应用科学。从公共管理学科的设置来看,其二级学科主要包括行政管理、社会医学与卫生事业管理、教育经济与管理、社会保障和土地资源管理五项内容,这些已经无法应对当今中国在转型期发生的主要社会问题。

综上所述，随着社会管理实践的不断深入，社会管理已成为国内政治学、社会学和管理学等领域学术研究的热点，跨学科的研究视角为社会管理问题的探索提供了更为多样的方法和更为广阔的视野。但是，这些已有一级学科的研究内容和课程设置与社会管理所涵盖内容仍然存在很大差异。只有明确划分学科界限，尽快使社会管理独立于其他理论研究，才能真正促进社会管理的学科建设和发展，并最终为指导加强和创新社会管理的伟大实践发挥应有的作用。

二、增设"社会管理"为国家一级学科的可行性

近年来，我国经济和社会结构深刻变革，由此引发的各种利益冲突和社会矛盾日渐凸显，社会建设和社会管理工作被提升到空前的战略高度，党委和政府以及其他社会主体方兴未艾的社会管理创新实践初见成效；社会对该学科人才已经形成比较稳定和一定规模的需求，多个学位授予单位已开展了较为深入的科学研究和较为系统的人才培养工作；中国学术界广泛开展理论探讨，形成了比较成熟的专家队伍，普遍认同社会管理是一门新兴的、重要的、亟待建设的学科；"社会管理"已经发展成为具有比较确定的研究对象、自成体系的基础理论和相对独立的研究方法的一门完整的学科，若干可归属的二级学科也蔚然成型；此外，社会管理教学科研也与国际相关教学科研领域相衔接，如"社会治理（Social Governance）"、"公共管理（Public Administration）"、"社会政策（Social Policy）"等。这些都为建设"社会管理"国家一级学科创造了良好的发展环境，奠定了较为坚实的理论和实践基础。

（一）党中央、国务院高度重视加强和社会管理创新工作

这为形成和发展适应我国国情的社会管理制度进行了长期探索和实

践，取得了重大进展，积累了宝贵经验。特别是党的十六大以来，中央从时代发展和战略高度，更加重视社会管理问题，做出了一系列重要决策和部署。2004年党的十六届四中全会明确提出，“加强社会建设和管理，推进社会管理体制创新”。2007年党的十七大报告强调，要“完善社会管理”，健全社会管理格局，健全基层社会管理体制，最大限度激发社会创造活力，最大限度增加和谐因素，最大限度减少不和谐因素。2010年党的十七届五中全会进一步做出“加强和创新社会管理”的战略部署。2011年2月19日，中央举办了省部级主要领导干部社会管理及其创新专题研讨班，胡锦涛等中央领导同志作了重要讲话，深刻阐述了加强和创新社会管理的重要性和紧迫性，并明确提出了重要任务和要求。3月，温家宝总理在十一届全国人大四次会议上作的《政府工作报告》，对加强和创新社会管理做出了明确部署。在《国民经济和社会发展第十二个五年规划纲要》中，专门用第九篇分五章全面部署了今后5年“标本兼治，加强和创新社会管理”的重大任务。7月5日，党中央、国务院印发了《关于加强和创新社会管理的意见》。8月21日，中央办公厅、国务院办公厅印发通知，将原中央社会治安综合治理委员会更名为中央社会管理综合治理委员会，赋予协调和指导社会管理工作的重要职能，并充实领导力量，增加成员单位，加强工作机构。党中央、国务院把社会管理放在现代化建设更加重要的战略位置，是我们党对人类社会发展规律、社会主义建设规律、共产党执政规律认识的新升华，是深入分析我国发展新的阶段性特征作出的重大战略部署，也是人民群众对党和政府的新期待。这为推动社会管理学的学科建设和发展提供了宝贵的历史机遇和良好的发展环境。

（二）各地区各部门社会管理创新实践方兴未艾

国家加强和创新社会管理的战略需求，正在有力地推动社会管理研究的发展。各地各部门积极探索，勇于实践，创造了不少社会管理新经验，不仅需要相关理论研究的支持，更为社会管理相关理论的发展创造了肥沃的土壤。一些地方深入推进网格化管理、组团式服务模式，提升了精细化管理、人性化服务水平；一些地方继续探索人口管理服务新办法，将基本公共服务逐步向流动人口覆盖；一些地方实行社会稳定风险评估，从源头上预防和减少社会矛盾；一些地方将社会管理创新落实到具体项目，实现了社会管理和服务的实化量化细化；一些地方实行"虚拟社会管理"工程，加强互联网管理；一些地方探索适合本地实际的城乡社区治理模式，整合社会服务管理资源，增强社区服务管理合力和效能；一些地方探索社会组织直接登记办法，推动政府向社会组织转移职能、购买服务；一些地方培育综合性社会组织，把各类社会组织纳入党委和政府主导的社会组织体系；一些地方构建组织化的社会稳定保障体系、多元化的社会矛盾化解体系、立体化的社会安全防控体系、人本化的社会事务管理体系、信息化的社会管理网络体系和规范化的社会公平执法体系，形成了科学、高效、惠民的社会管理新路子，等等。这些实践活动既为社会管理理论研究提供了丰富的研究对象和有价值的目标选择，同时也呼唤着社会管理的系统研究，对实践发挥更为有力的指导性作用。建设中国特色社会主义，既要求我们面向现实，深入实际，切实解决问题，又要求我们树立科学的发展观，用理论创新去观察现实和解决现实问题。

（三）社会管理理论研究日趋深入

社会管理学科诞生的时代背景和社会管理问题的高度复杂性，决定了新兴的社会管理学科建设，更要付出极其艰苦的努力，才能真正推动这门学科的可持续发展。

从社会管理学研究阶段来看，新中国成立后主要经历了传统社会管理学和现代社会管理学两个阶段。第一阶段是传统社会管理学研究阶段。20 世纪 80—90 年代，随着有计划的商品经济向社会主义市场经济过渡，以及改革开放的深化，学者们开始了社会管理学的探索，提出了社会管理、社会控制、社会沟通、社会计划、社会管理领导、社会群众组织等概念。总体上,该时期的研究还带有一定的计划经济的色彩,所界定的社会管理的理念、组织、形式、手段、方法不适应社会经济迅猛发展,特别是社会结构、利益结构多层次、多元化和互联网新兴媒体异军突起出现的新情况、新挑战、新要求。第二阶段是现代社会管理学研究阶段。当前,加强和创新社会管理,是我们党着眼于推动科学发展,促进社会和谐,实现全面建设小康社会奋斗目标作出的重大决策部署。学者们在“新社会管理学”研究价值上达成共识。社会管理作为一门重要的新兴学科,加强社会管理学学科建设的研究对于学科建设具有重要的现实意义和理论价值。尤其是探索社会管理学的内涵和外延、理论体系、研究方法等非常重要。北京师范大学成立的中国社会管理研究院主要职责是育人、科研、资政、合作。其中,科研就是开展社会管理领域的思想理论研究,推动社会管理学科建设。社会需要产生伟大的实践,伟大的实践需要科学理论做指导。研究院将开展社会管理领域的科学理论研究,推动社会管理学科发展和相关知识库的建设,积极适应社会管理需求,开展社会管理战略性、前瞻性和创新性研究,在重视基础研究的同时,重点进行应用性研究,努力提高学术水平和研究成果的质量。著名社会学家、中国社会科学院荣誉学部委员陆学艺撰文“把社会管理作为一门学科来建设”,呼吁社会管理作为一门重要的新兴学科,亟须社会学界、管理学界和政治学界投入力量,研究社会管理的规律,构建社会管理的理论体系,确定社会管理的研究对象、内涵和外延,形成社会管理学科的研究方法。著名社会学家、中国人民大学一级教授郑杭生在《社会管理与社会建设:历史、战略、未来》一文中强调,从学理上看,社会建设并不是一个全新的概念,而是一个历史概念。例如,政治家孙中山先生在《建国方略》中就曾明确提出过“社会建设”,并把“社会建设”看作是一种提高四万万同胞素质、把他们团结起来的途径。同样,在上世纪30年代社会学家孙本文出版了以《社会建设》命名的杂志。既然这样,我们今后研究的重点,应当放在揭示社会建设的新的时代内容上。新的时代内容主要包括:新的时代提出了新的任务和新的挑战;较之于上世纪前期的社会建设,现在社会建设影响力的无可比拟;社会建设的本质内涵得到了明确揭示;它与民生为重、为民谋利、落实公平正义的联系得到清楚宣示;它与社会管理、社会服务的关系得到系统展开;等等。此外,以中国知网(CNKI)显示的研究文章作为首要数据来源、北京大学《中文核心期刊要目总览》(2011 年版)作为二级数据来源,进行社会管理研究文献的分析显示和研究发现,“社会管理”研究在我国整体呈上升的趋势,1979—1990 年,仅为 49 篇,2011 年是“社会管理”研究急剧增多的一年,相关文献的数量呈几何倍数增加,全年的文献数量达 2585 篇,超过了 1979—2010 年 30 多年间文献数量的总和。

与社会管理研究成长同步,我国与社会管理有关的研究机构也如雨后春笋,层出不穷,并日渐完善。表现为原有机构拓展社会管理研究和新机构专注社会管理研究两种形态。第一种是已有研究机构在原有社会学、管理学、法学等研究范畴上延伸或转型到社会管理研究领域,包括高校下设的社会科学学院、社会学院、公共管理学院,中国社科院,中央编译局、部委下属有关机构等。如中国社会科学院社会学研究所、西南大学心理学与社会管理研究中心、北京大学中国政府创新研究中心等。第二种是各地响应国家关于社会管理人才战略需求,成立了专注于社会管理研究的新机构,加强了社会管理相关理论研究和实践探讨。如北京师范大学中国社会管理研究院(2010)、南开大学社会建设与管理研究院(2012)、天津市社会管理学会(2012)、广东省社会管理研究会(2012)、中国人民大学国家社会发展研究院(2012)等。在社会管理研究领域,已经涌现出大量具有影响力的知名专家学者,他们为推动该学科的完善和发展做出了不懈的努力和积极的贡献。

(四)社会管理人才培养模式不断创新

《国家中长期教育改革和发展规划纲要(2010—2020 年)》指出,一定要把改革创新作为教育发展的强大动力，加快解决经济社会发展对高质量多样化人才需要与教育培养能力不足的矛盾、人民群众期盼良好教育与资源相对短缺的矛盾、增强教育活力与体制机制约束的矛盾，为教育事业持续健康发展提供强大动力。因应实践战略需求，当前，社会管理人才培养模式呈现多样化趋势，包括高等教育（本科教育、专业学位研究生教育、学术学位研究生教育）和职业教育等。

20世纪80年代后期开始，社会工作教育在中国恢复重建，1987年9月民政部举行社会工作教育论证会，同年原国家教委批准北京大学、中国人民大学、厦门大学、吉林大学建立社会工作专业，中国社会工作教育由此正式开始恢复重建。到1999年底，中国开办社会工作本科专业的学校为27个。1998年国家教育部重新颁布《高等院校本科专业目录》，并将社会工作专业由"控制发展"的专业改为"非控制发展"的专业。另外，1999年中国政府作出了扩大高等院校招生规模的决定。更为重要的，新世纪初中国共产党提出了构建社会主义和谐社会、加快推进以改善民生为重点的社会建设奋斗目标及战略部署，为社会工作教育的快速发展提供了重要的契机。从2000年起，新开设社会工作专业的院校数量快速增长，招生规模也在不断扩大，招生层次也在不断升级、完善，发展速度无论是在中国还是在国际上，都是史无前例的，目前，全国258所高校开设了社会工作本科专业。

学术学位和专业学位是现代高等教育研究生学位体系不可缺少的两大组成部分，既相互联系又相互区别。学术学位主要面向学科专业需求、培养在高校和科研机构从事教学和研究的专业人才，其目的重在学术创新，培养具有原创精神和能力的研究型人才。北京师范大学中国社会管理研究院于2011年开始招收学术型博士，2012年开始同时招收学术型硕士和博士。专业学位为具有职业背景的学位，培养特定职业高层次专门人才。我国自1991年开始实行专业学位教育制度以来，特别是2009年以来，专业硕士发展迅速，招生比例和招生专业都有大幅度的增加，目前已经设置了 39 种专业硕士，其中包括社会工作。2008 年 12 月，国务院学位委员会第二十六次会议审议通过《社会工作硕士专业学位设置方案》，设置的目的是为深入贯彻落实科学发展观，坚持以人为本，建设宏大的社会工作人才队伍，促进社会主义和谐社会建设。社会工作硕士专业学位教育的人才培养目标是：具有“以人为本、助人自助、公平公正”的专业价值观，掌握社会工作的理论和方法，熟悉我国社会政策，具备较强的社会服务策划、执行、督导、评估和研究能力，胜任针对不同人群及领域的社会服务与社会管理的应用型高级专业人才。目前，招收社会工作专业硕士的院校有 60 所。此外，开展社会管理方向专业学位教育的有 2 家，北京师范大学中国社会管理研究院于 2011 年招生，广东省社会管理研究会 2012 年招生。

职业教育是对受教育者施以从事某种职业所必需的知识、技能的训练，与基础教育、高等教育和成人教育地位平行的四大教育板块之一。比较具有代表意义的是培养了大量社会管理和社会服务职业人才的北京社会管理职业学院。该学院于 2007 年 6 月经民政部和北京市人民政府批准，以民政部管理干部学院为基础成立，报国家教育部备案，是民政部主管的高等职业院校。民政部培训中心、民政部职业技能鉴定指导中心、民政部社会工作研究中心设在学院。该学院坚持特色办学，确立了面向基层社区、特殊群体和特殊行业“三大岗位群”的办学思路，目前，设有社会福利系、民政管理系、社会工作系、社区服务系、殡仪系、假肢矫形康复系、人文科学系等 7 个教学单位，开设了社区管理与服务、家政服务、社会福利事业管理（儿童服务与管理方向）、老年服务与管理、社会工作（救助社会工作方向、社区社会工作方向）、民政管理（婚姻服务与管理方向）、现代殡仪技术与管理、假肢与矫形器设计与制造、物业管理等 10 个特色鲜明的专业和专业方向，对应社会管理和社会服务领域的相关岗位。年招生约 1300 人，一次就业率为 96%以上。

可以说，这些可贵的探索为社会管理人才培养模式创新注入了生机活力,也奠定了社会管理作为国家一级学科的人才培养基础。

三、增设"社会管理"为国家一级学科的基本构想

学科门类和一级学科是国家进行学位授权审核与学科管理、学位授予单位开展学位授予与人才培养工作的基本依据,二级学科是学位授予单位实施人才培养的参考依据。社会管理国家一级学科,是设置在管理学门类下的应用学科。具体而言,与工商管理、公共管理、管理科学与工程、农林经济管理、图书馆、情报与档案管理学科共同构成管理学这一应用学科门类,并成为其中相对独立的一个新兴一级学科,适用于社会管理的学士、硕士、博士和相应的专业学位的授予及人才培养,并用于社会管理学科建设和相应的教育统计分类等工作。

(一)社会管理的研究对象

作为一门应用学科,社会管理学科的研究对象是人类各种社会事务的管理和服务,包括人类社会生活中微观、中观和宏观层次各种社会事务的管理协调,以及与之相应的社会服务的提供与管理。

在人类的社会生活中,有着纷繁复杂的各种社会事务。这些社会事务大体可从微观、中观和宏观三个视角进行粗略的划分。一般而言,微观层次的社会事务具有较强的自治特征,中观层次的社会事务具有较强的共治特征,宏观层次的社会事务则具有较强的公共治理特征。按照这样的思路,可将作为社会管理学科研究对象的人类社会事务及其管理和服务,具体区分为如下三个层次:

1. 微观层次的社会事务,指处于整个社会的基础层次的社会基本单元内部的各种社会事务及相应的社会服务。这些社会基本单元包括家庭、族群、村落、部落、社区等基层社会共同体,以及各种具有微观结构的

社会组织等，是每一个社会成员与其他社会成员彼此联系、相互依存、建构和发展各种社会关系的基本单元。微观层次的社会事务具有很强的自治特征，相应的社会服务具有自助、互助和共益等特征。微观层次的社会管理包括家庭事务管理、民族事务管理、社区事务管理、各种社会组织运作管理等，是整个社会结构的基础与社会管理的基石。

2. 中观层次的社会事务，指处于整个社会的中间层次的各种社会事务及相应的社会服务。中观层次的社会事务包括社会成员跨越其社会基本单元彼此之间的种种社会联系，以及各种不同类型的社会基本单元彼此之间产生或构成的社会连带、社会网络、社会体系、社会价值及社会规范等。中观层次的社会事务具有协商、对话、谈判、妥协等共治特征，形成社会系统得以运转和存续的种种机制与秩序，如社会交换、社会认同、社会制裁、社会表达、社会对话、社会矛盾调解、社会冲突化解、社会对抗、社会包容、社会治理等等，相应的社会服务具有共同利益及一定程度的公益特征。中观层次的社会管理包括在地域层次、行业层次的种种社会机制的建构、协调、规范与管理，是整个社会结构的中枢与社会管理的核心。

3. 宏观层次的社会事务，指处于一定社会顶层的各种社会事务及相应的社会服务。宏观层次的社会事务及其管理具有公共治理的特征，是社会自治及共治得以实现的体制、政策和制度的保障及其管理，主要包括国家和地方各级政府的社会管理体制、社会政策体系、社会保障体系、社会法制及社会道德规范，以国家为主体建构的、在特定时期生效的“维稳型”社会应急管理的体制、政策及相应的机制，以及政府所履行的其他主要社会管理职能及其实现形式。宏观层次的社会管理是整个社会结构与社会管理的根本保障。

（二）社会管理学的学科体系

学科门类、一级学科和二级学科三者之间既是不同的学科层次，又相互联系。在学科专业目录中，二级学科（专业）的设置是极其重要的基础，因为专业是培养人的基本单元，与学科分类和社会职业分工密切相关。以人类各种社会事务的管理和服务为研究对象的社会管理学科，按其研究对象的分类组成相应的学科体系。社会事务的管理和服务可按不同标准进行分类，除上述微观、中观、宏观的分层分类外，还可按功能、主体、领域、结构、属性等进行多种分类，并因此形成多视角的不同学科。从实践发展和现实需要出发，现阶段较为成熟的社会管理学的学科，应由如下六个具有共同理论基础、内在逻辑联系且发展比较成熟的二级学科组成为一个统一的应用学科集合。

1. 二级学科一：社区治理

社区管理二级学科，研究作为社会管理基层场域的城乡社区，包括社区的自治实践及其发展；研究特殊社区的构成与发展，如民族聚居社区、流动人口社区、城中村社区等的构成和管理；研究社区层次实现官民共治、多部门共治的实践及其发展；研究社区层次的公共服务、公益服务和市场化社会服务及其供求机制等。开设社区发展的相关课程。培养致力于城乡社区发展的社会管理专门人才。

2. 二级学科二：社会组织管理

社会组织管理二级学科，研究作为社会管理主体的各类社会组织，包括基金会、社会团体、民办非企业单位、社区基层组织及转型中的事业单位、人民团体等；研究这些社会组织的改革、培育、规制、发展及其作用的发挥；研究社会组织在社会自治与共治中的功能及其实现机制；研究社会组织的内部治理与管理；研究社会组织与政府的关系；研究社会组织管理体制及其法制规范等。开设社会组织管理相关课程。主要培养致力于社会组织发展与管理的社会管理专门人才。

3. 二级学科三：社会服务

社会服务二级学科，研究作为社会管理重要内容之一的各种社会服务，包括市场化的社会服务，基于互助与共益的社会服务，福利类公益服务,志愿服务与公益慈善事业,以及公共服务的政府购买等。研究各类社会服务的供给、组织和管理,包括资源动员、信息共享、组织协调、问责监管等。开设社会服务相关课程。主要培养致力于各类社会服务业的社会管理专门人才。

4. 二级学科四:社会工作

社会工作二级学科,研究作为社会管理和社会服务基本手段的社会工作,包括社会工作的体系、制度、机制及其规范化建设,包括社会工作的供给与需求及其价格体系,也包括社会工作专业职称系列的设置及其内容、标准等。开设社会工作相关课程。主要培养致力于社会工作的社会管理专门人才。

5. 二级学科五:社会政策

社会政策二级学科,研究作为宏观社会管理核心内容之一的社会政策,包括各种社会政策的制定协调、实施执行及实验评估等;研究公民和社会组织对社会政策的参与和倡导机制等。开设社会政策相关课程。主要培养致力于社会政策的社会管理专门人才。

6. 二级学科六:社会应急管理

社会应急管理二级学科,研究在社会稳定、社会秩序遭受重大威胁的危机状态下,以国家为主导形成的社会应急管理的体制、政策及相应的各种机制等。开设社会应急管理相关课程。主要培养致力于社会应急管理的社会管理专门人才。

(三)社会管理的人才培养体系

1. 社会管理专业培养目标

秉承“立足中国现实、借鉴国际经验以及教学与实践并重”的三项原则,主要培养德才兼备、适应社会主义市场经济和社会主义和谐社会建设需要的高层次、复合型、应用型、创新型的社会管理人才。具体包括:牢固把握社会管理的基本理论,具备扎实的理论功底;具有社会管理实践所要求的创新理念、思维方法和职业技能；能够灵活运用社会管理学及相关社会科学领域的理论和方法，独立从事社会管理领域相关的实务工作。

2. 社会管理专业就业方向

社会管理毕业生的主要工作方向可以分为五大类：第一类是司法、公安、劳动和社会保障、民政、环保、安全生产、食品和药品监督等政府职能部门；第二类是工会、共青团、妇联等人民团体和教育、卫生等系统承担一定行政职能的事业单位，以及社区服务中心、居委会、村委会等城乡自治组织；第三类是社会福利院、救助管理站等公营的社会服务机构；第四类是非政府、非营利的社会组织；第五类是旨在通过市场机制解决社会问题的社会企业。

3. 课程体系

学科建设中人才培养体系的建设应当实现课程体系、教学内容和教学过程的整体优化，其核心是课程体系设计。社会管理一级学科的教学课程，可根据需要开设学科基础课、应用基础课、方向基础课和方向必修课。建议基本框架如下：学科基础课，包括社会学、政治学、国家与（公民）社会、社会伦理、社会管理思想史、社会科学方法论、社会调查与社会统计；应用基础课，包括社会管理学、社会政策学、社会管理法治；方向基础课，包括社区治理、社会组织、社会服务、社会工作、社会应急管理；选修课，包括治理理论、组织与项目评估、组织社会学、社会保障与社会福利。

（四）社会管理学的研究方法

研究方法是指在研究中发现新现象、新事物，或提出新理论、新观点，揭示事物内在规律的工具和手段。学术创新，往往会伴随产生许多新的研究方法，而新的研究方法同时会推动学术更大的发展。当前，在社会管理学术创新研究方面，呈现出“社会响应性”和“政策主导性”两大特征。一是社会响应性，即“社会管理”研究在一定程度上反映了当时社会的现状。学者多从解决社会问题的角度开展研究,尝试创新管理模式,达到促进社会进步、缓解社会矛盾的目的。二是政策主导性,即"社会管理"研究受国家政策影响显著,特别是受党的全国代表大会和"五年规划"等导向性内容的影响尤其明显。这充分说明,社会管理创新研究具有非常鲜明的实践性,需要在学术研究和实际工作中不断探索,使二者真正结合起来,互相促进。据此,社会管理研究既需要实证研究方法(研究"是什么"),也需要规范研究方法(研究"应该是什么"),二者相辅相成,是社会管理学研究的重要方法。

实证研究方法主张通过对社会生活中以自治及共治为核心的社会管理和社会服务活动进行大量的观察、实验和调查,获取尽可能客观、全面、真实的材料,通过分析、归纳、比较等,努力探寻社会管理的本质属性和发展规律。具体包括田野调查法、实地观察法、关键人物访谈法、典型案例分析法、历史事件分析法、口述史研究法和实验法等。

规范研究方法注重从逻辑性方面概括指明"应该怎样"的问题,因而必然涉及伦理标准和价值判断。规范研究方法的形式化共性具有以下几个方面的体现:一是研究基本上都面向"元问题"而展开,这里的"元问题"指的就是人类社会无法回避的基本问题;二是研究受研究者基本价值理念的引导,它无须像实证研究似的宣称价值中立;三是阐释方式的多重路径并存,即规范研究是阐释的,而不是解释的,而且其阐释路径是多种多样的。

在清华大学社会科学学院成立大会上的致辞

（2012 年 10 月 27 日）

各位领导，各位老师，同学们，同志们：

今天，值此清华大学社会科学学院正式成立，我本人并代表北京师范大学中国社会管理研究院，表示热烈的祝贺！对清华大学社会科学学院全体师生表示诚挚的敬意！

清华大学是我国最为著名和在世界上享有盛誉的高等学府。清华大学成立以来，培养出一代代治学之师、兴业之才和治国栋梁，为国家和人民事业作出了卓越的贡献，在中国高等教育和科学文化事业发展史上谱写了璀璨华章。

清华大学社会科学学科有着悠久的历史传统。老清华的经济学、政治学、社会学、心理学四大学科曾拓现代中国社会科学之荒，涌现出一批学术造诣深厚、社会影响广泛的杰出学者。20 世纪 80 年代以来，清华大学复建社会科学学科，迎来清华大学社会科学发展的新气象。1984 年、1993 年相继成立社会科学系和人文社会科学学院。2012 年，在清华大学新百年的起始之年，在原人文社会科学学院的基础上分别成立社会科学学院和人文学院，学术薪火传承至今。清华大学社会科学学院的成立，必将为清华大学社会科学发展开创更加美好的未来。

社会科学是以社会现象为研究对象的科学。它的任务是研究与阐述各种社会现象及其发展规律。在现代科学的发展进程中，新科技革命为社会科学的研究提供了新的方法和手段，社会科学与自然科学相互渗透、相互联系的趋势日益增强。当前，世界经济政治格局正发生快速、深度的变化，我国经济社会正经历广泛、深刻的变革。我国发展面临着前所未有的机遇和挑战，经济社会发展亟须研究破解一系列新矛盾新课题。这为我国社会科学发展提出了新任务新要求，社会科学工作者应为我们这个时代承担起更多的责任，给予中国这个巨大的社会科学试验场以新的阐释，为中国社会建设与治理提供更有深度更有价值的智力支持和人才支持。

在这种社会发展大背景下，清华大学成立社会科学学院，加强社会科学研究和人才培养，无论是对清华大学创新发展模式、进入世界一流大学的前列，还是对我国加强和创新社会管理、坚持和发展中国特色社会主义，都具有重要的现实意义和深远的历史意义。

我本人由于工作岗位关系，长期从事宏观经济理论和政策研究，同时也进行社会建设和社会管理的理论和政策研究。特别是近些年，我以更多的精力用于社会管理创新方面的研究工作。我深切感到，当今中国社会发展和社会治理的复杂性、艰巨性是人类社会空前未有的。我们必须通过科学的方法、实证的方法，从理论上和实践上对当今世界和当代中国社会科学进行全面、系统、深入的研究。社会科学研究其乐无穷，大有可为。正因为如此，去年初，我应北京师范大学领导之邀，担任新成立的北京师范大学中国社会管理研究院院长。

清华大学社会科学学院门类齐全、人才荟萃、基础雄厚、潜力巨大。北京师范大学中国社会管理研究院是新成立起来的，起步较晚，基础较弱，但我们有信心把研究院办好。我们两院有着共同的使命和目标，衷心希望两院加强交流与合作，相互支持，携手并进，一道为促进我国社会科学繁荣发展和经济社会持续健康发展作出应有的贡献。

衷心祝愿清华大学社会科学学院越办越好！

开展跨学科合作研究 推动社会管理科学化*

（2013年9月17日）

值此系统科学与社会管理学术论坛暨北京师范大学系统科学学院揭牌仪式举行之际，我本人并代表北京师范大学中国社会管理研究院，表示热烈的祝贺！对系统科学学院全体师生，表示诚挚问候！对各位领导和专家前来参加论坛，表示衷心感谢！

北京师范大学系统科学学科建设起步较早，而且已经发展成为基础坚实、特点突出、实力雄厚，具有较强竞争力和发展潜力的优势学科。在北京师范大学成立111周年之际，由以往的优势学科组建成系统科学学院，这是北京师范大学系统科学学科发展史上的一个重要里程碑。确实是一件值得庆贺的大事、好事。

今天，北京师范大学中国社会管理研究院和系统科学学院联合主办"系统科学与社会管理学术论坛"，集中研讨系统科学与社会管理相关的问题，这对于推动文理学科交叉、自然科学与社会科学进一步融合，很有意义。这里，我主要围绕这次论坛的主题，讲一些个人的看法，与大家一起研讨交流。

---

* 本文系作者在北京师范大学系统科学与社会管理学术论坛暨北京师范大学系统科学学院揭牌仪式上的主旨演讲。

一、充分认识系统科学在社会管理中的重要作用

在当今世界政治、经济格局进行深刻调整和科学技术迅猛发展的大背景下，系统科学和社会管理研究密切结合，有着重要的理论意义和实践价值。

第一，开展跨学科研究是现代科学发展的必然趋势。在现代科学的发展进程中，科学、技术与社会相互渗透、相互联系的趋势日益增强，这使科学更加成为综合性事业和工程，科学研究进入了跨学科行动的一种大科学时代。这种学科的多对象化和对象多学科化趋势，必然导致跨学科研究与“跨界行动”成为必然和普遍的模式，使人类的研究规范从以往的“无学科”阶段经由学科研究为主导和学科间交叉渗透阶段而进展到跨学科整合研究的层次。跨学科研究有助于增强各学科之间的交流，培育新的学术共同体，从而实现科学理论研究的重大突破，推动重大社会实践问题的解决。

第二，社会领域是系统科学理论研究和应用的重要方向。前不久，我看到中国科协原主席、著名科学家周光召院士在 2002 年一次科普高峰讲坛上作的报告，题目为《复杂适应系统与社会》，获益匪浅。这篇精彩报告把我们带进了一个崭新的科学前沿，对于运用系统科学研究社会发展和社会管理具有很强的指导意义。系统科学是研究系统的结构与功能关系和演化规律的科学，它以不同领域的复杂系统为研究对象，从系统和整体的角度，探讨复杂系统的性质和演化规律，加深人们对现实世界的认识。社会领域毫无疑义是一种复杂的适应系统，用系统科学的思维和方法研究社会领域的问题，不仅有助于探索社会发展的规律，优化社会管理模式和方法，也有助于为系统科学在社会领域的应用提供依据，从而推动系统科学自身的创新和发展。

第三,运用系统科学研究是推进社会管理科学化的有效支撑。20世纪后半叶特别是新世纪以来,由于技术、市场与社会交往的普遍化需求所带来的经济全球化运动以及相应社会关系的变化,导致社会领域问题复杂化,使社会治理难度大大增加,向人类提出了前所未有的挑战,世界各国都必须加强和创新社会治理。世界经济、政治格局还将发生重大的变化,我国经济社会还将经历广泛、深刻的变革。我国发展面临前所未有的机遇和挑战,需要研究和破解一系列新矛盾新课题。我们党对社会主义现代化建设规律的认识不断深化,其中把包括社会管理的社会建设作为全面建成小康社会的重要任务。一个较长时期以来,社会建设是我国现代化建设中的一个短板和瓶颈。创新和加强社会管理的一个关键环节,是制定科学有效的政策,而这又是一个复杂的过程,包括运用系统科学对现实问题作系统的了解和分析。也就是说,社会领域面临的种种问题不是某一两个学科的研究所能够解决的,亟须运用包括社会管理科学、系统科学在内的多学科多方面力量开展集成性、创新性的研究,从而为中国社会建设和社会管理提供更有价值、更有成效的智力支持。

二、加强和创新社会管理研究的主要任务

社会是一个复杂系统,也是有自身规律的运动。进行社会管理或者说社会治理是人类社会必不可少的社会活动,其根本目的和任务,是协调社会关系,化解社会矛盾,维护社会秩序,促进社会和谐,应对社会风险,保持整个社会富有活力而又有序稳定运行。党中央提出的“加强和创新社会管理”,涉及对社会整体运行的把握和复杂系统的分析,涉及对社会建设和社会管理多个方面研究。包括,怎样认识社会管理体系,现代社会管理与传统社会管理有哪些不同特点?如何推进社会管理向社会治理的

转变？在社会管理中如何强化法治的作用？如何加快培育社会管理人才？如何建立社会管理评价机制？如何总结我国历史上和国外社会管理的经验教训？如何加强社会管理的能力建设？这一系列问题，都需要全面、系统、深入的研究和探索，力求做出科学的回答和解释。加强和创新社会管理，最重要的是不断完善和发展中国特色社会主义社会管理体系或者社会治理体系。这里，我主要讲讲以下几个需要深入研究的问题。

（一）加快推进社会体制改革

社会体制，一般是指社会管理和服务模式、社会资源配置机制，以及各社会主体权利责任义务和行为的规范或制度安排，包括社会主体定位、社会治理方式、公共服务体系、社会组织体制和社会管理机制等。党的十八大报告把加快推进社会体制改革放在突出位置，第一次把加快形成社会管理体制、基本公共服务体系、现代社会组织体制和社会管理机制等，概括为构建中国特色社会主义社会体制的基本目标任务。这是对近年来我国社会体制改革理论探索和实践创新成果的新升华，对于推动社会体制改革、促进社会管理现代化具有很强的指导意义。

推进社会体制改革的总体目标，从根本上说就是构建中国特色社会主义社会体制。党的十八大报告提出："要围绕构建中国特色社会主义社会管理体系，加快形成党委领导、政府负责、社会协同、公众参与、法治保障的社会管理体制，加快形成政府主导、覆盖城乡、可持续的基本公共服务体系，加快形成政社分开、权责明确、依法自治的现代社会组织体制，加快形成源头治理、动态管理、应急处置相结合的社会管理机制。"可以说，这"四个加快"就是深化社会体制改革的基本任务和基本要求，它们之间既密切联系，又各有侧重。社会管理体制侧重于明确各类社会主体作用，保持社会关系协调、富有活力、有序运行；基本公共服务体系侧重于满足公众基本需求，保障和改善民生；现代社会组织体制侧重于创新社会治理方式，充分发挥社会组织在社会治理中的作用；社会管理机制侧重于社会全过程重要环节的调节、治理。这些方面构成了新型社会体制的基本框架。这里需要深入研究社会体制构架的内涵、各组成部分相互联系和相互作用的机理。

（二）健全社会管理制度体系

社会管理制度是中国特色社会管理体系的基础和支柱。要按照有利于保障人民群众根本利益、有利于激发社会活力、有利于促进社会公平正义、有利于维护社会和谐稳定的要求，系统研究事关社会管理全局和长远的制度建设，并及时把社会管理的成功经验上升为制度和法律，推进社会管理制度化、规范化、法治化。要大力推进社会管理基础性制度建设，包括研究建立健全保障就业权、健康权、教育权、居住权等公民基本社会权利的基本制度。统筹设计制定各项基本社会保障制度，建立符合中国国情的社会保障体系，也包括研究在加快完善居民身份证制度的基础上，融合人口和计划生育、人力资源和社会保障、住房和城乡建设、民政、教育、交通、工商、税务、统计等部门和金融系统相关信息资源，建立一套能够覆盖全社会的信息编码系统与制度，实现居民身份证、驾照、医保卡、社保卡、收入、不动产等基础信息一体化链接。积极稳妥地推进户籍管理制度改革，放宽中小城市、小城镇特别是县城和中心城镇落户条件，建立城乡统一的户口登记管理制度，积极探索流动人口管理服务有效制度，创新特殊人群管理服务制度，以适应新型城市化发展进程中社会管理面临的新情况新形势。

（三）完善维护群众权益机制体系

健全政府主导的维护群众权益机制，是完善中国特色社会管理体系的出发点和重点任务。要深入研究最广大人民根本利益、现阶段群众共同利益、不同群体特殊利益的关系，建立科学有效的利益协调机制，统筹协调各方面利益。研究探索构筑群众权益保障机制、劳动关系协调机制、社会矛盾调处机制、社会稳定风险评估机制。信息公开是听取群众意见，实现群众参与公共决策的基础。诉求表达是协调利益关系、调处社会矛盾的前提。要研究建立信息公开制度和诉求表达机制。要研究建立发展成果共享机制和侵害群众权益的纠错机制。着力解决农村土地征用、城镇房屋征收拆迁、企业改制、涉农利益、教育医疗、社会保障、环境保护、安全生产、食品药品安全、城市管理、涉法涉诉等方面群众反映强烈的问题。要研究健全劳动关系协调机制，依法实行劳动合同制度和集体合同制度，完善企业职工工资集体协商机制、正常增长机制、支付保障机制。要研究健全社会矛盾纠纷排查预警、调解处置机制。还要研究健全社会稳定风险评估机制，凡是与人民群众利益密切相关、影响面广、容易引发社会不稳定的重大决策事项，都要认真进行社会风险评估。

（四）扩大公共服务体系

这是完善中国特色社会管理体系的重要方面。要研究加快推进公共服务体系建设，逐步完善基本公共服务体系，积极促进城乡基本公共服务均等化，特别要进一步加强农村和中西部地区基层基本公共服务体系建设。要研究公共服务体系和基本公共服务体系的范围、领域、载体、形式、标准和途径。研究优化政府投资结构，加大向公共服务体系建设倾斜的力度，积极引导和鼓励社会、企业参与发展民生和各项社会事业，切实保障民生工程和社会政策的实现。对于基本公共服务，要研究根据社会需求、不同领域、服务对象进行合理分类，采取不同形式和方法，明确政府和市场、政府和社会的功能和作用，特别要改进政府提供公共服务方式，推进政府购买服务。鼓励社会资金进入公共服务领域，特别要加强基层服务体系建设，增强城乡社区服务功能。

（五）营造社会规范体系

社会规范体系是中国特色社会管理体系的基石。要研究在社会生活的各个领域加快建立和完善个人行为的规范体系，通过自律、互律、他律，把人们行为尽可能地纳入共同行为准则的轨道。在加强社会法律体系建设的同时，充分发挥社会规范在调整成员关系、约束成员行为、保障成员权益等方面的作用。要研究健全社会诚信制度，大力推进政务诚信、商务诚信、社会诚信和司法公信建设。完善社会诚信行为规范，探索建立统一的信用记录平台。要研究理顺社会信用管理体制机制，加强社会信用管理，完善信用服务市场体系，强化对守信者的鼓励和对失信者的惩戒。通过完善制度、加强教育，努力营造诚实、自律、守信、互信的社会信用环境。

（六）加强公共安全体系

公共安全体系建设是完善中国特色社会管理体系的重要任务。要坚持预防和应急并重、常态和非常态结合的原则，建立健全突发事件应急体系，加强全民风险防范能力和应急处置能力建设。要研究完善相关机制，提高对自然灾害、事故灾难、公共卫生事件、社会安全事件等突发公共事件的风险管理水平。要研究健全食品药品安全监管机制，制定和完善食品药品安全标准，完善食品药品质量追溯制度，加强食品药品安全风险监测评估预警和监管执法。要完善安全生产监督制度机制，加强安全生产法律法规、政策标准、技术服务、应急处置和救援、社会监督、宣传教育培训体系建设，加强安全管理和监管。要完善社会治安防控体系，健全点线面结合、人防物防技防结合的立体化治安防控体系，严密防范和依法打击各种违法犯罪活动。

（七）强化网络社会管理体系

加强和改进网络社会管理已经成为新的迫切任务。互联网的裂变式发展正在深刻地改变着社会结构、社会关系，网络化生存、网络化生活成为常态。我国网民有近 6 亿人，手机网民有 4.6 亿多人，其中微博用户达到 3 亿多人。很多人不看主流媒体，大部分信息都从网上获取。信息网络技术的飞速发展和广泛应用，带来了社会生产方式、生活方式的深刻变革，丰富和发展了人们的物质文化生活，成为社会活动和各种思想文化交流的重要平台；同时，互联网正在重塑媒体格局、舆论生态，真实的、虚假的，理性的、非理性化的，正确的、错误的，各种思想舆论在网上相互叠加，这对社会管理提出了新挑战新要求。要按照积极利用、科学发展、依法管理、确保安全的方针，坚持建设与管理并重、发展与管理同步，加快形成法律规范、行政监管、行业自律、技术保障、公众监督、社会教育相结合的信息网络管理体系。要加强对网络社会特点和规律的研究，鼓励网民通过网络平台参与社会治理。建立网上网下综合管理体系。创新管理理念，从被动管理向依法治理转变，推进网络依法规范有序运行，保护正当信息，打击网络谣言。健全网络安全评估机制，维护公共利益和国家信息安全。

以上这些社会管理研究任务，既需要运用社会管理科学理论，也需要运用系统科学理论和其他科学理论，并要将多种科学理论密切结合起来。这样，才能有效创新社会管理思路、方式、方法，也才能真正提高社会管理科学化、现代化水平。

三、推进跨学科研究的几个问题

第一，跨学科研究的起点问题，即究竟是以学科的研究为起点还是以问题的研究为起点？学科研究不断朝着深化和细化的方向发展，其系统性和稳定性越来越强，而问题研究则是按照社会现实的要求设定，以解决问题的需要组织不同学科人员开展研究。系统科学和社会管理合作研究必须坚持问题意识。马克思有一句名言，他指出："问题就是公开的、无畏的、左右一切个人的时代声音。问题就是时代的口号。"每个时代总有属于它自己的问题，加强和创新社会管理就是一个解决当今中国社会领域问题的过程。我们国家当前发展的阶段性特征,决定了我们在加强和创新社会管理过程中面临着许多与别的时代、别的国家所不同的社会问题。这些就是时代的口号、时代的声音。当今中国的时代特征,就是变革、创新、开放、竞争、现代化,这是主旋律。由此带来了一系列新情况、新问题、新趋势。必须坚持从实际情况出发,树立强烈的问题意识,敏锐察觉、及时抓住、系统研究、科学分析、正确提出有针对性的解决问题的办法,而不能只是从概念出发,更不能从概念到概念。要加强对社会问题状态和演化趋势的研究,及时作出发展趋势的预测和提出有效应对之策,这是科学研究工作者的使命和职责。

第二,跨学科研究的方法问题。跨学科研究的目的是为了达到知识和技术的融合和创新。跨学科研究方法强调各种研究方法的相互借鉴与渗透。当前,在社会管理学术创新研究方面,呈现出"社会响应型"和"政策主导型"两大特征。社会响应型,就是社会管理研究着眼于当时社会问题的现状,多从解决存在问题的角度开展研究,探索创新管理模式,达到促进社会进步、缓解社会矛盾的目的。政策主导型,就是社会管理研究要把握国家发展方向、发展大势,探索社会管理创新,具有鲜明的政策导向。我们在实际研究工作中需要使二者真正结合起来、互相促进。系统科学方法则具有整体性、综合性、动态性、模型化和最优化的特征。故此,系统科学和社会管理科学合作研究既需要实证研究方法,也需要规范研究方法,二者相辅相成。

第三,跨学科研究的条件保障问题。我国发展面临前所未有的机遇和挑战,需要研究破解一系列新矛盾新课题,需要跨学科的知识和对解决方法的探索,这就要求加强对跨学科研究的资源配置协调和支持力度,以产出跨学科的、具有重大社会意义的应用研究成果。至关重要的是,要进一步对跨学科研究达成深度共识,并转化为行动上的高度自觉。要进一步破除来自体制机制、组织管理和学术价值观念等方面的制约。具体地说,需要营造有利于跨学科研究的环境、建立适应跨学科研究的组织与管理形式、评价体制与机制、推进跨学科研究机构、跨学科团队的建设,培育形式多样的跨学科学术交流平台,从而为跨学科研究凝聚力量、激发智慧提供有利条件和保障。

当前,我们国家正站在全面建成小康社会和全面深化改革开放新的起点上。加强和创新社会管理的任务非常艰巨、繁重,许多重要课题需要我们去研究、探索,特别需要探求和把握现代社会管理的基本规律和有关活动的规律。我们要以党的十八大精神为指导,不断解放思想,弘扬改革精神,凝聚改革共识,深入开展理论探讨,加强多学科结合研究,积极投入创新实践,为构建中国特色社会主义社会管理体系、实现中华民族伟大复兴的中国梦作出应有的贡献。

明确定位　精心设计
切实建设好中国社会管理创新研究信息库*

（2013 年 11 月 27 日）

各位领导、专家，大家在百忙中莅临这个国家社科基金特别委托重大项目“中国社会管理创新研究信息库建设”开题研讨会，我本人并代表北京师范大学中国社会管理研究院表示衷心的感谢！

今天的会议，既是“中国社会管理创新研究信息库建设”重大工程项目的启动会和开题研讨会，也是贯彻落实党的十八大和十八届三中全会精神的实际行动和重要举措。会议开得很好！这么多社会领域理论工作者和实际工作者相聚一起，沟通思想，交流智慧，献计献策，提出了不少颇有价值的观点、思路、建议。这对搞好中国社会管理创新研究信息库建设很有帮助。我们既增长见识，开阔视野，受益匪浅，又感到压力很大、任务繁重、难度不小。我们要认真研究、吸纳研讨会上的意见和建议，进一步解放思想，拓宽思路，运用系统性、战略性、创新性、辩证性思维，增强开放意识、协同意识、实用意识，完善设计，彰显特色，突出重点，攻坚克难，努力提高这个特别委托重大项目建设的质量和水平，提高国家社科基金使用效益和价值，多出优秀成果，多出优秀人才。下面，我根据会议讨论的情况，讲几点看法。

---

* 本文系作者在国家社科基金特别委托重大项目“中国社会管理创新研究信息库建设”开题研讨会上的总结讲话。

第一，认清形势，抓住机遇，积极服务国家社会治理现代化战略需求。这个信息库建设面临着三大良好机遇。一是国家全面深化改革的重要机遇。刚刚闭幕的党的十八届三中全会，提出了全面深化改革的总体目标，即完善和发展中国特色社会主义制度，推进国家治理体系和治理能力现代化。加强社会管理建设、创新社会治理体制，是实现这一战略目标的重要任务。这为建设好中国社会管理创新研究信息库指出了明确方向，也提供了广阔前景。中国社会管理创新研究信息库建设就是要服务推进国家治理体系和治理能力现代化、创新社会治理体制的战略需求。实践出真知，伟大的社会实践是中国特色社会治理理论创新的沃土，社会治理理论创新研究又会为社会治理实践提供有力的智力支持。二是加快建设中国特色新型智库的机遇。党中央、国务院高度重视智库建设。党的十八大报告提出，要坚持科学决策、民主决策、依法决策，健全决策机制和程序，发挥思想库作用。党的十八届三中全会进一步强调："加强中国特色新型智库建设，建立健全决策咨询制度。"党的十八大以后，习近平总书记多次指示要发挥智库的重要作用，要求积极探索中国特色新型智库的组织形式和管理方式，采取有效措施，引导各类智库加强自身建设，积极建言献策，为中央科学决策提供高质量的智力支持。中共中央政治局委员、国务院副总理刘延东也指出，高校作为我国哲学社会科学事业的生力军和各学科人才聚集的高地，是建设中国特色新型智库的重要力量，要努力打造一批"国家急需、世界一流、制度先进、贡献重大"的中国特色新型高校智库。这些论述对我们社会管理创新研究信息库建设，将中国社会管理研究院建设成为我国高校社会管理领域一流的智库，有着重要指导意义。这个信息库建设正是中国特色新型高校智库建设的内在要求和重要组成部分。三是推进社会管理新兴学科建设的机遇。学科建设是高校科学研究和人才培养的重要基础，学科的综合实力体现了学校的水平，世界一流大学都有若干学科位居世界前列。研究推进社会管理学科建设是中国社会管理研究院一项重要任务。在广泛听取有关方面包括我们社会管理研究院意见的基础上，国务院学位委员会今年已将社会管理列入国家学科体系，明确社会管理和社会政策"是指一门系统地研究社会管理活动基本规律和一般方法的新兴学科"，作为社会学二级学科。这些已发布在国务院学位委员会第六届学科评议组编写的《学位授予和人才培养一级学科简介》，这是社会管理学科建设的重要里程碑，我们应为社会管理学科建设作出更大的贡献。总之，社会管理创新信息库建设顺应了国家多方面的战略需求，我们应抓住各种机遇，一定把社会管理创新研究信息库建设好。

第二，明确定位，突出特色，充分发挥中国社会管理创新研究信息库的功能作用。明确功能定位，这是信息库建设的前提和基础，也是信息库能否建成的关键。北京师范大学中国社会管理研究院是北京师范大学顺应当今世界发展的新形势和我国发展新要求，响应国家重大战略需求、创建中国特色新型大学智库而成立的，肩负着"育人、科研、资政、合作"的重要使命。社会管理创新研究信息库建设也理所当然地承担"育人、科研、资政、合作"四位一体职能的重要载体和平台。中国社会管理创新研究信息库建设涉及许多方面，但必须明确主要功能定位，突出科研性、资政性、应用性。既要有硬件建设，又要有软件建设。信息库建设使命光荣，任务艰巨，需要付出巨大的努力。我们一定要明确任务，瞄准有限目标，奋发作为，致力于充分发挥信息库建设的功能作用。

第三，精心设计，协同创新，争取建成国家社会管理领域一流的、现代化的新型智库和大型专业数据库。这个信息库要建设成为"知识之库"、"智慧之库"、"精品之库"，必须坚持高起点、高水准、高质量。要充分吸收这次会议上的重要意见和建议，丰富和完善信息库的内容、框架、路线图以及中长期规划。我们要以宽广的视野来审视发展路径，以博大的胸怀来汇聚力量，以合作的心态来筹划发展蓝图。要以这个信息库建设为战略支点，吸引、汇聚各方力量，合作协同创新，充分发挥杠杆效应和增量效应。一是以信息库建设为网络平台，凝聚和吸引中外社会管理专家，搭建和打造阵容强大的高端、高效、高质和多方面的社会管理研究团队。二是以信息库建设为协作平台，通过组织和联合国内相关部门、地方、科研机构、高等院校、企业，进行全国性大型社会调查项目，增强依托信息库实施高水平大型科研项目的实力。三是以信息库为宣介平台，推介和发布高质量、高水准的社会管理学术研究成果和决策咨询成果，构建具有高端品牌效应的社会管理成果推介窗口，以促进社会管理文化繁荣、理论创新、实践发展，使社会各方面共享信息库建设各类成果。四是开放合作，汇聚社会力量共同创建社会管理创新研究信息库。要同有关高等院校已有的相关数据库机构进行真诚合作和资源交换，发挥优势，取长补短。要与中央和地方相关职能部门的合作，尤其是要加快推动建立和完善各类有关的社会调查系统和数据监测观察点。还要与有关企业和社会组织合作，或者通过购买、委托、合作、共建等多种形式进行数据搜集和积累。

第四，注重实效，打牢基础，确保中国社会管理创新研究信息库建设持续健康发展。“中国社会管理创新研究信息库建设”是面向国家重大战略需求、面向国家现代化发展的重大科研工程，是一项具有开拓性意义的重大工程。因此，必须立足现实，从国家发展实际需求出发，讲求实际应用效果，而不能脱离社会治理创新实践单纯追求系统性、完整性。同时，由于这个信息库建设将伴随国家治理现代化和发展现代化进程，要着眼长远建设，打牢基础，以利于逐步建成比较系统的、完整的社会管理创新研究信息库。此外，由于社会管理和社会治理属于一个新兴的学科领域，这就要求我们必须扎实做好信息库的基础理论和方法论框架工作，进而明晰信息库的汇聚焦点和特色优势。同时，为保证信息库建设的持续健康发展，必须以用户需求为本位，以方便实用为原则，切切实实为党政部门和学术机构提供高质服务和有效支撑。要加快建立健全多元化的资源整合和筹措机制。

第五，解放思想，攻坚克难，以改革创新精神探索新型智库建设的组织形式和管理方式。信息库建设不仅需要高起点、高标准的软硬件设计，而且更需要配置良好的制度环境和条件。既要充分认识信息库建设的长期性、复杂性和艰巨性，同时又需要群策群力、勇于担当、攻坚克难，尤其是要大力破除影响信息库建设的体制、机制性困境和障碍。为此，一要创新学科建设模式，加快实现独立自主招生和培养。二要创新科研工作机制，加快形成若干战略性科研平台，并使之与信息库建设主体模块实现有机对接和融合。三要创新人才队伍体系，加快构建一支优秀的师资团队和管理团队，为信息库建设提供有力的人才资源支撑。四要创新科研评价体系，加快构建以资政为基本导向、以跨学科领域合作为基本单位的新型科研评价标准。

中国社会管理研究院要以建设社会管理创新研究信息库为契机和抓手，全面深化改革，创新发展理念，创新建设模式，创新功能作用，创新组织结构，创新体制机制，为进一步发展壮大奠定坚实根基、提供持续动力，为把北京师范大学建设成为世界一流大学贡献力量，为发展中国特色社会主义事业、推进国家治理体系和治理能力现代化，实现中华民族伟大复兴的中国梦作出应有的贡献。

组　　稿：张振明
责任编辑：余　平
封面设计：马淑玲

图书在版编目(CIP)数据

建设智库之路/魏礼群 著. -北京：人民出版社，2014.8
ISBN 978-7-01-013604-2

Ⅰ.①建…　Ⅱ.①魏…　Ⅲ.①咨询机构-研究-中国　Ⅳ.①C932.82

中国版本图书馆CIP数据核字(2014)第113563号

建设智库之路
JIANSHE ZHIKU ZHI LU

魏礼群　著

人民出版社 出版发行
(100706　北京市东城区隆福寺街99号)

北京中科印刷有限公司印刷　新华书店经销

2014年8月第1版　2014年8月北京第1次印刷
开本：710毫米×1000毫米 1/16　印张：35.5
字数：476千字　印数：0,001-5,000册

ISBN 978-7-01-013604-2　定价：69.00元

邮购地址 100706　北京市东城区隆福寺街99号
人民东方图书销售中心　电话 (010)65250042　65289539

版权所有·侵权必究
凡购买本社图书，如有印制质量问题，我社负责调换。
服务电话：(010)65250042